KÖLNER DOMBLATT

KÖLNER DOMBLATT

JAHRBUCH DES ZENTRAL-DOMBAU-VEREINS

2025

90. Folge

Im Auftrag des Vorstandes herausgegeben von
Peter Füssenich & Matthias Deml

Schriftleitung
Matthias Deml

Inhalt

Klaus Hardering

Leiter des Dombauarchivs
von 2007 bis 2025

Schriftleiter und Mitherausgeber
des Kölner Domblattes
von 2007 bis 2024

zum Eintritt in den
Ruhestand

66. Dombaubericht
Von Oktober 2024 bis September 2025

Peter Füssenich

Es war ein großes und feierliches Ereignis, als Konrad von Hochstaden (amt. 1238–1261) an Mariä Himmelfahrt, dem 15. August 1248, den Grundstein für den gotischen Dom legte. Die Annalen von St. Pantaleon berichten, dass der Erzbischof für diesen Tag eigens »die Prälaten der Kirchen, die Edlen des Landes und seine Ministerialen« nach Köln berufen habe, »während eine unzählige Volksmenge von den Predigern durch das Wort der Ermahnung angelockt« worden sei.[1] Dieses Ereignis jährte sich 2025 zum 777. Mal, und es kann in Köln – wo sich »Schnapszahlen« spätestens seit den Zeiten der 11.000 Jungfrauen im Gefolge der heiligen Ursula besonderer Beliebtheit erfreuen – kein Zufall sein, dass sich gleichzeitig auch die Gründung des 1. FC Köln zum 77. Mal jährte. Dom- und Stadtdechant Msgr. Robert Kleine sowie Stadtsuper-

* Der 66. Dombaubericht wurde mit Unterstützung der einzelnen Abteilungen der Kölner Dombauhütte verfasst.

1 Die Kölner Königschronik. Nach der Ausgabe der Monumenta Germaniae (Die Geschichtsschreiber der deutschen Vorzeit 2/69), übersetzt von Karl Platner, bearb. von Wilhelm Wattenbach, Leipzig ^{2}1896, S. 359–360.

intendent Dr. Bernhard Seiger hielten, ähnlich wie vor 777 Jahren vor einer »angelockten, unzähligen Volksmenge«, eine bewegende ökumenische Andacht im Dom, bei der auch der Stadionsprecher des 1. FC Köln, Michael Trippel, und die FC-Legende Pierre Littbarski mit »Worten der Ermahnung« zu Fairness und gutem Miteinander in Sport und Gesellschaft aufriefen.[2]

Wie die Fußballfans anlässlich des Vereinsjubiläums strahlt auch der Dom seit 2025 ganz besonders. Nach mehr als dreijähriger intensiver Planungs- und Umsetzungszeit wurde am Ostersonntag, dem 20. April 2025, die neue Dombeleuchtung durch den Dompropst, die Oberbürgermeisterin, den Vorstandsvorsitzenden der RheinEnergie AG und den Dombaumeister mit einem symbolischen Schalterdruck feierlich in Betrieb genommen.[3] Die neue LED-Beleuchtung ersetzt die bisherige Halogen-Metalldampflampentechnik und sorgt für Energieeinsparungen von 70 bis 80 Prozent. Sie leistet damit einen wichtigen Beitrag zum Klimaschutz und zur Reduktion des CO_2-Ausstoßes. Zugleich hüllt sie den Dom in ein warmes, goldenes Licht, das die Dreidimensionalität der Domfassaden und der Strebewerke auch in den Abend- und Nachtstunden in bisher nicht gekannter Weise hervorhebt (Abb. S. 8).

Ein kleiner Schatten fiel auf diese strahlenden Ereignisse durch den Eintritt des langjährigen Archivleiters Dr. Klaus Hardering in den Ruhestand.[4] Nicht nur wegen seiner großen Liebe zum Dom, seinen Fähigkeiten als Kunsthistoriker, sondern nicht zuletzt auch wegen seiner großen Menschenfreundlichkeit wird er von allen seinen Kolleginnen und Kollegen sehr vermisst werden. Ihm ist das diesjährige Domblatt in großer Dankbarkeit gewidmet.

Wiederherstellungs- und Erhaltungsarbeiten

1. Arbeiten am Bauwerk

1.1 Sicherungsarbeiten im Rahmen des Baumonitorings

Aufgrund der zahlreichen Baustellen im unmittelbaren Domumfeld war eine Befahrung des Domes im Rahmen des Baumonitorings in diesem Berichtszeitraum nicht möglich. Da es in den vergangenen Jahren sehr regelmäßig und gründlich durchgeführt wurde,[5] stellt dies aber kein Problem dar. Die bereits geplanten Maßnahmen auf der Domsüdseite werden nach dem Abbau der Baustelle vor dem Domhotel im kommenden Jahr fortgesetzt.

2 P[ia] M[odanese]: 77 Jahre 1. FC Köln und 777 Jahre Kölner Dom, in diesem Domblatt, S. 305–306.

3 P[ia] M[odanese]: Neue Dombeleuchtung, in diesem Domblatt, S. 296–297.

4 Rolf Lauer: Laudatio Klaus Hardering, in diesem Domblatt, S. 228–231.

5 65. Dombaubericht, 2024, S. 8–11.

6 65. Dombaubericht, 2024, S. 12.

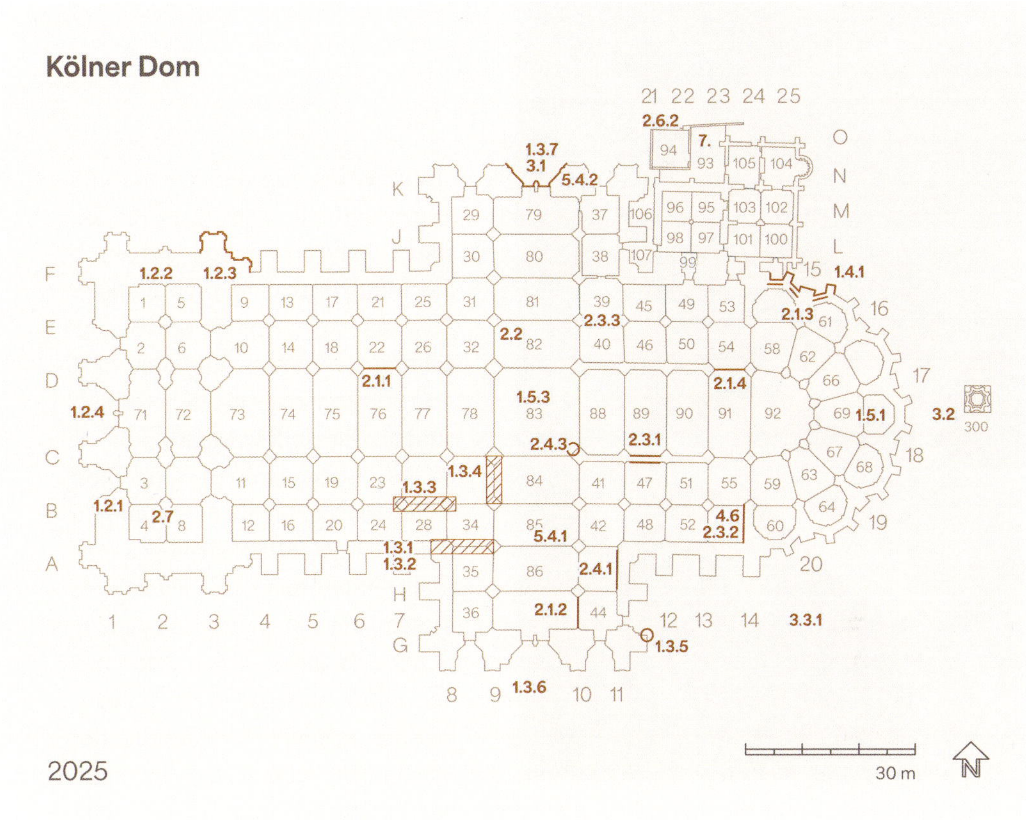

1 | *Schematischer Grundriss des Kölner Domes mit Eintragungen der wichtigsten Arbeiten des Berichtszeitraums 2024/25. Die roten Zahlen verweisen auf die Abschnitte des 66. Dombauberichts.*

1.2 Westbau

1.2.1 Erneuerung der Schallluken im Glockenstuhl

Vor der Erneuerung der ausgebauten Holzunterkonstruktion und Bleideckungen der Schallluken im Westfenster des Glockenstuhls[6] mussten im Frühjahr 2025 zunächst Gewändeprofile (Abb. 2) und Fensterstäbe ersetzt werden, die durch Rostsprengung von Windeisen geschädigt waren. Die äußerst schlanken Profile aus Obernkirchner Sandstein wurden vom Steinmetzbetrieb Schwartzenberg in Aachen vorgefertigt und in der Dombauhütte auf Maß zugeschnitten. Für den Einbau der mehrere Meter langen Werkstücke spannten die Domsteinmetzen Richtschnüre. Die Windeisen wurden an den Kontaktflächen zum Naturstein von den Steinmetzen und dem Malermeister mit einer speziellen Thermobeschichtung versehen, die auf das erhitzte und entrostete Eisen aufgetragen wurde. Nach Aushärten der Farbe über Nacht wurden, zur Vermeidung von Flugrostbildung und weiteren Korrosionsprozessen, die neuen Werkstücke direkt

2 | *Setzen von Vierungen in den Fenstergewänden des Westfensters im Glockenstuhl*

am nächsten Tag versetzt und die Fugen verbleit. Nach dem Einbau sämtlicher Werkstücke erhielten die Windeisen einen mehrmaligen Anstrich mit einem Korrosionsschutz, der zuvor mit dem LVR-Amt für Denkmalpflege im Rheinland abgestimmt worden war.[7]

Im September 2025 erstellten Schlosser und Schmied zusammen mit einem Monteur der Firma Carl Stahl ein Aufmaß zur Festlegung der genauen Maße und Anschlusspunkte für die Stahlnetze des Taubenschutzes. Diese werden dann parallel mit der Erneuerung der Schallluken montiert. Dies kann nur abschnittsweise und gleichzeitig mit dem Abbau der Gerüste erfolgen, da aufgrund der geringen Standflächen die Innen- und Außengerüste miteinander verbunden und verankert sind; sie müssen daher auch zusammen Gerüstlage für Gerüstlage abgebaut werden.

1.2.2 Arbeiten am Nordturmhelm

1996 begann mit dem Aufbau des Hängegerüsts an der südwestlichen Ecke des Nordturms D 01 die Restaurierung der vier großen Eckfialen.[8] Mit dem Beginn des Aufbaus des Hängegerüsts an der nordöstlichen Ecke des Turms F 03 werden nun die restauratorischen Arbeiten am vierten Fialturm vorbereitet. Das von der Gerüstbaukolonne entwickelte konstruktive Konzept der Hängegerüste wurde im Lauf der Jahrzehnte systematisch optimiert.[9]

Das erste Etappenziel der aktuellen Maßnahme ist die Herstellung der oberen Gerüstplattform, die in etwa 100 m Höhe an acht Schwerlastketten aufgehängt wird. Um das Turmmaßwerk nicht direkt mit den Lasten des Gerüsts zu beanspruchen, werden die Ketten an eine am Helm anliegende Stahlunterkonstruktion angeschlagen. Zu den ersten Arbeitsschritten gehört daher die Demontage der Stahlunterkonstruktion auf der Nordwestseite des Turmhelms bei F 01 und die Wiedererrichtung auf der Nordostseite bei F 03. Der Abbau der

Stahlunterkonstruktion konnte Ende Juni beendet werden; der Aufbau ist zurzeit im Gang. Anschließend wird zunächst die obere Gerüstplattform auf 100 m Höhe errichtet, danach eine zweite Plattform, die an Seilwinden abgelassen und in 75 m Höhe rückverankert wird.[10] Zwischen beiden Plattformen wird ein fahrbares Schutznetz installiert, sodass die weiteren Gerüstbauarbeiten ohne Gefahr abstürzender Kleinteile erfolgen können. Um bis dahin die Sicherheit der Passanten zu gewährleisten, muss während der laufenden Arbeiten der Bereich unter dem Nordturm, der ein wichtiger Verkehrsweg zwischen Hauptbahnhof und Innenstadt ist, gesperrt werden. Die Anfang April eingerichtete Absperrung ist so konzipiert, dass sie nur bei Bedarf geschlossen und außerhalb der Arbeitszeiten geöffnet werden kann. Wie lange der Aufbau andauern wird, ist auch von den vielen Bauprojekten in der Domumgebung abhängig. Bis zur Einrichtung des Schutznetzes kann der Gerüstbau daher nur in enger Abstimmung mit der Stadt Köln erfolgen, die sehr bald mit der Umgestaltung der nördlichen Domumgebung beginnen möchte.[11]

Die Tragkonstruktion des Hängegerüsts besteht im Wesentlichen aus Aluminiumtraversen. Für das Gerüst sollen überwiegend die Bauteile des Gerüsts wiederverwendet werden, das bis 2013 an der Turmecke D 03 hing. Daher wurden Materialuntersuchungen hinsichtlich möglicher Verwitterungs- oder Verschleißerscheinungen durchgeführt.[12] Zudem wird jedes Bauteil vor dem Einbau sorgfältig auf Beschädigungen überprüft. Die infolge geänderter Normen und konstruktiver Anpassungen notwendige statische Neuberechnung der Gerüstkonstruktion wurde von Dipl.-Ingenieur Udo Roth aus Bergheim übernommen.

7 65. Dombaubericht, 2024, S. 12.
8 Vgl. 37. Dombaubericht, 1996, S. 17–19. – 2002 und 2011 folgten die Hängegerüste an D 03 und F 01. Vgl. 43. Dombaubericht, 2002, S. 18–24. – 52. Dombaubericht, 2011, S. 140. – Spektakulär waren die Demontagen der Gerüste unter Einsatz eines Krans 2006, 2013 und 2021. Vgl. 47. Dombaubericht, 2006, S. 20–21. – 54. Dombaubericht, 2013, S. 33–38. – 62. Dombaubericht, 2021, S. 10–12.
9 Die Hängegerüste an D 03 und F 01 wurden an einer Stahlkonstruktion befestigt und nicht mehr wie D 01 direkt am Turmhelm angeschlagen. Der Aufbau erfolgte in beiden Fällen innerhalb eines fahrbaren Schutznetzes. Das Hängegerüst F 01 wurde erstmals an weniger elastischen Ketten statt an Seilen aufgehängt.
10 Zu einer detaillierten Beschreibung der Bauabfolge zur Erstellung der Plattformen und des Schutznetzes des Hängegerüsts vgl. 43. Dombaubericht, 2002, S. 18–24.
11 Die Umgestaltung der Domumgebung nach den Plänen des Architekturbüros Allmann Sattler Wappner (heute allmannwappner) hat in den Jahren 2013 bis 2016 mit dem Umbau der Ostumgebung begonnen. Vgl. 54. Dombaubericht, 2013, S. 22–24. – 55. Dombaubericht, 2014, S. 46–47. – 56. Dombaubericht, 2015, S. 45–46. – 57. Dombaubericht, 2016, S. 213–217.
12 Der TÜV Nord konstatierte den einwandfreien Zustand der hochwertig ausgeführten Schweißnähte sowohl an den Aluminiumtraversen als auch an den Aufhängungskonstruktionen für die Schwerlastketten. An den Aluminiumtraversen waren schon 2023 im Kölner Institut für Baustoffprüfung und -technologie (KIBT) zufriedenstellende Traglastversuche auf Biegung und Zugkraft durchgeführt worden. An den Ketten sowie an sämtlichen Anschlagmitteln wurden die obligatorischen UVV-Prüfungen (Unfallverhütungsvorschrift) durchgeführt.

3 | *Modellvorlage für eine Vierung im Blattfries am spätgotischen Pfeiler F 03*

4 | *Neues Aufsatzstück für den Baldachin des Moses am Marienportal*

1.2.3 Restaurierung des spätgotischen Nordturmpfeilers F 03
Nach dem Ausarbeiten der Vierungen im Trachytmauerwerk[13] des Pfeilers F 03 in 14–20 m Höhe und dem Erstellen des Aufmaßes durch die Steintechnik wurden die Pläne für die neuen Werkstücke angefertigt. Die großen Vierungen für die Wasserschläge auf 20 m erstellte die Firma Schwartzenberg aus Aachen in Montemerlo-Trachyt, dem Ersatzmaterial für den Drachenfels-Trachyt der spätmittelalterlichen Bauzeit. Kleinere Vierungen wie Blendmaßwerke und Profilstücke werden in der Dombauhütte hergestellt, ferner auch drei aufwendige Vierungen für einen Blattfries unterhalb der Wasserschläge. Nach dem Abformen der vorhandenen Ornamentik stellt Bildhauer Michael Oster die Modellvorlagen zur Reproduktion in Stein für die Steinmetzen her (Abb. 3). Die erste Blattfriesvierung wird bereits durch Steinmetz Sven Imamovic gefertigt.

1.2.4 Erneuerung der Baldachine am Marienportal
Für den neuen Baldachin über der Figur des Moses am Marienportal[14] erstellte Steinmetzin Annette Gonera das passende Aufsatzstück (Abb. 4), ein äußerst filigranes Werkstück aus französischem Kalkstein, der aus Caen in der Normandie stammt. Derzeit fertigt die Steinmetzin Begleitfialen und Kreuzblumen für den Aufsatz. Ein weiterer Baldachinaufsatz wird zurzeit durch Steinmetz Wolfgang Küpper ausgeführt.

1.3 Lang- und Querhaus

1.3.1 Restaurierung des Strebewerks A 08–A 09
Die Restaurierung des Strebewerks A 08–A 09 stellt eine planerische Herausforderung für Ingenieure und Statiker dar.[15] Die Maßwerkbrücken der beiden Strebebögen müssen nacheinander ausgetauscht werden, beginnend am weniger stark beanspruchten oberen Strebebogen.[16] Durch deren Abbau sind die Strebebögen erheblich geschwächt, sodass während der Bauphase statische Ersatzmaßnahmen getroffen werden müssen.

Zur Sicherung des unteren Strebebogens kam dieselbe Konstruktion zum Einsatz, die bereits 2006 am Strebewerk H 08–H 09 eingebaut war.[17] Diese besteht aus zwei Stahltraversen, welche die Hochschiffpfeiler A 09 und A 10 umfassen. Zwischen diesen werden zwei Parafilseile durch den Dominnenraum gespannt. Das Material wurde aufgrund seines leichten Gewichts und der geringen

13 65. Dombaubericht, 2024, S. 14.
14 65. Dombaubericht, 2024, S. 15.
15 65. Dombaubericht, 2024, S. 15–16. – 64. Dombaubericht, 2023, S. 14–15.
16 Vereinfacht dargestellt hat der untere Bogen die Kraft der Gewölbe zu tragen, während der obere vornehmlich von den auf die Hochschiffwand und den Dachstuhl einwirkenden Windkräften beansprucht wird.
17 47. Dombaubericht, 2006, S. 12–14.

5 | *Montage der Parafilseil-Abspannung mithilfe eines 13 m breiten Fassadenfahrkorbs im Südquerhaus*

Temperaturdehnung gewählt. Die statische Berechnung stellte erneut das Ingenieurbüro Finck Billen auf; geprüft wurde sie vom Aachener Büro IBG Güldenpfennig – Schlich. Ein Monitoring-System der Firma Glötzl überwacht die Ankerkräfte und die Bauwerksverformungen in Echtzeit und würde bei nennenswerten Veränderungen eine Warnung an die Mobilfunktelefone der Bauleitung senden.

Zur Montage der Abspannung wurde ein 13 m breiter Fassadenfahrkorb genutzt, der im Dachstuhl aufgehängt war und im Querhausmittelschiff auf die Höhe des Couronnements der Obergadenfenster gezogen wurde (Abb. 5). Nachdem die Glaser die Fensterpaneele aus den betroffenen Ecken des Maßwerks ausgebaut hatten, konnte ein Team aus Gerüstbauern und Versetzsteinmetzen den Einbau der Parafilseile vornehmen. Die benötigte Vorspannung wurde mithilfe von zwei Hydraulikzylindern aufgebracht. Da entsprechende Hohlkolbenzylinder im benötigten Durchmesser nicht mit integrierter Sicherheitsmutter zu bekommen waren, wurden von Schlosser und Schmied einfache, aber ebenso wirksame Abfangkonstruktionen aus je zwei stählernen Grundplatten und vier Gewindestangen gefertigt (Abb. 6).

Am oberen Strebebogen wurden die Zuganker reaktiviert, die bereits im Zuge der Restaurierung der östlichen Strebewerke des Südquerhauses Ende der

6 | *Abfangkonstruktionen für die Hydraulikzylinder aus je zwei Grundplatten und vier Gewindestangen*

1920er-Jahre eingebaut wurden und ohne Funktion am Bau verblieben waren. Zur Integration einer Kraftmessdose musste an den dreiteiligen Ankerstangen jeweils ein Endglied der beiden Anker von den Metallbauern neu hergestellt werden. Diese schließen mithilfe angepasster Gewinde an die historischen Spannschlösser an. Nach Abschluss der Maßnahme soll wieder das historische Ankerglied eingesetzt werden. Um jede ungewollte Verformung an beiden Strebebögen ausschließen zu können, wurden sie mit Lehrbögen aus Metallgitterträgern unterstützt. Die teils speziell angefertigten Bauteile waren schon bei der Maßnahme am Strebewerk H 08–H 09 im Einsatz. Die statische Berechnung übernahm wieder der Gerüststatiker Dipl.-Ingenieur Josef Pesch. Im Juli 2025 erfolgte der Abbau der oberen Maßwerkbrüstung.

Erfreulicherweise zeigte sich bei den Ausstemmarbeiten im Strebewerk, dass die Substanz des Stuben- beziehungsweise Schlaitdorfer Sandsteins trotz wabenförmiger Rückwitterungen, sogenannter Alveolen, meist stabil ist. Auch Schalenbildungen erwiesen sich nur in Einzelfällen als Problem, da sie meist nur wenige Millimeter stark sind und die darunterliegende Mürbzone in der Regel nur wenige Kornlagen umfasst. Aufgrund dieser Erkenntnisse und der Untersuchungen zum Schlaitdorfer Sandstein (vgl. 1.3.2) wurde die Entscheidung getroffen, we-

7 | *Lösung und Absaugung der Salze unter Verwendung eines Vakuum-Spülsaugers*

niger historische Bauteile auszutauschen als vorgesehen; sie werden nun restauratorisch behandelt. Diese Entwicklung ist zukunftsweisend. Es zeichnet sich ab, dass bei künftigen Baustellen im Strebewerk ein deutlich höherer Anteil bauzeitlicher Werkstücke erhalten werden kann.

Da sämtliche Bauteile im Strebewerk durch bauschädliche Salze belastet sind, wurden testweise Salz reduzierende Maßnahmen durchgeführt (vgl. 1.3.2). Die Versetzsteinmetzen Ludger Weichhaus und Michael Schlig trugen an Werkstücken, die nach dem Ausbau gut zugänglich waren, schwer lösliche Gipskrusten im Partikelfeinstrahlverfahren ab. An der südlichen Begleitfiale, die bereits im Vorjahr auf gleiche Weise gereinigt worden war, wurden anschließend auch leicht lösliche Magnesiumsulfat-Salze an ausgewählten Werkstücken reduziert: Nach dem Abnehmen von Salzausblühungen an trockenen, warmen Tagen mit Pinsel und Staubsauger kam versuchsweise ein Vakuum-Spülsauger zum Einsatz. Der mit einer umlaufenden Gummilippe versehene Waschkopf sprüht verwirbeltes kaltes Wasser auf das Gestein, löst das Salz und saugt die Lösung im selben Arbeitsgang von der Oberfläche ab. Auf diese Weise lässt sich selbst aus grobkörnigen Strukturen Salz »auswaschen« (Abb. 7). Während die Laboranalysen zur Wirktiefe und der Reduzierung des Salzgehalts noch laufen, lassen Beobach-

8 | *Versetzarbeiten am Ansatz der oberen Strebebrücke*

tungen im Strebewerk bereits auf positive Effekte schließen: Seit der Behandlung traten weder auf den Oberflächen noch unter den Schalen der bearbeiteten Werkstücke Salzausblühungen auf. Ebenso blieben Materialverluste wie Absanden, Abbröckeln oder Abplatzen ganzer Profilglieder – anders als bei den benachbarten unbehandelten Stücken – aus.

An den Steinoberflächen des Strebepfeilers A 08, die durch den Steinausbau im August 2025 gut erreichbar waren, wurden neben den Reinigungs- und Entsalzungsarbeiten auch erste Restaurierungsmaßnahmen ausgeführt.

Nach Abschluss der restauratorischen Maßnahmen konnten die Steinmetze die Versetzarbeiten an der oberen Strebebrücke durchführen (Abb. 8). Das Versetzen der aufwendigen Werksteine, die den geometrisch komplexen Übergang zwischen Strebepfeiler und Strebebogen bilden, erwies sich als besonders herausfordernd. Ihre passgenaue Ausrichtung ist entscheidend für den weiteren Aufbau des gesamten Strebebogens.

Hierfür und zur Vorbereitung der nächsten Bauabschnitte im Strebewerk A 08–A 09 wurden und werden zahlreiche Werkstücke wie Unter- und Oberteile der Strebebögen, Aufbaustücke, Konsolsteine und zahlreiche Vierungen durch die Steinmetzen der Dombauhütte gefertigt. Das betrifft fast den kompletten Ersatz der unteren und oberen Maßwerkbrücken der Strebebögen sowie von stark geschädigten Laubköpfen, die den oberen Abschluss der Maßwerkbrücken bilden. Ebenfalls wurde der obere Abschluss der östlichen Fiale A 08 mit Anschluss an den Strebepfeiler A 08 komplett erneuert. In Arbeit sind derzeit noch Werkstücke für die westliche Fiale A 08, die ebenfalls aufgrund großer Schäden in Teilen erneuert werden muss, sowie zahlreiche Vierungen für die Pfeilerbasis des Strebpfeilers A 08.

Besondere Herausforderungen für die Bildhauer stellen die Neuanfertigungen zweier Wimpergaufnehmer mit Konsolfiguren, eines Ritters und eines Armbrustschützen aus dem Zyklus »Szenen aus den Kreuzzügen«, dar. Nach Fertigstellung der Modelle im letzten Jahr[18] konnte Bildhauer Michael Oster die Figuren in Božanov-Sandstein neu schlagen. Eine darunter befindliche weitere Konsolfigur eines Ritters erhält einen neuen Kopf und eine neue Schulterpartie. Dafür musste der Torso von der Bildhauerin Nina Ohldag vor Ort abgeformt und die Form anschließend in Gips ausgegossen werden. Auf dem so erstellten 1:1-Modell werden die fehlenden Körperteile aufmodelliert. Sie dienen als Vorlage für die Umsetzung in Stein. Vorlagen hierfür, wie auch für die beiden Wimpergaufnehmer, sind die originalen Bozzetti von Christian Mohr aus dem 19. Jahrhundert.

1.3.2 Untersuchungen zu Restaurierungsmethoden und -materialien für den Schlaitdorfer Sandstein

Wie im vorausgegangenen Dombaubericht aufgezeigt, konnte bislang kein Restauriermörtel langfristig den Salzbelastungen und Verwitterungsprozessen im Stuben- beziehungsweise Schlaitdorfer Sandstein standhalten.[19] Daher wurde das Anforderungsprofil für einen geeigneten Mörtel überarbeitet: Der Fokus liegt nun stärker auf Opfer-, Sanier- und Funktionsputzen, die sowohl der Salzlast standhalten als auch bauphysikalisch auf die Gesteinseigenschaften abgestimmt sind. Um den Bedarf zu schärfen und den fachlichen Austausch zu fördern, referierten Kathrin Bommes und Mira Meyer im September 2024 auf der Tagung »Mauerwerkssalze verstehen«[20] über den Themenkomplex. Kurz darauf konnte der Geologe und Denkmalplaner Dr. Georg Hilbert als Berater für die Konzept- und Materialfindung im Strebewerk gewonnen werden. Auf seine Anregung hin wurden die im Strebewerk definierten Oberflächentypen – charakteristische Kombinationen von Schadensphänomenen – überprüft, ergänzt und angepasst.

18 65. Dombaubericht, 2024, S. 15.
19 65. Dombaubericht, 2024, S. 18.
20 Die Tagung »Mauerwerkssalze verstehen« des Vereins Salze im Kulturgut e. V. fand am 26. und 27. September 2024 an der Technischen Hochschule (TH) Köln statt.

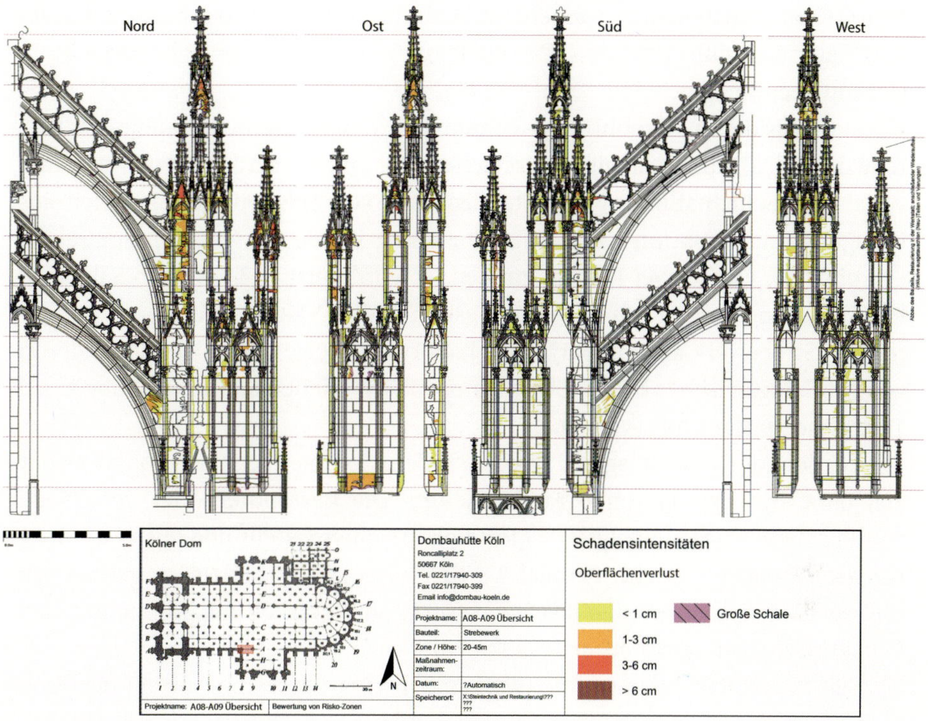

9 | *Kartierung der Schadensintensitäten im Strebewerk A 08–A 09*

Die fünf dominierenden Typen wurden anschließend auf ihre technischen Kennwerte und Salzbelastung untersucht. Weitere Untersuchungen am Stein wurden in Zusammenarbeit mit Dr. Elisabeth Mascha von der Akademie für Angewandte Künste in Wien beigesteuert.

Die Ergebnisse zeigen das Zusammenspiel von Gesteinsgefüge und Umweltfaktoren: Stubensandstein weist oft feine, nur wenige Zentimeter mächtige Schichtungen auf, die sich in ihren Eigenschaften deutlich voneinander unterscheiden.

Eine Kartierung der Schadensintensitäten zeigt zudem, dass tiefe Auswitterungen selten an Flächen mit südwestlicher Ausrichtung auftreten (Abb. 9). Drastische Materialverluste finden sich überwiegend bei Nord- bis Südostexposition und dort vor allem in architektonischen Nischen: an eng gesetzten Werkstücken zum Beispiel hinter den Begleitfialen oder in den Tiefen komplexer Profilglieder oder Zierelemente – also meist an Bauteilen von hohem bauhistorischen Wert. Neben den Gesteinseigenschaften wirken folglich ungünstige Bedingungen bei

Temperatur, Luftfeuchte, Sonneneinstrahlung und Wind beschleunigend auf den Materialverfall, da sie den Wasser(dampf)- und damit den Salztransport im Gestein beeinflussen.

Auf Basis dieser Erkenntnisse wurden drei Maßnahmenfelder definiert: Salzreduzierung, Mörtelergänzungen (salzresistent, weicher als das Ausgangsgestein, variabel in Schichtstärken) und Stabilisierung von Schalen (Kombination aus Festigung und Injektion). Zur Salzreduzierung wurde ein Vakuum-Spülsauger erprobt (vgl. 1.3.1). Zwei Fragen standen im Vordergrund: Lässt sich Salz in relevanter Menge und Tiefe aus dem Gestein spülen? Ist das Verfahren im feinteiligen Strebewerk anwendbar? Erste Laborwerte zeigen deutliche Veränderungen des Salzgemisches bis in 10 cm Tiefe; optisch blieben Salzausblühungen auf Testflächen bislang aus (vgl. 1.3.1).

Bei den Mörteltests lag der Fokus seit dem Sommer 2025 auf Funktionsputzen ohne hydrophobierende Eigenschaften. Die Bestandteile der verschiedenen Produkte wurden analysiert, Mörtelprismen hergestellt und auf Festmörteleigenschaften untersucht. Parallel wurden ausgewählte Mörtel an gereinigten und entsalzten Ausbauteilen des Strebewerks auf Verarbeitung, Abbindung und Pigmentierbarkeit getestet.

Seit September 2025 widmet sich zudem eine Bachelorarbeit an der Fachhochschule Potsdam den Mörteln und mineralischen Klebstoffen für den Einbau von Neuteilen und Vierungen. Dabei untersucht Leon Wilke insbesondere deren Eignung als Kontaktfläche zwischen salzbelastetem Stubensandstein und Ersatzgestein aus Božanov.

1.3.3 Restaurierung des Strebewerks B 07–B 09

Nach der Anlieferung von bereits mit CNC-Seilsägen im Steinbruch von Božanov vorbereiteten Werkstücken konnte in der Dombauhütte mit der Fertigung der Brüstungsstücke für die Strebebögen B 07–B 08 begonnen werden. Für die Anfertigung neuer Konsolfiguren (Wimpergaufnehmer) an Pfeiler B 09, die eine Edelfrau und einen Edelmann darstellen, stellte Bildhauer Michael Oster auf Grundlage der Originalbozzetti die Modellvorlagen (Abb. 10) her.

1.3.4 Restaurierung der Obergadenwand B 09–C 09

Aufgrund der umfangreichen Arbeiten im Strebewerk A 08–A 09 musste das Versetzen der neuen, in Božanov vorgefertigten Brüstungselemente der Obergaden-

21 64. Dombaubericht, 2023, S. 15.
22 65. Dombaubericht, 2024, S. 20. – 64. Dombaubericht, 2023, S. 15.
23 65. Dombaubericht, 2024, S. 20. – 64. Dombaubericht, 2023, S. 16.
24 P[ia] M[odanese]: Offizielle Übergabe eines von der Kanagawa-Universität gestifteten Wasserspeiers, in diesem Domblatt, S. 293.

10 | *Bildhauer Michael Oster erstellt die Modellvorlage für eine Konsole mit Darstellung eines Edelmanns für Pfeiler B 09*

wand B 09–C 09 nochmals verschoben werden.[21] Die von der Firma Schwartzenberg gefertigten Blattfriesstücke für den Wimperg des Agilolphusfensters sind mittlerweile angeliefert worden.[22] Sie stehen mit weiteren in der Dombauhütte für den Wimperg gefertigten Laubköpfen und Vierungen zum Einbau bereit.

1.3.5 Restaurierung der Südquerhausfassade

Der von Uta Tröger gefertigte Wasserspeier aus Basaltlava[23] an der Ostseite des Pfeilers G 11 konnte am 12. November 2024 versetzt werden (Abb. 11). Für die Montage des tonnenschweren Werkstücks kam ein neuer 32-Tonnen-Autokran der Firma Wasel zum Einsatz. Nach der Montage konnte das Gerüst am Pfeiler G 11 abgebaut werden. Der Wasserspeier wurde von der Kanagawa-Universität in Yokohama gestiftet. Die feierliche Übergabe fand unter Anwesenheit des Präsidenten der Universität Prof. Ryusuke Toda am 4. September 2025 statt.[24]

11 | *Der neue Wasserspeier an Pfeiler G 11 wird versetzt.*

1.3.6 Ergänzung von Skulpturen der Südquerhausfassade

Bildhauer Hans-Christoph Hoppe erstellte weitere Vierungen für die Teilergänzung der Figur des heiligen Alban von Mainz.[25] So konnte eine große Vierung zur Ergänzung der linken Schulter mit Arm und Bischofsstab passgenau eingesetzt werden. Ferner wurden zahlreiche kleinere Vierungen, etwa am Gewand des Heiligen, gesetzt. Nach ihrer Fertigstellung kann die Figur mit den bereits ergänzten Skulpturen der heiligen Cordula und des heiligen Pantaleon[26] in den Südquerhausportalen versetzt werden.

1.3.7 Restaurierung des Michaelsportals

Das im vergangenen Jahr errichtete Gerüst am Wimperg des Michaelsportals (Abb. 12)[27] wurde durch die Gerüstbauer mit einer Folie der Firma Euro Planen verkleidet, welche den Bereich für die notwendigen Sandstrahl- und Laserarbeiten abschirmt. Für die bessere Optik wurde die Folie mit einem fotogrammetrischen Plan des eingerüsteten Bereichs bedruckt.

12 | *Wimperg des Michaelsportals vor der Restaurierung*

Zunächst wurde die Bau- und Restaurierungsgeschichte recherchiert. Dazu erfasste Sebastian Becker den Gesteinsbestand in einer Kartierung, die auf materialtechnologischen Untersuchungen durch Dr. Esther von Plehwe-Leisen basiert. Für die Ergänzungen an den Baldachinaufbauten wird die Verwendung von Crazannes-Kalkstein angestrebt, dessen Beschaffung im französischen Arrondissement Rochefort (Département Charante-Maritime) über den Steintechniker Michael Jürkel koordiniert wird. Da der Wimperg – im Unterschied zum Tympanonfeld und den Archivolten – bereits im 20. Jahrhundert restauriert wurde, traten hier Restaurierungsmaterialien zutage, die von der Steinrestaurierungswerkstatt dokumentiert und analysiert wurden. Unter anderem wurde ein flächiger Leinölanstrich nachgewiesen, der ursprünglich wohl als farblose Imprägnierung gedacht war, heute jedoch stark vergilbt auf dem Stein aufliegt.

25 65. Dombaubericht, 2024, S. 21. – 64. Dombaubericht, 2023, S. 16–17.
26 65. Dombaubericht, 2024, S. 21. – 64. Dombaubericht, 2023, S. 16–17.
27 65. Dombaubericht, 2024, S. 21–22.

13 | *Zierwasserspeier an einem Baldachin des Wimpergs des heiligen Kirchenvaters Gregor vor, während und nach der Reinigung*

Auch der Erhaltungszustand des Wimpergs und der Figuren wurde fotografisch erfasst und kartiert. Besondere Aufmerksamkeit galt dabei den Anlagerungsphänomenen, deren Reduzierung mit Partikelfeinstrahl- und Laserverfahren – wie sie im unteren Bauabschnitt zwischen 2014 und 2016 zum Einsatz kamen – nicht möglich ist. Hierzu zählen neben dem stark vergilbten Leinöl insbesondere schwarze Krusten von bis zu 8 mm Stärke, die eigenständige, die Ornamentik überlagernde »Blumenkohlstrukturen« entwickelt haben. Schwarze Krusten in dieser Stärke sind selbst am Kölner Dom eine Seltenheit. Problematisch ist, dass sie sich an äußerst feinen Zierelementen wie Wasserspeiern und Krabben gebildet haben und dort neben Oberflächen auftreten, die durch ihre Regenexposition keine Krusten aufweisen. Letztere erscheinen dagegen rückgewittert und zum Teil instabil, sodass der Einsatz von Sandstrahlgeräten hier unweigerlich zu einem Verlust der bereits degradierten Oberflächen geführt hätte. Daher konnte das Reinigungskonzept des ersten Portalabschnitts nicht eins zu eins auf den Wimperg übertragen werden. Nach umfangreichen Untersuchungen in der Werkstatt bestätigten auch Tests am Portalwimperg einen Kationentauscher als bestmögliche Lösung: Nach einer Wirkzeit von 24 Stunden ließ sich die millimeterdicke Kruste ohne Kraftaufwand bis auf die letzte Schicht mit Spachteln abtragen. Die verbliebenen Reste konnten anschließend schonend mittels Partikelfeinstrahlverfahren entfernt werden. Unter den Gipskrusten zeigte sich das Zierwerk des Wimpergs in bemerkenswert gutem Erhaltungszustand: Die feinen Bildhauerarbeiten treten nach der Reinigung wieder kantenscharf und detailreich hervor (Abb. 13).

14 | *Restaurierung der mittelalterlichen Wasserspeier am Chorkapellenkranz*

Auch die vergilbten Leinölrückstände wurden mit feinem Strahlgut abgetragen. Aus konservatorischen wie ästhetischen Gründen entschied man sich für deren vollständige Abnahme. Dadurch gelingt es die Gesteinsoberflächen zu öffnen und den heterogenen Gesteinsbestand aus der Bauzeit und den späteren Restaurierungskampagnen optisch weitgehend aneinander anzugleichen. Die Strahlarbeiten wurden von Februar bis August 2025 am gesamten Wimperg, einschließlich seiner Rückseite, ausgeführt.

1.4 Chor

1.4.1 Restaurierung des mittelalterlichen Trachytmauerwerks am Chorkapellenkranz

Im Sommer 2025 wurden die Wasserspeier im aktuellen Baustellenabschnitt F 14.2–F 15.1 restauriert (Abb. 14). Entgegen dem üblichen Vorgehen, von oben nach unten zu arbeiten, hatte das Projektteam deren Bearbeitung bewusst ans Ende der Baumaßnahmen gestellt. Dies geschah aufgrund der besonderen Bedeutung und der komplexen Verwitterungsbilder der Wasserspeier, von denen drei in der Zeit um 1300 aus Trachyt gefertigt wurden. Lediglich der hundeartige Wasserspeier an Pfeiler F 15.2 wurde zwischen 1935 und 1939 aus Muschelkalk er-

15 | *Fuß des Wasserspeiers in Form eines Hockenden an Pfeiler F 15 im Vorzustand, nach der Klebung und mit Mörtelergänzungen*

setzt. Trotz früherer Erhaltungs- und Sicherungsmaßnahmen in den 1830er- und 1930er-Jahren wiesen die Wasser führenden, stark der Witterung ausgesetzten Werkstücke zum Teil erhebliche Verkrustungen, Risse, Brüche, Schalenbildungen und Aufblätterungen auf – häufig in Verbindung mit der Einregelung der großen Sanidinkristalle.

Der Zustand der Wasserspeier wurde in einer separaten Kartierung erfasst, die dem Detailgrad der Verwitterungserscheinungen und der Gestaltung Rechnung trägt. Anders als bei den übrigen eingerüsteten Bauteilen erfolgte die Dokumentation nicht auf Basis von Planunterlagen im Maßstab 1:25, sondern auf Fotografien im Verhältnis 1:5. Zunächst wurde der Istzustand erfasst, aus dem sich die notwendigen Maßnahmen ableiten ließen. Feine Risssysteme, die sich oft erst nach Vorbehandlung mit einem Ethanol-Wasser-Gemisch vollständig zeigten, wurden von der Maßnahmen- in die Zustandskartierung rückgeführt.

Die durchgeführten Maßnahmen umfassten unter anderem die Salzreduzierung mittels Kompressen am westlichen Wasserspeier des Pfeilers F 15, die Riss- und Bruchverklebung mit einem mit Wasser mischbaren Epoxidharz sowie Anböschungen und Schlämmen mit den werkstoffeigenen Mörteln für Drachenfels-Trachyt (Abb. 15). Anders als bei den Wandflächen wurden die Schlämmen zusätzlich mit 1–2-prozentigem, wasseremulgierbarem Epoxidharz versetzt, um deren Haftung und Beständigkeit an den exponierten Skulpturen zu verbessern. Die Rezepturabwandlungen waren bereits im Vorjahr in der Steinrestaurierungswerkstatt getestet worden, wobei eine reduzierte, aber gleichmäßige Wasseraufnahme nachgewiesen werden konnte.

Die Maßnahmen an den Wasserspeiern unterscheiden sich zudem optisch von denen im Mauerwerk. Während dort Teilergänzungen vorgenommen wurden, ist bei den Wasserspeiern auf den rein konservatorischen Erhalt des Istzustandes Wert gelegt worden. Auf Form herstellende Antragungen wurde vollständig verzichtet, und die Schlämmen sind mit Pinseln und Schwämmen in die geschädigte Gesteinsstruktur eingearbeitet worden. Dadurch werden Risse und Schalen geschlossen, der Wasserablauf verbessert und die Verbindung der Steinfragmente untereinander gesichert. Dies ist besonders wichtig, um Feuchtestau und Frostsprengung zu vermeiden und den Salztransport zu gewährleisten, da schädliche Salze sonst genau in den Bereichen ausfallen würden, die bereits intensive Überarbeitung erfordern.

Die Restaurierung der Pfeiler- und Wandflächen sowie des profilierten Stabwerks an den Fenstern wurde gemäß den Systemen der vergangenen Jahre fortgesetzt.[28] Mit Abschluss der Maßnahmen in der Steinlage auf 4 m Höhe wurde zum Ende des Berichtszeitraums ein bedeutender Meilenstein erreicht: die Beendigung der Steinrestaurierung bei der derzeitigen Gerüststellung.

1.5 Arbeiten an den Domdächern

1.5.1 Wartung und Reparatur von Rinnen und Fallleitungen, Arbeiten an den Chorkapellendächern

Die Arbeit der Dachdeckerkolonne ist für den Dom von unschätzbarem Wert. Beinahe alle Schadens- und Degenerationsprozesse der Bausubstanz werden durch Wasser verursacht oder beschleunigt. Angesichts der komplexen Dachlandschaft des Domes mit etwa 12.000 Quadratmetern Bleideckung und etlichen Kilometern an Wasserableitungen ist eine funktionierende Entwässerung für den dauerhaften Fortbestand des Bauwerks unentbehrlich.

Ein Schwerpunkt der Dachdeckertätigkeit der letzten Jahre liegt in der Erneuerung der Dachrinnen oberhalb der Chorkapellen. Viele der Bleiabdichtungen stammen noch aus der Zeit der Errichtung der eisernen Dachstühle in den Jahren 1882 bis 1884. Nur ein Teil der Rinnen war gemeinsam im Zuge der Neueindeckung einiger Walmdächer miterneuert worden. Da die vollständige Erneuerung der Dachdeckung samt Bleibahnen und Dachschalung sehr zeitaufwendig ist, wird seit einigen Jahren die Neuauskleidung der Rinnen priorisiert, in denen sich beträchtliche Wassermassen sammeln. Leckagen werden hier – anders als im begehbaren Dachraum – erst bei einer umfassenden Durchfeuchtung des darunterliegenden Mauerwerks bemerkbar.

28 65. Dombaubericht, 2024, S. 22–23. – 64. Dombaubericht, 2023, S. 21–27. – 63. Dombaubericht, 2022, S. 16–18. – 62. Dombaubericht, 2021, S. 16–20.

16 | *Übersichtsplan des Entwässerungssystems des Domes mit Eintragung der Erneuerungen (rot)*

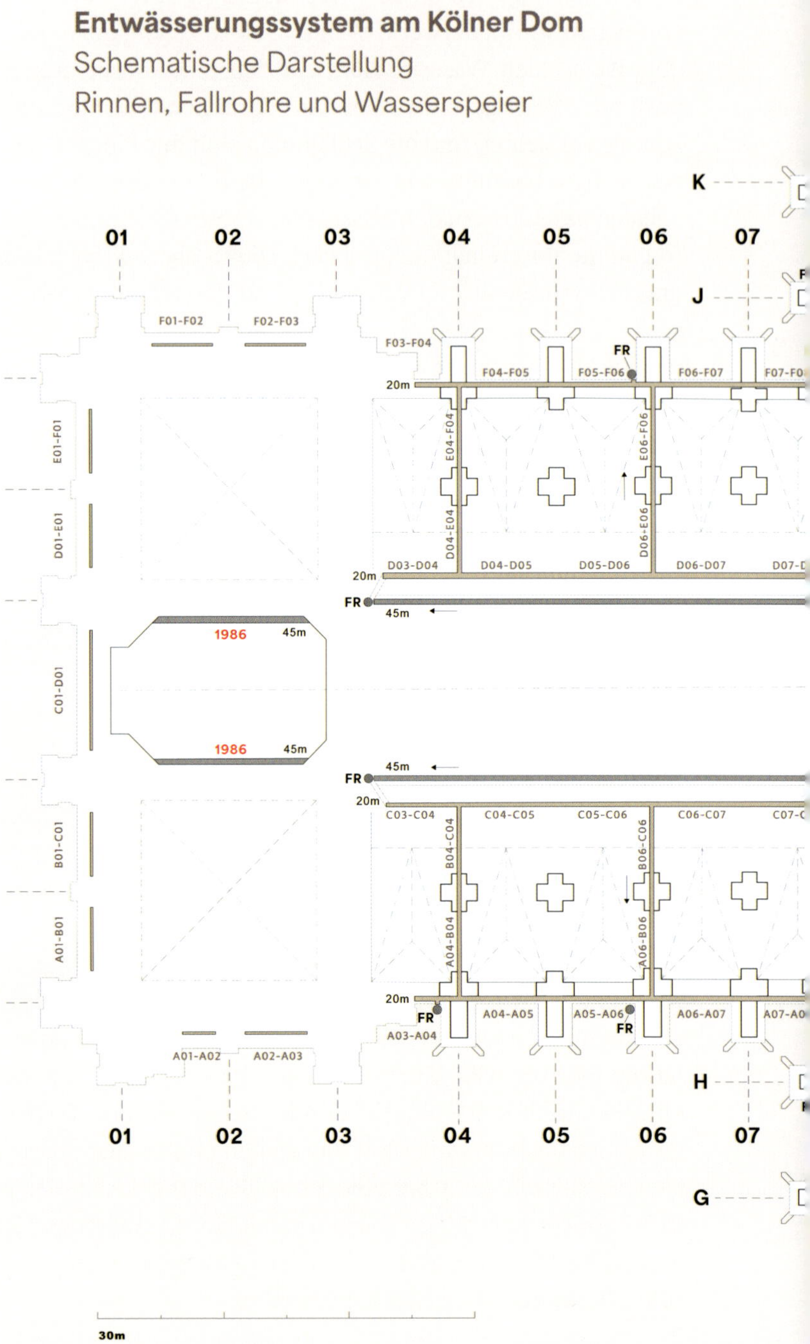

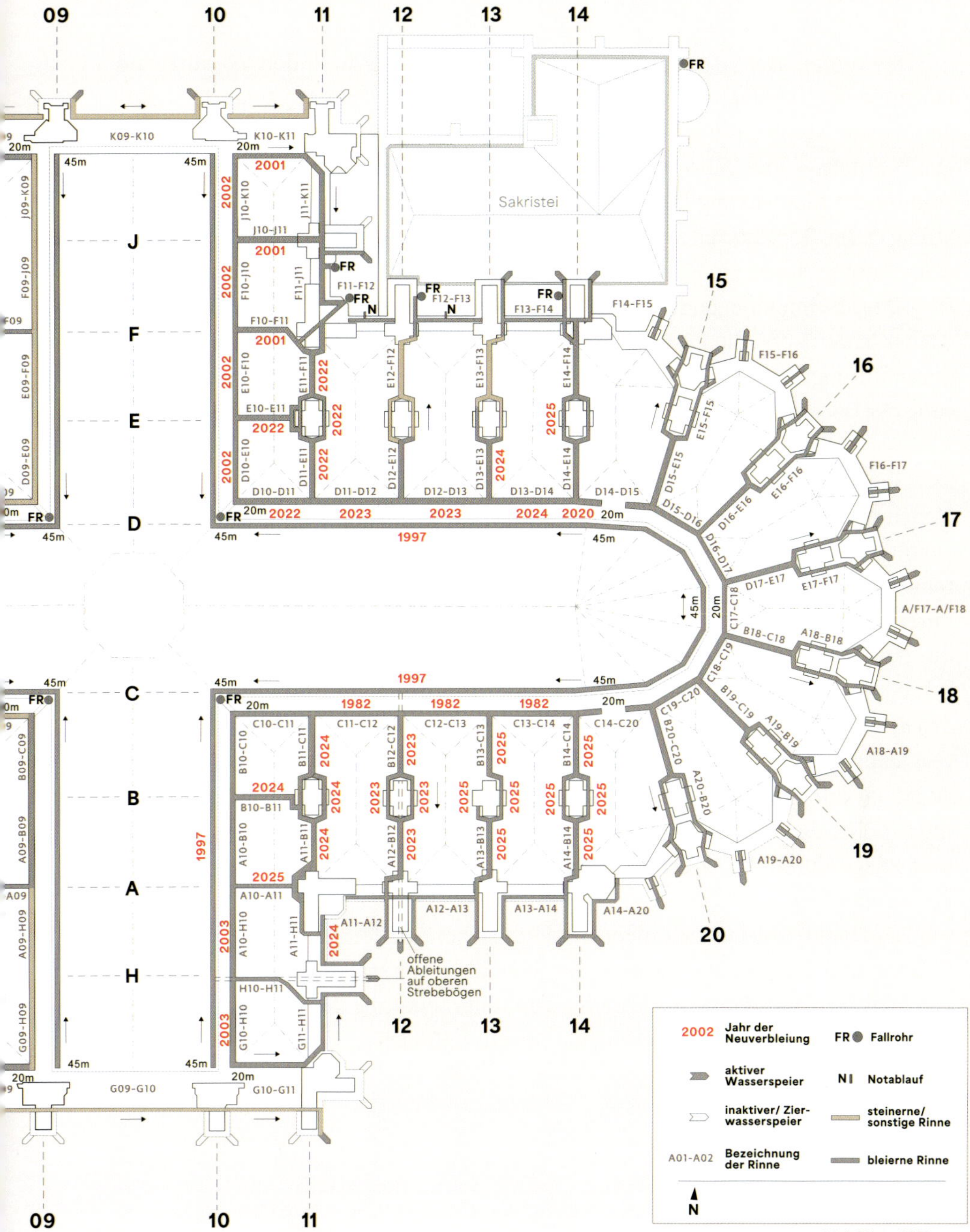

Jakob Rüberg 2025

17 | *Reparatur der Bleiauskleidung einer Rinne über Pfeiler A 13*

Das komplizierte Ableitungssystem des Chores wurde in den vergangenen Jahrhunderten vielfach verändert. Der Übersichtsplan (Abb. 16) zeigt den heutigen Zustand, wobei die roten Ziffern das Jahr der letztmaligen Erneuerung zeigen.[29] Sofern keine Jahreszahl an der entsprechenden Rinne angegeben ist, stammt die Bleideckung höchstwahrscheinlich noch aus der Bauzeit der Dachstühle.[30] Im Berichtszeitraum wurden folgende Rinnen erneuert beziehungsweise ausgebessert: die Kastenrinne zum nördlichen Triforium im Bereich von D 13–D 14, die innenliegenden Rinnen der südlichen und nördlichen Chorkapellendächer in den Bereichen A 13–C 13 und A 14–C 14, D 13–F 13 inklusive der Pfeilerdurchführungen A 13, B 13, A 14, B 14, D 13, E 13 (Abb. 17). Die Arbeiten zur Erneuerung der Dachflächen über den drei östlichen Chorkapellen wurden fortgesetzt.

1.5.2 Sonstige Arbeiten an den Domdächern

Neben den Arbeiten an den Dächern und Rinnen sind die Dachdecker in viele weitere Baumaßnahmen der Dombauhütte eingebunden. Bei Projekten der Restaurierung oder der Neuverglasung von Fenstern verkleiden sie kunstfertig die unteren Sockelbereiche. Jede einzelne Durchdringung der Dachhaut erfordert die Unterstützung der Dachdecker, was bei der Installation der neuen Dombeleuchtung zuletzt Hunderte Arbeitsstunden bedeutete.[31] Aktuell wird ihre Arbeit bei der Erneuerung der Schallluken im Glockengeschoss oder zur Bleiverkleidung der wertvollen mittelalterlichen Wasserspeier benötigt. Nach Regenfällen erfolgt die Überprüfung der Dächer, wobei notwendige Reparaturen unmittelbar durchgeführt werden. Durch die gute und kontinuierliche Wartung und Pflege durch die Dachdecker kommt dieser Fall glücklicherweise nur äußerst selten vor.

Der Dom besitzt jedoch nicht nur Steildächer, sondern auch viele Laufwege, Balkone und sonstige Freiflächen, die ebenfalls einer ständigen Wartung bedürfen. 2025 erfolgten Reparaturarbeiten zur Teilerneuerung der Abdichtungen der Balkone der nördlichen und südlichen Seitenschiffdächer.

29 Der Übersichtsplan samt Jahreszahlen wurde in Zusammenarbeit mit der Dachdeckerkolonne und unter Auswertung früherer Dombauberichte von Jakob Rüberg (wissenschaftliche Hilfskraft) erstellt.

30 Die Rinnen E 12–F 12 und E 13–F 13 sind ohne Bleieinlage in Basalt hergestellt. Die anliegenden Walmdächer waren im Krieg so stark zerstört worden, dass 1948 drei neue Dachstühle im nördlichen Chorhals errichtet wurden.

31 64. Dombaubericht, 2023, S. 32–33.

18 | HG Esch Photography, Kölner Dom mit neuer Beleuchtung von oben

1.5.3 Hohes Dach und Vierungsturm

Die Dachflächen des Hohen Daches am Dom befinden sich in einem insgesamt guten Zustand. Wie in jedem Jahr erfolgten notwendige Wartungs- und Kontrollarbeiten. Dabei wurden Wulste zwischen den Bleibahnen der Dachdeckung geöffnet und gereinigt, um einen besseren Wasserablauf zu gewährleisten.

Auf der Plattform des Vierungsturms auf 68 m wurde der Anstrich der Ausstiegsluke durch Malermeister Wolfgang Hippler erneuert. Die Dachdecker überarbeiteten die Dachanschlüsse zur Dachluke. Im Dach des Vierungsturms befindet sich eine Leiter, die im Bedarfsfall nach unten zur Plattform ausgezogen werden kann. Die Leiter erhält an ihren Fußpunkten Gummipuffer, sodass auf die mittlerweile schadhafte Holzabdeckung zum Schutz der Bleideckung in der Mitte der Plattform verzichtet werden kann. Bei der Spindeltreppe im Vierungsturm zwischen 53 und 68 m wird die Entfernung des Altanstrichs zur Freilegung der Original-Eisenoberfläche durch den Malermeister der Dombauhütte fortgesetzt.

1.5.4 Arbeiten an den Dächern der Dombauhütte

Neben den Dächern des Domes gehören auch sämtliche Dächer der Dombauhütte zum Aufgabenbereich der Dachdecker. Daher wurden wieder sämtliche Dächer gewartet, kleinere Reparaturen wurden dabei sofort erledigt. Schwerpunkt in diesem Jahr stellte das Dach der Glaswerkstatt dar. Hier mussten einige Reparaturen sowohl an der Bleideckung als auch in den Rinnen ausgeführt werden.

1.6 Weitere Arbeiten am Bauwerk

1.6.1 Erneuerung der Außenbeleuchtung

Zwischen Anfang 2022 und April 2025 wurde die Außenbeleuchtung des Kölner Domes umfassend modernisiert (Abb. 18). Die bisherigen Halogen-Metalldampflampen wurden durch energieeffiziente LED-Leuchten ersetzt. Insgesamt rund 700 neue LED-Leuchten wurden installiert, wofür etwa zwölf Kilometer neue Kabel verlegt werden mussten. Die Dachdecker der Dombauhütte fertigten unzählige Dachdurchdringungen und Halterungen für die neuen Leuchten, die allesamt ohne Beschädigungen der Bausubstanz installiert wurden.

Die neue Beleuchtung ist künftig dimmbar, erlaubt flexible Farbtemperaturen und setzt den Dom und seine vielen zierreichen gotischen Bauelemente mit präzisen Lichtakzenten eindrucksvoll in Szene. Durch das neue Beleuchtungskonzept wird die Lichtverschmutzung am Dom künftig so gering wie möglich gehalten. Allein die nun technisch mögliche Einstellung der Farbtemperaturen, die Dimmbarkeit und punktgenaue Wirkungskraft unterscheiden die neue Dom-

beleuchtung von der alten, statischen Beleuchtung mit ihrem hohen Streulichtanteil. Planungsziel war es, den besten Kompromiss zwischen einer prägnanten Akzentuierung der gotischen Architektur und einer maßvollen, möglichst umweltverträglichen Inszenierung des Domes im nächtlichen Stadtbild zu erreichen. Verantwortlich für das Lichtkonzept ist das international tätige Planungsbüro »Licht Kunst Licht AG« mit Sitz in Bonn und Berlin. Die Umstellung auf die moderne LED-Technik wurde von der RheinEnergie AG ausgeführt, hierfür stellte der Rat der Stadt Köln im Jahr 2019 insgesamt 2,3 Millionen Euro bereit. Umgesetzt wurden die technischen Installationen von der Firma Elektro Baeth aus Köln.

1.6.2 Wartung der elektrischen Anlagen im Dom

Die Wartung sämtlicher elektrischer Anlagen des Domes wurde in bewährter Weise vom Elektriker der Dombauhütte Daniel Andrade sowie von Michael Arnold von der Firma Elektro Baeth durchgeführt. Schwerpunkt der Arbeiten der Elektriker im und am Dom bildete die weitere Umstellung der Dombeleuchtung im Innenraum. So wurde unter anderem eine neue Beleuchtung für den Klarenaltar installiert. Beim Umbau der Dombauhütte erhielt die Schreinerei eine komplett neue Elektroinstallation sowie eine neue Beleuchtung.

1.6.3 Blitzschutz

Die zentrale Aufgabe des Blitzschutzes besteht darin, die enormen elektrischen Ladungen von Blitzströmen sicher einzufangen und möglichst schadensfrei in die Erde abzuleiten. Um die auftretenden Stromstärken zu reduzieren, soll der Strom möglichst gut verteilt und ohne Umwege in Richtung Boden geführt werden. Zu diesem Zweck wurde die Zahl der Verbindungstellen zwischen dem exponierten und für Blitzeinschläge besonders gefährdeten Vierungsturm und dem eisernen Dachstuhl des Hohen Dachs planmäßig erhöht. Außerdem wurden die Regenfallrohre und Steigleitungen der Feuerwehr konsequent in den Blitzschutz einbezogen sowie die Führung einiger Blitzableiter verkürzt. Im Zuge der Umgestaltung des Domfriedhofs konnten im Bereich des Chores zudem zwei zusätzliche Tiefenerder von der Firma Blitzschutz Graff GmbH aus Wesseling eingebracht werden.

1.6.4 Erneuerung der Brandmeldeanlage und Erweiterung des Brandschutzes

Im Rahmen der technisch notwendigen Erneuerung des Brandmeldesystems am Dom wurde besonders mit Blick auf die Brandkatastrophen in der Pariser Kathedrale Notre-Dame und im historischen Börsengebäude in Kopenhagen beschlossen, die durch technische Einrichtung überwachten Bereiche zu erweitern.

So wurde im Bereich der 45-m-Ebene im Hohen Dach ein Rauchansaugsystem installiert, welches permanent Analysen der Raumluft durchführt und dabei schon geringste Mengen von Rauch erkennen und Alarm auslösen kann. Auch die Ebene der Seitenschiffdächer in 20 m Höhe wurde mit Sensoren neuester Technik zur Brandfrüherkennung ausgestattet. Zusätzlich zu der guten und intensiven Zusammenarbeit mit der Berufsfeuerwehr Köln bestehen nun weitere geeignete präventive Maßnahmen zur Vermeidung von Bränden am Dom.

Ein weiteres Augenmerk liegt nach der technischen Ertüchtigung der Systeme auch auf dem Kulturgüterschutz für die Kunstwerke im Inneren des Domes; entsprechende Schutzkonzepte befinden sich derzeit in Bearbeitung.

Neben der Brandmeldeanlage des Domes wurden auch die Werkstätten der Dombauhütte mit einem Brand-Überwachungssystem ausgestattet. Die Installationsarbeiten sind derzeit in Umsetzung, sodass innerhalb des ersten Quartals 2026 die Anlage in Betrieb genommen werden kann.

2. Arbeiten an Kunstwerken und Inventar

2.1 Glasgemälde und Fenster

2.1.1 Instandsetzung der Langhausverglasung

Das ornamental gestaltete Triforiumsfenster N XX (D 6–D 7) wurde im Dezember 2024 ausgebaut und ist wieder instand gesetzt.[32] Die Bearbeitung orientierte sich am Konzept für die Langhausverglasung, das bereits an den beiden Triforienfenstern N XXIII (D 3–D 4) beziehungsweise N XXI (D 5–D 6) und dem Ornamentfenster N XVIII (D 8–D 9) umgesetzt wurde. Die Konservierung der Haltekonstruktion ist abgeschlossen. Nach dem Wiedereinbau des Fensters erfolgt die Reinigung der Fensterumgebung durch die Steinrestauratorinnen.

Ein Rechteckfeld des Triforiumsfensters N XX ist als Lüftungsflügel konstruiert und daher mit einem separaten Rahmen und Scharnieren ausgestattet. Da die Lüftung des Innenraums nicht über die Triforien erfolgt und eine Instandsetzung der Eisenrahmung nur mit sehr großem Aufwand möglich gewesen wäre, wurden die betreffenden Felder zu einer feststehenden Verglasung umgearbeitet. Bereits in der Vergangenheit wurden nicht benötigte Lüftungsflügel in der Triforiumsverglasung des Querhauses stillgelegt. Der Einbau des instand gesetzten Fensters N XX steht unmittelbar bevor.

2.1.2 Arbeiten am Welterzyklus im Südquerhaus

Die Arbeiten am Helenafenster S XII (G 10–H 10), das auf der Grundlage historischer Vorlagen aus dem 19. Jahrhundert rekonstruiert wird, schreiten stetig

32 Diese Arbeiten wurden von der Werkstatt Die Glasmaler GmbH, Borchen, ausgeführt.

19 | *Einbau der farbigen Bleiverglasung im Maßwerk von der Innenseite aus und vor der bereits installierten Schutzverglasung*

20 | *Montage der Schutzverglasung im Maßwerk der Engelbertuskapelle*

voran. Das farbintensive, mit Schwarzlot gestaltete Maßwerk und die Ornamentbahnen sind fertiggestellt und wurden innenseitig vor der bereits montierten Außenschutzverglasung eingebaut (Abb. 19).[33]

Die unteren sechs Zeilen mit den Architekturbaldachinen, den Heiligenfiguren und der Wappenzeile sind weitgehend fertig. Zusätzlich zur Bemalung mit Konturen, Schraffuren und Lasuren erhielten die Gläser auf der Außenseite einen dünnen, flächigen Farbauftrag. Dieser imitiert eine »Patina« und somit die natürliche Alterungserscheinung der umgebenden Glasmalereien des 19. Jahrhunderts, sodass sich die neu angefertigten Figurenzeilen harmonisch in den historischen Bestand einfügen. Die im Zweiten Weltkrieg zerstörten Stifterwappen werden nicht wiederholt. In Absprache mit dem heutigen Stifter, der Klosterfrau Healthcare Group, sind künftig Heilpflanzen zu sehen sowie eine abgewandelte Form des traditionellen Firmenemblems. Die Entwürfe werden in der Werkstatt derzeit detailliert ausgearbeitet.

Die in den 1860er-Jahren für die Ornamentbahnen und die Maßwerkverglasung der Welterfenster verwendeten Farbkartons des Architekten Wilhelm Hoffmann werden weiterhin im Atelier für Papierrestaurierung von Dirk Ferlman bearbeitet.

2.1.3 Instandsetzung der Fenster in der Engelbertus- und Maternuskapelle

In die Fenster der Engelbertuskapelle sowie in das Fenster n VIII der Maternuskapelle wurde die neue Schutzverglasung eingesetzt und verkittet (Abb. 20). Künftig wird bei allen Fenstern des Chorkapellenkranzes die Schutzverglasung über die gesamte Höhe einschließlich des Maßwerks angebracht. Bislang waren die beiden Städtetagsfenster der Engelbertuskapelle ohne Schutzverglasung eingesetzt, und am Barbara-Evergislus-Fenster waren lediglich die unteren vier Zeilen geschützt. Zum Einsatz kommt das Antireflexglas Luxar® NG der Firma Glas Trösch Holding AG. Es hatte sich bei einer Bemusterung für diese besonders repräsentative Fensterzone unter den derzeit verfügbaren Antireflexgläsern optisch am besten bewährt.[34]

Die Figurenfelder und die Maßwerkverglasung der beiden Städtetagsfenster[35] sind fertig restauriert, mit Messingprofilen gerahmt und einbaubereit. Die ursprünglichen Abmessungen der Felder wurden beibehalten, obwohl sie für die historische Einbausituation, die teils noch aus dem 13. Jahrhundert stammt, zu groß sind. Beim Einbau im Jahr 1956 hatte man sich damit beholfen, Teilstücke

33 65. Dombaubericht, 2024, S. 30–32. – 64. Dombaubericht, 2023, S. 35–38. – 63. Dombaubericht, 2022, S. 26–28.

34 65. Dombaubericht, 2024, S. 32.

35 Gero-Bruno-Fenster (n IX) sowie Heribert-Engelbert-Fenster (n X).

des umlaufenden Bleis zu entfernen und einzelne Glasstücke herauszuschneiden, um die Scheiben passend einsetzen zu können. Die beschädigten Bereiche wurden nun stabilisiert und ergänzt. Durch die Installation der Außenschutzverglasung ändert sich die Einbausituation grundlegend. In dem Falz, der ursprünglich für die Bleiverglasung vorgesehen war, sitzt nun das Schutzglas. Die Glasmalereien werden um wenige Zentimeter in den Innenraum versetzt. Da die Konstruktion mit Klammern begrenzte maßliche Änderungen der Auflagepunkte für die Glasmalereien zulässt, kann der benötigte Platz für die »zu hohen« Felder geschaffen werden.

Die schlichte Ornamentverglasung mit farblosem Glas über den Figuren stammt noch aus dem Jahr 1948. Sie ist nicht nur mechanisch instabil, sondern auch im Verhältnis zu den farbigen Figuren viel zu hell. Das Ziel besteht nun darin, die Felder so umzuarbeiten, dass die Gestaltungsweise zwar beibehalten wird, die farblosen Kathedralgläser jedoch durch andere leicht getönte Gläser ersetzt werden.

Auch der Ornamentrapport des seit 2022 eingelagerten Barbara-Evergislus-Fensters (n VIII, F 15–15,1) aus der Maternuskapelle wird derzeit instand gesetzt. 1984 wurden bei einer Restaurierung zwei Inschriften eingefügt: Eine bezeugt die Restaurierung, die andere bezieht sich rückblickend auf die Entstehung und lautet: »Entworfen von Willy Weyres – Hergestellt durch die Dombauhütte Köln 1948«. Der heutige Erhaltungszustand ist gut, sodass nur wenige Maßnahmen erforderlich sind. Alle Felder erhalten einen Messingrahmen, der die notwendige Stabilität für die neue Einbausituation gewährleisten wird. Die historischen Figurenfelder mit der heiligen Barbara und dem heiligen Evergislus aus der Mitte des 19. Jahrhunderts sind momentan noch eingelagert.

2.1.4 Konservierung der Fenster im Chorobergaden

Die Restaurierung des mittelalterlichen Chorobergadenfensters N V (D 13–D 14) geht voran. Nun erstreckt sich die Bearbeitung auch auf die bemalten Figurenfelder mit den vier überlebensgroßen Königen und der entsprechenden Architektur. Die farbigen Gläser wurden mit kräftigen Konturen, modellierenden Lasuren und feinsten Binnenzeichnungen künstlerisch gestaltet. Durch jahrhundertelangen atmosphärischen Angriff ist die Glasoberfläche stark beschädigt, was auch zum Verlust großer Teile der Bemalung geführt hat. Aus unmittelbarer Nähe betrachtet, erschließt sich dennoch ein ausgesprochener Detailreichtum. Dass Glaskorrosion, Bemalung und Verschmutzungen ineinander übergehen, erschwert die konservatorischen Maßnahmen. Nach einer genauen Untersuchung und Dokumentation erfolgen die praktischen Arbeiten zumeist unter Zuhilfenahme von Stereolupe oder Mikroskop (Abb. 21).

21 | *Ein gelbes Glasstück wurde mit einem weichen Pinsel gereinigt und dabei gleichzeitig abgesaugt. Die aufgemalte feine Schraffur ist in diesem Bereich sehr gut erhalten.*

2.1.5 Klimamessungen

An der Südseite des Langhauses werden die Klimamessungen zur Bewertung der Funktionstüchtigkeit der Schutzverglasung des Anbetungsfensters s XXII (A 04–A 05) fortgesetzt. Ebenso finden die bauklimatischen Messungen in verschiedenen Bereichen des Innenraums sowie im Außenbereich unverändert statt. Ein Vergleich der Messergebnisse der letzten Jahre zeigt keine signifikanten Unterschiede.

2.1.6 Amtshilfe durch die Glasrestaurierungswerkstatt

Die Glasrestaurierungswerkstatt begleitet auch weiterhin beratend die Restaurierungsmaßnahmen an den mittelalterlichen Glasmalereien von St. Kunibert in Köln. Für das Museum Schnütgen wurde praktische Amtshilfe bei der Vorbereitung der Ausstellung »Licht in dunklen Zeiten. Mittelalterliche Glasmalerei aus dem Khanenko Museum in Kyjiw« geleistet.[36] Zudem fand erneut ein reger fach-

36 Die Ausstellung wurde vom 3. April 2025 bis zum 12. April 2026 im Museum Schnütgen präsentiert.

licher Austausch mit der Freiburger Arbeitsstelle des Corpus Vitrearum Medii Aevi statt. Der Fokus liegt auf der kunstwissenschaftlichen Untersuchung von mittelalterlichen Verglasungen aus einstigen Kölner Kirchen, die im 19. Jahrhundert in den Dom gelangten. Das eigens für die Begutachtung des Bernhardfensters n XVIII (J 11–K 11) aufgestellte Gerüst wurde gleichzeitig auch für ein Monitoring und die Reinigung der Schutzverglasung genutzt.

2.2 Fußböden

Durch den massiven Schmutzeintrag in den Dom – insbesondere durch die zahlreichen Dombesuchenden – ist die fortwährende Unterhaltspflege sämtlicher Domböden im Lang- und Querhaus (Sandstein, Granit) sowie im Chorumgang (Mosaik) besonders wichtig.[37] Dies erfolgt in den Nachtstunden Substanz schonend mit Scheuersaugmaschinen durch die DOMA Reinigungsdienstleistungen GmbH.

Zur Beseitigung von Stolperkanten im Boden des Nordquerhauses aufgrund von Absenkung einiger Bodenplatten mussten im Feld 082 einige Platten aufgenommen und neu verlegt werden. Die Absenkung des Bodens und eine Rissbildung in den Natursteinplatten erfolgten vermutlich durch eine nicht mehr in Betrieb befindliche Fußbodenheizung, die daraufhin in den betroffenen Bereichen ausgebaut wurde. Bei der Verlegung neuer Granitplatten wurden direkt Dehnfugen eingeplant, um eine künftige Rissbildung zu vermeiden.

An den Mosaikböden erfolgten wiederum regelmäßige Kontrollen und kleinere Reparaturen. Besonders bei den Randeinfassungen aus verschiedenen Kalksteinen mussten einige gebrochene Platten ausgetauscht werden. In den Chorkapellen wurden gelöste Stücke des Natursteinbodens wieder befestigt.

2.3 Wandmalereien

2.3.1 Kontrolle und Konservierung der Chorschrankenmalereien

Im Sommer 2025 wurden die Wartungsarbeiten an den mittelalterlichen Malereien an den Innenseiten der Chorschranken durch die Dipl.-Restauratorinnen Uta-Barbara Riecke M. A. und Birgit Schwieder wieder aufgenommen.[38] An der Dreikönigenschranke (C 11–C 12) erfolgte zunächst eine Sichtung und Kontrolle des Bestandes und ein Abgleich mit den fotografischen Aufnahmen und der Kartierung der Maßnahmen aus den Jahren 2016–2017. Erfreulicherweise kam es

37 Vgl. Albert Distelrath: Die Reinigung und Pflege der Kunstausstattung im Kölner Dom. Ein Werkbericht, in diesem Domblatt, S. 74–91, hier: S. 78–80.

38 65. Dombaubericht, 2024, S. 35.

39 Mira Wurth: Der Marientod in der Marienkapelle des Kölner Doms. Bestandsaufnahme eines exemplarischen Teilbereichs, in: KDbl. 84, 2019, S. 90–113.

22 | *Engel aus dem Marientod vor und nach der Reinigung*

zu wenigen neu entstandenen Malschichtabhebungen. Parallel zu einer behutsamen Reinigung der mittelalterlichen Malerei konnten die gelösten Partien mit Störleim fixiert werden.

Nach Abbau der alten Marienorgel im südlichen Chorumgang im August 2025 bestand die Möglichkeit, den Zustand der Außenchorschranke C 11–C 12 zu sichten und einige notwendige Maßnahmen zur Konservierung der noch aus dem frühen 14. Jahrhundert stammenden Malereifragmente durchzuführen. Neben einer vorsichtigen trockenen und feuchten Reinigung der Oberflächen festigte Uta-Barbara Riecke gelöste Malschichtschollen mit Störleim.

2.3.2 Reinigung und Konservierung der Wandmalereien in der Marienkapelle

An der mittelalterlichen Wandmalerei mit der Darstellung des Marientodes[39] und an den seitlichen Malereifragmenten der noch bis in das 19. Jahrhundert erhaltenen Standfiguren der heiligen Cosmas und Damian an der Ostwand der Marienkapelle (A 14–B 14) erfolgte im September 2025 eine Trockenreinigung durch Uta-Barbara Riecke und Birgit Schwieder. Spinnweben wurden vorsichtig mit feinen, kleinen Pinseln und Pinzetten abgezupft. Anschließend sind eine partielle Vorfestigung blätternder Partien und darauf folgend eine flächige Festigung der stark kreidenden Bereiche der beiden seitlichen Heiligendarstellungen mit einem zweimaligen Auftrag von 1,5–3-prozentigem Störleim über Japanpapier durchgeführt worden (Abb. 22).

2.3.3 Gewölbemalerei unter der Orgelempore

Wie bereits 2022/23[40] traten auch Anfang 2025 Materialausbrüche an der Gewölbemalerei von Peter Hecker unter der Orgel- und Sängerempore auf (Feld 39–40). Diesmal waren vor allem Ausbrüche kleiner Putz- und Malschichtfragmente an den Ecken und Randbereichen zu beobachten. Die dokumentierten Schadensbilder deuten auf Bewegungen im Gewölbefeld und damit verbundene Spannungen zwischen der Holzkonstruktion der Orgel und dem Malerei tragenden Putz hin.

In einer Bestands- und Zustandskartierung wurden zunächst originale Partien der Malerei wie auch spätere Ergänzungen und Reparaturen dokumentiert. Auf dieser Grundlage entwickelte die Steinrestaurierungswerkstatt ein differenziertes Sicherungskonzept, das von Kathrin Bommes und Mira Meyer umgesetzt wurde. Schadhafte Altergänzungen wurden ausgebaut und mit Kalkmörtel sowie einer farblich angepassten Vollretusche rekonstruiert. Lose und gefährdete Partien der Originalmalerei wurden dagegen stabilisiert, indem sie mit Konservierungsmitteln hinterfüllt wurden. Besonders herausfordernd waren die Eckbereiche, die über das Gewölbefeld hinausragen und deren Putzschichten keinen Verbund zur Unterkonstruktion des Gewölbes aufwiesen. Hier fertigte Schreiner Stephan Tilling eine hölzerne Unterkonstruktion, die gesandet und anschließend verputzt werden konnte. Um erneuten Schäden vorzubeugen, wurde abschließend ein umlaufender »Kellenschnitt« als Trennfuge zwischen Putz und Holzkante der Orgel angelegt.

2.4 Altäre, Grabmäler, Gemälde, Skulpturen und weitere Ausstattung

2.4.1 Agilolphusaltar

Gemäß Pflegeplan Dom[41] wurde in diesem Jahr wieder eine umfangreiche Kontrolle und Reinigung der Innen- und Außenseiten des Agilolphusaltars im Südquerhaus durch die Dipl.-Restauratorinnen Dorothee Fobes-Averdick und Linda Schäfer-Krause von Kunstgriff durchgeführt.

2.4.2 Weitere Ausstattung

Folgende gefasste und ungefasste Holzskulpturen wurden durch Dorothee Fobes-Averdick und Linda Schäfer-Krause einer turnusmäßigen Sichtung und Reinigung unterzogen: Mailänder Madonna mit Baldachin in der Marienkapelle, Gerokreuz und Ritter von Einemberg in der Kreuzkapelle, Vesperbild in der Sakramentskapelle, heilige Ursula im inneren Nordseitenschiff, die heiligen Hubertus, Josef und Antonius im Südquerhaus und der heilige Michael im Langhaus. Ferner

40 64. Dombaubericht, 2023, S. 42.

41 Distelrath [37], S. 85–88.

wurde die Steinskulptur des heiligen Christophorus[42] am Eingang des südlichen Chorumgangs durch Uta-Barbara Riecke und Birgit Schwieder gereinigt. Die Restauratorin der Dombauhütte Mira Meyer sicherte und ergänzte im Alabasterrelief an der Rückwand des Dreikönigenmausoleums einen Kerzenstab.

Durch den Besucherverkehr oder sonstige Bewegungen im Dom kommt es immer wieder zu kleineren Schäden an den Pfeilerbasen. So erfolgte im Berichtszeitraum unter anderem die Sicherung gelöster Natursteinschalen an Pfeiler C 04 im südlichen Langhaus sowie die Ergänzung einer Fehlstelle in der Pfeilerbasis D 12 im nördlichen Chorumgang. Die sonstige kontinuierliche Reinigung der Ausstattung wurde in bewährter Weise durch die Restauratorin Bettina Grimm durchgeführt.[43]

2.4.3 Reinigung der Kanzel in der Vierung

Nach der Reinigung des Vierungspodestes im Sommer 2024 erfolgten im Juni und Juli 2025 die Reinigung und Konservierung der Renaissancekanzel in der Vierung durch Dipl.-Restaurator Karl Heinz Kreuzberg. Nach Aufbau eines Gerüsts mit Schutzeinhausung wurde die Kanzel zunächst vollständig entstaubt. Die nachfolgende Reinigung wurde in drei Schritten durchgeführt: zunächst eine Trockenreinigung mit Akapad-Schwämmen, anschließend eine Feuchtreinigung mit Melaminharzschwämmen, wobei Feuchtigkeit mit saugfähigem Papier aufgenommen wurde, und abschließend eine Nachreinigung mit Evolontüchern. Gelöste Elemente der Schnitzereien wurden neu verleimt. Einige ältere dunkle und schadhafte Lasuren wurden sowohl partiell auf den Oberflächen der Kanzel als auch vollflächig auf dem unteren Podest entfernt. Die Oberflächen der Kanzel erhielten abschließend einen dünnen Schelllackauftrag. Auf das Podest wurde eine zweifache dünne Beschichtung aus Hartwachsöl aufgetragen.

2.5 Textilien des Domes

Im Jahresturnus führte die Dipl.-Textilrestauratorin Gabriele Muders Pflegemaßnahmen an den ausgestellten Gewändern in der Domschatzkammer durch. Zudem unterzieht sie auch die historischen und modernen Gewänder des Domes, die in liturgischer Nutzung sind, regelmäßigen Pflege- und Sicherungsmaßnahmen. An der Dreikönigenkasel aus der Schatzkammer, die am Dreikönigstag in den Messen getragen wird, sicherte sie die Stickerei und schloss die durch den Gebrauch entstandenen offenen Nähte. An weiteren Messgewändern, Velen und Stolen sicherte sie Fehlstellen durch farblich angepasste Unterlegungen, nähte lose Stickfäden an, schloss aufgerissene Nähte, erneuerte Einfassungen

42 Distelrath [37], S. 82–85.

43 Distelrath [37], S. 79–80.

von Halsausschnitten und entfernte Wachsflecken. An den nahezu täglich verwendeten, von Martha Kreutzer-Temming geschaffenen Segensvelen musste sie wiederholt die silbernen Schließen neu befestigen. Die in den 1980er-Jahren aus einer handgewebten Seide angefertigten drei Velen mit zarter Stickerei sind besonders empfindlich und werden aufgrund des leichten Gewebes von den Priestern des Domes gerne getragen.

Für die Karwoche bereitete Frau Muders die Kreuzverhüllungen vor und half beim Aufhängen des Hungertuches vor dem Gerokreuz. Für die Prozessionen sicherte sie die Stickereien an den roten Standarten und an den Behängen des Fronleichnamshimmels.

Die Tapisserien nach Entwürfen von Peter Paul Rubens konnten zwischen dem 6. Mai und dem 4. Juni 2025 wieder im Dom präsentiert werden. Wegen der durch den zunehmenden Tourismus bedingten extremen Staub-, Wärme- und Feuchtigkeitsbelastung sowie starker Sonnenstrahlung und veränderten Wetterverhältnissen sollen die Rubensteppiche in Zukunft nicht mehr jedes Jahr, sondern nur noch in größeren zeitlichen Abständen gezeigt werden.

In Kooperation mit der Technischen Hochschule Köln (TH), Institut für Restaurierungs- und Konservierungswissenschaft (CICS), Fachbereich Textilien und Archäologische Fasern, ist geplant, die in den 1970er-Jahren aus den Gräbern der Kölner Erzbischöfe Konrad von Hochstaden, Adolf III. und Anton von Schaumburg sowie Johann Gebhard von Mansfeld geborgenen Textilfragmente des 13. und 16. Jahrhunderts – Stola, Zingulum und Zierstücke einer Albe – zu untersuchen und ein Konservierungskonzept zu entwickeln. Die in den 1970er-Jahren im Textilmuseum in Krefeld restaurierten Gewebe sind in aus zwei Glasscheiben bestehenden Präsentationsrahmen montiert und waren über einen langen Zeitraum im Erzbischöflichen Diözesanmuseum und in der alten Schatzkammer ausgestellt. Unter konservatorischen Gesichtspunkten ist die alte Montage nicht mehr akzeptabel und soll langfristig erneuert werden.[44]

2.6 Goldschmiede- und Metallrestaurierungswerkstatt

2.6.1 Gold- und Silberschmiedewerke

Im Rahmen der jährlichen Wartung wurden auch in diesem Jahr die Gold- und Silberschmiedewerke der Domschatzkammer begutachtet und gereinigt. Neu aufgetretene Veränderungen und Schäden sowie notwendige Konservierungsmaßnahmen wurden dokumentiert. Die Exponate befinden sich insgesamt in

44 Walter Schulten: Kostbarkeiten in Köln. Erzbischöfliches Diözesanmuseum, Katalog, Köln 1978, S. 44. – Herbert Rode: Zur Grablege und zum Grabmal des Erzbischofs Konrad von Hochstaden. Eine Entgegnung, in: KDbl. 44/45, 1979/80, S. 203–222.

einem guten Zustand, nur an wenigen Geräten wurden stärkere Anlaufspuren festgestellt. Langfristig sollen diese Werke einer ausführlicheren Reinigungsmaßnahme unterzogen werden.

Zur konservatorischen Betreuung der Schatzkammer gehört auch das Klimamonitoring: Temperatur und relative Luftfeuchtigkeit der einzelnen Schatzkammerräume werden engmaschig überprüft, um bei Veränderungen entsprechende Gegenmaßnahmen einleiten zu können. Eine besondere Herausforderung bilden mittlerweile die häufiger auftretenden Wetterextreme wie sehr hohe Außentemperaturen oder starke Regenfälle, die sich auch im Klima der Schatzkammer abbilden.

Zu der vom Deutschen Goldschmiedehaus in Hanau konzipierten Ausstellung »Auftrag Kunst. Gestalten für die Kirche nach 1945« (vgl. 8.) übernahm die Goldschmiedewerkstatt die konservatorische Betreuung der insgesamt neun Leihgaben aus der Domschatzkammer bei Verpackung, Transport und Präsentation in der Ausstellung. Zudem wurden zwei Bischofsstäbe und ein Pektorale von Fritz Schwerdt aus dem Aachener Domschatz in Amtshilfe für diese Ausstellung gereinigt, die Erhaltungszustände dokumentiert und ebenso beim Transport und bei der Präsentation in der Ausstellung konservatorisch betreut.

Für die Ausstellung »Der Kölner Dom und was damit zusammenhängt. Schätze aus dem Dombauarchiv« (vgl. 7.1.1)[45] betreuten die Goldschmiedinnen alle Exponate beim Transport und beim Aufbau in der Domschatzkammer. Umfangreichere Restaurierungsmaßnahmen führten sie an dem Porträtmedaillon des August Reichensperger von 1862 durch. Das Porträtrelief aus Gips in einem kastenförmigen vergoldeten Rahmen wurde zunächst gereinigt, die Vergoldung des profilierten Rahmens gefestigt und Ausbrüche retuschiert. Die Schreinerwerkstatt der Dombauhütte reparierte die Eckverbindungen des Rahmens und fertigte eine neue Rückseitenabdeckung an, sodass nun das schwere Gipsmedaillon sicher im Rahmen liegt. Das um 1920 von Georg Grasegger geschaffene Gipsmodell für den Kopf des heiligen Michael am Kriegerdenkmal des Domes wurde ebenfalls gereinigt. Die hellgraue Fassung war teilweise abgeplatzt, partiell craqueliert und hob sich schüsselartig vom Untergrund ab. Die Fassung wurde vorsichtig niedergelegt und gefestigt. Durch die Retusche der Farbfehlstellen konnte der Gesamteindruck des Objekts deutlich vereinheitlicht werden.

Die Werkstatt führte außerdem regelmäßig Reinigungs- und Pflegemaßnahmen an den liturgischen Geräten, Leuchtern, Blakern und Prunkvasen des Domes durch. An einer Spitze des Kapitelssterns von Dompropst Guido Assmann war die Emaileinlage verloren gegangen. Diese wurde goldschmiedetechnisch

45 M[atthias] D[eml]: »Der Kölner Dom und was damit zusammenhängt«, in diesem Domblatt, S. 299–300.

bearbeitet und mit Kaltemail verfüllt. Die Ergänzung fügt sich gut in das Objekt ein, der Kapitelsstern ist wieder vollständig und in Verwendung.

2.6.2 Metallobjekte

Die Heiltumskammer ist außen mit rechteckigen, patinierten Bronzeplatten verkleidet. Vier Platten waren mit Graffiti besprüht worden. Diese konnten umgehend entfernt werden, ohne dass die Patina beschädigt wurde. Abschließend sind die Platten mit einem Überzug aus mikrokristallinem Wachs behandelt worden.

Beim 2024 aufgestellten Tastmodell des Domes aus Bronze des Kölner Künstlers, Goldschmieds und Innungsmeisters Ingo Telkmann seitlich des Petersportals auf der Westseite des Domes wurden zwei der filigranen Fialen verbogen, auch diese Schäden wurden umgehend behoben.

2.6.3. Restaurierungs- und Konservierungsarbeiten für das Erzbistum Köln

Die Restaurierungsarbeiten am mittelalterlichen Suitbertusschrein aus der Pfarrkirche St. Suitbertus in Düsseldorf-Kaiserswerth wurden weitergeführt (vgl. 7.1.2) (Abb. 23).[46] Der vollständig vom Holzkern abgenommene Metallbestand wird derzeit konserviert. Die Metalloberflächen werden gereinigt, aufliegende Verschmutzungen, Klebemittelreste und Korrosionsprodukte auf sanftem Wege entfernt. Dabei wird darauf geachtet, dass die ursprünglichen Oberflächenbeschichtungen und Bearbeitungsspuren erhalten bleiben. Parallel erfolgen kunsttechnologische Untersuchungen, um Aufschlüsse über Materialien, Herstellungstechnik, Veränderungen und Reparaturen zu erhalten. Im Sommer erfolgte durch die Kunsthistorikerin und Gemmologin Silke Ingenhorst die Bestimmung des Schmuck- und Edelsteinbestandes. Hierdurch können möglicherweise Rückschlüsse auf Reparaturen und Veränderungen gezogen werden. Die Auswertung der Ergebnisse dauert derzeit noch an.

Bereits im Juli 2024 wurde der Holzkern des Suitbertusschreins zur Konservierung und Untersuchung in die Werkstatt der Dipl.-Restauratorin für den Fachbereich Holz Verena Kühler in Köln transportiert. Die Arbeiten daran erfolgen in enger Zusammenarbeit und Abstimmung mit der Goldschmiede- und Metallrestaurierung, um das reibungslose Rückführen der Metallbestandteile sicherzustellen. Ergänzungen am Holz müssen beispielsweise genau auf die Größe des anzubringenden Metallbeschlags abgestimmt werden. Auch die im Holz festkorrodierten Reste von Eisennägeln müssen für die Neumontage der Metallbeschläge entfernt werden.

Die Konservierungsmaßnahmen an den Silberbeschlägen der Reliquienbüsten in der Kölner Kirche St. Ursula wurden fortgeführt. Die bereits 2024 abgenommenen getriebenen Masken und Zierteile aus Silber von 16 Reliquienbüsten

23 | *Reinigung der Marienfigur von der Stirnseite A des Suitbertusschreines*

werden derzeit gereinigt und kunsttechnologisch untersucht. Für die Wiedermontage an den vom Atelier Kunstgriff in Köln restaurierten Holzbüsten werden spezielle handgeschmiedete Nägelchen aus Silber verwendet. Die zuletzt eingesetzten industriell hergestellten versilberten Messingnägel finden keine Verwendung mehr und werden archiviert.

Nach Abschluss der Sanierung von St. Pantaleon in Köln wurden die 2020 in einem Interimsdepot von Kolumba ausgelagerten Goldschmiedearbeiten begutachtet, verpackt und in den Vitrinen des Sacrariums von St. Pantaleon wieder präsentiert. Die zurzeit im Depot des Museums Schnütgen eingelagerten, ebenfalls aus St. Pantaleon stammenden Reliquienschreine der heiligen Albinus und Maurinus werden erst nach Fertigstellung der Vitrinen, vermutlich im kommenden Jahr, wieder in der Kirche aufgestellt.

Im Februar wurden die sechs Reliquienschreine in der Schatzkammer von St. Servatius in Siegburg unter konservatorischen Gesichtspunkten begutachtet und gereinigt. Alle Schreine befinden sich in einem weitgehend guten Zustand.

46 P[ia] M[odanese]: »Der Kaiserswerther Suitbertusschrein in Restaurierung«, in diesem Domblatt, S. 301.

2.7 Domglocken

Die Glocken des Kölner Domes sind nicht nur klangliche Instrumente der Liturgie, sondern auch wichtige Kulturgüter, die regelmäßige Pflege und Wartung erfordern. Während der routinemäßigen Glocken- und Motorenwartung am 16. und 17. Juni 2025, die von den Firmen Julius Maas aus Schalkenmehren und den Herforder Elektromotoren-Werken (HEW) in Zusammenarbeit mit dem Glockensachverständigen Norbert Jachtmann durchgeführt wurde, stellte sich heraus, dass der Klöppel der Dreikönigenglocke eine Beschädigung aufweist. Versuche, den Klöppel zu reparieren, blieben leider erfolglos; die Aufhängung des Klöppels wies so viel Spiel auf, dass dieser nicht mehr exakt anschlug, sondern in einer elliptischen Bewegung an der Glocke vorbeischliff. Eine weitere Nutzung in diesem Zustand hätte unweigerlich zu einer ernsthaften Schädigung der Glocke geführt. Aus diesem Grund wurde die Dreikönigenglocke vorerst außer Betrieb genommen und entschieden, einen neuen Klöppel anfertigen zu lassen, der die Glocke schonend läutet und damit für eine substanzielle Verlängerung ihrer Lebensdauer sorgt.

Das Europäische Kompetenzzentrum für Glocken ECC-ProBell in Kempten wurde mit den individuellen Berechnungen für den neuen Klöppel der Glocke beauftragt. Um auch die mittelalterliche Speciosa-Glocke langfristig zu erhalten, wurde im Rahmen der Glockenwartung dringend empfohlen, auch sie mit einem neuen Klöppel auszustatten. Die Herstellung beider Klöppel wird bei der renommierten Werkstatt des niederbayrischen Hammerschmieds Martin Wensauer erfolgen. Der Austausch der beiden Klöppel ist für das erste Quartal 2026 geplant. Alle anderen Domglocken wiesen bei der Wartung glücklicherweise keinerlei Mängel auf.

3. Arbeiten außerhalb des Domes und in der Dombauhütte

3.1 11.000 Sterne der Kulturstiftung Kölner Dom

Auch in diesem Jahr konnten dank der Spendenbereitschaft und vieler großzügiger Spendenbeiträge an die Kulturstiftung Kölner Dom weitere Stifter-Sterne im Boden vor dem Michaelsportal verlegt werden. Die Arbeiten wurden in bewährter Weise von der Steintechnik der Dombauhütte geplant und durch die Kölner Firma Schwieren Steinmetzwerkstätten ausgeführt.

3.2 Domfriedhof

Nach grundlegender Überarbeitung des landschaftsplanerischen Entwurfs begannen Mitte Juni 2025 die baulichen Arbeiten für die Umgestaltung des Domfriedhofs. Das Bodenniveau des Friedhofs wird an die Umgebung angepasst, die Wegeführung und die gärtnerische Anlage werden völlig neu gestaltet. Aus

Gründen der Nachhaltigkeit sollen dabei einzelne Objekte und Materialien des alten Friedhofs wiederverwendet werden. Insbesondere die zum ehemaligen Ostatrium zwischen Dom und St. Maria ad Gradus gehörenden Säulenbasen und die romanische Säule werden wieder an ihrer ursprünglichen Stelle aufgestellt – allerdings knapp zwei Meter höher als zu ihrer Entstehungszeit. Im Zentrum des Friedhofs wird ein skulpturales Element geschaffen, das die Form des Taufbeckens aus dem Baptisterium des 6. Jahrhunderts aufgreift und unmittelbar über diesem liegt. Die Fertigung der bereits versetzten skulpturalen Steine sowie der neuen Gruftabdeckung erfolgte durch den Steinmetzbetrieb Schwartzenberg aus Aachen.

Nach seiner Fertigstellung wird der Domfriedhof die einzige öffentlich zugängliche grüne Oase inmitten der steinernen Domumgebung sein. Der Entwurf für den neuen Domgarten stammt vom Kölner Landschaftsarchitekturbüro Lill + Sparla in Zusammenarbeit mit dem Künstler Erik Waßmuth. Die Arbeiten werden durch die Firma Demel Garten- und Landschaftsbau GmbH aus Pulheim durchgeführt. Die Arbeiten sollen Ende des Jahres abgeschlossen werden, sodass im Frühjahr Bäume, Sträucher und Pflanzen schon blühen können.

3.3 Sanierung Dombauhütte

3.3.1 Sanierung der Decken über der Dombauhütte

Der Durchgang zwischen dem Hof der Dombauhütte und dem Römisch-Germanischen Museum konnte Ende Juli 2025 nach drei Jahren Bauzeit wieder für den öffentlichen Fußgänger- und Radverkehr freigegeben werden. Damit nähert sich ein von zahlreichen Herausforderungen und unerwarteten Problemen geprägtes Bauprojekt seinem vorläufigen Abschluss. Neben der ursprünglich geplanten Erneuerung von Abdichtung und Bodenbelag war eine umfangreiche Ertüchtigung der als sogenannte Röhbaudecke errichteten Stahlbetondecke notwendig geworden.

Zu den abschließenden Arbeiten gehören die Wiederherstellung der Basaltlava-Fassade der Dombauhütte, die in Vorbereitung der Abdichtungsmaßnahmen auf einzelnen Stahlkonsolen abgefangen worden war. Zudem muss aufgrund einer Schadstelle an der Brüstung oberhalb der Schmiede eine Stahlbetonkonsole vollständig erneuert werden. Erst im Anschluss an diese Arbeiten kann ein neues von Schmied und Schlosser gefertigtes Geländer, das der Verkehrssicherung des öffentlichen Bereichs dient, montiert und die zuvor entfernten Waschbetonplatten wieder angebracht werden.

Der nächste Arbeitsschritt sieht die umfangreiche Betonsanierung der Deckenunterseite vor. Zu erneuten Einschränkungen für den öffentlichen Verkehrsraum wird es erst mit Beginn des letzten Bauabschnitts kommen, der die Sanierung der Röhbaudecke oberhalb der Hütteneinfahrt vorsieht.

Dombauverwaltung

4. Betriebsleitung, Planung und Organisation

4.1 Monitoring

4.1.1 Digitaler Zwilling

Der digitale Zwilling des Domes wächst jedes Jahr weiter. Während in den vergangenen sieben Jahren der Außenbau vollständig erfasst wurde, wurden nun die Arbeiten zur Aufnahme des Innenraums fortgesetzt. Das Innere und Äußere des Domes können nun fast vollständig digital dargestellt werden. Im vergangenen Jahr hat die Dombauhütte gemeinsam mit der Firma Northdocks GmbH an der Erfassung der Wendeltreppen gearbeitet. Die großen Treppenhäuser der Turmbesteigung und des Nordturms wurden dokumentiert. Schwieriger gestaltete sich die Aufnahme der Wendeltreppen in den beiden Querhausfassaden, deren Innendurchmesser nur 1,36 m beträgt. Inzwischen konnten alle Treppenhäuser bis auf wenige Millimeter genau in das digitale Modell eingebunden werden. Ferner wurde die sukzessive Aufnahme des archäologischen Bereiches fortgesetzt. Zur Vorbereitung der Arbeiten am Nordturmpfeiler F 03 (vgl. 1.2.2) wurde dieser Bereich mit neuer Drohnen- und Kameratechnik erneut beflogen und die neuen Daten in das 3-D-Modell eingepflegt. Sie dienen der Vorbereitung der Arbeiten in diesem Bereich.

4.2 Digitalisierung – Einführung MonArch

Die Datenbestände der Dombauhütte, wie etwa digitale Pläne, Restaurierungsberichte, Forschungsberichte und Bilddaten, wachsen täglich an. Seit zwei Jahren arbeitet die Dombauhütte daher mit der Software MonArch, in der diese Daten in Zukunft abgelegt werden sollen. MonArch entstand vor zwanzig Jahren als Forschungsprojekt der Universität Passau und ermöglicht das bauwerksbezogene Archivieren und Ablegen von Dokumenten. Die Daten können dabei mithilfe eines 3-D-Modells – hierfür ist der digitale Zwilling nutzbar (vgl. 4.1) – unmittelbar an den zugehörigen Bauteilen des Domes verortet werden. Vorteilhaft ist, dass die Datenbank kontinuierlich den Bedürfnissen der Nutzer angepasst und in Funktionalität und Umfang systematisch erweitert wird. In den vergangenen Monaten wurden bereits erste Dokumente eingepflegt und an der Weiterentwicklung der Datenbank gearbeitet. In Online-Workshops wurden Änderungen besprochen und neue Funktionen vorgestellt.

4.3 Steinbestellung

Im Rahmen der Restaurierungsarbeiten an den Strebewerken B 08–B 09 sowie B 07–B 08 auf der Westseite des Südquerhauses müssen die Maßwerkbrücken größtenteils erneuert werden (vgl. 1.3.3). Als Ersatz für den im 19. Jahrhundert verwendeten Schlaitdorfer Sandstein bezieht die Dombauhütte seit 2003 Sandstein aus Božanov in Nordtschechien, der dem Schlaitdorfer Sandstein ähnelt, aber deutlich verwitterungsstabiler ist. Seit vielen Jahren besteht ein guter fachlicher Austausch mit den tschechischen Kollegen im Werk Božanov, das mittlerweile die meisten Werkstücke in Absprache mit den Steinmetzen der Dombauhütte vorfertigt. So konnten seit vergangenem Jahr 54 Werkstücke für die Maßwerkbrücken in Tschechien mit CNC-Seilsägen vorgefertigt werden. Die Steinmetzen in der Dombauhütte müssen daher keine groben Bossen mehr zurichten oder die Werkstücke auf der Steinsäge vorsägen. Die Genauigkeit der vorgesägten Steine wird vor dem Verladen im Werk Božanov durch den Hüttenmeister und den Steintechniker kontrolliert.

4.4 Arbeitssicherheit

Das Arbeiten auf den Dächern und Gerüsten des Domes ist im Fall eines Gewitters aus Sicherheitsgründen untersagt; sämtliche Außenbereiche wie das Außentriforium, die Balkone oder der Dachumgang müssen geräumt werden. Von Bedeutung ist das nicht allein für die Mitarbeitenden der Dombauhütte, sondern auch für den Betrieb der Südturmbesteigung und der Dachführungen. Bisher wurden zur Einschätzung der akuten Gewittergefahr die Wetterlage beobachtet und die Vorhersagen der Wetterdienste beachtet. Wenn auch aus der Geschichte des gotischen Domes kein Personenschaden durch Blitzschlag bekannt geworden ist, sollen die modernen technischen Möglichkeiten zur Verbesserung der Sicherheit genutzt werden.

Europaweit werden Blitze nach Zeitpunkt, Ort und Stromstärke detektiert, indem die sich ausbreitende elektromagnetische Welle rechnerisch bis zu ihrem Entstehungsort zurückverfolgt wird – in einem vergleichbaren Verfahren wird das Epizentrum eines Erdbebens lokalisiert. Diese hoch präzisen Blitzortungsdaten werden in Echtzeit ausgewertet, sodass ein herannahendes Gewitter frühzeitig erkannt und die Betroffenen gewarnt werden können. Eine entsprechende Software bietet das Kölner Unternehmen Coptr Elektronische Sirenen und Gewitter-Warnsysteme an. Um mit akustischen und optischen Alarmen keine Verunsicherung bei den Besuchenden zu erzeugen, werden die Warnungen nur den Mitarbeitenden in Turmbesteigung und in den Dachführungen angezeigt. Der Turmumgang wird im Falle einer Warnung durch das Personal unaufgeregt geräumt und die Besuchergruppen durch die Dachführenden in den sicheren Dachraum gebracht. Die Mitarbeitenden der Dombauhütte sind angehalten, die Gerüste zu verlassen und die Arbeit bis zur Entwarnung in ungefährdeten Bereichen fortzusetzen.

4.5 Höhenentwicklungskonzept und Managementplan Kölner Dom

Im Dezember 2024 wurde das Höhenentwicklungskonzept für die maximalen Bauhöhen in den Bereichen der inneren und äußeren Stadt durch den Rat der Stadt Köln beschlossen.[47] Neben den Schutzzonen der unmittelbaren und weiteren Domumgebung berücksichtigt es auch die Freihaltung der Sichtachsen auf den Dom als UNESCO-Welterbestätte. Einen ersten Testlauf lieferte der Entwurf zum Bauvorhaben des über 100 Meter hohen Hochhauses der neuen Unternehmenszentrale von Flossbach von Storch an der Deutz-Mülheimer Straße, das im Sichtachsenbereich zwischen dem Bensberger Schloss und dem Dom errichtet werden soll. Das Gutachterbüro Reicher Haase Assoziierte (RHA) aus Aachen wurde mit der Prüfung der Vereinbarkeit beauftragt. Die den Attributen des Domes entsprechenden Prüfkriterien können als Blaupause für alle künftigen Untersuchungen dieser Art gesehen werden.

An der Entwicklung des Managementplans wurde durch das Büro Planinghaus Architekten aus Darmstadt in Abstimmung mit den beteiligten Fachbehörden des Ministeriums für Heimat, Kommunales, Bau und Digitalisierung des Landes Nordrhein-Westfalen, dem Kölner Stadtkonservator und der Dombauhütte weitergearbeitet. Eine wesentliche Grundlage des Managementplans ist die Attribute-Kartierung, welche die Merkmale identifiziert, die den Wert einer Welterbestätte ausmachen, und diese räumlich verortet.

4.6 Internationaler Kunstwettbewerb

Der im August 2023 ausgelobte Kunstwettbewerb[48] zum heutigen christlich-jüdischen Verhältnis konnte abgeschlossen werden. Am 20. März 2025 tagte die Wettbewerbsjury unter dem Vorsitz der Saarbrücker Architektin Prof. Andrea Wandel und wählte einstimmig den Vorschlag der Berliner Künstlerin Andrea Büttner zum Siegerentwurf. Das Werk stellt in einer fotorealistischen Wandmalerei über dem Altar der Stadtpatrone das schwebende Fundament der ehemaligen Bima der mittelalterlichen Kölner Synagoge dar. Nach der Umwandlung der Synagoge in die Ratskapelle 1426 hatte es auch als Fundament für den Altar der Stadtpatrone gedient.

Die Realisierung des Kunstwerks erfordert noch einige Vorarbeiten. Nach der Konservierung der mittelalterlichen Wandmalereien auf der darunterliegenden

47 65. Dombaubericht, 2024, S. 48.

48 Vgl. 65. Dombaubericht, 2024, S. 48. – 64. Dombaubericht, 2023, S. 55. – M[arkus] F[rädrich]: Internationaler Kunstwettbewerb – Siegerentwurf, in diesem Domblatt, S. 294–296. – Ders.: Internationaler Kunstwettbewerb, in: KDbl. 89, 2024, S. 262–263. – Ders.: Internationaler Kunstwettbewerb, in: KDbl. 88, 2023, S. 283–284.

49 64. Dombaubericht, 2023, S. 57.

50 Willy Weyres: Die vorgotischen Bischofskirchen in Köln (Studien zum Kölner Dom 1), Köln 1987, S. 232, Abb. 181.

Wandzone (vgl. 2.3.2) steht eine Untersuchung und Restaurierung der oberen Wandhälfte an. Danach kann die Wand für die neue Wandmalerei vorbereitet werden.

4.7 Kooperationen

Die Kooperation zum Aufbau der Vertiefungsrichtung »Glasrestaurierung« am Institut für Restaurierungs- und Konservierungswissenschaft (CICS) der Technischen Hochschule (TH) Köln wurde erfolgreich fortgesetzt. Die Einrichtung der neuen Studienrichtung hat sich bereits herumgesprochen. Die ersten Studierenden beginnen ihr Studium mit dem Wintersemester 2025/26.

5. Domgrabung

5.1 Fundbearbeitung und Inventarisation

Die Inventarisierung der Baukeramik wurde abgeschlossen, ebenso die Durchsicht der organischen Funde aus den beiden Fürstengräbern. Damit konzentriert sich die Inventarisation mit den Baufunden Stein nun auf den letzten großen Bereich des Fundbestandes. Dieser ist nach Materialgruppen getrennt weitgehend auf die klimatisch geeigneten Depoträume verteilt.[49] Allein zur Aufnahme der Holzfunde fehlt noch die geplante Magazinierungsmöglichkeit im Grabungsgelände unter dem Hochchor. Für eine adäquate Lagerung der Materialproben existiert bislang keine Alternative zur Unterbringung im Norddepot. Insgesamt ist die Lagersituation recht angespannt und eine Ausweitung der Raumkapazitäten unausweichlich.

5.2 Messungen

Die täglichen Grundwasserspiegel-Messungen wurden fortgeführt, ebenso die Klimamessungen im Grabungsgelände unter dem Dom und im Baptisterium sowie in den Magazinräumen. Letztere dienen der Kontrolle und Wahrung der klimatischen Verhältnisse als Voraussetzung für die konservatorische Sicherung und den Erhalt der eingelagerten Objekte sowie der aufgedeckten archäologischen Befunde in situ.

5.3 Grabungsgelände

Arbeiten an den Bodenplatten im Westen von Feld 082 (vgl. 2.2) haben keine archäologisch relevante Substanz berührt, da sie sich auf einen bereits 1968 mit einer Fußbodenheizung ausgestatteten Bereich beschränkten.

Bei den Arbeiten am Domfriedhof hinter dem Domchor wurde der 1968 gehobene Teil einer karolingischen Wasserleitung nahe der ursprünglichen Position wieder eingegraben.[50]

5.4 Restaurierungsarbeiten im Grabungsbereich

5.4.1 Römische Wandmalerei (B 920, West-Ost-Wand)

Die Untersuchungen an der römischen Wandmalerei des 1.–2. Jahrhunderts wurden fortgeführt.[51] So wurde das 2015 installierte Klimamonitoring[52] erstmals umfassend ausgewertet. Dabei wurden nicht nur die Messpunkte an der Wand und im Grabungsschnitt berücksichtigt, sondern auch weitere Sensoren in angrenzenden Räumlichkeiten der Grabung und des Dominnenraums. Die Analyse zeigt, dass das Mikroklima der Wandmalerei eng mit dem Innenklima des Domes gekoppelt ist und sich diesem mit wenigen Tagen Verzögerung anpasst. Durch Kondenswasserbildung steigt im Sommer die Oberflächenfeuchte langfristig auf 100 Prozent an, sodass selbst schwerlösliche Salze wie Gips ausreichend Zeit haben, in Lösung zu gehen und innerhalb des Mauerwerks zu migrieren. Im Herbst schließen sich massive Schwankungen der Luftfeuchtigkeit an, die Höchstwerte von 85 und Tiefstwerte von 50 Prozent relativer Luftfeuchte erreichen. Dies führt zu permanenten Salzkristallisationszyklen, bei denen die wachsenden Salze Pigmente vom Putzträger der Malerei abdrücken. Verstärkt wird der Effekt durch einen Klimaumschwung im schachtartigen Grabungsschnitt. Im Winter sind die unteren Wandabschnitte wärmer als die oberen, während sich dieses Verhältnis im Sommer umkehrt. Dieses Phänomen tritt offenbar aufgrund der spezifischen Raumarchitektur des Grabungsschnittes an Wand B 920 auf – die Grundfläche des Schachts ist etwa 1 × 1,2 m groß bei einer Höhe von 2 m. Interessanterweise zeigt ein tieferer und schmalerer, weiter im Osten des Grabungsareals gelegener Schnitt, in dem sich ebenfalls römische Wandmalerei (B 940) erhalten hat, keine derartigen Klima- und Verwitterungsprobleme.

Salzanalysen, durchgeführt von Prof. Dr. Michael Steiger und Dr. Amelie Stahlbuk von der Universität Hamburg, präzisieren die 2024 erhobenen Befunde: Die Malerei weist eine hohe Gipsbelastung auf; zudem sind Halit (NaCl) und Natriumnitrat ($NaNO_3$) nachweisbar. Halit und Natriumnitrat kristallisieren erst unterhalb einer relativen Luftfeuchte von 63,2 Prozent. In Verbindung mit den aufgezeichneten Feuchteschwankungen lässt sich das Schadensrisiko für die Wandmalerei direkt ableiten. Die Ergebnisse eröffnen damit aber auch Handlungsspielräume: Präventive Maßnahmen, wie eine gezielte Erwärmung der Wand um 1–2 °C im Sommer zur Reduktion von Kondenswasser sowie die Stabilisierung der Luftfeuchte über 65 Prozent im Winter, könnten das Auskristallisieren der Salze verhindern und so Pigmentverlusten entgegenwirken. Ungeklärt ist bislang, ob der Gips aus dem Malerei tragenden Putz stammt oder nachträglich ins Mauerwerk eingetragen wurde.

Parallel zu den naturwissenschaftlichen Untersuchungen wurde die Bestandsdokumentation der Malerei erweitert. Hochauflösende, farbreferenzierte und

24 | *Von der Fokus GmbH, Leipzig, maßstäblich entzerrte Multispektralaufnahmen (Messbilder) der römischen Wandmalerei im Auflicht (links), Streiflicht (Mitte) und unter UV-Fluoreszenz bei 380 nm (rechts)*

entzerrte Fotografien wurden im April von der Fokus Leipzig GmbH (Abb. 24) erstellt. Die Multispektralaufnahmen geben neue Einblicke in Malereiaufbau und Erhaltungszustand: Während im Streiflicht das Ausmaß der Salzkristalle und Abhebungen in den Malschichten erkennbar werden, fluoresziert unter UV-Anregung die gesamte Oberfläche der Malerei. Dies spricht gegen eine rein freskale Maltechnik. Zusätzlich konnten stark fluoreszierende Gehrungslinien dokumentiert werden, die unter Normallicht nicht erkennbar sind.

Die Kombination aus detaillierter Klimaanalyse, präziser Salzbestimmung und multispektraler Dokumentation liefert erstmals eine belastbare Grundlage für ein langfristiges Erhaltungskonzept mit engmaschigem Monitoring. Die bisherigen Ergebnisse zeigen, dass präventive Eingriffe in die Klimabedingungen realistisch umsetzbar sind und die Chancen für den Erhalt des einzigartigen römischen Wandmalereiausschnitts im südlichen Querhaus deutlich besser sind als bislang angenommen.

51 65. Dombaubericht, 2024, S. 51–52. – 64. Dombaubericht, 2023, S. 57. – 63. Dombaubericht, 2022, S. 44.

52 56. Dombaubericht, 2015, S. 24.

5.4.2 Kaverne K 10 (B 1384) mit Hundehütte
Vor den Außenseiten der mittelalterlichen Fundamente des Nordquerhauses befinden sich zwei tonnengewölbte Kavernen mit einer kleinen eingelassenen Kammer an der Nordwestecke, die im Mittelalter vermutlich als Hütte für einen Wachhund zur Bewachung der mittelalterlichen Baustraße in die Dombaustelle diente. Zur Vorbereitung weiterer Restaurierungsschritte[53] der stark salzbelasteten Konstruktion wurden im Winter 2024/25 darüber gelagerte, ebenfalls salzbelastete ältere Werkstücke entfernt und ausgelagert.

5.5 Weitere Projekte

Das von der Kulturstiftung Kölner Dom geförderte Projekt zur Rekonstruktion von Innenansichten des Alten Domes um das Jahr 1000, dessen bisherige Ergebnisse auf der Internetseite des Kölner Domes präsentiert sind, wird fortgesetzt.[54] Im September erfolgte gemeinsam mit Kollegen aus Frankreich und England eine erste Sichtung der karolingischen Glasfunde zur Frage weiterer Analysemöglichkeiten. Am 2. November 2024 beteiligte sich die Domgrabung erneut an der Kölner Museumsnacht und betreute in nur fünf Stunden 2.655 Besuchende. Anlässlich des UNESCO-Welterbetages am 1. Juni 2025 war das Baptisterium zugänglich und hat, wie bereits in den vergangenen Jahren, dem römischen Prätorium und dem MiQua LVR-Jüdischem Museum Raum für eine eigene Präsentation geboten. Zudem war ein Teil des Grabungsbereichs unter dem Dom kurzzeitig für Besuchende geöffnet, eine Möglichkeit, die zahlreiche Menschen gerne genutzt haben. Auch zum Tag des offenen Denkmals am 13. September war das Baptisterium wieder zu besichtigen. Das Schaudepot der Domgrabung hat mit den Türen des gotischen Gittergehäuses des Dreikönigenschreines ein weiteres Exponat erhalten.

6. Dombauarchiv

6.1 Allgemeines

Im Dombauarchiv vollzog sich mit dem Eintritt des Archivleiters Dr. Klaus Hardering in den Ruhestand ein personeller Wechsel. Sein Nachfolger ist der bisherige Pressesprecher der Dombauhütte und stellvertretende Archivleiter Matthias Deml. Dessen Stelle wurde aufgeteilt. Während für die Pressearbeit nun Pia Modanese zuständig ist, die für das Domkapitel auch die sozialen Medien und den Webauftritt des Domes betreut, übernahm die Inventarisierung mit einer halben Stelle Jan-Peter Joerißen. Für die Erfassung des Inventars von Dombauhütte und Dombauarchiv bedeutet dies einen enormen Gewinn, da er sich ganz auf diese eine wichtige Aufgabe konzentrieren kann. Sein Vorgänger Matthias Deml war durch seine anderen Aufgaben zumeist gebunden.

Bei einer Begehung der Modellkammer konnten zehn stark verschmutzte, wohl zu einem Altar gehörende Steintafeln mit frühneuzeitlichen Malereien, die Szenen aus dem Marienleben zeigen, gesichert werden. Ihre Provenienz ist ungeklärt. Langfristig wären eine Reinigung, Konservierung und nähere Untersuchung dieses bisher unveröffentlichten Konvoluts wünschenswert.

Wie in den vergangenen Jahren hat die Archivarin Dr. Carolin Wirtz im Frühjahr und Sommer 2025 weitere Aktenbestände erfasst. Insbesondere konnten die Aktenbestände der Steinrestaurierungswerkstatt und der Sonderbestand zur Restaurierung des Dreikönigenschreines in der AUGIAS-Datenbank verzeichnet werden. Die in den vergangenen Jahren erarbeitete und 2024 verbindlich eingeführte Nomenklatur wurde fortgeschrieben und ergänzt.

2025 war das Dombauarchiv in Ausstellungen am Dom besonders präsent. So war die in Zusammenarbeit mit dem Archiv entstandene Ausstellung der Domschatzkammer »Der Kölner Dom und was damit zusammenhängt« ganz den Schätzen des Dombauarchivs gewidmet (vgl. 7.1.1).[55] Einem sehr ungewöhnlichen »Schatz« aus dem Dombauarchiv gewidmet war die Ausstellung des Künstlers Andrés Galeano »Domstein-Mission X-DBA-00408« im Dreikönigensaal des Domes.[56] Auch an der Vorbereitung der Sommerausstellung im Foyer des Domforums war das Dombauarchiv in diesem Jahr wieder beteiligt. Sie war dem 1.700-jährigen Jubiläum des ökumenischen Glaubensbekenntnisses von Nicäa im Jahr 325 gewidmet.[57]

Zur alltäglichen Arbeit des Archivs gehört die Beantwortung von Anfragen zu Dom und Dombauhütte, die Betreuung von Forscherinnen und Forschern sowie Studierenden in Dom, Archiv und Bibliothek, der Leihverkehr mit Museen sowie zahlreiche Fachführungen für Kolleginnen, Kollegen und Studierende – etwa im Rahmen von wissenschaftlichen Tagungen und Exkursionen. Ein wesentlicher Teil der Arbeit ist nicht zuletzt die Redaktion des Kölner Domblatts, des Jahrbuchs des Zentral-Dombau-Vereins.

6.2 Inventarisation

Mit Unterstützung von Tobias Nagel M. A., der für die wissenschaftlichen Datenbanken der Kölner Museen zuständig ist, konnten rund 3.000 Datensätze in die

53 65. Dombaubericht, 2024, S. 52–53.
54 65. Dombaubericht, 2024, S. 54–55, mit Abb. 25.
55 M[atthias] D[eml]: »Der Kölner Dom und was damit zusammenhängt«, in diesem Domblatt, S. 299–300.
56 M[atthias] D[eml]: »Domstein-Mission X-DBA-00408«, in diesem Domblatt, S. 297–298. – Andrés Galeano: Domstein-Mission. X-DBA-00408 (Artist meets archive 4), Ausstellungskatalog, Köln 2025.
57 M[atthias] D[eml]: »Der Dom als Bekenntnis des Glaubens«, in diesem Domblatt, S. 298–299. – Der Dom als Bekenntnis des Glaubens. 1700 Jahre ökumenisches Glaubensbekenntnis von Nicäa (325–2025), Ausstellungsbroschüre, Köln 2025.

Datenbank APS eingepflegt werden, die bisher mit anderen Datenbanksystemen erfasst worden waren. Diese betreffen überwiegend Baupläne des 19. Jahrhunderts sowie Druckgrafiken und historische Fotografien.

Überdies wurden etwa 300 Objekte aus den Sammlungen des Dombauarchivs inventarisiert, die sich zuvor in den Schauvitrinen im Foyer der Dombauverwaltung befanden. Dazu zählen unter anderem zahlreiche Kuriositäten wie historische Domsouvenirs oder die Uhrzeiger der barocken Domuhr. Erfasst wurden außerdem eine Reihe kunstgewerblicher Porzellangegenstände sowie eine umfangreiche Sammlung von Mettlacher Dombechern, die Mitte des 19. Jahrhunderts von der Firma Villeroy & Boch hergestellt wurden. Mit jedem verkauften Becher flossen vier Groschen an den Dombau.

Schließlich wurden die Inventareinträge zu den insgesamt 105 Wasserspeiern des Domes überarbeitet, fehlende Inventarnummern ergänzt und die Verortung an die aktuelle Nomenklatur des Domes angepasst. Durch die neue wissenschaftliche Hilfskraft des Archivs, Nicole Schünemann, wurden in Vorbereitung der Inventarisation bisher nicht erfasste Grafik- und Fotobestände im Planarchiv durchgesehen, fotografiert und gelistet.

6.3 Bibliothek

Wieder hat die Bibliothek des Dombauarchivs im Berichtszeitraum viele Neuzugänge durch Ankäufe, Schenkungen, Schriftentausch und Belegexemplare aus dem Bildarchiv zu verzeichnen. Einen erwähnungswerten Zuwachs stellt eine Erwerbung aus dem Kölner Auktionshaus Dr. Eder dar. Es ist die eher seltene Publikation »Wanderung durch das mittelalterliche Köln« zum historischen Stadtbild Kölns des Antiquars und Verlegers Franz Kreuter von circa 1850 (Abb. 25). Besonders interessant ist der Anhang mit Kölner Ansichten und Stadtplänen aus dem 16.–19. Jahrhundert. Des Weiteren wurde neben anderem auch die Einarbeitung der großen Buchschenkung zur Glasmalerei von Ulrike Brinkmann fortgeführt.[58] Der auf der Website der Dombauhütte digital verfügbare Bibliothekskatalog (OPAC) verzeichnet nunmehr rund 33.400 Einträge (Monografien, Sammelbände, Zeitschriften, Aufsätze).

6.4 Bildarchiv

Wie stets unterstützte das Bildarchiv die Presse- und Öffentlichkeitsarbeit der Dombauhütte mit der Bereitstellung von Bildern. Für die Ausstellungen und Kataloge »Der Dom und was damit zusammenhängt. Schätze aus dem Dombauarchiv« und »Domstein-Mission X-DBA-00408« recherchierte das Bildarchiv die benötigten Fotografien. Auch für die Publikation »Rudolf Yelin d. J. und die Glasmalerei im Ulmer Münster« in der Reihe »Arbeitshefte Landesamt für Denkmal-

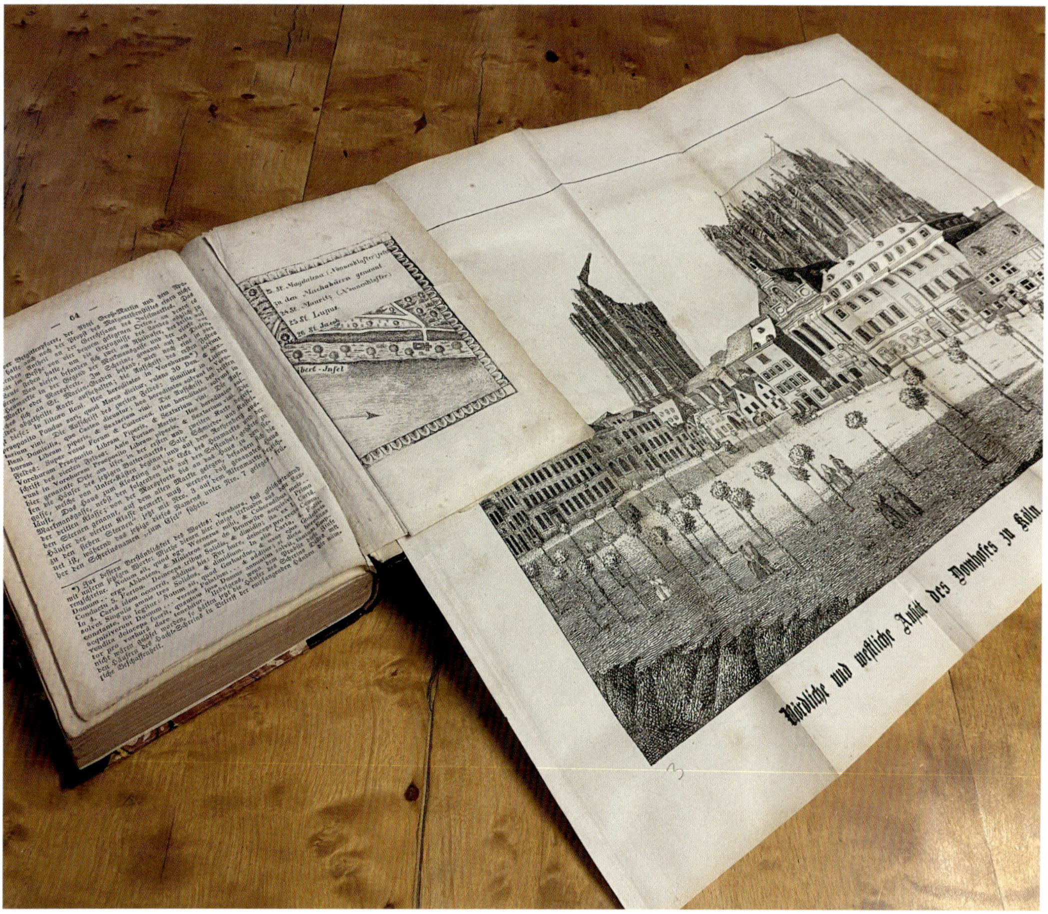

25 | *Franz Kreuter, »Wanderung durch das mittelalterliche Köln, mit steter Berücksichtigung seiner Plätze, Straßen, Kirchen, Klöster, Patrizier- und anderer merkwürdigen Häuser«, Köln, um 1850*

pflege« mit einem Beitrag des Dombaumeisters Peter Füssenich wurde Bildmaterial bereitgestellt, ebenso für ein Ausstellungsprojekt im Erkenbert-Museum in Frankenthal (Pfalz) zum Themenbereich Glockenguss. Im Berichtszeitraum nahm das Archiv an der Fachtagung des Ruhr Museums »Ruth Hallensleben. Auftragsfotografie im Kontext von Sammlungen, Politik und Frauenforschung« mit dem Schwerpunkt »Ruth Hallensleben in Sammlungen und Archiven« teil.

Die Sichtung und Bearbeitung des analogen Bildmaterials sowie der digitalen Bilddaten der Fotografen Reinhard Matz und Axel Schenk wurde fortgeführt. Die fotografische Dokumentation der Restaurierungsarbeiten der Dombauhütte ist ebenfalls vom Bildarchiv koordiniert worden.

58 65. Dombaubericht, 2024, S. 56.

26 | *Dominikus Stainhart, Anbetung der Heiligen Drei Könige, Elfenbein, um 1700*

6.5 Ankäufe und Schenkungen

Wie in den Jahren zuvor erhielt die Dreikönigensammlung auch 2025 dank großzügiger Stiftungen von Lisa Weyand einige besondere neue Objekte. Hervorzuheben sind vor allem zwei kostbare Elfenbeinreliefs, die über das Kölner Auktionshaus Lempertz angekauft werden konnten.[59] Bei dem älteren Relief handelt es sich um ein 9,2 × 4,7 cm großes französisches Elfenbeintäfelchen aus der zweiten Hälfte des 14. Jahrhunderts. In zwei übereinander angeordneten Bildfeldern zeigt es die Kreuzigung Christi (oben) und die Anbetung des Christuskindes durch die Heiligen Drei Könige. Es hat geringfügige Reste seiner ursprünglichen Farbfassung bewahrt. Prachtvoll ist die barocke 10 × 17,3 cm große Elfenbeintafel des bayerischen Bildhauers und Elfenbeinschnitzers Dominikus Stainhart (1655–1712) (Abb. 26). Das sehr plastisch herausgearbeitete Relief zeigt ebenfalls die Anbetung der Könige. Ferner erwarb die Sammlerin zwei Kupferstiche sowie ein sogenanntes Spickelbild mit Dreikönigenszenen aus dem 18. und frühen 19. Jahrhundert. Bei dem Spickelbild sind Teile der Darstellung ausgeschnitten und mit farbigen Metallfolien hinterlegt.

Von Monika Becker, einer direkten Nachfahrin des Kölner Dombaumeisters Bernhard Hertel (amt. 1903–1927), erhielt das Dombauarchiv ein beachtliches Konvolut an besonderen Erinnerungsstücken an den vierten neuzeitlichen Lei-

59 Lempertz, Auktion 1266, 17. Mai 2025, Alte Kunst und 19. Jahrhundert, Teil 2, Kat.-Nr. 1265, 1295.

27 | *Porträt des Dombaumeisters Bernhard Hertel, Anfang 20. Jahrhundert*

ter der Kölner Dombauhütte geschenkt, darunter vor allem ein eindrucksvolles Porträt des ordengeschmückten Dombaumeisters aus dem Anfang des 20. Jahrhunderts (Abb. 27).[60] Es ist nicht zuletzt auch eine schöne Ergänzung für das zu großen Teilen erhaltene Mobiliar der Dombauverwaltung aus dem frühen 20. Jahrhundert, das von Hertel entworfen wurde. Weitere Objekte sind zwei kolorierte Entwurfszeichnungen Bernhard Hertels für Kirchenmobiliar sowie eine Visualisierung der von ihm und seinem Bruder Hilger in neugotischen Formen entworfenen Heilig-Kreuz-Kirche in Münster. Bernhard Hertels großes Verdienst war es, die nach der Domvollendung des 19. Jahrhunderts auf eine kleine Stammmannschaft reduzierte Dombauhütte wieder aufzubauen und mit den dringend erforderlichen Erhaltungsmaßnahmen des durch Verwitterung bedrohten Bauwerks zu beginnen.

Von der Bezirksregierung Köln erhielt das Dombauarchiv die »Vermessungsakte Kölner Dom«. Sie enthält Unterlagen zu zahlreichen Messungen, etwa zur Beurteilung der Bauwerksstabilität im Zusammenhang mit dem U-Bahn-Bau oder potenziellen Erdbeben sowie Turmhöhenbestimmungen aus den Jahren 1985, 2000 und 2010.

Weitere Schenkungen von Privatpersonen waren etwa ein kleines Konvolut von Druckgrafiken, ein chinesischer Scherenschnitt der Heiligen Drei Könige, eine historische Vinylschallplatte zu Glocken und ihrem Geläut, ein historisches Negativ mit einer Ansicht der Domumgebung. Weitere Grafiken und antiquarische Bücher, welche die Sammlungen des Archivs bereichern, konnten über Auktionshäuser und Antiquariate erworben werden.

6.6 »Artist meets Archive«

Anfang 2025 trat das Programm der Internationalen Photoszene Köln »Artist meets Archive«[61] in die heiße Phase und beschäftigte die Mitarbeiterinnen und Mitarbeiter von Archiv, Bildarchiv und Kölner Domverlag, aber auch zahlreiche Kolleginnen und Kollegen der Dombauhütte. Bis zur Eröffnung der Ausstellung am 16. Mai 2025 wurden in enger Abstimmung mit dem Künstler Andrés Galeano Texte geschrieben, Bilder herausgesucht und bestellt, Ausstellungskatalog[62] und

60 Das Bild ist unten rechts *G. Hesse 1942* signiert, was zunächst eine posthume Entstehung des Porträts nach einer Fotografie oder als Kopie eines älteren Gemäldes nahezulegen scheint. Allerdings befindet sich die Signatur in einem ganz offensichtlich beschädigten und stark restaurierten Bereich, könnte somit auch nachträglich von einem Restaurator hinzugefügt oder verfälschend wiederhergestellt worden sein. Das Aussehen des Dargestellten weist in die 1910er- oder frühen 1920er-Jahre.

61 65. Dombaubericht, 2024, S. 60–61.

62 Andrés Galeano: Domstein-Mission. X-DBA-00408 (Artist meets archive 4), Ausstellungskatalog, Köln 2025.

63 M[atthias] D[eml]: Domstein-Mission X-DBA-00408, in diesem Domblatt, S. 297–298.

28 | *Andrés Galeano während der Eröffnung seiner Ausstellung »Domstein-Mission X-DBA-00408« im Dreikönigensaal des Domes*

Faltblätter lektoriert und zum Druck vorbereitet sowie schließlich die Ausstellung im Dreikönigensaal und im Kölner Domshop aufgebaut (Abb. 28).[63]

Im Rahmen des Kunstprojekts entstanden zahlreiche künstlerische Objekte, Fotografien, Zeichnungen und »Souvenirs« des Künstlers. Einige von ihnen, darunter zwei limitierte 3-D-Modelle des Steins, von Andrés Galeano gestaltete Patches mit Domsteinmotiven, signierte Postkarten sowie eine Zeichnung aus der Serie »Reliquien« mit fixierten Fragmenten des Domsteins wurden dem Dombauarchiv vom Künstler geschenkt. Eine weitere Zeichnung und ein Arbeitsbuch des Künstlers mit zahlreichen Skizzen und Notizen kaufte das Dombauarchiv an.

7. Domschatzkammer

Die Domschatzkammer hat, wie auch in den vergangenen Jahren, einen erfreulichen Zuwachs an Besucherinnen und Besuchern zu verzeichnen. Seit März 2024 ist wegen Terrorgefahr der Außeneingang der Schatzkammer geschlossen. Der Zu- und Ausgang erfolgt daher ausschließlich über den Dom, was immer wieder zu räumlichen Engpässen vor allem im Foyer der Schatzkammer und im Museumsshop führt, wo sich die Besucherströme in beide Richtungen auf engem Raum begegnen. Es kann sich daher bei dieser »Sackgassenlösung« nur um eine Übergangslösung handeln.

Zu den Aufgaben der Schatzkammer zählten auch im vergangenen Jahr wieder die fachliche und organisatorische Leitung der Arbeiten in der Goldschmiede- und Metallrestaurierungswerkstatt des Domes und der Konservierungsmaßnahmen an den Textilien des Domes. Zudem erfolgte die organisatorische und technische Koordinierung des Schatzkammerbetriebs, die Beantwortung von Anfragen zur Sammlung und zu einzelnen Objekten des Domschatzes, die Begutachtung und Abwicklung von Leihanfragen, aber auch die Betreuung von Forschungsvorhaben und die Begleitung von Seminargruppen der unterschiedlichsten Universitäten.

In Amtshilfe unterstützte und beriet Dr. Leonie Becks die Dokumentation und Übernahme des künstlerischen Nachlasses der Textilkünstlerin Martha Kreutzer-Temming durch das Museum Religio in Telgte. Zudem verfasste sie ein Gutachten für die Beantragung eines Forschungsvolontariats zur wissenschaftlichen Bearbeitung des Œuvres. Martha Kreutzer-Temming schuf seit den 1960er-Jahren zahlreiche liturgische Gewänder und Zubehörteile für den Kölner Dom. Seit 2000 wird jedes Jahr in der Fastenzeit das von ihr entworfene und ausgeführte 5 × 2,50 m große Hungertuch für das Gerokreuz im Dom installiert.

Zu der vom Goldschmiedehaus in Hanau zur Ausstellung »Auftrag Kunst. Gestalten für die Kirche nach 1945« veranstalteten Podiumsdiskussion am 2. Februar 2025 war die Leiterin der Domschatzkammer als Teilnehmerin auf dem Podium geladen. Zur Verleihung des Kunstpreises der Evangelischen Landeskirche Bayerns an die Silberschmiedemeisterin Juliane Schölß am 28. November 2024 hielt sie die Laudatio. Juliane Schölß schuf 2022 das neue Berührungsreliquiar für den Kölner Dom, das Reliquien aus dem Schrein der Heiligen Drei Könige enthält. Ihr Entwurf wurde im Rahmen eines Wettbewerbs zur Gestaltung eines Begegnungsortes mit den Heiligen Drei Königen »Den Drei Königen ganz nah« von der Jury einstimmig mit dem ersten Preis ausgezeichnet.

Die technischen Anlagen wurden wie in jedem Jahr von den Elektrikern der Dombauhütte regelmäßig gewartet und mit großer Sorgfalt und Zuverlässigkeit betreut.

7.1 Ausstellungen

7.1.1 »Der Kölner Dom und was damit zusammenhängt.
Schätze aus dem Dombauarchiv«

Vom 1. Februar bis zum 24. August 2025 präsentierte die Schatzkammer die Ausstellung »Der Kölner Dom und was damit zusammenhängt. Schätze aus dem Dombauarchiv« (ABB. 29).[64] Im Mittelpunkt der Ausstellung stand die Kunstsammlung des Dombauarchivs, die in ihren ältesten Beständen auf das 19. Jahrhundert zurückgeht und seither fortlaufend erweitert wird. Bereits in der Zeit der Domvollendung schmückten die Räume des Dombaubüros Gemälde des Domes sowie Porträts von Dombaumeistern und Förderern des Dombaus. Hinzu kam eine Sammlung von Druckgrafiken und kunstgewerblichen Gegenständen. Sie bilden den Grundstock der Kunstsammlung, die im Laufe des 20. und 21. Jahrhunderts kontinuierlich angewachsen ist. Da diese Sammlung gewöhnlich der Öffentlichkeit nicht zugänglich ist, konnten in der Ausstellung einige besondere Schätze, die in den vergangenen 18 Jahren für das Archiv erworben wurden, der Allgemeinheit vorgestellt werden. Die Ausstellung wurde zur Verabschiedung des langjährigen Leiters des Dombauarchivs Dr. Klaus Hardering in den Ruhestand am 31. Januar 2025 eröffnet. Zur Ausstellung erschien im Kölner Domverlag eine von Marko Seeber gestaltete 56-seitige Publikation mit einem Katalog der ausgestellten Exponate. Die Katalogbeiträge verfassten die Kolleginnen und Kollegen des Kölner Dombauarchivs.[65]

7.1.2 »Der Kaiserswerther Suitbertusschrein in Restaurierung«

Unter dem Titel »Der Kaiserswerther Suitbertusschrein in Restaurierung« zeigt die Schatzkammer vom 13. September 2025 bis zum 31. Januar 2026 eine Ausstellung mit Figuren und Ornamentbeschlägen des Reliquienschreines des heiligen Suitbertus aus der gleichnamigen Pfarrkirche in Düsseldorf-Kaiserswerth. Er wird seit September 2021 in der Goldschmiede- und Metallrestaurierungswerkstatt des Kölner Domes restauriert. Der ab dem Ende des 12. Jahrhunderts bis in die Zeit nach 1331 entstandene Schrein ist neben dem Dreikönigenschrein eines von wenigen rheinischen Großreliquiaren, deren Figurenschmuck sich über die Jahrhunderte nahezu vollständig erhalten hat. Größere Reparatur- und Ergänzungsmaßnahmen erfolgten zum einen 1767 durch den Düsseldorfer Goldschmied N. Meyer, 1846 durch den Kaiserswerther Silberarbeiter und späteren Silberfabrikanten Peter Anton Bahner, um 1896 durch die Goldschmiedewerkstatt

64 M[atthias] D[eml]: »Der Kölner Dom und was damit zusammenhängt«, in diesem Domblatt, S. 299–300.

65 Der Kölner Dom und was damit zusammenhängt. Schätze aus dem Dombauarchiv. Eine Ausstellung der Kölner Domschatzkammer und des Kölner Dombauarchivs, 1. Februar bis 1. Juni 2025, hg. von Leonie Becks, Köln 2025.

29 | *Ausstellung »Der Kölner Dom und was damit zusammenhängt. Schätze aus dem Dombauarchiv« in der Kölner Domschatzkammer*

Conrad Anton Beumers in Düsseldorf sowie Anfang des 20. Jahrhunderts und nach partieller Beraubung und Zerstörung der Suitbertusseite 1945 durch den Goldschmied Carl Kesseler.

Bei der letzten Begutachtung 2018 wurde festgestellt, dass sich im Laufe der Zeit und durch die regelmäßigen Öffnungen des Schreines für die liturgische Nutzung bei Prozessionen und Reliquienweisungen Schäden an den Beschlagteilen vor allem am Dach und an den Öffnungen der Dachflächen sowie an den Seitenflächen zeigten. Nach einer umfassenden Dokumentation des Schadensbildes wurden die Beschlagteile vom Schrein abgenommen und der Holzkern in die Restaurierungswerkstatt Beier, Freund und Kühler gebracht. Die aktuellen Konservierungsmaßnahmen an den circa 1.100 metallenen Beschlägen aus vergoldetem Kupfer oder Silber sind inzwischen weit fortgeschritten und dauern wie auch die Arbeiten am Holzkern noch an. In der Ausstellung der Kölner Domschatzkammer bietet sich nun die einmalige Gelegenheit, die Arbeit der Restauratorinnen näher kennenzulernen. Neben den abgenommenen mittelalterlichen Figuren und Beschlägen des Schreines, die aus nächster Nähe betrachtet werden können, sind zudem Einblicke in heutige Restaurierungs- und Dokumentationspraktiken möglich.

Die konservatorische Betreuung der Ausstellung lag in den Händen der Goldschmiederestauratorinnen Claudia Magin und Solveig Hoffmann. Für die Präsentation der einzelnen Exponate schuf die Schreinerei der Dombauhütte die Ausstellungsarchitektur und die notwendigen Vitrineneinbauten, Sockel und Präsentationsflächen. Zudem unterstützte sie die Kolleginnen beim Aufbau und der Einrichtung der Vitrinen.

Zur Ausstellung erschien eine 52-seitige Begleitpublikation vom Vorzustand des Schreines mit Fotografien von Stephan Kube, Greven, und Texten von Leonie Becks, Andrea Burkhardt, Solveig Hoffmann, Claudia Magin und Anna Pawlik.[66]

8. Der Dom auf Ausstellungen

Das Deutsche Goldschmiedehaus in Hanau widmete sich in der Ausstellung »Auftrag Kunst. Gestalten für die Kirche nach 1945« vom 27. Oktober 2024 bis zum 2. Februar 2025 zeitgenössischen Tendenzen in der Gestaltung moderner Geräte für die Liturgie. Seit Jahrhunderten gehören die katholische und evangelische Kirche zu den wichtigen Auftraggebern der Gold- und Silberschmiedekunst. Objekte des liturgischen Gebrauchs sowie der Kirchenausstattung spiegeln dabei neben ihrer Funktionalität auch den Stil ihrer Zeit wider. Die Ausstellung

66 Der Kaiserwerther Suitbertusschrein in Restaurierung. Eine Ausstellung der Kölner Domschatzkammer, hg. von Leonie Becks, Köln 2025.

untersuchte neben dem Entstehungskontext der Objekte auch ihre Bedeutung für liturgische Handlungen. Ausgehend von Elisabeth Treskow, Fritz Schwerdt und Friedrich Becker wurden die verschiedenen künstlerischen Positionen für den liturgischen Raum nach 1945 vorgestellt. Die Domschatzkammer war allein mit insgesamt neun Leihgaben vertreten.[67]

Für die Wanderausstellung »75 Jahre Verfassung für das Land Nordrhein-Westfalen« der Stiftung Haus der Geschichte Nordrhein-Westfalen, die im Lauf des Jahres im Düsseldorfer Landtag, in der Landesvertretung in Berlin und im Landeshaus des LWL in Münster gezeigt wurde, verlieh die Kölner Dombauhütte eine stark verwitterte Kreuzblume aus Schlaitdorfer Sandstein.

9. Öffentlichkeitsarbeit

Zum 1. Februar 2025 kam es zu einem Wechsel in der Presse- und Öffentlichkeitsarbeit der Dombauhütte: Pia Modanese folgte Matthias Deml als Pressesprecherin nach. Sie war bereits als Digital-Managerin für die Domkirche tätig und übernahm nun die Öffentlichkeitsarbeit der Bauhütte zusätzlich im Rahmen einer halben Stelle.

Im Berichtszeitraum waren erneut zahlreiche nationale und internationale Film- und Fernsehteams zu Besuch im Dom und in der Dombauhütte. Hervorzuheben sind etwa eine aufwendig produzierte Filmkampagne anlässlich des Doppeljubiläums »77 Jahre 1. FC Köln und 777 Jahre Kölner Dom« (Abb. 30).[68] In Kooperation mit dem 1. FC Köln entstand neben einem Fotoshooting ein rund zweiminütiger Spot zum Launch des neuen Ausweichtrikots mit Dommotiven. Neben bekannten Gesichtern des 1. FC war auch die Dommusik beteiligt, die die Filmmusik beisteuerte.

An Dreharbeiten sind ferner eine Dokumentation des japanischen Senders Nippon TV über den Dom, Dreharbeiten in den Ausgrabungen und im Baptisterium für einen Lehrfilm zum Thema »Christianisierung« des Instituts für Film und Bild in Wissenschaft und Unterricht (FWU) oder ein Beitrag über moderne Vermessungstechnik für den Social-Media-Kanal der Bezirksregierung Köln erwähnenswert. Infolge einer Reportage der Deutschen Presse-Agentur (dpa) über die Ausgrabungen am Dom griffen weitere Medien das Thema auf, darunter WDR und RTL West. So entstanden Beiträge, in denen die Archäologin Ruth

67 Ausgeliehen wurden von Elisabeth Treskow: Kreuzpartikelreliquiar, 1958 (Inv.-Nr. L 23), Monstranz mit Lunulabehälter, um 1960 (Inv.-Nr. L 316 a, b), Palla, 1962 (Inv.-Nr. L 219), Pektorale und Ring mit Granulation, 1961 (Inv.-Nr. L 181 a, b) sowie Pektorale und Ring von Weihbischof Augustinus Frotz, 1962 (Inv.-Nr. L 257 a, b). Von Hildegard Domizlaff: Bischofsstab, Pektorale und Ring von Weihbischof Plöger, 1975 (Inv.-Nr. L 328, L 329 a, b) sowie Messkelch und Patene von Joachim Kardinal Meisner, um 1980 (Inv.-Nr. L 559).

68 P[ia] M[odanese]: 77 Jahre 1. FC Köln und 777 Jahre Kölner Dom, in diesem Domblatt, S. 305–306.

30 | *Präsentation des neuen Ausweichtrikots des 1. FC Köln auf dem Vierungsturm des Domes anlässlich des Doppeljubiläums »77 Jahre 1. FC Köln und 777 Jahre Kölner Dom«*

Stinnesbeck spannende Einblicke in die Vielfalt archäologischer Funde und Befunde unter dem Dom bot. Ferner wurden mit dem Zentralverband des Deutschen Dachdeckerhandwerks 360-Grad-Videoproduktionen realisiert, die mithilfe von VR-Brillen einen authentischen Eindruck vom Berufsfeld der Dachdecker ermöglichen. Ziel war es, junge Menschen für eine Ausbildung in diesem traditionsreichen Handwerk zu begeistern.

Neben zahlreichen kleineren Beiträgen für Film, Radio und Print ist besonders die mehrteilige Sommerserie der Kölnischen Rundschau zu erwähnen, die anlässlich des 777-jährigen Domjubiläums verschiedene Mitarbeitende der Kathedrale und ihre Tätigkeiten vorstellte und weitere zentrale Themen rund um den Dom beleuchtete.

Zahlreiche tagesaktuelle Ereignisse im und rund um den Kölner Dom sorgten ebenfalls für mediale Aufmerksamkeit. So erhielten insbesondere die Bekanntgabe des Siegerentwurfs des »Internationalen Kunstwettbewerbs« und die ökumenische Andacht zum Doppeljubiläum »77 Jahre 1. FC Köln und 777 Jahre Kölner

Dom« große Beachtung wie auch die neue Dombeleuchtung und das Konzert der Orgel-Influencerin Anna Lapwood, das über 12.000 Menschen anzog, sodass eine kilometerlange Schlange in der Innenstadt entstand. Berichtet wurde ferner über die Ausstellungen in der Domschatzkammer, im Dreikönigensaal und im Domforum, über das Erscheinen des Domführers in Leichter Sprache, die Übergabe eines Wasserspeiers durch die Kanagawa-Universität oder die begonnene Neugestaltung des Domfriedhofs. Weitere Themen waren unter vielen anderen das Totengedenken für den verstorbenen Papst Franziskus, die Verschmutzung und Verwahrlosung des Domumfelds und die vielen Baustellen rund um den Dom. Kritische Berichte gab es besonders darüber, dass das Erzbistum Köln seine jährlichen Zuschüsse für den Dom auf dem Niveau von 2024 eingefroren hat und dadurch am Dom Sparmaßnahmen nötig werden.

Begleitend zu den tagesaktuellen Themen entstanden zahlreiche eigene Beiträge für die digitalen Kanäle des Domes und der Dombauhütte. Neben den Dreharbeiten für den bereits traditionellen digitalen Adventskalender wurden 2025 wie bereits im vergangenen Jahr Fastenimpulse des Dompropstes gedreht.

Die Reinigung und Pflege der Kunstausstattung im Kölner Dom
Ein Werkbericht

Albert Distelrath

Die Reinigung, Pflege und Konservierung der künstlerisch bedeutenden Ausstattung im Kölner Dom ist eine immerwährende und anspruchsvolle Aufgabe, die in den Tätigkeitsbereich der Kölner Dombauhütte fällt.[1]

Mit sechs bis sieben Millionen Besuchern im Jahr ist der Dom die meistbesuchte Sehenswürdigkeit Deutschlands. Auf der einen Seite ist es schön, dass sich Gäste aus aller Welt an diesem so beeindruckenden Bauwerk erfreuen können, auf der anderen Seite entsteht durch die Besuchenden auch eine hohe Belastung für das Bauwerk und seine wertvolle Ausstat-

* Dieser Aufsatz ist dem langjährigen Archivleiter Dr. Klaus Hardering gewidmet, dem der Erhalt und die Pflege der Ausstattung des Domes stets ein besonderes Anliegen war und der den »Pflegeplan Kölner Dom« entwickelt hat.

1 Vgl. Albert Distelrath: Conservation work on the gothic choir of Cologne Cathedral. An everlasting task, in: European cathedrals. The equilibrium between conservation and spirituality, Tagung, Malta 11.–12. Mai 2023, Valletta 2023, S. 153–161. – Vgl. zur Pflege und Restaurierung von Kirchenausstattungen allgemein: Elena Holzhausen: Schöne Kirche. Handbuch zur Pflege kirchlicher Kunst- und Kulturgüter, Graz, Wien 2020.

tung. Es ist nicht nur der direkte Eintrag von Schmutz unter den Schuhen sowie von Hunderten von Kaugummis, die zumeist ebenfalls an den Schuhsohlen in den Dom hineingetragen werden, sondern auch die Belastung durch Textilfasern von der Kleidung sowie durch Hautschuppen und Haare, die von den Dombesuchern stammen. Hinzu kommt Feuchtigkeit, die durch die zahlreichen Gäste in den Dom gelangt, durch Atemluft, Ausdünstungen oder nasse Kleidung. Eine weitere Belastung ist die Rußentwicklung durch die zahlreichen Kerzen und Weihrauch.

Vorteilhaft in diesem Zusammenhang ist, dass der Kölner Dom über keine Heizung verfügt, was sich positiv auf das Innenraumklima auswirkt. Das große Luftvolumen braucht lange, um sich zu erwärmen und kühlt entsprechend langsam ab. Dadurch bleiben die Temperatur und die relative Raumluftfeuchte im Inneren der Kirche über den Tagesverlauf nahezu konstant, was das Risiko thermisch und hygrisch bedingter Belastungen verringert. Das Risiko einer Schimmelbildung wird dadurch ebenfalls deutlich reduziert.

Das Gemisch von Staub und Ruß, angereichert durch Feuchtigkeit, lagert sich nicht nur auf dem Boden ab, sondern auch auf den Oberflächen der Wände, Pfeiler und Decken und selbstverständlich auch auf denen der mitunter schwer zugänglichen Ausstattung des Domes (Abb. 1). So bilden sich über die Zeit schlecht lösbare Beläge auf den Kunstwerken. Je länger das Reinigungsintervall dauert, desto schwerer lässt sich die Schmutzauflage entfernen. Besonders problematisch ist dies auf Objekten mit Farbfassungen, die zum Teil noch aus dem Mittelalter stammen. Bei fehlender regelmäßiger Reinigung kann sich der Schmutzbelag sogar mit den besonders schützenswerten und äußerst empfindlichen Farbfassungen verbinden, was dann größere Reinigungsmaßahmen mit höherer Intensität und bisweilen zusätzlich aufwendige Restaurierungsmaßnahmen erfordern würde. Es hat sich gezeigt, dass sich dies durch wiederkehrende Reinigungen im Abstand von spätestens sechs bis sieben Jahren verhindern lässt.

Daher gilt es, die Reinigung, Pflege und Konservierung der Kunstwerke im Dom gut zu organisieren und zu koordinieren. Sämtliche Pflegemaßnahmen müssen in die tägliche Nutzung des Domes integriert werden, um Störungen möglichst zu verhindern. Nutzungen beginnen mit dem Öffnen des Domes um sechs Uhr morgens für die ersten Dom- und Gottesdienstbesucher und können teils bis in die Nacht bei speziellen Führungen, Orgelproben und anderem dauern. Im Laufe eines Tages erfolgen neben dem normalen Besucherverkehr mit diversen Führungen weitere Gottesdienste, Andachten und Beichten, die Vorbereitungen und Durchführungen von Konzerten sowie verschiedenste Sonderveranstaltungen. Somit findet eine Nutzung des Domes nahezu rund um die Uhr an 365 Tagen im Jahr statt. Sämtliche Veranstaltungen und Arbeiten im Dom

1 | *Chorpfeilerfigur des heiligen Simon, Staubablagerung auf der Hand*

werden digital in einem Domkalender erfasst und können damit gut koordiniert werden. Durch die fast permanente Nutzung des Domes bleiben oftmals aber nur kleine Zeitfenster, in denen die Reinigungs- und Pflegemaßnahmen stattfinden können.

Auf Initiative des ehemaligen Leiters des Dombauarchivs Dr. Klaus Hardering wurde schon vor über zehn Jahren mit der Aufstellung eines umfassenden Pflegeplans begonnen. Mittlerweile sind weit über hundert historische Ausstattungsobjekte und Kunstwerke im »Pflegeplan Dom« erfasst, in dem die Reinigungszyklen, individuell abgestimmt auf die besonderen Anforderungen der einzelnen Objekte, aufgelistet sind. Neben der Dokumentation sämtlicher auszuführender Arbeiten sind auch die jeweils dafür Verantwortlichen benannt. Durch die Fortschreibung des Pflegeplans können die Maßnahmen sowohl zeitlich, in Abstimmung mit dem Domkalender, als auch finanziell geplant werden. Auch langfristig über mehrere Jahre hinaus lassen sich dadurch größere Pflegemaßnahmen wie das Reinigen von Altären einschließlich notwendiger Baustelleneinrichtung und Gerüststellung planen und auf die Verfügbarkeit von Personal, Finanzen sowie zeitlich auf besondere Veranstaltungen abstimmen.

Klaus Hardering hat sich dieser Mammutaufgabe mit großer Liebe und großem Engagement zum Dom und seiner Ausstattung gewidmet. Mit dieser Aufgabe gab es keine Lorbeeren zu gewinnen, es erfolgte keine Einweihung, kein rotes Band wurde durchschnitten, keine großen Dankesworte ausgesprochen. Ganz im Gegenteil: Die Maßnahmen stören und kosten Geld. Klaus Hardering schaffte es aber durch seinen besonderen Einsatz und durch seine Empathie, die vielen Beteiligten zusammenzuführen, sie für die Notwendigkeit zu sensibilisieren und letztlich die erfolgreiche Umsetzung aller notwendigen Maßnahmen in Angriff zu nehmen.

Begrifflichkeiten der Reinigung und Pflege

Bei der Reinigung wird zwischen Grund- und Unterhaltsreinigung unterschieden. Der Hauptunterschied liegt in der Häufigkeit und Intensität der Reinigung. Die Unterhaltsreinigung ist eine regelmäßige oberflächliche Reinigung, die den Alltagsschmutz beseitigt und den Sauberkeitszustand erhält. Die Grundreinigung hingegen ist eine intensivere, gründlichere Reinigung, die in größeren Abständen durchgeführt wird, um hartnäckige Verschmutzungen zu entfernen und schwer zugängliche Bereiche zu säubern.

Reicht eine Reinigung nicht mehr aus, wie etwa aufgrund des Auftretens von Schäden durch Abnutzung oder anderer Einflüsse, stehen erweiterte Maßnahmen an. Diese werden dann wiederum nach Grad der Intensität des Eingriffs als Konservierung, Restaurierung oder Sanierung eingestuft. Durch eine gute und stetige Pflege lassen sich größere Maßnahmen allerdings vermeiden oder zumindest deutlich reduzieren. Eine gute Pflege gehört damit zum kontinuierlichen Bauunterhalt, bewahrt wertvolle Denkmalsubstanz und spart dadurch auch Kosten in der Zukunft.

Unterhaltsreinigung

Die Unterhaltsreinigung erfolgt im Dom täglich. Zwei Reinigungskräfte der Hohen Domkirche, unterstützt im Bedarfsfall durch externes Personal, sind nicht nur für die Reinigung des Domes und der Räumlichkeiten des Sakristeigebäudes verantwortlich, sondern auch für die Unterhaltsreinigung der Oberflächen der täglich in Benutzung befindlichen Ausstattung des Domes. Dazu zählt weniger sensibles Mobiliar ohne größere restauratorische Anforderungen – wie etwa die Kirchenbänke. Die Reinigungskräfte pflegen ebenfalls die Natursteinböden in den Chorkapellen, die Mosaikböden im Binnenchor sowie die Holzflächen des Vierungspodestes. Durch ihre langjährige Tätigkeit für den Dom erfüllen die Reinigungskräfte ihre Arbeiten mit viel Erfahrung, hoher Sensibilität und Fachkenntnis.

2 | *Dipl.-Restauratorin Bettina Grimm reinigt die Grabtumba Konrad von Hochstadens.*

Für die Reinigung der sonstigen Böden, wie der Natursteinböden im Lang- und Querhaus sowie der Mosaikböden im Chorumgang sind externe Reinigungskräfte zuständig. Da diese Flächen täglich von Tausenden von Besuchern betreten werden, ist der Schmutzeintrag dementsprechend sehr hoch. Mit Scheuersaugmaschinen werden die Böden nach einem zuvor gemeinsam mit der Firma Kärcher im Rahmen eines Kultursponsorings erarbeiteten schonenden Verfahren[2] allnächtlich gereinigt.

Zum Schutz und zur Pflege der historisch besonders wertvollen Ausstattung beschäftigt die Dombauhütte eine eigene Restauratorin. Dipl.-Restauratorin Bettina Grimm reinigt nach einem festgelegten Plan in definierten Zyklen insbesondere die Ausstattung in zugänglichen Bereichen (Abb. 2). So säubert sie mit hoher Expertise die empfindlichen Oberflächen des Chorgestühls sowie der Grabmäler und anderer künstlerisch bedeutender Ausstattungsstücke in den Chorkapellen und im Chorumgang. Kleinere Schäden wie Kratzer und Ausbrüche,

2 Peter Füssenich: 62. Dombaubericht, 2021, S. 41–42. – Albert Distelrath: »Die Zusammenarbeit war auf Augenhöhe«, Interview, in: Kultursponsoring. Substanzschonende Reinigung historischer Bauwerke, hg. von der Alfred Kärcher SE & Co. KG, Winnenden 2023, S. 24–25.

3 | *Grundreinigung des Sandsteinbodens im nördlichen Seitenschiff des Domes durch Malermeister Dieter Keuth*

aber auch Graffiti werden gemeldet und möglichst sofort beseitigt. Höher gelegene Bereiche wie die Chorgitter befreit sie, in größeren Reinigungszyklen von Rollgerüsten aus, von Staub.

Grundreinigung

Durch den »Pflegeplan Dom« werden Reinigungsintervalle vorgegeben, in denen die Ausstattung je nach Anforderung in größeren Zeitabständen einer gründlichen Durchsicht, Kontrolle und Substanz schonenden Reinigung unterzogen wird (Abb. 3). Da dies in der Regel die besonders hochwertige Ausstattung betrifft, werden diese Arbeiten von internen und externen Restauratorinnen und Restauratoren sowie anderen Mitarbeitenden der Dombauhütte aus unterschiedlichen Fachgebieten durchgeführt – je nachdem, ob es sich um Gemälde, um materialsichtige oder gefasste Skulpturen oder andere Objekte aus Stein, Holz, Glas, Metall oder um das Fußbodenmosaik handelt.

Beispiele von Pflegemaßnahmen zur Grundreinigung

Die folgenden Beispiele wurden so ausgewählt, dass sie sich in ihrer Materialität und Art unterscheiden und somit ein möglichst breites Bild des Pflegeplans und der verschiedenen Fachrichtungen der mit der Umsetzung betrauten Mitarbeitenden sowie Restauratorinnen und Restauratoren aufzeigen.

4 | *Blick in das Chorpolygon mit den Chorpfeilerfiguren*

Reinigung der Chorpfeilerfiguren und des heiligen Christophorus – Farbfassung auf Stein

Die Ausstattung des Chores, der im frühen 14. Jahrhundert als erster großer Bauabschnitt des Domes fertiggestellt werden konnte und am 27. September 1322 geweiht wurde, stammt noch in großen Teilen aus dem Hochmittelalter und stellt damit einen ganz besonderen Kulturschatz der Kathedrale dar. Der Dreikönigenschrein, das Gerokreuz und die Grabplatte des Gerograbmals stammen sogar noch aus dem Alten Dom, dem direkten Vorgängerbau der gotischen Kathedrale.

Vom Chorumgang durch Chorschranken und -gitter getrennt, stellt der Binnenchor das spirituelle Zentrum des Domes dar. An den umlaufenden Pfeilern sind in gut sechs Metern Höhe vierzehn Chorpfeilerfiguren[3] angebracht, die zum Binnenchor hin ausgerichtet sind. Die Pfeilerfiguren aus Tuffstein[4] stammen aus den Jahren 1270–1290 und stellen den Höhepunkt der Bildhauerkunst der Kölner Dombauhütte in dieser Zeit dar (Abb. 4). Die über zwei Meter hohen Statuen von Christus, der Jungfrau Maria und den zwölf Aposteln werden von Baldachinen gekrönt, auf denen zwölf Engel mit Musikinstrumenten stehen. Die

3 Die Chorpfeilerfiguren des Kölner Domes. Festschrift Barbara Schock-Werner (KDbl. 77, 2012), hg. von Klaus Hardering, Köln 2012.

4 Esther von Plehwe-Leisen, Hans Leisen: Zum Steinmaterial von Baldachin, Figur und Konsole der Chorpfeilerfiguren, in: Chorpfeilerfiguren [3], S. 91–109.

5 | *Reinigung der Chorpfeilerfiguren durch Dipl.-Restaurator Jasper Völkert von einem Hubsteiger aus*

heutige Farbgebung der Figuren, zum Teil mit Blattgold verfeinert, ist das Ergebnis einer Übermalung, die im 19. Jahrhundert erfolgte und in der die mittelalterlichen Muster und Farben der darunterliegenden Originalfassung auf Kreidegrund wieder aufgegriffen wurden. Die letzte Restaurierung wurde in den Jahren 2009–2012 durchgeführt.[5]

Auf den gefassten Figuren lagerte sich jedoch erwartungsgemäß kontinuierlich Schmutz ab. So erfolgte 2017, fünf Jahre nach der Restaurierung, eine erste Grundreinigung einschließlich Kontrolle der vorangegangenen Maßnahmen.[6] Um einen Verlust der historischen Fassung im Rahmen der Reinigung zu vermeiden, wurden zunächst kleine, gelöste Farbschichtschollen konsolidiert und die hölzernen Attribute der Heiligen nachfixiert. Die anschließenden Reinigungsarbeiten an den nur durch einen Hubsteiger zu erreichenden Figuren wurden von Dipl.-Restaurator Sven Eversberg aus der Steinrestaurierungswerkstatt der Kölner Dombauhütte durchgeführt. Es handelte sich um eine Trockenreinigung ohne Zusatz von Wasser oder sonstigen Lösemitteln. Mit weichen Kosmetikpinseln wurden die Anlagerungen vorsichtig von der Oberfläche abgehoben und mit Akku-Staubsaugern abgesaugt. Eine erneute Grundreinigung ohne konservatorische Eingriffe erfolgte in ähnlicher Weise 2022 durch Dipl.-Restaurator Jasper Völkert – ebenfalls Mitarbeiter der Dombauhütte (Abb. 5).[7] Auch hier konnte die Schmutzauflage noch problemlos gelöst werden, da es noch nicht zu einer Verbindung zum farbig gefassten Untergrund gekommen war. Länger sollten die Reinigungszyklen jedoch nicht sein, da ansonsten die Gefahr besteht, dass die Figuren Schaden nehmen könnten und erneute Restaurierungsarbeiten ausgeführt werden müssten. Die nächste planmäßige Reinigung ist daher für das Jahr 2028 angesetzt und im Pflegeplan schon vermerkt.

Zyklen mit ähnlichen Intervallen, Aufgaben und Zielen werden auch an anderen Ausstattungsgegenständen wie Altären und weiteren hochwertigen, gefassten Steinfiguren umgesetzt. Das betrifft etwa auch die Reinigung der mit 3,73 m größten Standfigur des Domes – des heiligen Christophorus – der sich im Südquerhaus am Eingang des südlichen Chorumgangs befindet (Abb. 6). Die Figur des Christophorus, der das Christuskind auf den Schultern trägt, stammt aus dem späten 15. Jahrhundert und ist wie die Chorpfeilerfiguren aus Tuffstein gefertigt. Sie besitzt noch beachtliche Reste einer spätmittelalterlichen Original-

5 Georg Maul: Die Restaurierung der Kölner Chorpfeilerfiguren von 2009 bis 2012, in: Chorpfeilerfiguren [3], S. 71–89.

6 Peter Füssenich: 58. Dombaubericht, 2017, S. 52.

7 Peter Füssenich: 63. Dombaubericht, 2022, S. 36.

BEYER MIETSERVICE
0800 092 99 70
kostenlose Miethotline

6 | *Tilman Heysacker, gen. Krayndunck, Figur des heiligen Christophorus im südlichen Querhaus, um 1470*

fassung mit Übermalungen und Ergänzungen aus dem 19. Jahrhundert. Christophorusdarstellungen befinden sich in der Regel am Eingang einer Kirche, im Kölner Dom allerdings mittendrin. Das liegt daran, dass sich hier bis 1848 der meistbenutzte Eingang zum Chor vom noch unvollendeten Quer- und Langhaus befand. Die Figur erhielt 2019 eine Grundreinigung und nach den gesammelten und angepassten Reinigungszyklen für gefasste Steinskulpturen nach weiteren sechs Jahren in diesem Sommer eine erneute umfassende Reinigung.[8] Beide Maßnahmen wurden von einem durch die Gerüstbauer der Dombauhütte gestellten kleinen Arbeitsgerüst aus durch die Dipl.-Restauratorinnen Uta-Barbara Riecke M. A. und Birgit Schwieder durchgeführt, die momentan auch die Nachfestigungen der Chorschranken betreuen. Verbunden mit einer Sichtung, Kontrolle und Festigung weniger gelöster Farbschichtschollen mit Störleim verliefen beide Trockenreinigungen, ergänzt durch partiell durchgeführte Feuchtreinigungen, problemlos. Auch hier erwies es sich als positiv, dass für diese Aufgaben das Intervall der Reinigungen nicht zu lang angesetzt wurde.

Reinigung des Agilolphusaltars – Farbfassung auf Holz

Der Agilolphusaltar, einer der bedeutendsten, größten und bis heute noch erhaltenen Antwerpener Schnitzretabel, wurde 1521 gefertigt und war ursprünglich gar nicht für den Dom gedacht, sondern als Hochaltar für die einst östlich des Domes gelegene Kirche St. Maria ad gradus. Der große, ursprünglich mit zwei Flügelpaaren ausgestattete Altar gelangte nach dem Abbruch von Maria ad gradus 1817 zunächst in die Sammlung Wallraf und mit Fertigstellung des Südquerhauses 1864 in den Dom, wo er heute noch steht (Abb. 7).[9]

Nach Restaurierung der verbliebenen inneren Altarflügel von 1986 bis 1990[10] wurde der Altar in den Jahren 1991 bis 2012 sehr umfangreich und in mehreren Abschnitten von drei Werkstätten restauriert: Gerhard Schneider in Köln, Michael Wohl in Münster sowie Patricia Langen-Krautkrämer und Katharina Liebetrau in Bonn.[11] Dabei konnte auch die ausgesprochen qualitätvolle spätmittelalterliche Originalfassung wieder freigelegt werden. Durch Lockerungen gefährdete Fassungspartien wurden mit Störleim gefestigt, Fehlstellen in der Fassung weitestgehend gekittet und retuschiert. Auf den Auftrag eines Überzuges im Sinne einer Schutzschicht verzichtete man zugunsten der Oberflächenästhetik.[12] Die drei bekrönenden großen Standfiguren wurden erst 2016 wieder auf dem Altar montiert.[13]

Nach Abschluss der Restaurierung erfolgte die erste Grundreinigung 2018 durch die Dipl.-Restauratorinnen Dorothee Fobes-Averdick und Linda Schäfer-Krause von der Kölner Restaurierungswerkstatt Kunstgriff.[14] Gereinigt wurden der Schrein, die Altarflügel und die bekrönenden Skulpturen. Insbesondere die Reinigung des sich im Mittelschrein befindlichen äußerst filigranen und kleinteiligen Schnitzwerkes war umfangreich (Abb. 8–9). Die zahlreichen Holzfiguren besitzen eine aufwendige und sehr sensible Originalfassung mit reicher Vergol-

8 Peter Füssenich: 66. Dombaubericht, 2025, in diesem Domblatt, S. 45.

9 Matthias Deml: Restaurierung des Agilolphusaltares abgeschlossen, in: KDbl. 77, 2012, S. 463–467.

10 Arnold Wolff: 27. Dombaubericht, 1986, S. 164–165. – Ders.: 28. Dombaubericht, 1987, S. 98–100. – Ders.: 29. Dombaubericht, 1988, S. 40. – Ders.: 30. Dombaubericht, 1990, S. 52–53.

11 Vgl. die Dombauberichte von Arnold Wolff und Barbara Schock-Werner der Jahre 1991 bis 1997 und 2004 bis 2012, unter anderem: Arnold Wolff: 32. Dombaubericht, 1991, S. 54. – Ders.: 38. Dombaubericht, 1997, S. 40. – Barbara Schock-Werner: 45. Dombaubericht, 2004, S. 43–44. – Dies.: 53. Dombaubericht, 2012, S. 425–426. – Vgl. auch die Restaurierungsakten im Dombauarchiv: DBA, Köln, Akten nach 1945, Nr. 1593–1594, 1707, 1714–1716, 1765, 1828–1829.

12 DBA, Köln, Akten nach 1945, Nr. 1716, Dokumentation zur Konservierung des Agilolphusaltars, S. 3.

13 Peter Füssenich: 57. Dombaubericht, 2016, S. 211. – Ders.: 58. Dombaubericht, 2017, S. 51.

14 Peter Füssenich: 59. Dombaubericht, 2018, S. 42. – Dokumentation [12].

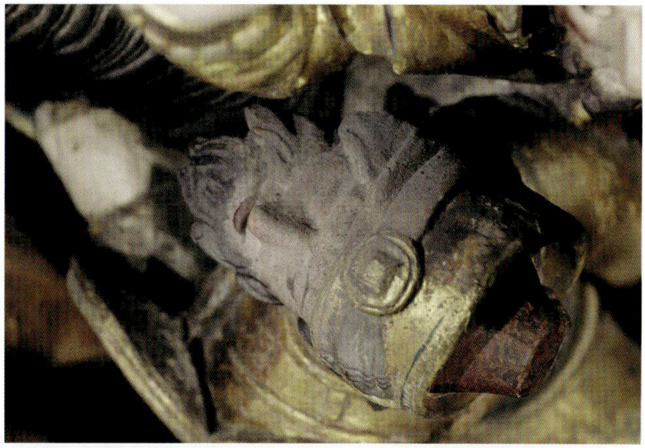

7 | Agilolphusaltar im südlichen Querhaus, um 1520, Feiertagsseite (links)
8–9 | Agilolphusaltar, Kopf eines römischen Reiters in der Kreuzigungsszene vor der Reinigung (oben) und nach der Reinigung (unten)

dung. Zunächst wurde der aufliegende Staub mit Pinseln verschiedener Härtegrade – je nach Beschaffenheit des Untergrundes – vorsichtig entfernt. Der so aufgewirbelte Staub wurde direkt mit dem Staubsauger aufgefangen. Anschließend wurden die Oberflächen mit Latexschwämmen und Mikrofaserstäbchen trockenmechanisch gereinigt. Eine wässrige Reinigung war aufgrund der Oberflächenempfindlichkeit und der löslichen Retuschen ausgeschlossen. Eine weitergehende partielle Reinigung mit Lösungsmitteln (Benzinen), wie zunächst angedacht, wurde erprobt, erwies sich schließlich aber als nicht erforderlich. Die Altarflügel sowie die Predella wurden ausschließlich mit Mikrofasertüchern gereinigt. Im Zuge der Reinigung erfolgten immer auch eine Sichtung, Kontrolle und partielle Konsolidierung der Farbfassung. Gefährdete Partien wurden mit Störleim gefestigt und niedergelegt. Die nächste Grundreinigung wurde dann nach sieben Jahren in diesem Sommer wiederum durch die Restauratorinnen von Kunstgriff in ähnlicher Form durchgeführt. Hierbei zeigte sich auf den außen liegenden Rahmenprofilen der Altarflügel Schimmelwachstum von noch geringem Umfang. Durch die Reinigung konnten alle Spuren des Schimmels beseitigt und neuem Schimmelwachstum durch die Entziehung der Nährstoffe in Form von Schmutzpartikeln vorgebeugt werden.[15]

Die Reinigung des 5,50 m hohen und geöffnet 6,80 m breiten Altarretabels erfordert ein größeres Arbeitsgerüst der Dombauhütte, das je nach Arbeitsfortschritt mit ein- und aufgeklappten Altarflügeln immer wieder umgebaut werden muss. Daher wird bei diesem anspruchsvollen Werk der Aufwand der Grundreinigung differenziert. Eine einfache Grundreinigung erfordert nur eine Bearbeitung der Innenflügel im aufgeklappten Zustand ohne Gerüstumbau. Die rückwärtigen Außenflügel werden dann bei einer weiteren Grundreinigung im eingeklappten Zustand bearbeitet. Dies ist möglich, da Gemälde mit vertikalen Flächen weniger stark verschmutzen als Figuren mit zahlreichen horizontalen und diagonalen Auflageflächen. Bei einer erweiterten Grundreinigung wird schließlich auch das Schnitzwerk im Mittelschrein mit Holzfiguren, die zu Figurengruppen mit Szenen aus dem Leben und der Passion Christi zusammengefasst sind, aus dem Retabel ausgebaut und separat gereinigt. Damit lassen sich dann die rückwärtigen Bereiche des Mittelschreins besser reinigen und kontrollieren. Dies soll nach Pflegeplan erst 2031/32 erfolgen.

15 Dokumentation [12].
16 Ulrike Bergmann: Das Chorgestühl des Kölner Domes (Rheinischer Verein für Denkmalpflege und Landschaftsschutz. Jahrbuch 1986/87), 2 Bde., Neuss 1987. – Dies.: Das Chorgestühl (Meisterwerke des Kölner Domes 3), Köln 1995.
17 Karl Heinz Kreuzberg: Die Konstruktion und andere technologische Aspekte des Chorgestühls im Kölner Dom, in: KDbl 59, 1994, S. 137–176, hier: S. 139–140.
18 Kreuzberg [17], S. 137–176.
19 Kreuzberg [17], S. 171–174.
20 Kreuzberg prangert dies bereits 1994 an. Kreuzberg [17], S. 174.

10 | *Chorgestühl, Nordseite, Blick in die obere Gestühlsreihe, Zwischenstützen der Stallen mit Knäufen*

Reinigung des Chorgestühls – Holz ohne Farbfassung

Mit 104 Sitzen in je zwei Reihen auf der Nord- und Südseite des Binnenchores angeordnet ist das Kölner Chorgestühl das größte in Deutschland. Gefertigt im frühen 14. Jahrhundert aus Eichenholz, verfügt es über äußerst filigrane und anspruchsvolle Schnitzereien, darunter beispielsweise die aufwendig geschnitzten Wangen und die Zwischenstützen zwischen den Stallen mit ihren figürlichen und floral gestalteten Knäufen (Abb. 10). Unterhalb der Klappsitze befinden sich die sogenannten Miserikordien mit kunstvoll geschnitzten Tier- und Fabelwesen.[16] Die vorderen Reihen des Chorgestühls wurden im Zweiten Weltkrieg ausgebaut, ausgelagert und von 1947 bis 1951 in der Dombauhütte überarbeitet und restauriert.[17] In seiner 1993 abgeschlossenen Diplomarbeit befasste sich Dipl.-Restaurator Karl Heinz Kreuzberg mit dem Aufbau und Zustand des Chorgestühls.[18] Er empfahl dabei auch konservatorisch und restauratorisch notwendige Arbeiten.[19]

Das Chorgestühl wird bis heute intensiv genutzt[20] und dient als Sitzmöglichkeit nicht nur für das Domkapitel bei Gottesdiensten, sondern auch für externe Besucher bei diversen anderen Veranstaltungen. Dabei werden von Gästen oft Gegenstände und zum Teil sogar regennasse Bekleidung und Schirme

11 | *Chorgestühl, Vierpässe mit Blattwerk in der Stalle SII 21 vor der Reinigung*

12 | *Chorgestühl, Vierpässe mit Blattwerk in der Stalle SII 21 nach der Reinigung*

auf dem Gestühl abgelegt. Die Oberfläche des über 700 Jahre alten Eichenholzes ist zwar recht robust, leidet aber unter dieser fortwährenden Nutzung. Die wöchentliche Unterhaltsreinigung erfolgt durch Bettina Grimm. Ein zunehmender Verschleiß und Beschädigungen der Schnitzereien können dadurch nicht ausgeschlossen werden.

Erst 2021[21] und 2022[22] erfolgten Grundreinigungen des Chorgestühls, verbunden mit einigen Reparaturmaßnahmen wie der Verleimung abgelöster Holzelemente der Schnitzverzierungen und von Bruchpartien. Die Ausführung fand in zwei Abschnitten getrennt nach Nord- und Südseite durch Dipl.-Restaurator Karl Heinz Kreuzberg statt, dem das Chorgestühl durch seine Diplomarbeit noch bestens bekannt war. Die mit diversen Klarlacken überzogenen Holzoberflächen wurden in verschiedenen Arbeitsschritten gereinigt. Nach einer Trockenreinigung mit Pinseln und Latexschwämmen zum Entfernen der lose aufliegenden Schmutzschicht erfolgte eine feuchte Reinigung mit Melaminharz- und handelsüblichen Haushaltsschwämmen zum Lösen fester Verunreinigungen in den Vertiefungen der Schnitzereien. Unmittelbar danach wurden Feuchtigkeit und Schmutz mit saugstarken Papiertüchern abgenommen. Abschließend wurde die gereinigte Holzoberfläche mit Evolontüchern nachgearbeitet und mit einer Bürste mit weichen Borsten nochmals angerieben, wodurch ein leichter Glanz erzielt wurde (Abb. 11–12).[23] Auf den Podestflächen ist die dunkle oberste Lasurbeschichtung einer früheren Überarbeitung mit Ethanol entfernt worden. Die äußeren und mittleren Eingangsbereiche des Chorgestühls sowie die vorderen

21 Peter Füssenich: 62. Dombaubericht, 2021, S. 44. – DBA, Köln, Akten nach 1945, Nr. 2102, Dokumentationen über die Durchführung von Reinigungsarbeiten am Chorgestühl.

22 Peter Füssenich: 63. Dombaubericht, 2022, S. 35–36.

23 Peter Füssenich: 62. Dombaubericht, 2021, S. 44.

24 Peter Füssenich: 63. Dombaubericht, 2022, S. 35–36.

Podestkanten wurden mit Schellack grundiert und abschließend mit einer dünnen Hartwachsölbeschichtung versehen.[24]

Die nächste Grundreinigung ist, anders als bei den zuvor beschriebenen Kunstwerken mit empfindlichen Farbfassungen, nach Pflegeplan noch nicht terminiert und soll nach Bedarf erfolgen. Durch die regelmäßige Unterhaltsreinigung erfolgt eine kontinuierliche Kontrolle.

Zusammenfassung

Es ließen sich zahlreiche ähnliche Beispiele für Grundreinigungen aus verschiedenen Gewerken aufführen. Es zeigt sich, wie sinnvoll eine regelmäßige, dem »Pflegeplan Dom« folgende Reinigung der Kunstwerke des Domes ist. Dabei sind für die Objekte nicht nur individuelle Reinigungszyklen zu beachten, sondern die Maßnahmen sind sowohl zeitlich als auch personell so abzustimmen, dass sich alljährlich ein vergleichbarer Arbeitsaufwand ergibt. Beispielsweise wäre es kontraproduktiv, in einem Jahr drei große Altäre zu reinigen, im Folgenden aber nur drei kleine Figuren. Es hat sich gezeigt, dass sich durch kontinuierliche Reinigung Restaurierungsmaßnahmen herauszögern oder sogar verhindern lassen. Kosten können somit gespart und Kulturgut bewahrt werden. Eine Bauhütte, die permanent für nur ein Bauwerk zuständig und verantwortlich ist, hat diese Aufgaben stets im Blick. So konnte auf Initiative von Klaus Hardering der »Pflegeplan Dom« aufgestellt, umgesetzt und nun auch fortgeschrieben werden – zum Schutz und zur Pflege der wertvollen Kunstausstattung im Dom.

Durchzeichnungen der verlorenen Monumentalmalerei auf der Chortrennmauer
Aus den Beständen und Sammlungen des Domes und des Dombauarchivs

Matthias Deml

Vorbemerkungen zu Geschichte, Beständen und Sammlungen des Dombauarchivs

Das Kölner Dombauarchiv, das Archiv der Dombauhütte, entstand mit der Neugründung dieser für den Bau und den Erhalt des Domes zuständigen Institution in den Jahren 1822–1824.[1] Die archivalische Überlieferung innerhalb des Archivs reicht jedoch etwas weiter zurück, bis in das Jahr 1816,[2] in eine Zeit,

* Während seiner Dienstzeit war dem Leiter des Dombauarchivs Dr. Klaus Hardering die Erforschung und der Erhalt der mittelalterlichen Ausstattung des Kölner Domchores ein ganz besonderes Anliegen. Ihm sei dieser Aufsatz gewidmet.

1 Vgl. zur Gründung der Dombauhütte Matthias Deml: Eine Idee wird Wirklichkeit. Gedanken zur Neubegründung der Kölner Dombauhütte, in diesem Domblatt, S. 200–227. – Zum Dombauarchiv vgl. Herbert Rode: Das Kölner Dombauarchiv und seine Künstlerbriefe des 19. Jahrhunderts, in: KDbl. 33/34, 1971, S. 237–238. – N. N.: Dombauarchiv Köln, in: Signaturen. Kölner Archive stellen sich vor, Köln 2006, S. 38–41. – Vgl. https://www.koelner-dombauhuette.de/forschung/dombauarchiv.

2 DBA, Köln, Litt. F, Vol. I, Baulicher Zustand des Domes (1816–1829).

gold
blau
gold
gold
gold
gold
blau
roth
gold
grün

1 | *Köln, Zeughausstraße 13 und Römerturm, ehemaliger Sitz der Dombauverwaltung mit Dombaumeisterwohnung und Dombauarchiv, um 1914*

in der die Restaurierung der unvollendeten Kathedrale und auch die Gründung einer Steinmetzenhütte bereits vorbereitet wurden. Im Kern umfasst das Archiv sämtliche Dokumente der zunächst in staatlich-preußischer Trägerschaft stehenden Bauhütte vom 19. Jahrhundert bis zur Gegenwart. Dazu gehört neben den Akten und wenigen Urkunden[3] vor allem ein beachtlicher Bestand an Plänen, Grafiken, Literatur, Modellen und Fotografien.

Über Jahrzehnte war das Dombauarchiv in den Amtsräumen des Dombaumeisters an wechselnden Adressen eher beengt und suboptimal untergebracht. Nicht zuletzt mit Hinweis auf eine angemessene Unterbringung der wertvollen Archivalien mietete Dombaumeister Bernhard Hertel (amt. 1904–1927) 1904 für die Dombauverwaltung und die Amtswohnung des Dombaumeisters das bis heute erhaltene Haus Zeughausstraße 13 an, einen repräsentativen, 1898/99 von Carl Moritz errichteten neugotischen Bau. Dieser steht baulich mit dem antiken Römerturm (Abb. 1) in Verbindung, der in seinem Inneren optimale Räumlichkeiten für das Archiv bot. Hier lagerte der Akten- und Planbestand des Archivs bis 1948.[4]

Obwohl das Dombauarchiv nicht ausgelagert wurde, überstand es den Zweiten Weltkrieg ohne nennenswerte Verluste. Zwar durchschlugen vor Mai 1943 zwei Brandbomben die Decke des Römerturms, ein Schaden an den Archivalien konnte aber verhindert werden – nach mündlicher, von Thomas Schumacher tradierter Überlieferung sollen die Akten in einem Stahlschrank so dicht gepackt gewesen sein, dass dieser einem der Bombentreffer standhielt.[5] Um die Archivalien vor weiteren Bombardements besser zu schützen, wurden 1943/44 auf Betreiben von Dombaumeister Hans Güldenpfennig (amt. 1928–1944) die Decke des Römerturms verstärkt und eine Stahltüre eingebaut.[6]

Nach dem Zweiten Weltkrieg wechselte die Trägerschaft der Dombauhütte und damit auch die des Archivs an das Metropolitankapitel der Hohen Domkirche Köln.[7] Heute verwaltet das Dombauarchiv neben den Archivbeständen der

3 Michael Puls: »Der Rausch geht vorüber, der Dom bleibt.« Flüchtige Bemerkungen zu Dombaufesten und Dombauurkunden 1842–1880, in: KDbl. 81, 2016, S. 64–119.

4 Zur Unterbringung der Dombauverwaltung vgl. Hans Georg Lippert: Eintracht und Ausdauer? Dombauverwaltung und Dombauhütte zwischen 1884 und 1904, in: KDbl. 59, 1994, S. 308–317, hier: S. 312–315. – Zu früheren Adressen der Dombauverwaltung ebd., S. 317, Anm. 31. – Deml [1], S. 214–216.

5 Vgl. Schreiben Hans Güldenpfennig an Stadtbaurat Robert Niggemeyer vom 29. Mai 1943, in: DBA, Köln, LR 832. – Zum Stahlschrank vgl. Thomas Schumacher: Großbaustelle Kölner Dom. Technik des 19. Jahrhunderts bei der Vollendung einer gotischen Kathedrale (Studien zum Kölner Dom 4), Köln 1993, S. 13.

6 DBA, Köln, LR 832.

7 Vgl. hierzu: Norbert Feldhoff: Dombau in Köln – eine kirchliche Aufgabe?, in: KDbl. 74, 2009, S. 214–243, hier: S. 232–235.

Dombauhütte auch das Archiv des 1842 gegründeten Zentral-Dombau-Vereins. 1985 wurden ferner ein Teil der Bibliothek des Domkapitels sowie dessen Sammlungen an Plänen, Grafiken und Zeichnungen als eigenständiger Bestand dem Dombauarchiv übergeben.[8] Dieses Konvolut, in dem sich unter anderem auch Entwürfe zur künstlerischen Ausstattung des Domes aus dem 18. und 19. Jahrhundert befinden, bildet eine kleine, aber wichtige Ergänzung des Altbestandes.[9]

Einen historischen Vorläufer hat das Dombauarchiv im Bauarchiv des Domkapitels, das seit 1794 weitgehend verschollen ist. Teile seiner Bestände dürften sich unter den 13 Wagenladungen von nicht näher spezifizierten Wertgegenständen und Schriftgut des Domstifts befunden haben, die kurz nach der Einnahme der Stadt Köln durch die Revolutionstruppen am 6. Oktober 1794 nach Frankreich verbracht wurden; andere Teile des Bestandes wurden zu dieser Zeit in alle Winde zerstreut.[10] Nur einzelne Pläne aus den Beständen des Bauarchivs konnten im frühen 19. Jahrhundert an verschiedenen Orten wiederentdeckt werden; immerhin drei mittelalterliche Baurisse[11] und die Entwürfe des Lütticher Architekten Étienne Fayn (1712–1790) für die Neugestaltung des Domchores und des Hochaltares aus dem Jahr 1767[12], die ursprünglich ebenfalls aus dem alten Bauarchiv stammen dürften, befinden sich heute (wieder) im Dombauarchiv, das somit gewissermaßen auch materiell dessen Erbe ist.

Von den meisten anderen Archiven unterscheidet sich das Dombauarchiv vor allem in der großen Bandbreite der Objekte, die es verwaltet. So gibt es neben dem klassischen Aktenarchiv mit den Beständen der Dombauhütte[13] und des

8 Arnold Wolff: 26. Dombaubericht. Von Oktober 1984 bis September 1985, S. 63–100, hier: S. 99.

9 Das Aktenarchiv des 1825 wiederbegründeten Metropolitankapitels wurde hingegen 1988 dem Historischen Archiv des Erzbistums Köln übergeben. Vgl. Ulrich Helbach: Das Archiv des Metropolitankapitels der Hohen Domkirche. Geschichte und Neuverzeichnung des im Historischen Archiv des Erzbistums deponierten Bestandes, in: KDbl. 56, 1991, S. 322–325.

10 Johann Wilhelm Frenken: Das Schicksal der im Jahre 1794 über den Rhein geflüchteten Werthgegenstände des Cölner Domes, insbesondere die Zurückführung der Manuscripten-Bibliothek. Aktenmässige Denkschrift, Köln, Neuss 1868, S. 3, 48. – Joachim Oepen: Das Schicksal der Archive des Kölner Domkapitels, des Erzstiftes sowie des Generalvikariates, in: Zuflucht zwischen den Zeiten. Kölner Domschätze in Arnsberg, Ausstellungskatalog, Arnsberg 1994, S. 159–171, hier: S. 162. – Arnold Wolff: Die Wiederauffindung des Fassadenplanes F und seine Ausstellung im Kölner Dom, in: KDbl. 72, 2007, S. 275–304, hier: S. 277–281. Wolff geht davon aus, dass das Bauarchiv bereits auf dem Weg nach Frankreich verloren ging oder spätestens beim Brand der Tuillerien 1871 verbrannte. Ganz darf man die Hoffnung aber wohl noch nicht aufgeben, dass zumindest Teile des Bauarchivs eines Tages doch noch wiederentdeckt werden.

11 Wolff [10]. – Riss D, E und F gelangten 1840 durch Schenkung von Sulpiz Boisserée und König Friedrich Wilhelm IV. wieder in den Besitz der Hohen Domkirche. Vgl. ebd., S. 291–300. – Marc Steinmann: Die Westfassade des Kölner Domes. Der mittelalterliche Fassadenplan F (Forschungen zum Kölner Dom 1), Köln 2003, S. 16; zu Riss D und E, S. 191–200.

12 Vgl. zuletzt Ingo Matthias Deml: Der Hochaltar des Kölner Domes im 17. und 18. Jahrhundert, in: Zurückgewonnen für den Kölner Dom. Die heilige Katharina vom Hochaltar und ein Pleurant vom Grabmal des Erzbischofs Wilhelm von Gennep (Patrimonia 329), Köln 2008, S. 30–47, hier: S. 40–47.

Zentral-Dombau-Vereins, die sich jeweils in einen Aktenbestand vor 1945 und nach 1945 gliedern, zahlreiche weitere Bestände, die eher einer musealen Sammlung[14] als einem gewöhnlichen Archiv entsprechen: das bereits erwähnte PLANARCHIV mit über 20.000 Plänen und Zeichnungen der Kölner Dombauhütte zur Architektur und Ausstattung des Domes; die durch Schenkungen und Ankäufe bis in jüngste Zeit immer wieder erweiterte GRAFIKSAMMLUNG mit über 1.500 zumeist druckgrafischen Blättern, welche die Geschichte und Baugeschichte des Domes dokumentieren; die FOTOSAMMLUNG mit über 650 historischen Fotos des 19. Jahrhunderts[15] und über 70.000 fotografischen Aufnahmen aus dem 20. und 21. Jahrhundert, darunter mehr als 5.500 Ektachrome; die KUNSTSAMMLUNG mit Gemälden und kunstgewerblichen Objekten,[16] die einen Bezug zur Kathedrale oder zur Bauhütte haben – darunter etwa auch die unter Dombaumeister Bernhard Hertel entstandenen Möbel der Dombauverwaltung –,[17] sowie nicht zuletzt die BIBLIOTHEK, die aus der Handbibliothek der Dombaumeister im 19. Jahrhundert hervorgegangen ist und deren Bibliothekskatalog inzwischen über 33.300 Einträge – Monografien, Sammelbände, Zeitschriften und Aufsätze – verzeichnet.

2002 erhielt das Dombauarchiv als Schenkung von Lisa und Dr. Klaus Weyand zudem mit der DREIKÖNIGENSAMMLUNG eine umfassende und weltweit einzigartige thematische Sammlung an Literatur, Grafik, Kunstgewerbe und Malerei zu den Heiligen Drei Königen und zum Brauch des Sternsingens.[18] Sie wurde durch zahlreiche weitere Gaben des Sammlerehepaares sowie durch die Schenkung eines Teils der Sammlung von Hanns Theo Schmitz-Otto durch dessen Sohn Hanns Georg bereichert.

Das Dombauarchiv betreut ferner auch einen Teil der zahlreichen Depots des Domes und der Dombauhütte. Hierzu zählen vor allem die MODELLSAMMLUNG der Dombauhütte mit rund 1.000 Gipsmodellen und Gipsabformungen

13 Eine Gesamtdarstellung der Bestände gibt es bisher nicht. Kurze Informationen zu einzelnen Beständen zum Beispiel bei: Rode [1]. – Ilka Minneker: Die Akten der Dombauverwaltung Köln nach 1945. Verzeichnungsprojekt, in: KDbl. 70, 2005, S. 296–300.

14 Vgl. Arnold Wolff: Entwurf eines Kölner Dom-Museums, in: KDbl. 56, 1991, S. 69–90.

15 Arnold Wolff: Dombau in Köln. Photographen dokumentieren die Vollendung einer Kathedrale, Stuttgart 1980.

16 Vgl. hierzu: Der Kölner Dom und was damit zusammenhängt. Schätze aus dem Dombauarchiv, hg. von Leonie Becks, Ausstellungskatalog, Köln 2025.

17 Johannes Ralf Beines: Arbeitszimmer des Dombaumeisters Bernhard Hertel, in: Der Kölner Dom im Jahrhundert seiner Vollendung, hg. von Hugo Borger, Ausstellungskatalog, Bd. 1, Köln 1980, S. 38. – Lippert [4], S. 314–315.

18 Vgl. hierzu: Barbara Schock-Werner: 43. Dombaubericht. Von Oktober 2001 bis September 2002, in: KDbl. 67, 2002, S. 9–70, hier: S. 66–67. – Anton von Euw: Schenkung einer Sammlung und Dokumentation zur Dreikönigenverehrung an das Kölner Dombauarchiv, in: KDbl. 74, 2009, S. 309–311. – Klaus Hardering: Zur Dreikönigensammlung des Kölner Dombauarchivs, in: Caspar – Melchior – Balthasar. 850 Jahre Verehrung der Heiligen Drei Könige im Kölner Dom, hg. von Leonie Becks, Matthias Deml, Klaus Hardering, Ausstellungskatalog, Köln 2014, S. 78–85. – Katalog, in: ebd., S. 86–169.

des 19. und 20. Jahrhunderts,[19] das LAPIDARIUM mit ausgebauten Architekturelementen, Bau- und Portalskulpturen, Grabplatten sowie steinernen Ausstattungsfragmenten vom Mittelalter bis zum 19. Jahrhundert, die GERÄTESAMMLUNG[20] mit historischen Baugeräten und -maschinen sowie eingelagertes DOMINVENTAR wie Altäre, Mobiliar, Gemälde und Skulpturen. Das Archiv, dessen Leiter aus naheliegenden Gründen seit 1948 stets Kunsthistoriker[21] waren, ist auch für die wissenschaftliche Betreuung und Inventarisierung der Domausstattung[22] zuständig.

Die über mehrere Depoträume verteilte ARCHÄOLOGISCHE SAMMLUNG mit circa 260.000 Funden von der Römerzeit bis in die Neuzeit wird, wie auch das Grabungsgelände selbst, durch die archäologische Abteilung der Dombauhütte betreut. Bei dieser liegt auch die gesamte Dokumentation der 1946 begonnenen Ausgrabungen am Dom – darunter Zeichnungen, Fotografien und Grabungstagebücher. Für die wissenschaftliche und konservatorische Betreuung der zahlreichen Objekte in der DOMSCHATZ-, der SILBER- und der PARAMENTENKAMMER ist die Leitung der Domschatzkammer zuständig.

Herausragende Objekte der Sammlungen von Dom und Dombauhütte sind beispielsweise römische Mosaikfußböden,[23] die sich als Leihgaben im Römisch-Germanischen Museum befinden, merowingische Fürstengräber,[24] karolingische Bauskulptur und Ausstattungsreste aus dem Alten Dom,[25] romanische Kapitelle aus dem 12. Jahrhundert,[26] die dem Umkreis des Laacher Samsonmeisters zugeordnet werden, drei mittelalterliche Baurisse, insbesondere der sogenannte Riss F der Westfassade des Domes – eine der größten und bedeutendsten Architekturzeichnungen des Mittelalters,[27] mittelalterliche Wasserspeier[28] und Ele-

19 Vgl. Rolf Lauer, Michael Puls: Skulptur am Dom, in: Kölner Dom im Jahrhundert [17], Kat.-Nr. 19, S. 286–320, passim. – Arnold Wolff: 28. Dombaubericht. Von Oktober 1986 bis September 1987, in: KDbl. 52, 1987, S. 81–108, hier: S. 89–91.
20 Vgl. Heiko Steuer: Technik am Dom, in: Kölner Dom im Jahrhundert [17], Kat.-Nr. 6, S. 53–88, passim.
21 Leiter des Dombauarchivs waren von 1948 bis 1975 Dr. Herbert Rode, von 1975 bis 2007 Dr. Rolf Lauer, von 2007 bis 2025 Dr. Klaus Hardering.
22 Ulrike Bergmann: Inventarisierung am Dom gestern und heute, in: KDbl. 56, 1991, S. 335–346.
23 Sebastian Ristow: Die frühen Kirchen unter dem Kölner Dom. Befunde und Funde vom 4. Jahrhundert bis zur Bauzeit des Alten Domes (Studien zum Kölner Dom 9), Köln 2002, S. 58–59.
24 Zuletzt Ulrich Back: Zu den Unterschieden in den Grabausstattungen der »Königinnen der Merowinger«, in: KDbl. 78, 2013, S. 260–269. – Ders.: Archäologie im Kölner Dom. Forschungsergebnisse zu seiner Vor- und Baugeschichte, Köln 2023, S. 32–47.
25 Back, Archäologie [24], S. 66–129.
26 L[eonie] B[ecks]: Sechs Doppelkapitelle, in: Der Samsonmeister und seine Zeit. Skulptur der Romanik im Rheinland, hg. von Karen Straub, Adam Stead, Ausstellungskatalog, Köln 2018, Kat.-Nr. 13, S. 78–81. – Ein Teil der Kapitelle ist in der Domschatzkammer ausgestellt. Leonie Becks, Rolf Lauer: Die Schatzkammer des Kölner Domes (Meisterwerke des Kölner Domes 6), Köln 2000, Kat.-Nr. 198–203, S. 100–101.
27 Steinmann [11].
28 Regina E. G. Schymiczek: Über deine Mauern, Jerusalem, habe ich Wächter bestellt .... Zur Entwicklung der Wasserspeierformen am Kölner Dom (Europäische Hochschulschriften – Reihe 28, Kunstgeschichte 402), Frankfurt am Main 2004. – Matthias Deml, Klaus Hardering: Wasserspeier des Kölner Domes, Köln 2016.

mente der Bauzier vom mittelalterlichen Strebewerk des Domchores, die Originalskulpturen des Petersportals aus dem 14. Jahrhundert,[29] kostbare Fragmente des mittelalterlichen Dominventars,[30] Reste der Domausstattung des Barock und Rokoko – darunter der gewaltige Hochaltaraufsatz von Étienne Fayn –,[31] originale Handzeichnungen von Karl Friedrich Schinkel und Ernst Friedrich Zwirner,[32] die nach Entwürfen von Schinkel für die Tabernakel über dem Chorkapellenkranz geschaffenen Engel von Wilhelm Joseph Imhoff,[33] aus dem Holz des mittelalterlichen Domkrans geschnitzte Andenken und Souvenirs,[34] die weltweit größte Sammlung frühneuzeitlicher Dreikönigenzettel und vieles andere mehr. Vergleichbare Sammlungen, die ebenfalls zu großen Teilen aus den Archiven, Lapidarien und Depots von Dom- und Münsterbauhütten hervorgegangen sind, findet man zum Beispiel im Museum Kleines Klingenthal in Basel, im Musée de l'Œuvre Notre-Dame (Frauenhausmuseum) in Straßburg, im Grande Museo del Duomo in Mailand oder im Museo dell'Opera del Duomo in Florenz.

Als Teil der Kölner Dombauhütte gehört das Dombauarchiv seit dem 17. Dezember 2020 zum Immateriellen Kulturerbe der Menschheit. An diesem Tag hat der zwischenstaatliche Ausschuss der UNESCO das Bauhüttenwesen in sein Register Guter Praxisbeispiele aufgenommen.[35] Dabei wurde die zentrale Aufgabe der Dom- und Münsterbauarchive, die »Dokumentation von Wissen«, ausdrücklich als einer von fünf zentralen Punkten für den Fortbestand des Bauhüttenwesens benannt.[36]

Der vorrangige Zweck aller genannten Bestände und Sammlungen ist es, die Erhaltungs- und Restaurierungsarbeiten der Kölner Dombauhütte wissenschaftlich vorzubereiten, zu begleiten und zu dokumentieren sowie die Erforschung

29 Rolf Lauer: Köln, Dom, Petersportal, in: Die Parler und der Schöne Stil – 1350–1400. Europäische Kunst unter den Luxemburgern, Ausstellungskatalog, Bd. 1, Köln 1978, S. 159–169. – Vier Gewändefiguren und drei Archivoltenfiguren sind in der Domschatzkammer ausgestellt. Becks, Lauer [26], Kat.-Nr. 207–213, S. 104–106.

30 Verschwundenes Inventarium. Der Skulpturenfund im Kölner Dom, bearb. von Ulrike Bergmann, Ausstellungskatalog, Köln 1984. – Zurückgewonnen für den Kölner Dom [12]. – Einige wenige Fragmente sind in der Domschatzkammer ausgestellt. Becks, Lauer [26], Kat.-Nr. 204–206, S. 102–103, Kat.-Nr. 214, S. 107.

31 Paul von Naredi-Rainer: »Kunstvolles im Dienste des Höchsten«. Zur Ausstattung des Kölner Domes seit der Barockzeit, in: Der gotische Dom, hg. von Arnold Wolff, Köln 1986, S. 75–92, hier: S. 78–79. – Deml [12].

32 Angelika Leyendecker, Arnold Wolff: Architekturzeichnungen, in: Kölner Dom im Jahrhundert [17], Kat.-Nr. 22, S. 335–351, passim. – Arnold Wolff: Die Baugeschichte der Domvollendung, in: Religion – Kunst – Vaterland. Der Kölner Dom im 19. Jahrhundert, hg. von Otto Dann, Köln 1983, S. 47–77.

33 Herbert Rode: Schinkel und die zwölf Wächterengel am Außenchor, in: KDbl. 6/7, 1952, S. 147–149. – Lauer, Puls [19], S. 286–289.

34 Klaus Hardering: Von prächtigen Lançaden, einem Festmahl der Kaiserin Augusta und einem Stuhl aus Holz des alten Domkranes, in: KDbl. 75, 2010, S. 86–103.

35 Matthias Deml: Eintrag des Bauhüttenwesens in das UNESCO-Register Guter Praxisbeispiele, in: KDbl. 86, 2021, S. 271–273.

36 Sabine Bengel: Münster- und Dombauhütten vom Mittelalter bis heute, in: Europäische Bauhütten. Immaterielles Kulturerbe der Menschheit, Neulingen 2020, S. 13–27, hier: S. 26.

der Geschichte, Archäologie, Kunst- und Liturgiegeschichte des Domes und seiner Ausstattung zu fördern. So dienen die originalen Pläne, Entwürfe, historischen Fotografien, Gipsmodelle sowie ausgebauten Skulpturen und Architekturfragmente den Mitarbeiterinnen und Mitarbeitern der Dombauhütte als notwendige Vorlagen für die Rekonstruktion von zerstörten Elementen. Zugleich sind sie als Quellen für die Erforschung der Geschichte und Baugeschichte des Domes ein gewaltiger und schier unerschöpflicher Schatz. Als wissenschaftliche Publikationsorgane dienen das Kölner Domblatt, das jährlich erscheinende Jahrbuch des Zentral-Dombau-Vereins, sowie die wissenschaftlichen Buchreihen des Kölner Domverlages.

Um die zum Teil wenig bekannten oder sogar unveröffentlichten Schätze, die in den Beständen und Sammlungen des Domes und der Dombauhütte aufbewahrt werden, einer breiteren Öffentlichkeit bekannt zu machen sowie Wissenschaftlerinnen, Wissenschaftler und Studierende der verschiedensten Disziplinen dazu anzuregen, sich mit den Beständen näher zu befassen, sollen in dieser neu begründeten Serie innerhalb des Kölner Domblattes bisher kaum bekannte oder unveröffentlichte Objekte aus den verschiedensten Bereichen der Sammlungen vorgestellt werden.

Dokumentationen von Wandmalereien im Dombauarchiv

Unter den 20.000 Plänen und Entwurfszeichnungen des Planarchivs gibt es ein kleines Konvolut von Skizzen, Farbskizzen, Zeichnungen und Durchzeichnungen (Pausen) aus dem 19. Jahrhundert, welche die mittelalterlichen Wandmalereien des Domes dokumentieren.[37] Die frühesten entstanden 1841. Während der Restaurierungsarbeiten im Binnenchor des Domes hatte man unter der Kalktünche des 18. Jahrhunderts mittelalterliche Wandmalereifragmente in den Zwickeln über den Arkadenbögen aufgefunden.[38] Über den fünf Bögen oberhalb des Hochaltares im Chorpolygon fand man die Überreste von insgesamt zehn Engeln, die teils Weihrauchfässer schwingend dargestellt waren – teils mit »anderen auf

37 DBA, Köln, Planarchiv, M XXXIIIa und M XXXIII, Uc.

38 Ernst Friedrich Zwirner: *Gehorsamstes Promemoria die Wiederherstellung der im hiesigen Dome entdeckten alten Wandmalereien* [...] *betreffend*, 27. Mai 1841. DBA, Köln, Litt. X, Vol. I, Nr. 6, fol. 14r–20v, hier: fol. 15r–15v. – Ders.: Vergangenheit und Zukunft des Dombaues (Fortsetzung), in: KDbl. Nr. 3, 17. Juli 1842, S. [2–3], hier: S. [3]. – Vgl. hierzu unter anderem: Paul Clemen: Die gotischen Monumentalmalereien der Rheinlande, Bd. 1, Düsseldorf 1930, S. 209–210. – Ders.: Der Dom zu Köln (Die Kunstdenkmäler der Rheinprovinz 6,3. Die Kunstdenkmäler der Stadt Köln 1,3), Düsseldorf [2]1938, S. 173–174. – Leonie Becks: Der Engelszyklus Edward von Steinles in den Arkaden des Hochchores im Kölner Dom, in: KDbl. 61, 1996, S. 231–266, hier: S. 249–250. – Matthias Deml: Der Wandel der Chorausstattung des Kölner Domes im 19. Jahrhundert, in: 1863 – Der Kölner Dom und die Musik (Musik – Kultur – Geschichte 2), hg. von Arnold Jacobshagen, Annette Kreutziger-Herr, Würzburg 2016, S. 49–73, hier: S. 49–54.

2 | *Pause eines Engelskopfes aus der Malerei der Arkadenzwickel des Domes, Tusche auf Transparentpapier, 1841. Köln, DBA, Planarchiv, M XXXIII, Uc, Nr. 22*

das heilige Meßopfer bezüglichen Geräthschaften«[39]. Ihnen entsprachen in den zehn Bögen des Langchores zwanzig musizierende Engel. Da eine Wiederherstellung der Malereien aufgrund ihres äußerst fragmentarischen Charakters nicht möglich erschien, wurden sie zwischen 1843 und 1845 durch den Zyklus der neun Chöre der Engel von Edward von Steinle (1810–1886) ersetzt.[40] Um die Fragmente dennoch der Nachwelt zu überliefern, ließ Dombaumeister Ernst Friedrich Zwirner (amt. 1833–1861) einige der Konturen in schwarzer Pinselzeichnung auf Transparentpapier durchpausen.[41] Die 17 im Planarchiv erhaltenen Pausen zeigen Köpfe (Abb. 2), Hände, Flügel und Musikinstrumente einzelner Engel sowie Elemente der gemalten Architekturrahmung über den Bögen – vor allem Kreuzblumen und Krabben. Ein Teil der Pausen dürfte als Vorlage für das gleichzeitig angefertigte Aquarell der Malereien über dem Arkadenbogen D 14–D 15[42] gedient haben (Abb. 3).[43] Mehr noch als diese und die Beschreibung der Malereien

39 Zwirner, Vergangenheit und Zukunft [38].
40 Zum Zyklus Steinles ausführlich Becks [38].
41 17 Pausen haben sich im Dombauarchiv erhalten. DBA, Köln, Planarchiv, M XXXIII, Uc, Nr. 19–35. – Anders als das zugehörige Aquarell werden die Pausen weder in den Briefen und Veröffentlichungen Zwirners noch in der späteren Literatur erwähnt.
42 Auf dem Aquarell wird als Ort der dargestellten Malerei *über dem fünften nördl: Bogen* genannt. DBA, Köln, Planarchiv, M XXXIII, Uc, Nr. 37. – Dass die Zählung von Westen ausgeht und es sich somit um den Bogen D 14–D 15 handeln muss, ergibt sich aus der Bemerkung Zwirners, dass nur die Engel in den fünf östlichen Bögen Weihrauchgefäße und andere liturgische Geräte in den Händen hielten. Zwirner, Vergangenheit und Zukunft [38].
43 Farbige Abbildung unter anderem in Verschwundenes Inventarium [30], Taf. 7. – Becks [38], S. 261, Abb. 31. – Deml [38], S. 53, Abb. 2. – Bei dem Aquarell dürfte es sich um dasjenige handeln, das Zwirner am 27. Mai 1841 zusammen mit seinem Gehorsamsten Promemoria an Regierungs- und Baurat Johann August Frank in Koblenz sandte. Nur in einem Bogenfeld seien die Figuren so gut erhalten gewesen, führt Zwirner hier aus, dass man danach die aquarellierte Zeichnung hätte anfertigen können. Zwirner, Gehorsamstes Promemoria [38], fol. 15v.

Alte Wand Malerei
über dem fünften nördl: Bogen
im Dom-Chor zu Coeln.

3 | *Rekonstruktion der Malerei in den Arkadenzwickeln über Bogen D 14–D 15, aquarellierte Zeichnung, 1841. Köln, DBA, Planarchiv, M XXXIII, Uc, Nr. 37*

durch Zwirner[44] bilden die Pausen die unmittelbarste Dokumentation dieser ansonsten vollständig verlorenen mittelalterlichen Wandmalerei. Der ausführende Kopist ist nicht bekannt. Weitere Zeichnungen, Farbskizzen und Pausen im Dombauarchiv dokumentieren die Wandmalereien in der Stephanus- und in der Marienkapelle[45] sowie auf den vier östlichen Chorschranken[46]. Da viele Malereien des Domes im 19. Jahrhundert eingreifend restauriert wurden, andere im Lauf der Zeit teilweise oder gänzlich verloren gegangen sind, kommt diesen Dokumentationen eine besondere Bedeutung zu.

Die ehemalige Wandmalerei der Chortrennmauer – Bildprogramm, Dokumentation und Verlust

In dieser Hinsicht von Interesse ist die Dokumentation der 1863 zerstörten monumentalen Wandmalerei,[47] welche den oberen Bereich der Chortrennmauer bedeckte.[48] Die zwischen den beiden östlichen Vierungspfeilern errichtete provisorische Wand trennte bis zum Sommer 1863 den 1320 vom Domkapitel in Nutzung genommenen und am 27. September 1322 geweihten Domchor[49] vom unvollendeten Bereich des Quer- und Langhauses ab.

44 Zwirner, Gehorsamstes Promemoria [38]. – Zwirner, Vergangenheit und Zukunft [38].

45 Wandmalereien in der Stephanuskapelle, DBA, Köln, Planarchiv, M XXXIII, Uc, Nr. 1–16 (Farbskizzen, Zeichnungen und Pausen). – Wandmalereien in der Marienkapelle, DBA, Köln, Planarchiv, M XXXIII, Uc, Nr. 17–18, 36 (Pausen). – Zu den 1856 entstandenen Pausen Christian Hohes von der Malerei hinter dem Altar der Marienkapelle (M XXXIII, Uc, Nr. 17–18) vgl. Sabine Gertrud Cremer: Christian Hohes Dokumentation der Wandmalereien in der Marienkapelle des Kölner Domes, in: KDbl. 84, 2019, S. 114–145 mit Kat.-Nr. 2–3, S. 145.

46 Es handelt sich um vier in etwa 45 x 25 cm große Bleistiftpausen auf Transparentpapier nach Zeichnungen von Georg Osterwald (DBA, Köln, Planarchiv, M XXXIII, Uc, Nr. 38–41). Dieser hatte nach der Entdeckung der Wandmalereien 1841 den Auftrag erhalten, Aquarelle der Malereien für Friedrich Wilhelm IV. anzufertigen. 2008 konnte das Dombauarchiv zudem ein von Osterwald 1847 für Franz-Egon Graf von Fürstenberg-Stammheim geschaffenes Aquarell der Marienschranke ankaufen. Barbara Schock-Werner: 49. Dombaubericht. Von Oktober 2007 bis September 2008, in: KDbl. 73, 2008, S. 257–330, hier: S. 327–328.

47 Erhalten haben sich im Dombauarchiv zwei Abzüge einer Schwarzweißfotografie (DBA, Köln, Historische Fotosammlung, A (2), M XL, Nr. 40–41), ein aufwendig gearbeitetes Aquarell (DBA, Köln, Planarchiv, M XXXIIIa, Nr. 26) und 25 originalgroße Pausen (DBA, Köln, Planarchiv, M XXXIIIa, Nr. 1–25).

48 Vgl. hierzu: Zwirner, Vergangenheit und Zukunft [38], S. [3]. – Ebd. (Fortsetzung), in: KDbl. Nr. 4, 24. Juli 1842, S. [2–3], hier: S. [2]. – W.: Der Kölner Dom, in: Deutscher Volks-Kalender 9, 1843, hg. von F[riedrich] W[ilhelm] Gubitz, S. 63–65. – [Ernst] W[eyden]: Die Wandbilder auf der westlichen Scheidewand des Dom-Chores, in: Organ für christliche Kunst 13, 1863, S. 172–174. – Clemen, Monumentalmalereien [38], S. 210–212. – Clemen, Dom zu Köln [38], S. 174. – Deml [38], S. 51, 54, Abb. 3.

49 Vgl. unter anderem: Herbert Rode: Der Weihetag des Kölner Domes und die Heiligen Kosmas und Damian, in: KDbl. 42, 1977, S. 307–309. – Christoph Kühn: 700 Jahre Kölner Domchor. Eine Architektur für Klerus und Kirchenvolk, für Heilige und Sünder, für Könige und Pilger, in: Pilgerstab 13, 2022, S. 4–16. – Matthias Deml: Weihe des Kölner Domchores am 27. September 1322, in: »Überaus schön, doch unvollendet ...«. 700 Jahre Chorweihe gotischer Dom, Ausstellungsbroschüre, Köln 2022, S. 4.

4 | *Friedrich Kronenberg, Chorgiebel von Westen, 1823. Köln, DBA, Planarchiv, M IV, Ua, Nr. 11*

Auch wenn die Wand als Provisorium gedacht war, war sie doch erstaunlich solide gebaut, wie aus dem von Dombaumeister Richard Voigtel (amt. 1861–1903) verfassten 52. Baubericht hervorgeht: »Diese Mauer selbst war bei einer Höhe von 150 Fuß [etwa 47 m] bei 40 Fuß [etwa 12,55 m][50] Breite und 3 Fuß [etwa 0,94 m] mittlerer Stärke zumeist aus alten Bausteinen construirt, die beim Bau des Domchores übrig geblieben waren oder wegen Mängel[n] zu den Bausteinen für unbrauchbar erachtet wurden. Der obere Theil der Mauer bestand zum Theil aus einem Mauerwerk von ziegelsteinförmigen Tuffsteinen, und aus den Bauresten eines römischen Tempels oder Palastes, wie die vielfach erhaltenen aus einem sehr festen Kalksteine gearbeiteten Theile eines reich verzierten Kranzgesimses ergeben.«[51] Historische Pläne und Grafiken, insbesondere die Bauaufnahme von Friedrich Kronenberg von 1823 (Abb. 4),[52] zeigen, dass die Wand zumindest nach Westen – nach Osten ist nur der obere Bereich der Wand mit dem oberen Gesims gut dokumentiert[53] – durch zwei kräftige Horizontalgesimse in drei Zonen gegliedert war. In der ein Stück über die Höhe der Seitenschiffkapitelle hinausreichenden unteren Wandzone bildete ein erst im 18. Jahrhundert eingebrochenes Portal den Durchgang vom unvollendeten Querhaus in den Binnenchor. Im Chorinneren stand hier die 1729–1735 erweiterte Orgelbühne.[54] In der ein Stück über das benachbarte Triforium hinausreichenden mittleren Wandzone befanden sich zwei 1735 zugesetzte[55] dreibahnige Maßwerkfenster, die im Inneren großenteils durch die 1572 errichtete und mehrfach erweiterte Orgel[56] verdeckt wurden. Die obere Wandzone wurde von einem zentralen dreibahnigen Maßwerkfenster durchbrochen. Oberhalb des Gurtbogens und dessen Übermauerung fand die Wand in der Giebelwand des Chordaches eine Fortsetzung.

Aufgrund eines in Beschreibungen und auf einer Fotografie von 1863[57] dokumentierten Wappens des westfälischen Adelsgeschlechts von Holte im oberen Fenster[58] wird der Bau der Trennwand in der kunst- und bauhistorischen Forschung oft bereits in die Amtszeit des Kölner Erzbischofs Wikbold von Holte (amt. 1297–1304) oder sogar bereits in seine Zeit als Domdechant ab 1290 datiert.[59]

50 Voigtels Angaben zur Höhe und Breite sind gerundet. Die tatsächliche Gewölbehöhe des Domes beträgt nur 43,35 m, der Abstand zwischen den Vierungspfeilern etwa 12,80 m.

51 Richard Voigtel: Revisionsprotokoll für 1863 vom 12. März 1864, DBA, Köln, Litt. RP 5. – Zitiert nach: Schumacher [5], S. 99. – Ähnlich Richard Voigtel: 52. Baubericht des Dombaumeisters, in: Zweihundert sechsundsiebzigstes Protocoll des Central-Dombau-Vereins-Vorstandes. Verhandelt zu Köln im großen Rathaussaale Donnerstag 28. April 1864 [...], in: KDbl. Nr. 230, 30. April 1864, S. [2–4].

52 Friedrich Kronenberg, Chorgiebel von Westen, 1823, DBA, Köln, Planarchiv, M IV, Ua, Nr. 11.

53 Zumindest ein kleines Stück der mittleren Zone mit Anschnitt der Orgel ist auf zwei Aquarellen von Johann Peter Weyer dokumentiert. Vgl. Johann Peter Weyer: Kölner Alterthümer, hg. von Werner Schäfke, Bd. 1, Köln 1993, Nr. XVI,13, S. 131, Nr. XVI,19, S. 136. – Vgl. hierzu: Arnold Wolff: Der Dom, in: ebd., Bd. 2, S. 205–206, 209. – Der kolossale Geselle. Ansichten des Kölner Doms vor 1842, hg. von Mario Kramp, Michael Euler-Schmidt, Barbara Schock-Werner, Ausstellungskatalog, Köln 2011, Kat.-Nr. 146, 13 und 19, S. 135, 138, 176–177.

54 Herbert Rode: Erzbischof Clemens August I. und der Kölner Dom. Zum Todestag am 6. 2. 1961, in: KDbl. 20, 1961/62, S. 15–26, hier: S. 21–25. – Ders.: Clemens August und der Kölner Dom, in: Kurfürst Clemens August. Landesherr und Mäzen des 18. Jahrhunderts, Ausstellungskatalog Brühl, Köln 1961, S. 244–247, hier: S. 245–246.

55 Herbert Rode: Die mittelalterlichen Glasmalereien des Kölner Domes (Corpus vitrearum medii aevi. Deutschland 4,1), Berlin 1974, Kat.-Nr. 56, S. 209–210.

56 Vgl. Wolff [53], S. 209. – Franz-Josef Vogt: Die Kölner Domorgel in der zweiten Hälfte des 19. Jahrhunderts, in: 1863 [38], S. 123–140, hier: S. 125.

57 DBA, Köln, Historische Fotosammlung, A (2), M XL, Nr. 40–41. – Zur Fotografie vgl. unten.

58 Rode [55], S. 210.

59 Beispielsweise: Rode [55], S. 210. – Ulrike Brinkmann, Rolf Lauer: Die mittelalterlichen Glasfenster des Kölner Domchores, in: Himmelslicht. Europäische Glasmalerei im Jahrhundert des Kölner Domes (1248–1349), Ausstellungskatalog, Köln 1998, S. 22–33, hier: S. 29–31. Hier mit dem Hinweis, dass die Mauer bereits zu seiner Zeit als Domdechant ab 1290 gebaut worden sein könnte. – Maren Lüpnitz: Die Chorobergeschosse des Kölner Domes. Beobachtungen zur mittelalterlichen Bauabfolge und Bautechnik (Forschungen zum Kölner Dom 3), Köln 2011, S. 247, 249 mit Anm. 898.

5 | Friedrich Raps, Wandmalerei der Chortrennmauer, Fotografie, 1863. Köln, DBA, Historische Fotosammlung, A (2), M XL, Nr. 40

Da die Baugrube der Trennmauer über der Abbruchgrube des Alten Domes liegt, belegt der archäologische Befund nach Ulrich Back hingegen, dass die steinerne Wand, der wahrscheinlich eine leichtere Konstruktion aus Holz vorausgegangen sei, frühestens nach der Aufgabe des Alten Domes um 1320/22 errichtet worden sein kann.[60] Für wahrscheinlicher hält es Back, dass sie sogar erst nach der Gründung der Pfeilerfundamente zwischen dem inneren und äußeren südlichen Langhausseitenschiff um 1331 entstand, als auch auf der Westseite der Trennwand in etwa das Niveau des heutigen Fußbodens erreicht worden war. Back weist darauf hin, dass das Wappen der Familie von Holte nicht zwingend mit dem Bischof in Verbindung zu bringen sei; es findet sich etwa auch im Marienkrönungsfenster in der Michaelskapelle, das in der jüngeren Literatur um 1330/40 datiert wird.[61]

Die Beschreibung der Wand durch Voigtel[62] legt nahe, dass neben verworfenen Werkstücken für die gotische Kathedrale vor allem im oberen Bereich auch größere Mengen Abbruchmaterial des Alten Domes Verwendung gefunden haben – dies gilt sowohl für die Tuffsteine als auch für das von ihm als römisch angesehene Kranzgesims. Die solide Ausführung der Wand weist darauf hin, dass zum Zeitpunkt ihrer Errichtung wohl nicht mehr ernsthaft an eine zeitnahe Vollendung des anschließenden Quer- und Langhauses gedacht wurde.

Über Wandmalereien im unteren und im mittleren Bereich der Wand ist nichts bekannt. Sie wären spätestens durch den Einbau der Renaissanceorgel und den Bau der darunterliegenden Orgelbühne zugedeckt und teilweise zerstört worden; während des Abbruchs der Wand wurde es versäumt, hier Untersuchungen durchzuführen. Die obere Wandzone war jedoch noch bis 1863 flächendeckend bemalt (Abb. 5–6, 8–10). Mit einer maximalen Höhe von etwa 15,70 m und einer maximalen Breite von 12,80 m handelte es sich bei der Temperamalerei[63] um das mit Abstand größte zusammenhängende Wandgemälde des Domes und wahrscheinlich auch um eines der größten gotischen Wandgemälde überhaupt. Es zeigte im Scheitel über dem zentralen Fenster die etwa 4,80 m[64] hohe

60 Ulrich Back: Archäologische Befunde zur Baugeschichte des Kölner Domes. Fundamente und Baustraßen, in: Ulrich Back, Thomas Höltken: Die Baugeschichte des Kölner Domes nach archäologischen Quellen. Befunde und Funde aus der gotischen Bauzeit (Studien zum Kölner Dom 10), Köln 2008, S. 12–113, hier: S. 46–47, 55, Taf. 11, S. 279. – Back, Archäologie [24], S. 157–158.
61 Brinkmann, Lauer [59], S. 24–29.
62 Siehe oben. Voigtel, Revisionsprotokoll [51].
63 Zur Technik vgl. Voigtel, 52. Baubericht [51]. – Die folgende Beschreibung folgt im Wesentlichen den Pausen und den darauf festgehaltenen Farbangaben. Die »Farbenskizze« (Abb. 6) weicht teilweise von diesen ab und wurde daher nur ergänzend für die Beschreibung hinzugezogen. Zur Dokumentation der Malereien vgl. unten.
64 Maße inklusive Thron und Nimbus. Auf der 4,62 m hohen Pause der Christusfigur fehlt – wie auch bereits auf der Fotografie – der obere etwa 15–20 cm große Teil des Kreuznimbus. Ergänzt man diesen, kommt man auf ein Maß von ungefähr 4,80 m.

6 | Weber und Deckers, »Wandgemälde auf der Chor-Abschlußmauer im Dome zu Cöln« (»Farbenskizze«), aquarellierte Zeichnung, 1863. DBA, Köln, Planarchiv, M XXXIIIa, Nr. 26

Figur des thronenden Christus als Pantokrator. Christus saß auf einer überaus reich geschnitzten, mit gotischen Maßwerken und Fialen geschmückten, goldenen Thronbank, die mit einer grün-weiß-grau-rot gestreiften Throndecke mit gelb-roten Fransen und einem golden gemusterten, kostbaren Thronkissen prachtvoll ausgestattet war. Seine Füße ruhten auf einem architektonisch gestalteten blau-weiß-roten, die Erde symbolisierenden Schemel; den Hintergrund des Thrones bildete das mit goldenen Sternen bedeckte tiefblaue Firmament. Anschaulich brachte die Darstellung somit die Beschreibung des Thrones Gottes zum Ausdruck, wie sie sich etwa bei Jesaja findet: »Der Himmel ist mein Thron / und die Erde der Schemel für meine Füße.« Zu Seiten des Kreuznimbus Christi prangten in Gold die griechischen Buchstaben Alpha und Omega als Zeichen für den Anfang und das Ende und damit auch als Verweis auf das Weltgericht.[65] Christus selbst war in ein strahlend weißes Untergewand gekleidet, das mit goldenen Borten mit Edelsteinbesatz verziert war. Darüber trug er einen roten Mantel mit grünem Innenfutter. Während er seine Rechte zum Segensgestus erhoben hatte, hielt er in der Linken als Zeichen seiner allmächtigen Herrschaft über das Universum eine in vier rot-blau-goldene Felder geteilte Himmelskugel, die sogenannte Sphaira, wie sie ähnlich etwa auch die abendländischen Kaiser als Insignie trugen.[66]

Neben dem Priestertum Christi wurde somit in der Malerei das Königtum Christi besonders betont. Die Wundmale Christi, wie sie etwa in Darstellungen des Weltgerichts im 14. Jahrhundert sehr oft hervorgehoben werden, fehlten hingegen in der Darstellung. Vom thronenden Christus durch einen zwischen den himmlischen Gestirnen Sonne und Mond sich spannenden goldenen Licht- und einen Wolkenbogen[67] getrennt, waren seitlich des Fensters vor einem ornamentalen Hintergrund die Apostelfürsten Petrus und Paulus als etwa 7,5 m hohe monumentale Standfiguren[68] auf gemalten Konsolen dargestellt. Petrus, gekleidet

65 Vgl. etwa Offb 1,8: »Ich bin das Alpha und das Omega, spricht Gott, der Herr, der ist und der war und der kommt, der Herrscher über die ganze Schöpfung.«

66 Vgl. hierzu: Percy Ernst Schramm: Sphaira – Globus – Reichsapfel. Wanderung und Wandlung eines Herrschaftszeichens von Caesar bis zu Elisabeth II. Ein Beitrag zum »Nachleben« der Antike, Stuttgart 1958, bes. S. 63–68.

67 Vgl. etwa Ez 1,28: »Wie das Aussehen des Regenbogens, der sich an einem Regentag in den Wolken zeigt, so war das Aussehen des strahlenden Glanzes ringsum. Das war das Aussehen der Gestalt der Herrlichkeit des Herrn.«.

68 Maße inklusive Konsolen und Nimben. Da die Pausen nur die Oberkörper der Figuren dokumentieren, können die Maße nur mittelbar aus dem Vergleich mit der Christusfigur auf der Fotografie (Abb. 5) und auf der »Farbenskizze« (Abb. 6) von 1863 errechnet werden – dabei ist zu beachten, dass beide die Malereien in leichter Untersicht zeigen, weshalb die Apostelfiguren proportional zur Christusfigur etwas zu groß erscheinen. Die Paulusfigur war etwas größer als die Petrusfigur.

Wandgemälde auf der Chor-Abschlussmauer im Dome zu Cöln,
aufgenommen anno 1863 vor deren Abbruch.

in ein helleres gelbes Untergewand mit edelsteinbesetzten Borten und einem dunkleren braun(?)-gelben Mantel[69] mit rotem Innenfutter, hielt als Attribute die Ferula, den päpstlichen Kreuzstab, und einen gewaltigen Schlüssel[70] als Symbol der von Christus übertragenen Binde- und Lösegewalt (Mt 16,19). Paulus, gekleidet in ein grünes Untergewand mit entsprechenden Borten und einem roten Mantel mit gelbem Innenfutter, hielt in seiner mit dem Mantel verhüllten rechten Hand die Heilige Schrift. Die Linke stützte sich auf ein gebändertes Schwert, das eher an ein prächtiges Zeremonialschwert als an das Schwert seines Martyriums erinnert. Unter der thronenden Christusfigur stehend könnten der Himmelsschlüssel in der Hand des zur Rechten Christi stehenden heiligen Petrus sowie das Richtschwert in der Hand des zu seiner Linken stehenden heiligen Paulus in einer tieferen Ebene nicht nur als Attribute, sondern auch im Kontext des Weltgerichts gelesen werden – gemäß des Pauluswortes »Denn wir alle müssen vor dem Richterstuhl Christi offenbar werden, damit jeder seinen Lohn empfängt für das Gute oder Böse, das er im irdischen Leben getan hat« (2 Kor 5,10).

Seitlich unter der Figur des Dompatrons Petrus fanden sich die über 3,5 m hohe Stifterfigur eines am Betpult knieenden Erzbischofs mit Mitra, Bischofsstab und blauem Chormantel mit großer Chormantelschließe sowie ein sogar noch etwas größeres monumentales Wappenschild mit Helmzier. Das Wappen wies die Stifterfigur höchstwahrscheinlich als Hermann IV. von Hessen (amt. 1480–1508) aus.[71] Gerade in Verbindung mit dem bischöflichen Stifter wecken die Ferula und das sehr prächtige gebänderte Schwert in den Händen der Apostelfürsten auch Assoziationen mit den Symbolen geistlicher und weltlicher Macht. Mit dem Wappen des Bischofs korrespondierten auf beiden Seiten unter dem heiligen Paulus zwei weitere Monumentalwappen sowie unmittelbar unter der Figur drei kleinere Wappen – diese waren im Gegensatz zum Wappen Hermanns IV. von Hessen eine Zutat des 19. Jahrhunderts. Während die beiden Monumentalwappen die Wappen der drei geistlichen und vier weltlichen Kurfürsten darstellten, bezogen sich die drei kleinen Wappen auf den preußischen König Friedrich Wilhelm IV. (reg. 1840–1861).

69 Die »Farbenskizze« (DBA, Köln, Planarchiv, M XXXIIIa, Nr. 26, Abb. 6) zeigt in Abweichung zu den Farbangaben auf den Pausen (ebd., Nr. 1–25) ein grünes Untergewand und einen gelbbraunen Mantel. Die Schwarz-Weiß-Fotografie lässt erkennen, dass das Untergewand offenbar in einem deutlich helleren Farbton als der Mantel gehalten war.

70 Vgl. Mt 16,19: »Ich werde dir die Schlüssel des Himmelreichs geben; was du auf Erden binden wirst, das wird im Himmel gebunden sein, und was du auf Erden lösen wirst, das wird im Himmel gelöst sein.«

71 Zur Identifizierung der Wappen unten ausführlich.

72 Dazu im Kölner Domblatt 2026: Johannes Bulitta: Glocken, Gräber und Altäre. Wilhelm von Gennep und die erzbischöfliche Grablege im Kölner Dom.

73 Weyden [48], S. 173. – Clemen, Monumentalmalereien [38], S. 212, mit Tendenz zu Heinrich IV. von Virneburg.

Der gesamte Hintergrund unterhalb des Wolkenbogens war mit einem Ornamentmuster bedeckt, das quadratische, mit Vierpässen gefüllte Rauten zeigte. Die Nasen der Vierpässe waren alternierend eckig gebrochen oder endeten lilienförmig. Die Linien zwischen den Quadraten waren in Rot, die quadratischen Kreuzungspunkte in Gelb gehalten, die Vierpässe in einem hellen Blau vor hellgrauem Grund.

Allein aufgrund seiner schieren Größe und seines hohen Anbringungsortes waren der thronende Christus und die Apostelfürsten die raumbeherrschenden Bildnisse im Binnenchor. Sie waren den im Chorgestühl versammelten Domkapitularen und Geistlichen des Domstiftes täglich vor Augen, und auch für die Pilgerinnen und Pilger im Chorumgang waren sie über die trennenden Chorschranken hinweg gut sichtbar. Fast unmittelbar unter dem monumentalen Wandbild wählte sich Erzbischof Wilhelm von Gennep (amt. 1349–1362) seine letzte Ruhestätte vor dem 1356 von ihm gestifteten Ivoaltar.[72] Ernst Weyden und ihm folgend auch Paul Clemen vermuteten vielleicht deshalb in ihm oder in Heinrich II. von Virneburg (amt. 1304/06–1332), in dessen Amtszeit 1322 der Domchor geweiht wurde, den ursprünglichen Stifter der Wandmalerei.[73]

Aufgrund seiner Größe und Bedeutung sollte das Wandbild bei einer Betrachtung der mittelalterlichen Chorausstattung stets als integraler Bestandteil mitgedacht werden. Inhaltlich ergaben sich eine Fülle wechselseitiger Bezüge, die an dieser Stelle nur kurz angerissen werden können. Sowohl Christus als auch Petrus und Paulus finden sich mehrfach in den erzählenden Darstellungen auf den Chorschrankenmalereien wieder, welche die Viten der für das Domstift wichtigsten Heiligen darstellen.[74] In der Szene der Marienkrönung thronen Christus und Maria zudem auf einer dem Thron der Christusdarstellung vergleichbaren gotischen Thronbank mit einem äußerst ähnlich gestalteten Thronkissen. Ferner finden sich die drei Hauptfiguren der Malerei auch prominent in den beiden Zyklen von Christus, Maria und den zwölf Aposteln, welche zum einen als Marmorstatuetten die Stirnseite des Hochaltares zieren[75]

74 So finden sich Petrus und Paulus nicht nur in den Szenen der Petrusschranke, sondern auch im Zusammenhang mit Konstantins Traumgesicht auf der Konstantinschranke sowie Petrus auf der Darstellung des Marientodes auf der Marienschranke. Abgesehen von den Kindheitsszenen ist Christus in den Szenen des Marientodes und der Krönung Mariens auf der Marienschranke, bei der Berufung des Petrus auf der Petrusschranke und als Erscheinung in den Wolken in der Taufszene Kaisers Konstantins dargestellt. Vgl. unter anderem: Arnold Steffens: Die alten Wandgemälde auf der Innenseite der Chorbrüstungen des Kölner Domes, in: Dombau und Theologie im mittelalterlichen Köln. Festschrift zur 750-Jahrfeier der Grundsteinlegung des Kölner Domes und zum 65. Geburtstag von Joachim Kardinal Meisner 1998 (Studien zum Kölner Dom 6), hg. von Ludger Honnefelder, Norbert Trippen, Arnold Wolff, Köln 1998, S. 99–150, hier: S. 106–117, 134–136.

75 Vgl. unter anderem: Klaus Hardering: Der Hochaltar des Kölner Domes im Mittelalter, in: Zurückgewonnen [12], S. 6–21.

und zum anderen als monumentale, kostbar gefasste Skulpturen an den Chorpfeilern den Binnenchor umstehen.

Auf der Höhe des Obergadens standen die gemalten Bildnisse der Chortrennmauer unmittelbar neben den Königsfenstern und gegenüber der Anbetung Christi durch die Heiligen Drei Könige mit dem darüber dargestellten Stammbaum Christi.[76] Ähnlich wie an der Stirnseite des Dreikönigenschreines[77] wurde hier der Epiphanie, der Erscheinung des Herrn in der Anbetungsszene, die Parusie Christi, seine Wiederkunft als Weltenherrscher, unmittelbar gegenübergestellt. Die von Herbert Rode vorgeschlagene Interpretation der 48 Königsfiguren im Sinne einer Durchdringung zweier Bildprogramme – einerseits von einem Zyklus jüdischer Könige und andererseits von einem Zyklus der 24 um den Thron Gottes versammelten Ältesten aus der Offenbarung des Johannes (Offb 4,4) – gewinnt, wenn man sie zwischen diesen beiden Polen und in Verbindung mit dem Stammbaum Christi sieht, an Plausibilität.[78] Zugleich erscheint Christus unter all den Königsfiguren, die wie er und das Christuskind in der Anbetungsszene in ihren Händen die Sphaira beziehungsweise den Reichsapfel als Insignie tragen, als König der Könige (Offb 17,14, Offb 19,16). Die Malereien der Chortrennmauer dürften zwar erst später entstanden sein als die Königsfenster, doch wäre es gut denkbar, dass eine entsprechende Darstellung des segnenden Christus als Halbfigur im Chorgewölbe[79] älter gewesen ist, das Thema also bereits früher angelegt war. Mit der großen Fläche, die der Scheitel der Trennwand bot, ergab sich dann einige Jahre später die Möglichkeit, die ältere, äußerst kleine Darstellung des Pantokrators durch ein monumentales Bild des thronenden Christus zu ergänzen. Die von Christian Freigang vor wenigen Jahren im Kölner Domblatt für die Chorschrankenmalereien herausgearbeiteten Erzähl- und Zeitstränge im Programm der Chorschrankenmalereien, die »resolut nach Westen in Gegenwart und Zukunft streben [...] von der Zeit um Christi Geburt in Richtung des Jüngsten Gerichts«,[80] haben einst in der Darstellung des Christus der Parusie im Scheitel der Westwand ihren Ziel- und Endpunkt gefunden. Der Zyklus der Chorschranken und die monumentale Wandmalerei der Trennmauer dürften in ihrer Datierung eng beieinanderliegen,[81] vielleicht sogar zusammen konzipiert worden sein.

Mit der Malerei der Chortrennmauer vergleichbare Bildnisse des thronenden Christus – meist als Majestas Domini umgeben von den Evangelistensymbolen – fanden sich gewöhnlich und weit verbreitet in den Apsiskalotten früherer

76 Vgl. unter anderem: Rode [55], S. 98–140.
77 Vgl. unter anderem: Rolf Lauer: Der Schrein der Heiligen Drei Könige (Meisterwerke des Kölner Domes 9), Köln 2006, S. 18–19.
78 Rode [55], S. 102.
79 Clemen, Dom zu Köln [38], S. 165.
80 Christian Freigang: Architektur und Erzählung in den Chorschrankenmalereien des Kölner Domes, in: KDbl. 86, 2021, S. 78–109, zitierte Stellen S. 106, 109.

Kirchenbauten und sind auch im Rheinland und Köln zahlreich überliefert.[82] Die Auflösung der Wandflächen im gotischen Kirchenbau ließ für solche monumentalen Darstellungen zumeist keinen Platz mehr. Nur als sehr kleines Bildnis fand sich daher im Kölner Dom ein Brustbild des segnenden Christus in einem Vierpass im westlichen Gewölbesegel des Chorschlusses.[83] Erst der Bau der Trennmauer schuf den Platz für eine groß angelegte Wandmalerei, die nicht zuletzt eine Reminiszenz an das anzunehmende, maximal (!) 20 bis 25 Jahre zuvor verschwundene Apsisgemälde des Westchores des Alten Domes gewesen sein mag. Dies könnte auch die – abgesehen von der gotischen Thronbank und der reichen Draperie des Gewandes – eher einem älteren Typus entsprechende Darstellung Christi erklären. Darstellungen des thronenden, segnenden Christus, der anstatt eines Buches eine Sphaira in Händen hält, sind in der weiteren Umgebung Kölns weniger für die Wandmalerei als beispielsweise in der Goldschmiedekunst des 12. und 13. Jahrhunderts belegt.[84]

Wie Arnold Wolff zutreffend bemerkt, war diese ebenso prächtige wie gewaltige Malerei zweifellos das »größte Opfer an künstlerischer und historischer Substanz, das der Kölner Dom der Vollendung seines Innenraums bringen mußte«.[85] Bereits Anfang 1863 war durch »einstimmigen Beschluß des Central-Dombau-Vereins zu Köln [...] der 15. October«, der Geburtstag des am 2. Januar 1861 verstorbenen preußischen Königs Friedrich Wilhelm IV., dem »Schirmherrn des Dombaues«, »für die feierliche Inauguration der Domkirche festgesetzt« worden.[86] Spätestens bis zu diesem Tag musste der Innenraum der Kathedrale fertiggestellt und die Trennmauer vor dem Chor vollständig niedergelegt sein. Nachdem am 3. Juli 1863 als letztes Gewölbe von Lang- und Querhaus das Vierungsgewölbe geschlossen worden war, konnte der Abbruch der Mauer erfolgen; die Arbeiten begannen am 15. Juli und waren am 12. September 1863 abgeschlossen.[87]

81 Zur Datierung siehe unten.

82 Als ältestes Beispiel im weiteren Kölner Umfeld sei an die durch Beschreibungen und Zeichnungen überlieferte Darstellung im Gewölbe des Oktogons des Aachener Münsters genannt, das den thronenden Christus, umgeben von den sich von ihren Thronen erhebenden 24 Ältesten, zeigte, wobei umstritten ist, ob der Christus erst im 12. Jahrhundert eine ältere Darstellung des Lamm Gottes ersetzte. Vgl. Ernst Günther Grimme: Der Dom zu Aachen. Architektur und Ausstattung, Aachen 1994, S. 42–46. – In Köln wären als erhaltene beziehungsweise überlieferte Darstellungen in St. Gereon, St. Kunibert, St. Pantaleon und St. Severin genannt. Vgl. Paul Clemen: Die romanische Monumentalmalerei in den Rheinlanden (Publikationen der Gesellschaft für Rheinische Geschichtskunde 32), Köln 1916, S. 408, 462–463, 566–567, 592–593.

83 Clemen, Dom zu Köln [38], S. 165. – Ein weiteres Christusbild findet sich am Schlussstein des Gewölbes vor der Achskapelle. Vgl. Herbert Rode: Der Salvator am Schlußstein der Dreikönigenkapelle, in: KDbl. 4/5, 1950, S. 15–18.

84 So beispielsweise am Barbarossaleuchter um 1160, am Mettlacher Kreuzreliquiar um 1200, am Marienschrein in Tournai um 1205 oder am Remaclusschrein um 1268. – Deutlich ältere, in ottonische Zeit zurückreichende Darstellungen bei Schramm [66], S. 65–66.

85 Wolff [15], S. 98.

86 Voigtel, 52. Baubericht [51], S. [2].

87 Voigtel, 52. Baubericht [51], S. [3]. – Vgl. hierzu: Schumacher [5], S. 98–101.

Da die »Erhaltung, resp. Ablösung des auf der Ostseite der Abschlußmauer angebrachten Tempera-Gemäldes […], da die Farben unmittelbar auf die Hausteinfläche aufgetragen, nicht thunlich« gewesen sei, ließ Voigtel das gewaltige Wandgemälde durch eine »photographische Aufnahme […], die Anfertigung einer genauen Farbenskizze und die Durchzeichnungen der drei Hauptfiguren« zumindest relativ detailliert dokumentieren.[88] Alle drei genannten Elemente der Dokumentation haben sich im Dombauarchiv erhalten.[89] Die »Farbenskizze« oder eine ihr vorausgehende Zeichnung diente zudem als Grundlage für einen Holzstich, der von Ernst Weyden im Organ für christliche Kunst veröffentlicht wurde.[90]

Die Durchzeichnungen der Malerei im Vergleich zu den weiteren Bildquellen

Durch Publikationen veröffentlicht wurden bisher die Fotografie[91] von Friedrich Raps (Abb. 5), die eher einer aufwendigen Miniaturmalerei gleichende »Farbenskizze«[92] von Weber und Deckers (Abb. 6) sowie der Holzstich[93]. Unveröffentlicht blieben, abgesehen von einer kurzen Erwähnung bei Arnold Wolff,[94] die erwähnten Durchzeichnungen der drei Hauptfiguren (Abb. 8–10, Abb. S. 92), obwohl diese die Konturen des Gemäldes wesentlich detaillierter und genauer wiedergeben als das stark verkleinernde und in vielen Details ungenaue Aquarell oder die in den Details ebenfalls etwas schwammige Fotografie. Dass die Pausen bisher keine Beachtung gefunden haben, liegt ohne Zweifel an den enormen, schwer handhabbaren Formaten (Abb. 7). Die 25 Pausen sind aus insgesamt 57 Blättern Transparentpapier zusammengesetzt.[95] Die Größe der einzelnen Blätter schwankt, die meisten sind aber ungefähr 70 mal 90 cm groß. Gewöhnlich zwei, in zwei Fällen drei und in jeweils einem Fall sogar vier und fünf Blätter sind jeweils zu einer Einheit montiert. Die größte Pause hat somit eine gewaltige Länge von 4,62 m und zeigt nahezu die vollständige Mittelachse der Christusfigur vom Nimbus bis zum Thronschemel.[96]

88 Voigtel, 52. Baubericht [51].
89 Von der Fotografie haben sich in der Fotosammlung des Dombauarchivs zwei Abzüge erhalten, von denen einer (Nr. 41) stark ausgeblichen ist. DBA, Köln, Historische Fotosammlung, A (2), M XL, Nr. 40–41. – Die farbige Aquarellskizze (Nr. 26) und die Pausen (Nr. 1–25) liegen im Planarchiv. DBA, Köln, Planarchiv, M XXXIIIa, Nr. 1–26.
90 Weyden [48], Abb. zwischen S. 168 und 169.
91 Wolff [15], S. 98–99. – Abgebildet wurde der besser erhaltene Abzug A (2), M XL, Nr. 40 (Abb. 5).
92 Hans Peter Hilger: Das mittelalterliche Erscheinungsbild des Kölner Domchores, in: Verschwundenes Inventarium [30], S. 83–92, hier: S. 85, Abb. 100. – Deml [38], S. 54, Abb. 3.
93 Clemen, Monumentalmalereien [38], S. 211, Fig. 224. – Clemen, Dom zu Köln [38], S. 175, Fig. 131.
94 Wolff [53], S. 206, 213, Anm. 73.
95 Hinzu kommt eine auf ein Blatt gezeichnete Dublette. DBA, Köln, Planarchiv, M XXXIIIa, Nr. 8a. Sie zeigt Teile der Hand und des Schlüssels der Petrusfigur.
96 DBA, Köln, Planarchiv, M XXXIIIa, Nr. 6. Nur das obere Ende des Kreuznimbus fehlt.
97 Hier war die Malerei, wie man auf der Fotografie von Friedrich Raps (Abb. 5) erkennen kann, bereits beschädigt.

7 | *Entnahme eines Teils der Pause des Apostels Paulus (DBA, Köln, Planarchiv, M XXXIIIa, Nr. 19) aus dem Planarchiv*

Die Transparentpapiere sind durchgehend stark gebräunt und brüchig geworden. Zumeist weisen sie daher vor allem an den Rändern, Naht- und Faltstellen eine Vielzahl größerer oder kleinerer Ausbrüche und Risse auf. Zu einem unbekannten Zeitpunkt wurden sie auf helles Kartonpapier aufgezogen. Alle Pausen sind mit lasierender schwarzer Tusche und einem Pinsel auf das Pergamentpapier gezeichnet. Flüssig über mehrere Transparentpapiere gezogene Linien und Beschriftungen legen nahe, dass vor der Durchzeichnung jeweils der vollständige Bereich mit Transparentpapier abgedeckt wurde. Neben den Konturen wurden schriftlich die verwendeten Farben festgehalten. Vor allem in den Gesichtern wurden vereinzelt auch sparsame Schattierungen vorgenommen. Deutliche Unterschiede in der Technik, wie sie insbesondere bei einem Vergleich des Gesichts des heiligen Petrus mit den beiden anderen Köpfen auffallen, legen nahe, dass das Abpausen von mindestens zwei Kopisten durchgeführt wurde. Während beim Christuskopf und beim Paulus die Konturen mit kräftigen, sicheren Pinselstrichen gezeichnet wurden und Schattierungen nur mit vereinzelten breiten parallelen Strichen angedeutet wurden, verrät der Petruskopf eine unsicherere Pinselführung. Der Kopist verwendet hier zudem eine Vielzahl sehr dünner, sich teilweise kreuzender Striche, um Schattierungen, aber auch Barthaare festzuhalten.

Abgepaust wurden die vollständige Christusfigur (Abb. 8–9) mit Thronbank und Thronschemel – nur der Nimbus ist im oberen Bereich zu beiden Seiten und im Scheitel beschnitten,[97] ebenso leicht die rechte Seite des Thrones. Das Firma-

8 | *Wandmalerei der Chortrennmauer, montierte Pausen der Christusfigur, Tusche auf Transparentpapier, 1863. Köln, DBA, Planarchiv, M XXXIIIa, Nr. 1–11*

9 | *Freigestellte, ergänzte und entsprechend der Angaben in den Pausen eingefärbte Durchzeichnung der Christusfigur. Köln, DBA, Konstantin Kruse, 2025*

ment mit den Sternen wurde seitlich des Christuskopfes ausschnittsweise dokumentiert. Von den Apostelfiguren (Abb. 10) wurden hingegen nur die Oberkörper bis zum Hüftbereich abgepaust. Seitlich des Paulus wurde auch der Ornamentteppich exemplarisch dokumentiert. Die Unterkörper der Apostelfiguren, die Stifterfigur und die Wappen wurden hingegen nicht durchgezeichnet. Dies dürfte dem enormen Zeitdruck beim Abbruch der Wand geschuldet sein.

Um die Pausen für die Forschung zu erschließen, wurden sie im Sommer 2025 fotografiert und zu drei großformatigen Bildern zusammengesetzt (Abb. 8, 10) sowie die Christusfigur exemplarisch freigestellt, ergänzt und entsprechend der Angaben in den Pausen eingefärbt (Abb. 9). Die an einzelnen Nahtstellen zu beobachtenden Versprünge wurden dabei korrigiert. Zusammen mit einem kleinen Katalog der einzelnen Pausen werden gleichzeitig mit dem Kölner Domblatt die Bilder in hoher Auflösung, die auch eine nähere Betrachtung der Details ermöglicht, auf der Website der Dombauhütte (www.koelner-dombauhuette.de/Wandmalerei-Chortrennmauer) veröffentlicht.

Die zu ihrer Entstehungszeit mit Abstand modernste Form der Dokumentation der Wandmalerei auf der Chortrennmauer war die fotografische Aufnahme, die Richard Voigtel durch den renommierten Kölner Fotografen Friedrich Raps (1822–1876) anfertigen ließ (Abb. 5).[98] Es handelt sich um eine der frühesten Innenraumfotografien des Kölner Domes überhaupt. Arnold Wolff nimmt an, dass es sich bei dieser »technische[n] Sensation« um eine Nachtaufnahme bei künstlichem Licht handeln dürfte, um Überstrahlungen durch die benachbarten Chorobergadenfenster zu vermeiden.[99] Hierfür spricht auch, dass das zentrale Fenster vollständig dunkel erscheint. Da die Aufnahme nur eine leichte Untersicht verrät, muss sie vom gegenüberliegenden Triforium oder eventuell sogar von einem eigens errichteten Gerüst vor dem Achsfenster des Chorobergadens aus aufgenommen worden sein. Sie zeigt als Ausschnitt den oberen Bereich der Trennmauer ohne die benachbarten Gewölbe und Obergadenfenster. Im Scheitel und an den Seiten der Malerei sind Teile des Putzes wohl in Vorbereitung des Abbruchs der Wand bereits abgeschlagen worden oder infolge der Arbeiten am benachbarten Vierungsgewölbe abgefallen. Auf der linken Seite und im Scheitel

98 DBA, Köln, Historische Fotosammlung, A (2), M XL, Nr. 40–41.
99 Wolff [15], S. 98.
100 DBA, Köln, Planarchiv, M XXXIIIa, Nr. 26.
101 Die in einen Rahmen eingeklebte »Farbenskizze« (DBA, Köln, Planarchiv, M XXXIIIa, Nr. 26) hat die Maße 16,1 cm x 19,5 cm, die beiden erhaltenen Fotoabzüge die Maße 16,3 cm x 19,6 cm (DBA, Köln, Historische Fotosammlung A (2), M XL, Nr. 40) und 16,1 cm x 19,6 cm (ebd., Nr. 41). Letzterer Abzug könnte aufgrund der fast exakten Maßübereinstimmung als unmittelbare Vorlage gedient haben. Am unteren Rand ist das Aquarell gegenüber dem Foto um 1 mm beschnitten.
102 Voigtel, 52. Baubericht [51], S. [3].
103 Eintrag zum 15. Juli 1863: *Betr. Die Ablieferung der Farben-Copie des großen Gemäldes in Tempera auf der großen Chorgiebelwand*, DBA, Köln, AB 54, Nr. 692, fol. 20v.

scheint die Wand sogar schon versuchsweise geöffnet worden zu sein. Nahezu der vollständige Bereich der Malereien wurde auf der Fotografie eingefangen – nur im unteren Bereich gibt es seitlich leichte Beschneidungen.

Auch wenn die Fotografie für das authentischere Dokument der Malerei gehalten werden könnte, zeigt sie gegenüber den Pausen gewisse Mängel. Dies betrifft zum einen die leichte Unschärfe des Bildes sowie, stärker noch, die schwierige Ausleuchtung. Insbesondere die Gewandpartien der Figuren sind teilweise sehr dunkel, sodass sich Details schwer erfassen lassen. Ähnlich problematisch sind in dieser Beziehung die zum Teil ähnlichen Helligkeitswerte der verschiedenen Gewandfarben. Details wie die Architektur und Verzierungen des Thrones oder der genauere Verlauf der Gewandfalten sind daher nur bedingt zu erkennen. Beispielsweise sind das Thronkissen und der Mantel Christi nur bei genauer Betrachtung voneinander zu unterscheiden. Andere Bereiche des Bildes, wie die Hintergrundmuster oder die Stifterfigur, wirken überbelichtet und überstrahlt. Das auf dem Aquarell tiefe, leuchtende Blau des Firmaments hinter der Christusfigur erscheint auf der Fotografie äußerst hell. Es stellt sich daher die Frage, ob das Aquarell hier ein falsches Bild tradiert oder ob das verwendete dunkelblaue Pigment der Wandmalerei das Licht besonders stark reflektierte und daher auf der Fotografie fälschlicherweise besonders hell erscheint.

Die an hochwertige mittelalterliche Miniaturmalereien erinnernde, in einen gedruckten Rahmen eingeklebte aquarellierte »Farbenskizze«[100] (Abb. 6) besticht durch ihre leuchtend-brillante Farbigkeit und die Goldhöhungen, die ihr eine besondere Kostbarkeit verleihen – ebenso aber auch durch die für das kleine Format erstaunliche Detailliertheit. Sie geht offensichtlich auf die gleiche Zeichnung zurück wie ein nahezu identischer, im Organ für christliche Kunst veröffentlichter Holzstich. Beide zeigen nicht nur weitgehend identische Linienverläufe, sondern auch dieselben dem kleinen Format geschuldeten Vereinfachungen, aber zudem Fehlinterpretationen. Vorlage der dem Aquarell und dem Stich zugrunde liegenden Zeichnung waren daher gewiss nicht die Pausen, die in diesen Punkten sehr eindeutig sind, sondern das ähnlich unklare Foto von Friedrich Raps. Dies findet in den Maßen des Aquarells Bestätigung; sie entsprechen denen der Fotoabzüge fast auf den Millimeter.[101] Da die Fotografie vor der Einrüstung der Trennwand aufgenommen worden sein muss, wäre anzunehmen, dass auch die Ausarbeitung der aquarellierten »Farbenskizze« bereits begann, bevor die Pausen vorlagen, für deren Erstellung gewiss ein Gerüst notwendig war.

Ein Schreiben des Verlages Weber und Deckers, das am 15. Juli 1863, just an dem Tag, an dem die Abbrucharbeiten der Wand begannen,[102] in der Dombauverwaltung eingegangen ist,[103] belegt, dass das Aquarell zu diesem Zeitpunkt bereits

10 | *Wandmalerei der Chortrennmauer, montierte Zeichnungen der Petrus- und der Paulusfigur. Köln, DBA, Planarchiv, M XXXIIIa, Nr. 12–25*

roth
gelb
gelb
roth
gelb
roth
gelb
roth
gelb

weitgehend fertiggestellt war. Weber und Deckers teilen in dem Schreiben Dombaumeister Richard Voigtel kurz und bündig mit, dass die *farbige, Ausführung des Bildes aus dem Dome beinahe fertig sei und dieselbe bis zu Anfang der nächsten Woche in Ihren Besitz gelangen kann.*[104] Die Pausen dürften hingegen erst nach der Einrüstung der Wand und somit in den Tagen unmittelbar vor Beginn des Abbruchs entstanden sein.

Zwischen der »Farbenskizze« und den Pausen bestehen eine ganze Reihe von Abweichungen, die im Folgenden kurz benannt werden sollen. Grundsätzlich ist die Skizze aufgrund ihres deutlich kleineren Formats in den Formen wesentlich reduzierter als die originalgroßen Pausen. Besonders deutlich wird dies etwa bei der starken Vereinfachung der in den Pausen äußerst detailliert wiedergegebenen Architektur des Thrones Christi, bei den mit Edelsteinen besetzten Gewandborten der drei dargestellten Figuren oder beim Nimbus Christi. Die untere Gewandborte Christi fehlt etwa auf dem Aquarell vollständig, ebenso die Maßwerkfenster auf den Seitenlehnen des Thrones. Auch die Gewänder sind vereinfacht dargestellt worden. Geradezu falsch interpretiert wurde das Gewand der Christusfigur. Hier wird die in den Pausen deutlich erkennbare Unterscheidung zwischen Throndecke, darauf liegendem Thronkissen und Mantel Christi in der »Farbenskizze« so verunklärt, dass es bereits Clemen bemängelte: »Der Sitz selbst war noch einmal etwas unverständlich durch Kissen und Decken verhüllt«. Die Decke könnte man auf der Skizze als Teil des Gewandes interpretieren, das nach der Beschriftung der Pausen einst golden gemusterte Kissen wird auf dem Aquarell gänzlich vom Rot des Mantels absorbiert.

Auch in der Farbigkeit gibt es Unterschiede zwischen der »Farbenskizze« und den Pausen, so war die gestreifte Throndecke nach den Durchzeichnungen im Wesentlichen in den Farben Weiß, Grün und Grau gehalten. Neben der rotgelben Fransenborte gab es nur einen relativ weit unten liegenden rot gemusterten Streifen. Die Skizze gibt die Decke hingegen weiß-blau gestreift mit mehreren roten Streifen wieder. Das an den Ärmeln sichtbare Innenfutter des Untergewandes Christi war laut der Pausen grün, auf dem Aquarell wird es weiß dargestellt. Die nach den Pausen weißen Seiten des Thronschemels und dessen rote Basis werden dort einheitlich braun dargestellt. Das laut den Pausen gelbe Untergewand des heiligen Petrus ist in der »Farbenskizze« grün. Entsprechend der Pause waren auch nur der Kreuzstab und der Schlüsselbart golden, der Schlüsselschaft des heiligen Petrus – anders als in der Skizze – war hingegen gelb. Paulus trägt auf dem Aquarell ein blaues, statt ein grünes Untergewand, wie es in den Pausen benannt wird.

Den Durchzeichnungen dürfte bei den geschilderten Unterschieden wohl die höhere Authentizität zukommen, wurden sie doch unmittelbar von den

Wandmalereien übertragen. Das Aquarell hat in dieser Hinsicht weniger die Funktion einer exakten Dokumentation als vielmehr einer aufwendig gestalteten Miniaturmalerei als kostbares Erinnerungsstück an die der Domvollendung geopferte Wandmalerei.

Restaurierungsgeschichte der Malerei

Auch wenn sie sich gegenseitig ergänzen, geben die Pausen die Wandmalerei korrekter und detaillierter wieder als die aquarellierte »Farbenskizze« und die Fotografie. Alle drei Bilddokumente überliefern allerdings nicht die mittelalterliche Wandmalerei, sondern »nur« deren letzten Zustand. Dieser war wesentlich durch eine umfassende Restaurierung des Malers August Gustav Lasinsky (1811–1870)[105] geprägt, der das Wandgemälde in den Jahren 1841 bis 1842 »in würdiger Weise [...] renoviert« hat.[106] Seine auf den Pausen überlieferte Signatur befand sich unterhalb des Thronschemels der Christusfigur.

1811 in Koblenz geboren, hatte Lasinsky nach erstem Unterricht bei seinem älteren Bruder Adolf und dem Koblenzer Maler Simon Meister an der von Friedrich Wilhelm von Schadow geleiteten Düsseldorfer Akademie Malerei studiert. Nach Abschluss seiner Ausbildung wechselte er 1838 als Schüler zu Philipp Veit (1793–1877)[107] an das Städelsche Kunstinstitut in Frankfurt am Main, wo er am Entstehen der neuen Kaiserbildnisse im Kaisersaal des Frankfurter Römers beteiligt war.[108] Lasinsky malte hier das Bildnis Rudolf von Habsburgs. 1841 war der 29-Jährige nach mehreren Zwischenstationen gerade in seine Heimatstadt Koblenz zurückgekehrt. Zunächst vor allem als Maler von Ölgemälden tätig, dürfte er spätestens in seiner Zeit bei Philipp Veit auch Erfahrungen auf dem Gebiet der Wandmalerei gesammelt haben.[109] Nach der Restaurierung der mittelalterlichen Temperamalerei auf der Chortrennmauer des Domes wurde König Friedrich Wilhelm IV. auf ihn aufmerksam, der ihn 1842 mit der Herstellung von Wandge-

104 Schreiben Weber und Deckers an Richard Voigtel, DBA, Köln, Litt. X, Vol. II, Nr. 179, fol. 234.

105 Zu Lasinsky vgl. unter anderem: Friedrich von Boetticher: Malerwerke des neunzehnten Jahrhunderts. Beitrag zur Kunstgeschichte, Bd. 1,2, Nachdruck d. Ausg. 1891, Hofheim 1979, S. 847–848. – Annette Wohlgemuth: Lasinsky, Gustav, in: Lexikon der Düsseldorfer Malerschule, Bd. 2, München 1998, S. 312–313. – Norbert Suhr: »... das farbenprangende Gewand der Kirche« – Der Kreis um Philipp Veit in Mainz, in: Die Nazarener – Vom Tiber an den Rhein. Drei Malerschulen des 19. Jahrhunderts, bearb. von Norbert Suhr, Nico Kirchberger, Ausstellungskatalog Mainz, Regensburg 2012, S. 34–45, hier: S. 42–43. – Katalog, in: ebd., S. 113–235, hier: Kat.-Nr. III.9–III.16, S. 149–155. – A[nnette] Wohlgemuth: Lasinsky, Gustav, in: Allgemeines Künstlerlexikon. Die Bildenden Künstler aller Zeiten und Völker, hg. von Andreas Beyer, Bénédicte Savoy, Wolf Tegethoff, Bd. 83, Berlin, Boston 2014, S. 238.

106 Zwirner, Vergangenheit und Zukunft [38], S. [3].

107 Zu Philipp Veit vgl. Kay Ehling: Philipp Veit. Ein katholischer Mendelssohn und nazarenischer Maler, Freiburg im Breisgau, Basel, Wien 2024.

108 Ehling [107], S. 135–152; zu Lasinskys Anteil S. 137, 151.

109 Wenige Jahre vor der Ankunft Lasinskys waren Veits Wandgemälde für das Städelsche Institut entstanden. Vgl. Ehling [107], S. 106–117.

11 | *August Gustav Lasinsky, Entwurf für die Chorwand von St. Gangolf in Trier, Jüngstes Gericht mit den heiligen Sebastian und Gangolf, aquarellierte Bleistiftzeichnung, um 1849. Mainz, Direktion Landesmuseum, Graphische Sammlung, Inv.-Nr. GS 0/1892*

mälden an der Außenwand von Schloss Stolzenfels beauftragte.[110] Für den 1844 unter dem Einfluss August Reichenspergers zum Katholizismus konvertierten Maler folgten vor allem ab Mitte der 1840er-Jahre zahlreiche größere Aufträge für Kirchenbauten im Rheinland (Abb. 11–12).[111] Das Thema des thronenden Christus sollte ihn während seiner gesamten Schaffenszeit immer wieder begleiten. Dabei griff er neben allgemein verbreiteten Elementen wie Kreuznimbus und Segensgestus durchaus auch einzelne Motive des Wandgemäldes im Dom auf, so etwa das bestirnte Firmament,[112] den geschnitzten gotischen Thron,[113] das Thronkissen[114] oder die Sphaira[115]. Vor allem in der Gewandung, aber auch in Frisuren und Barttracht sprechen seine eigenständigen Werke jedoch eine gänzlich andere, nazarenisch geprägte Stilsprache als die Malereien der Chortrennmauer. Die Gesichter und hier insbesondere die Augen weisen hingegen teilweise eine gewisse Verwandtschaft auf (Abb. 12).

Im Unterschied zu den gemalten Engeln über den Arkadenbögen des Binnenchores waren die Malereien auf der Chortrennmauer im 18. Jahrhundert nicht vollständig übertüncht worden, sondern zumindest teilweise sichtbar geblieben – ebenso das erst nach dem Zweiten Weltkrieg entfernte Bild des segnenden Christus[116] im östlichen Chorgewölbe. Beide Malereien sollten im Rahmen der 1841 begonnenen Restaurierung des Binnenchores wiederhergestellt werden. Offenbar hatte sich Dombaumeister Ernst Friedrich Zwirner hierzu zunächst

110 Vgl. Irene Haberland: Koblenz, Schloss Stolzenfels, in: Reisewege zu den Nazarenern in Rheinland-Pfalz, bearb. von Norbert Suhr, Nico Kirchberger, Regensburg 2012, S. 50–54, hier: S. 50–53. – Karen Keller: Zwei Wandgemälde von August Gustav Lasinsky auf Schloss Stolzenfels. Befunde und Restaurierung, in: Stolzenfels. Ein preußisches Königsschloss am Rhein. Forschung, Instandsetzung und Restaurierung (Denkmalpflege in Rheinland-Pfalz. Aus Forschung und Praxis 4), Petersberg 2020, S. 133–141.

111 Zu nennen wären etwa die Ausmalung der Chorwände in der Kapelle am Petrisberg in Trier 1845/46, der Chorwand von St. Gangolf in Trier 1849–1851, die Ausmalung des Chores der Kirche St. Martin in Mainz-Finthen 1854–1856, die Altarbilder der Kirche St. Joseph in Alzey 1867, die Ausmalung des Chores der Kirche St. Kilian und Elisabeth in Kostheim 1868 sowie seine Beteiligung an der Ausmalung des Mainzer Domes unter Leitung von Philipp Veit. Vgl. Reisewege [110], S. 67–71, 74–75, 81–82, 86–87. – Katalog [105], Kat.-Nr. 9–16, S. 149–155.

112 So in St. Gangolf in Trier. Vgl. Reisewege [110], S. 67–69. – Katalog [105], Kat.-Nr. 12–13, S. 150–151, Abb. 152–153.

113 Dieser findet sich nur in der Aquarellskizze für die Ausmalung von St. Gangolf in Trier, Mainz, Graphische Sammlung, Inv.-Nr. GS 0/1892. – Katalog [105], Kat.-Nr. 13, S. 151, Abb. S. 153. In der ausgeführten Version thront Christus auf einer rosa Wolke, die im oberen Bereich eine an das Thronkissen erinnernde Form hat. Auffällig ist, dass in der Aquarellskizze auch die Barttracht Christus noch eine gewisse Verwandtschaft zum Christus im Dom hat, welche die ausgeführte Figur nicht aufweist.

114 In der ursprünglichen Planung für St. Gangolf in Trier (vgl. Anm. [113]) und in St. Kilian und Elisabeth in Kostheim. Vgl. Katalog [105], Kat.-Nr. 16, S. 155, Abb. S. 156.

115 In St. Kilian und Elisabeth in Kostheim. Hier allerdings zwar viergeteilt, aber nicht scheibenförmig, sondern als Kugel mit bekrönendem Kreuz. Vgl. Katalog [105], Kat.-Nr. 16, S. 155, Abb. S. 156.

116 Clemen, Dom zu Köln [38], S. 165, Fig. 135. – Im Zuge der Wiederherstellungsarbeiten nach dem Krieg wurde der Gewölbeputz abgeschlagen und erneuert. Vgl. W[illy] Weyres: Die Instandsetzung des Domes nach dem Krieg, in: KDbl. 2/3, 1949, S. 36–41, hier: S. 37.

12 | *August Gustav Lasinsky, Wandmalerei in St. Gangolf in Trier, Detail: heiliger Gangolf*

an den Düsseldorfer Landschaftsmaler Andreas Achenbach (1815–1910)[117] gewandt, der am Montag, den 16. August 1841, auch schriftlich seine Bereitschaft bekundete, unmittelbar mit der Herstellung des *Salvator* im Chorgewölbe zu beginnen.[118] Diesen Auftrag scheint er ehrenamtlich übernommen zu haben,[119] wofür er vierzig Jahre später, im Dezember 1881, vom Zentral-Dombau-Verein die bronzene Gedenkmünze zur Feier der Domvollendung erhielt.[120] Allerdings scheint Achenbach die Restaurierung nicht zu Ende geführt zu haben, da sich Zwirner nur wenige Tage später, am Samstag, den 21. August 1841, über August Reichensperger (1808–1895)[121] an den zu dieser Zeit in Koblenz lebenden Maler August Gustav Lasinsky wandte, um nun diesen für die *Renovation* der Malereien im Chor zu werben.[122] Reichensperger scheint sich unmittelbar mit Lasinsky getroffen zu haben und konnte Zwirner bereits zwei Tage später eine Zusage seines Freundes übermitteln: *Da derselbe das Höchste Interesse am Dome nimmt, so trug er keinen Augenblick Bedenken, auf den von Ihnen gemachten Vorschlag einzugehen; er gab mir vielmehr den Auftrag Ihnen zu melden, daß er in der zweyten Hälfte dieser Woche bey Ihnen eintreffen werde, um nach Kräften das herrliche Werk fördern zu helfen. In Betreff Remuneration für seine Arbeit erklärte er, daß er gewißlich keine großen Ansprüche machen werde, da es zugleich sein Stolz sey, etwas dazu beizutragen, daß so bedeutungsvolle Schöpfungen dem Verderben entrissen werden. Ich zweifle nicht daran, daß L[asinsky] seine Aufgabe ehrenvoll lösen wird. Nur auf das Vergolden verstehe er sich nicht, trug er mir noch auf Ihnen zu melden, weshalb er für vorkommenden Falles um die Beiordnung eines Vergolders bitten müsse.*[123]

Wie aus einem Schreiben Zwirners an seinen Vorgesetzten, den Königlichen Regierungs- und Baurat Johann August Frank (1779–1867) in Koblenz, vom 2. November 1841 hervorgeht, begann Lasinsky seine Arbeit bereits in der auf das Gespräch mit Reichensperger folgenden Woche am 25. August.[124] Die noch am 1. September auf vier bis fünf Monate geschätzte Arbeitszeit für die Erneuerung der Malereien[125] erwies sich jedoch als zu kurz bemessen. Erst am 2. Mai 1842 konnte Dombaumeister Zwirner Baurat Frank mitteilen, dass die Arbeiten Lasinskys an den Wandgemälden abgeschlossen seien.[126] Während des Winters mussten sie wegen der Kälte allerdings auch längere Zeit pausieren.[127]

Die Gründe für die Verzögerung der Arbeiten, die Zwirner in seinem Schreiben vom 2. November 1841 an Regierungs- und Baurat Frank nennt, sind für die Restaurierungsgeschichte der Malereien aufschlussreich: *Bei näherer Untersuchung hat sich nämlich herausgestellt, daß der Mauerputz unter diesen Gemälden theilweise ganz lose saß, und daher stellenweise erneuert werden mußte; andererseits fand sich, daß die alten Bilder bei der im Jahre 1742*[128] *vorgenommenen Renovation auf eine sehr mangelhafte Weise übermalt worden waren, und als man mit dem Abwaschen begonnen sich die primitiven* [ursprünglichen] *Gemälde von besserer Hand vorfanden, so daß es keineswegs bloße Decorationsmalerei war, wie man es auf den*

117 Zu Achenbach vgl. Helmut Börsch-Supan, Martina Sitt: Achenbach, Andreas, in: Düsseldorfer Malerschule [105], Bd. 1, München 1997, S. 40–47. – B. Ponten: Achenbach, Andreas, in: Allgemeines Künstlerlexikon [105], Bd. 1, München, Leipzig 1992, S. 220–221.

118 Schreiben Andreas Achenbach an Ernst Friedrich Zwirner vom 16. August 1841, DBA, Köln, Litt. X, Vol. I, fol. 43r.

119 Mit großem zeitlichen Abstand berichtet etwa August Reichensperger: »Auf dem Gewölbe des Chores oberhalb des Hochaltares waren die Spuren eines von einem Dreipaß umrahmten segnenden Christus in halber Figur sichtbar. Es fand sich gerade in Köln keine geeignete Person bereit, die Herstellung dieses Bildes zu übernehmen. Die Kunde davon kam nach Düsseldorf, und sofort entschloß sich kein Geringerer als der Marinemaler Andreas Achenbach, die Arbeit zu übernehmen, die er alsbald, in schwindlicher Höhe auf dem Rücken liegend bestens ausführte, ohne irgend eine Vergütung dafür anzunehmen.« August Reichensperger: Zur neuern Geschichte des Dombaues in Köln, Köln 1881, S. 14.

120 Pfälzischer Kurier, Nr. 6, 2. Ausgabe, vom 7. Januar 1882, S. [2].

121 Vgl. zu August Reichensperger und sein Wirken für den Kölner Dom: Rolf Lauer: »... der Traum meiner Jugend«. August Reichensperger und der Kölner Dom, in: August Reichensperger. Koblenz – Köln – Europa, Ausstellungskatalog, Koblenz 2005, S. 10–19.

122 Der Brief hat sich im Dombauarchiv nicht erhalten, Datum und Inhalt gehen aber aus dem Antwortschreiben Reichenspergers vom 23. August 1841 hervor. Schreiben August Reichensperger an Ernst Friedrich Zwirner vom 23. August 1841, DBA, Köln, Litt. X, Vol. I, Nr. 29, fol. 44r–44v. – Da Lasinsky in seiner Zwischenabrechnung am 30. Oktober 1841 unwidersprochen auch die Wiederherstellung des Christus im Chorgewölbe berechnete, muss sich der Auftrag sowohl auf die Wand- als auch auf die Gewölbemalerei bezogen haben. Rechnung August Gustav Lasinsky vom 30. Oktober 1841, DBA, Köln, Litt. X, Vol. I, Nr. 32, fol. 47r.

123 Schreiben Reichenspergers vom 23. August 1841 [122].

124 Schreiben Ernst Friedrich Zwirner an Johann August Frank vom 2. November 1841, DBA, Köln, Litt. A, Vol. VI, o. Pag. – Zitiert bei Schumacher [5], S. 51.

125 Schreiben Ernst Friedrich Zwirner an Johann August Frank vom 1. September 1841, DBA, Köln, Litt. A, Vol. VI, o. Pag.

126 Schreiben Ernst Friedrich Zwirner an Johann August Frank vom 2. Mai 1842, DBA, Köln, Litt. A, Vol. VI, o. Pag.

127 So schreibt Zwirner am 30. November 1841 an Regierungs- und Baurat Frank: Derselbe [Lasinsky] *ist mit der Giebel-Wand bis auf den knieenden Bischof fertig; kann diesen aber erst im Frühjahr vollenden weil jetzt bei der schlechten Witterung die Farben nicht mehr trocknen.* Schreiben Ernst Friedrich Zwirner an Johann August Frank vom 30. November 1841, DBA, Köln, Litt. A, Vol. VI, o. Pag.

128 Worauf die von Zwirner genannte Jahreszahl beruht, ist unklar, eher wäre mit einer Übermalung im Rahmen der Chorsanierung 1767/70 zu rechnen. – Vgl. hierzu: Renate Kroos: Liturgische Quellen zum Kölner Domchor, in: KDbl. 44/45, 1979/80, S. 35–202, hier: S. 78–79.

ersten Anblick unterstellt hatte. Auch fanden sich unter der Kalktünche noch ausgedehntere Bilder.[129]

Dass die Malereien der Chortrennmauer im 18. Jahrhundert teilweise überputzt worden waren, geht auch aus einem Schreiben Lasinskys vom 7. Juli 1842 an Dombaumeister Zwirner hervor.[130] Er sendet ihm hier eine ausführliche Schilderung der Malereien, die dieser gekürzt in seinem Dombaubericht verwertet hat.[131] Konkret nennt Lasinsky hier den bischöflichen Stifter und dessen Wappen unterhalb der Petrusfigur, welche man *unter der Tünche wieder aufgefunden habe – natürlich in sehr verletztem Zustand – wurde aber doch wieder herausgefunden u[nd] so ists auch gelungen denselben mit den vorgefundenen Wappenschilden wiederherzustellen.*[132] Nach seinem Bericht fand Lasinsky ein großes Wappenschild vor, das er aufgrund der Wappenähnlichkeit Kurtriers und des Hochstifts Paderborn fälschlich als Wappen des Trierer Erzbischofs Kuno II. von Falkenstein (amt. 1362–1388), der 1366 vom Kölner Domkapitel zum Koadjutor des Erzbistums Köln berufen worden war, interpretierte. Paul Clemen konnte es mit guten Argumenten als Wappen des Erzbischofs Hermann IV. von Hessen identifizieren, der ab 1498 zugleich Bischof von Paderborn war.[133] Das große gevierte Wappenschild zeigte als Wappenvereinigung in Feld 1 und 4 das Kurkölnische Wappen, ein schwarzes Kreuz auf silbernem Grund, und in Feld 2 und 3 das Wappen des Hochstifts Paderborn, ein rotes Kreuz auf silbernem Grund. In der Mitte des Wappens war das ebenfalls gevierte Wappenschild des Stifters dargestellt. Es zeigte nach der Beschreibung Lasinskys in Feld 1 und 4 *einen rothen Löwen in blauem Felde* – eventuell mit *weiße[n] Balken.*[134] Die »Farbenskizze« von 1863 zeigt in den entsprechenden Feldern des Wappens im Gegensatz zu Lasinskys Beschreibung einen links stehenden, goldenen, steigenden Löwen vor rotem Grund, wobei offenbleiben muss, ob bereits Lasinsky bei der Restaurierung der Malereien

129 Schreiben Zwirners vom 2. November 1841 [124]. – Schumacher [5], S. 51.

130 Schreiben August Gustav Lasinsky an Ernst Friedrich Zwirner vom 7. Juli 1842, DBA, Köln, Litt. X, Vol. I, fol. 85r–86v.

131 Zwirner, Vergangenheit und Zukunft [38], S. [3].

132 Schreiben Lasinskys vom 7. Juli 1842 [130].

133 Clemen, Monumentalmalereien [38], S. 211. – Ihm war allerdings die Beschreibung Lasinskys nicht bekannt, aus der die ursprünglichen Farben des Wappens hervorgehen, die seine These weiter stützen.

134 Schreiben Lasinskys vom 7. Juli 1842 [130]. Er sah ihn fälschlich als *Falckensteiner Löwe* an. Das Falkensteiner Wappen zeigt allerdings ein silbernes Rad in blauem Schild. Nicht eindeutig ist seine Formulierung zum Löwen der […] *drei weiße Balken haben muss (welche das Wappen durchziehen)*. Es geht aus der Formulierung hier nicht ganz klar hervor, ob er in dem von ihm aufgedeckten Befund die weißen Balken noch zu erkennen glaubte oder ob er sich darüber verwunderte, dass sie fehlten.

135 Aus der Schwarz-Weiß-Fotografie (Abb. 5) lässt sich hier nichts ableiten.

136 Rode [55], Nr. 51,2a, S. 201. – Beide Wappen finden sich im Fenster zusammen mit den Wappen von Kurköln und dem Hochstift Paderborn sowie weiteren Wappen auch im großen Wappen neben der Stifterfigur des Fensters, ebd., Nr. 51, 3a–5a, S. 202–203. – Zur Darstellung auf den Chorschranken vgl. Herbert Rode: Die Chorschrankenmalereien des Kölner Domes als Abbild des Sacrum Imperium, in: KDbl. 6/7, 1952, S. 20–38, hier: S. 23.

13 | *Köln, Dom, Chorschranken, Konstantinschranke, Bischofsreihe unter Feld 5, Darstellung des Erzbischofs Hermann IV. von Hessen, um 1500*

1841/42 den von ihm selbst beschriebenen Befund verfälschte oder ob das auch sonst in der Farbwahl nicht immer zuverlässige Aquarell die Malerei auch in diesem Punkt falsch wiedergibt.[135] In Feld 2 und 3 fand Lasinsky ein *gelb u*[nd] *schwarz – gleich getheilte*[s] Wappen vor, das Paul Clemen als Wappen der »Grafschaft Ziegenhain bzw. Nidda« identifiziert – unter der Annahme, dass die im oberen Feld stehenden zwei silbernen Sterne (oder ein Stern) bei der Freilegung von Lasinsky nicht mehr vorgefunden oder nicht erkannt und daher bei der Restaurierung weggelassen wurden. Ein nahezu identisches Allianzwappen findet sich auch im von Hermann IV. von Hessen gestifteten, um 1508 entstandenen typologischen Dreikönigenfenster (n XXIV) als Wappen von Hessen, ebenso auch auf dem Pallium in seiner Darstellung im Bischofszyklus der Chorschranken (Abb. 13).[136] Die eine formale Ähnlichkeit zu den Wappenschilden der Stadt Köln im typologischen Geburt-Christi-Fenster von 1507 aufweisende Helmzier des Wappenschildes zeigte nach der Restaurierung die Wappen Kurkölns und der Stadt Köln – in seiner Beschreibung äußert sich Lasinsky hierzu nicht. Inwieweit auch diese auf einen Befund zurückgehen, bleibt daher offen. Zumindest die Darstellung des städtischen Wappens in der Helmzier des erzbischöflichen Wappens erscheint doch eher ungewöhnlich.

Während das Wappen neben der Stifterfigur somit weitgehend auf mittelalterlichem Befund beruhte, scheinen die gegenüberliegenden Wappen unter der Paulusfigur, von denen offenbar nur noch Farbreste erhalten waren, eigenständige Neuerfindungen Lasinskys zu sein. So schreibt er selbst in seinem Bericht: *um nun diesem vorgefundenen* [Wappen] *der Richtigkeit halber und nach den ebenfalls vorgefundenen Farbenspuren einen Gegensatz am Sockel* [des] *Paulus zu geben –*

so wählte man die Wappen der drei geistlichen und 4 weltlichen Churfürsten nebst dem nachmaligen Stiftswappen worunter neuerdings[137] *das Wappen unsers hochverehrten Königs* [und] *Großherzog der Rheinlande sich dazugesellen mußte als dem jetzigen Wiederhersteller u*[nd] *Protector des Doms u*[nd] *dessen Ausschmückung.*[138]

Tatsächlich zeigte nach der Restaurierung durch Lasinsky das dem Fenster benachbarte große Wappenschild seitlich unter dem Sockel des Paulus eine dem gegenüberliegenden Wappen sehr ähnliche Wappenvereinigung von Kurköln und Kurtrier mit schwarzem und rotem Kreuz auf silbernem Grund. In dessen Mitte ist hier das Wappen von Kurmainz zu sehen, ein silbernes Rad auf rotem Grund. Das dem Obergaden benachbarte Wappen setzte sich aus den vier Wappen der weltlichen Kurfürsten zusammen: Kursachsen (gekreuzte blaue Schwerter), Brandenburg (roter Adler), Böhmen (silberner, rechts stehender Löwe auf rotem Grund) und Kurpfalz (goldener, links stehender Löwe auf schwarzem Grund). Das Wappen auf der Helmzier zeigte – sofern die Darstellung auf der aquarellierten »Farbenskizze« korrekt ist – einen weiteren roten Adler. Clemen nimmt wohl zu Recht an, dass hier eher der Reichsadler gestanden haben müsste.[139] Die Anregung für die Idee, unter der Paulusfigur die Wappen der sieben Kurfürsten als Symbole des von den Romantikern verklärten Heiligen Römischen Reiches anzubringen, dürfte Lasinsky von der in der Mitte der 1830er-Jahre für das Städelsche Kunstinstitut geschaffenen Figur der Germania seines Lehrers Philipp Veit erhalten haben, die ihm als ehemaligen Schüler des Instituts gewiss eng vertraut war.[140] Hier sind die sieben Wappen am Sockel unter der weiblichen Personifikation angebracht. Das Wappen des Heiligen Römischen Reiches hält Germania, deren Umrisslinien in etwa denen der Grenzen des Deutschen Bundes entsprechen, als Schild. Auf ihrem Schoß liegt das gebänderte Reichsschwert. Im Hintergrund der Darstellung und über den Wappen der geistlichen Kurfürsten ist als Symbol der geistlichen Macht und der kulturellen und religiösen Blüte des Reiches der unvollendete Kölner Dom zu sehen. Die oben beobachtete Betonung weltlicher und geistlicher Macht in den Darstellungen der Apostelfürsten wird

137 Eine vor der Ergänzung dieses Bereichs der Malerei von Lasinsky erstellte Bleistiftskizze (Abb. 15) zeigte hier noch das Kölner Wappen, was auf eine Planänderung schließen lässt. In diesem Sinne ist wahrscheinlich die Formulierung *neuerdings* zu verstehen. Zur Bleistiftskizze siehe unten.

138 Schreiben Lasinskys vom 7. Juli 1842 [130].

139 Clemen, Monumentalmalereien [38], S. 211.

140 Das 1834–1836 entstandene Werk ist Teil eines auf Leinwand übertragenen dreiteiligen Freskos, das die Einführung der Künste durch das Christentum zum Thema hat. Das Mittelbild stellt eine allegorische Darstellung der vom heiligen Bonifatius nach Deutschland gebrachten christlichen Religion dar, die von den Künsten umgeben ist. Sie wird flankiert von den Personifikationen der Germania und der Italia. Städel Museum, Inv.-Nr. 1116. Vgl. Ehling [107], S. 112–116.

141 Haberland [110], S. 51–52. – Keller [110], S. 134.

142 Vgl. [53].

143 Eher unwahrscheinlich, wenn auch nicht ganz auszuschließen, wäre es, dass die Aquarelle aus Gründen der Vereinfachung den Hintergrund der Malerei weggelassen haben.

durch die Hinzufügung der Wappen der geistlichen und weltlichen Kurfürsten von Lasinsky noch weiter betont.

Die drei Wappen unter dem heiligen Paulus beziehen sich nach Aussage Lasinskys auf König Friedrich Wilhelm IV. und sind wohl als Wappen des Königreichs Preußen (Adler mit Königskrone), Hohenzollernsches Hauswappen (schwarz-silbern geteilter Schild) und Wappen Pommerns (roter Greif auf blauem Grund) zu deuten. Sie dürften gleichermaßen für das »Protektorat« des Königs über den Kölner Dom stehen, wie vielleicht auch für eine ersehnte Erneuerung des Reiches unter den Preußenkönigen. Durch die Hinzufügung der Wappen der Kurfürsten und des preußischen Königs wird die von Lasinsky überarbeitete mittelalterliche Wandmalerei auf einer zweiten, assoziativen Ebene auch zu einem romantisierenden Symbolbild des Heiligen Römischen Reiches und seiner ersehnten Erneuerung. Mag sein, dass sich der preußische König durch die Umgestaltung der Wappenzone unter der Paulusfigur geschmeichelt fühlte. Jedenfalls erhielt Lasinsky unmittelbar nach seiner Arbeit im Dom 1842 die Gelegenheit, im Auftrag Friedrich Wilhelms IV. an der inneren Tordurchfahrt des Schlosses in Stolzenfels eine vergleichbare Wappenkonstellation zu malen.[141] Das Gemälde zeigt zwischen einem preußischen und einem bayerischen Banner tragenden Ritter die mit prächtiger Helmzier ausgestatteten Allianzwappen von König Friedrich Wilhelm IV. und seiner Gemahlin Elisabeth von Bayern, dazwischen den Brandenburgischen roten Adler auf silbernem Grund. Hinter den Rittern erscheinen Veduten von Trier und Köln, letzteres mit dem unvollendeten Dom, darunter die Wappen Kurtriers und Kurkölns.

Dass neben der Wappen- und Stifterzone weitere Flächen des Wandgemäldes im 18. Jahrhundert zugedeckt worden waren, legen zwei Aquarelle aus der Sammlung Johann Peter Weyers nahe, die zumindest einen kleinen Bereich vor der Restaurierung dokumentieren.[142] Das eine zeigt einen Blick in den nördlichen Chorumgang, das andere einen Blick vom Chorumgang über die südlichen Chorschranken in den Binnenchor (Abb. 14). Auf beiden Bildern ist im Hintergrund ein kleiner Teil der Trennmauer mit der Darstellung des Apostels Paulus zu sehen. Neben der Wappenzone fehlt auch der ornamentale Hintergrund der Malereien – stattdessen wird hier eine Quaderung des Mauerwerks angedeutet, die allerdings nicht dem von Voigtel beschriebenen und auf der Fotografie ansatzweise sichtbaren Tuffsteinmauerwerk entspricht. Wahrscheinlich hatte man im 18. Jahrhundert die Malereien bis auf die drei Hauptfiguren zugedeckt.[143] Alternativ wäre es auch nicht ganz auszuschließen, dass erst Lasinsky den ornamentalen Hintergrund hinzugefügt hat.

Der oben zitierte Bericht Zwirners an den Regierungs- und Baurat Frank, dass die Malereien im 18. Jahrhundert großflächig übermalt waren und dass sich

14 | *Thomas Cranz, Adolph Wegelin, Blick vom Chorumgang über die südlichen Chorschranken in den Binnenchor, Aquarell aus der Sammlung von Johann Peter Weyer, aus: Kölner Alterthümer, Band 16, Blatt 19, Detail: Trennmauer mit heiligem Paulus*

bei der Restaurierung *ausgedehntere Bilder* von *besserer Hand*[144] vorfanden, deutet aber doch stark darauf hin, dass Lasinsky sie nach Befund wiederherstellte. Auch stand der Künstler unter enormem Zeitdruck, da Zwirner die Baugerüste im Chor angesichts des näher rückenden Termins für die Grundsteinlegung zur Domvollendung am 4. September 1842 so schnell wie möglich wieder abbauen wollte.[145] So klagt auch Lasinsky gegenüber Zwirner über die daraus resultierende körperliche Belastung: *Jeder der mit dieser Arbeit etwas vertraut ist – würde mindestens ein halbes Jahr sich dazu bedingt haben – u*[nd] *ich kann Sie versichern daß mir Abends – Arm u*[nd] *Beine lahm waren – denn ich habe hier mehr gearbeitet als ich sollte* [...].[146] Vor diesem Hintergrund wäre es kaum vorstellbar, dass Lasinsky die Hintergründe der Malerei ohne Befund erstellt und damit seine Arbeit ohne Not wesentlich vergrößert hätte. Auch Zwirner hätte dies aufgrund der drängenden Zeit wohl kaum gestattet.

Ein Blick auf die Figur des heiligen Paulus, wie sie die Aquarelle bei Weyer zeigen, könnte vage darauf hindeuten, dass sich auch dessen Gestalt während der Restaurierungsarbeiten verändert haben könnte – sei es, dass Lasinsky verändernd eingriff, sei es, dass er eine ältere Fassung freilegte und wiederherstellte.[147] Allerdings gibt das Aquarell die Figur nur sehr grob und aus der Ferne wieder, weshalb sie im Detail wohl nur wenig zuverlässig ist.

Aufschlussreich ist in dieser Beziehung auch eine von Lasinsky am 31. Oktober 1841 an Dombaumeister Zwirner versandte Bleistiftpause (Abb. 15).[148] Sie basierte offenbar auf einer Zeichnung des Malers, die auch als Grundlage für einen etwas grob umgesetzten Holzstich im Deutschen Volks-Kalender von 1843 diente.[149] Als die Pause entstand, waren Petrus und Christus bereits wiederhergestellt, und der Maler dürfte bereits mit der Arbeit am Paulus begonnen haben.[150] Die Restaurierung des Stifters und der Wappenschilde stand hingegen noch aus.[151] So zeigt die Zeichnung noch eine etwas anders gestaltete Wappenzone: Anstelle der Wappen Friedrich Wilhelms IV. befindet sich unter dem Paulus ein Wappen der Stadt Köln; die Helmzier der beiden großen Wappen ist anders gestaltet, das gevierte Wappen der drei geistlichen Kurfürsten zeigt in Feld 1 und 4 das Mainzer Rad und in Feld 2 und 3 die Wappen von Kurköln und Kurmainz. Auch die Anordnung der Wappen der weltlichen Kurfürsten ist noch eine andere als in der Ausführung; statt des Kurpfälzischen Wappens sind hier die blau-silbernen Rauten des Wittelsbachischen beziehungsweise bayerischen Wappens zu sehen. Die Haltung und die Attribute Christi und der Apostel entsprechen weitgehend der auch 1863 dokumentierten Gestaltung. In den Gewändern und Gesichtern

144 Schreiben Zwirners vom 2. November 1841 [124].
145 So betont Zwirner am 2. November 1841: Die Abnahme der Baugerüste drängt sehr [...]. Schreiben Zwirners vom 2. November 1841 [124]. – Bis zur Grundsteinlegung sollten alle Arbeiten im Innenraum abgeschlossen sein.
146 Undatiertes Schreiben August Gustav Lasinsky an Ernst Friedrich Zwirner, DBA, Köln, Litt. X, Vol. I, Nr. 33, fol. 48r–48v, hier: fol. 48v.
147 Der Kopf erscheint bei Weyer stärker im Profil und ist leicht nach oben in Richtung der Christusdarstellung gewendet. Auch die Gestaltung und Farbigkeit des Gewandes (rotes Untergewand, blauer Mantel) unterscheiden sich.
148 DBA, Köln, Litt. X, Vol. I, Nr. 34, fol. 49r. – Lasinsky hatte sie seinem undatierten Schreiben vor dem 30. November an Zwirner beigelegt, *vielleicht daß* [Sie] *dieselbe bey Besprechung mit Herrn Regierungs*[rath] *Frank benuzen können.* Undatiertes Schreiben Lasinskys [146], hier: fol. 48r. – Das Schreiben lässt sich trotz fehlenden Datums exakt auf den 31. Oktober 1841 datieren, da Lasinsky hier um eine Erhöhung seines Lohnes um 75 Taler gegenüber dem am Vortag gemachten Kostenanschlag bittet. Entsprechend hat Zwirner auf Lasinskys Kostenrechnung vom 30. Oktober 1841 mit Unterschrift vom 31. Oktober die Forderung von 286 Talern und 10 Silbergroschen auf 361 Taler, 10 Silbergroschen erhöht. – Vgl. Rechnung Lasinskys vom 30. Oktober 1841, DBA, Köln, Litt. X, Vol. I, Nr. 31, fol. 46r.
149 W.: Der Kölner Dom, in: Deutscher Volks-Kalender 9, 1843, hg. von F[riedrich] W[ilhelm] Gubitz, S. 63–65, hier: S. 64. – Für den Hinweis auf den Holzstich – ein Exemplar findet sich in der Grafiksammlung des Dombauarchivs – danke ich meinem Kollegen Jan Peter Joerißen.
150 In seinem Anschreiben gibt er seinem Wunsch Ausdruck, *daß Paulus noch vor Winter fertig wird.* Undatiertes Schreiben Lasinskys [146], hier: fol. 48r.
151 Sie erfolgte erst im Frühjahr 1842. Vgl. Schreiben Zwirners vom 30. November 1841 [127].

15 | *August Gustav Lasinsky, »Skizze des Wandgemäldes auf der großen Interimswand«, Bleistift auf Transparentpapier, 1841. Köln, DBA, Litt. X, Vol. I, Nr. 34, fol. 49r*

weicht Lasinsky allerdings deutlich von dieser ab – was wohl in erster Linie dem skizzenhaften Charakter der Zeichnung zuzurechnen ist, die deutlich stärker als die tatsächliche Ausführung der Restaurierungsarbeiten seinen eigenen nazarenisch geprägten Stil verrät. Auffällig ist, dass der Pauluskopf in der Bleistiftpause deutlicher noch als bei Weyer im Profil wiedergegeben ist. Dies könnte ein weiteres Indiz auf eine Veränderung der Figur im Rahmen der Restaurierung oder vielleicht eher auf eine von Lasinsky wieder zurückgenommene Veränderung der Figur bei der Übermalung des 18. Jahrhunderts sein.

Während die Restaurierung der Wandmalerei auf der Chortrennmauer durch Lasinsky vergleichsweise gut dokumentiert ist, bleibt die frühere Entstehungs- und Restaurierungsgeschichte der Malerei weitgehend im Dunkel. Nur wenige Punkte lassen sich aus dem überlieferten Befund und den spärlichen Nachrichten des 19. Jahrhunderts rekonstruieren. Ursprünglich dürfte die Malerei wohl bereits im zweiten Viertel des 14. Jahrhunderts in einer engeren zeitlichen Nähe zu den Chorschrankenmalereien entstanden sein.[152] Um 1500 wurde sie im Auftrag von Hermann IV. von Hessen erneuert. Hiervon zeugten in erster Linie die Stifterfigur und das zugehörige Wappen unter dem Sockel des Petrus. Im 18. Jahrhundert, Zwirner nennt das Jahr 1742, wurden die Stifter- und Wappenzone, wahrscheinlich auch das Ornamentmuster des Hintergrundes, übertüncht und dabei wohl auch die drei Hauptfiguren teilweise übermalt. Der genaue Umfang dieser Übermalungen lässt sich nicht mehr fassen. Die Übertünchungen und Übermalungen des 18. Jahrhunderts wurden bei der Restaurierung 1841/42 durch August Gustav Lasinsky vollständig entfernt und abgewaschen. Dass dabei eventuell auch ältere Übermalungen beseitigt worden sein könnten, ist denkbar. Die Wappen unter der Paulusfigur sind, wie gezeigt, in ihrer dokumentierten Form eine Erfindung des 19. Jahrhunderts. Von Lasinsky erwähnte Farbspuren könnten aber darauf hindeuten, dass es in diesem Bereich auch ursprünglich Wappendarstellungen gegeben haben könnte.

Überlegungen zur Authentizität

Um sich abschließend der Frage zu nähern, wie viel mittelalterliches Original in der Dokumentation der 1863 zerstörten Wandmalerei noch durchscheint, ist eine Betrachtung vor allem der Pausen und der Fotografie zielführend (Abb. 5, 8–10). Versucht man die Authentizität der Malerei zunächst anhand der Fotografie von Friedrich Raps zu beurteilen, was aufgrund der geschilderten Schwächen nur bedingt möglich ist, mag man dazu neigen, sie eher gering einzuschätzen. Die, abgesehen von den Beschädigungen am Rand, perfekte und geschlosse-

152 Hierzu vgl. unten.

ne Maloberfläche, die äußerst plastisch modellierten Köpfe mit ihren großen stechenden Augen, scheinen doch sehr durch die Restaurierung Lasinskys bestimmt zu sein. Dieser dürfte tatsächlich einen beachtlichen Teil der Maloberfläche »aufgefrischt«, das heißt stark retuschiert und zu einem nicht geringen Teil auch gänzlich neu ausgeführt haben.

Ein Blick auf die montierten Pausen lässt hingegen erahnen, dass Lasinsky oberflächlich zwar sehr viel erneuert hat, sich jedoch zumindest in den Umrissen und Konturen der Figuren – insbesondere im Bereich der Gewänder –, aber etwa auch bei der Architektur des Thrones sehr getreu an das Vorgefundene gehalten haben dürfte. Da die Pausen die Malerei gerade auf ihre Konturen reduzieren, sind sie gewissermaßen in der Lage, das mittelalterliche Original deutlich besser zu überliefern, als es die Fotografie ist, die vor allem die stark erneuerte Oberfläche einfängt. Da angesichts der gewaltigen Größe der Wandmalerei nicht von einer flächendeckenden Übermalung ausgegangen werden kann, dürfte Lasinsky auch in der Farbigkeit relativ originalgetreu geblieben sein. Diese wurde allerdings vor dem Abbruch der Wand 1863 durch die Beschriftungen der Pausen und das nicht immer ganz zuverlässige Aquarell nur in groben Zügen dokumentiert.

Dass man am Kölner Dom 1841 auf originalgetreue Wiederherstellung mittelalterlicher Kunstwerke achtete, zeigt die Neufassung der Chorpfeilerfiguren durch Christoph und Johannes Stephan.[153] Diese war zwar flächendeckend, hat aber die Originalfassung unter der Neufassung weitgehend bewahrt und vor allem auch die vorgefundenen Gewandmuster nahezu identisch und oft punktgenau in die Neufassung übertragen. Da es gerade August Reichensperger war, der auf einer originalgetreuen Wiederherstellung beharrte,[154] wäre es gut denkbar, dass er auch Lasinsky, dem er den Auftrag im Dom vermittelt hatte, bei der Wiederherstellung der Malereien in diesem Sinne beeinflusste. Die Annahme, dass Lasinsky vergleichsweise originalgetreu gearbeitet haben dürfte, findet eine gewisse Bestätigung im Vergleich mit den eigenständigen Werken Lasinskys, die vor allem in den Gewändern eine gänzlich andere, deutlich weniger bewegte Stilsprache sprechen.

Vor allem die Gestaltung der Gewänder, der Thronbank und des Hintergrundornaments im unteren Bereich der Malerei weisen hingegen deutlich in die erste Hälfte des 14. Jahrhunderts. Insbesondere zu den Chorschrankenmalereien, teil-

153 Zum Verhältnis von Originalfassung und Überfassung vgl. Marc Peez: Die Farbfassungen der Chorpfeilerfiguren des Kölner Domes, in: KDbl. 77, 2012, S. 192–231.
154 Vgl. Lauer [121], S. 15.
155 Diese Beobachtung bereits bei Hans Peter Hilger: Das mittelalterliche Erscheinungsbild des Kölner Domchores, in: Verschwundenes Inventarium [30], S. 83–92, hier: S. 85. – Hilger vergleicht die Figuren in ihrem Volumen mit den stehenden Königsfiguren des Dreikönigenpförtchens. Vergleicht man diese mit den Pausen, ist darüber hinaus die Ähnlichkeit – etwa der Gewandung – nicht allzu ausgeprägt.

16 | *Köln, Dom, Chorschranken, Marienschranke, Feld 7, Krönung Mariens, 2. Viertel 14. Jahrhundert*

weise aber auch zu den Malereien in den Chorkapellen des Domes, lassen sich vielfältige Bezüge herstellen. Formale Verwandtschaft zeigt etwa die Gestaltung der Thronarchitektur mit der Thronbank der Marienkrönung auf der Marienschranke (Feld 7), mehr noch aber mit der Gestaltung der gemalten Baldachine und ihrer Maßwerkfenster über den einzelnen Szenen. Auch die Thronkissen im Marientod und an der Chortrennmauer zeigen ein vergleichbares Muster. Die quadratischen Rauten des Hintergrundes hinter den Apostelfürsten haben ebenfalls eine engere formale Ähnlichkeit zu den blauen Hintergründen der Chorschranken.

Vergleichbar sind aber vor allem die Umrissformen der Figuren und die weich fließenden, vielfach umgeklappten oder mehrfach eingerollte Falten ausbildenden Gewänder und der daraus resultierende vielfarbige Kontrast zwischen den Außenseiten und Innenfuttern der Untergewänder und Mäntel (Abb. 16). Ein wesentlicher Unterschied zu den Darstellungen in den erzählenden Bildfeldern der Chorschranken und den Figuren der Trennmauer ist, dass die Figuren der Trennmauer deutlich kompakter, die der Schranken gelängter und geschwungen erscheinen.[155] Dies dürfte aber in erster Linie der monumentalen Darstellung und der frontalen Ansicht der drei Figuren der Trennwand geschuldet sein. Eine gewisse Ähnlichkeit hierin besteht zu einigen ebenfalls frontal dargestellten Figuren der Kaiser- und Bischofsreihe der Chorschranken sowie den gemalten Hei-

17 | Köln, Dom, Chorschranken, Marienschranke, Feld 6, Marientod, 2. Viertel 14. Jahrhundert, Detail: Häupter Petri und Christi

ligenfiguren in den Chorkapellen, etwa dem heiligen Johannes über dem Altar der Johanneskapelle.

Vom ikonografischen Typus her finden sich verwandte Darstellungen des Petrus und Paulus auch am Hochaltar des Domes. Petrus trägt hier einen sehr ähnlich gestalteten, überdimensionierten Schlüssel, Paulus stützt sich ebenfalls auf ein gebändertes Schwert.

Schwieriger erscheint die Bewertung der Gesichter, die, auch in den Pausen deutlich erkennbar, wesentlich stärker von Lasinsky überformt worden sind. Insbesondere gilt dies etwa für die etwas eckig geratenen, großen Augen, die ganz seine Handschrift tragen – man vergleiche sie etwa mit denen des heiligen Gangolf in St. Gangolf in Trier (Abb. 12). Trotzdem scheint auch hier zumindest in den Umrissformen sowie in der Haar- und Barttracht noch viel des mittelalterlichen Originals durch. Dies gilt insbesondere für die eingerollten Kinn- und Schnurrbärte Christi und Petri (Abb. 17), aber etwa auch für die Frisur des heiligen Petrus, die deutliche Ähnlichkeit zu seinen Darstellungen auf den Chorschranken aufweist. Auch die markante knotenartige Scheitellocke Christi findet man vielfach auf den Chorschranken wieder. Keine Verwandtschaft zu den Chorschrankenmalereien zeigt hingegen der Kopf des heiligen Paulus. Dieser

18 | *Köln, Dom, typologisches Geburt-Christi-Fenster, 1507, Detail: Haupt des Moses*

weist allerdings – abzüglich der Überformung durch Lasinsky – insbesondere in der Gestaltung der Bart- und Haartracht Parallelen zur Kunst der Zeit um 1500, namentlich zu zahlreichen Köpfen in den Nordseitenschifffenstern des Domes auf (Abb. 18). Gerade in den Gesichtern ist bei der durch die Stifterfigur Hermanns IV. von Hessen bezeugten Erneuerung der Malereien bereits zu dieser Zeit mit stärkeren Überarbeitungen zu rechnen. Das leider nur durch die Fotografie und die aquarellierte »Farbenskizze« überlieferte Bildnis der Stifterfigur spricht ebenfalls deutlich die Formensprache der Zeit um 1500. Sie hat im Kölner Dom die engste Entsprechung in den Stifterbildnissen des Hermann IV. von Hessen und des Philipp von Daun in den Fenstern des Nordseitenschiffs.

Auch wenn die Malereien der Chortrennmauer seit 1863 unwiederbringlich verloren sind, gelingt es den vor dem Abbruch der Wand erstellten Bilddokumenten und hier insbesondere den Pausen, zumindest einen anschaulichen Eindruck des gewaltigen Wandgemäldes, das ein wesentlicher Bestandteil der mittelalterlichen Chorausstattung war, bis in die Gegenwart zu transportieren. Zugleich dokumentieren sie aber auch dessen wechselvolle Geschichte. Aufgrund ihrer schieren Größe lange Zeit nur ausschnittweise betrachtbar, sind die Pausen nun nach über 160 Jahren erstmals wieder in ihrer Gesamtheit erlebbar geworden.

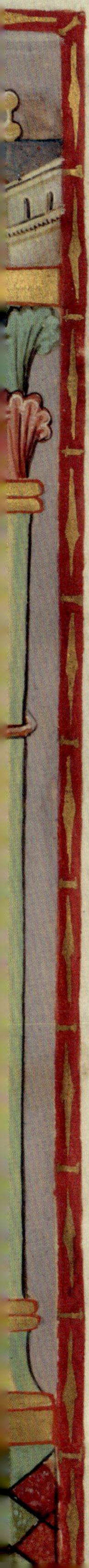

Der Alte Dom

Geometrische Auffälligkeiten und Überlegungen zu einem nutzungsorientierten Gestaltungskonzept

Ruth Stinnesbeck

Der karolingische Alte Dom hat als unmittelbarer Vorgängerbau der heutigen Kathedrale umfangreiche Spuren hinterlassen. Während der oberirdische Gebäudekörper dem gotischen Neubau weichen musste, zielten die Abrissmaßnahmen auf eine Einebnung des Baugrundes und ließen die Architekturteile jenseits des Fußbodens, insbesondere also die Fundamente, zunächst unbehelligt. Sofern sie nicht unmittelbar den Bodeneingriffen der gotischen Baumaßnahmen zum Opfer fielen, blieben sie erhalten und bewahren mit dem Grundriss ein maßgebliches architektonisches Element. Ergänzt durch mannigfache Informationen aus schriftlicher Überlieferung[1] sowie die bekannte und außergewöhnlich detaillierte Außenansicht auf dem Dedikationsbild des Hillinus-Kodex beruht auf diesen vielfältigen Quellen unsere Vorstellung vom Erscheinungsbild dieser ehemaligen Kölner Bischofs-

1 Zusammengestellt bei Renate Kroos: Liturgische Quellen zum Kölner Domchor, in KDbl. 44/45, 1979/80, S. 35–202, hier bes.: S. 38–55.

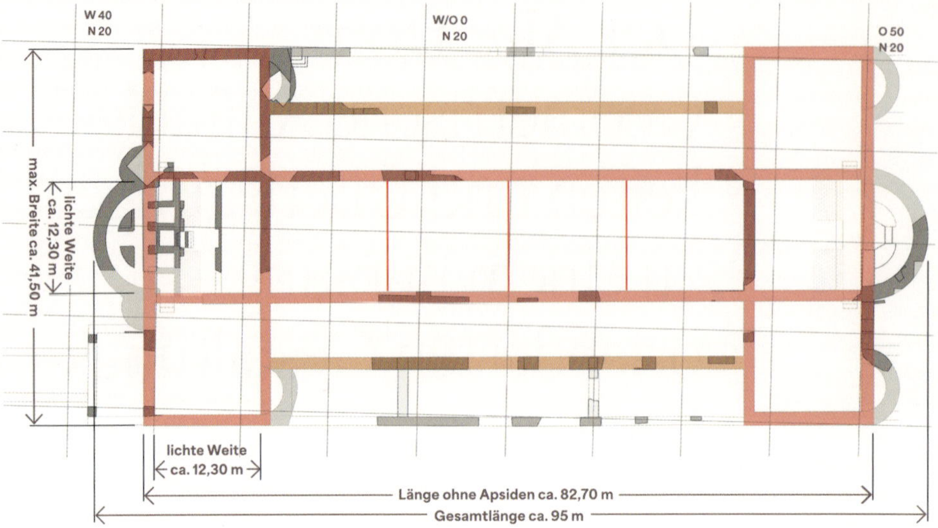

1 | *Grundrisskonzeption des Alten Domes. Dunkel unterlegt: nachgewiesener Baubestand; rot: Langhaus mit Querarmen; orange: Seitenschiffe des dreischiffigen Ursprungsbaus*

kirche.[2] Einen Eindruck ihrer Innenraumkonzeption vermitteln die Überreste von Einbauten, darunter Abschrankungen und Stufen, sowie teils großflächige Bodenreste. Obwohl es sich freilich nur um Rudimente des einst prachtvollen Bauwerkes handelt, bilden die aufgedeckten Spuren nicht nur die verbindliche, sondern zugleich eine solide Basis für weiterführende Rekonstruktionsvorschläge. Vor diesem Hintergrund sollen einige Charakteristika des archäologischen Befundes skizziert werden, die zum Verständnis der geometrisch geprägten grundsätzlichen Konzeption und nutzungsorientierten Gestaltung des Alten Domes beitragen.

Knapp umrissen handelt es sich bei dem Alten Dom um ein zunächst dreischiffiges, basilikales Bauwerk (Abb. 1) mit halbrunden Apsiden im Osten und Westen – letztere begleitet von flankierenden Türmen – sowie angefügten Querbauten. Besonders prägnant ist die lang gestreckte Form des Gebäudes, die sowohl anhand der genannten Buchmalerei als auch der aufgedeckten Fundamente hervorsticht. Gemessen an der Außenseite der Apsiden steht einer Gesamtlänge von etwa 95 Metern eine maximale Breite von 41,50 m im Bereich der Querbauten gegenüber, während das ursprünglich dreischiffige Langhaus etwa 29,10 m Breite aufweist. Maßangaben wie diese sind jedoch trotz aller Akkuratesse sowohl in Bezug auf ihre Genauigkeit als auch hinsichtlich ihrer Relation zueinander mit äußerster Vorsicht zu betrachten. So stimmen Ausdehnung und Breite der

Fundamente nicht mit den Maßen des verlorenen aufgehenden Mauerwerks überein, also dem für Planung und Wirkung entscheidenden Teil der Architektur. Daneben variieren die Maßverhältnisse der einzelnen Bauglieder zueinander mit der Frage, ob Mauerstärken in die Kalkulation einfließen und welchen Raumkompartimenten sie zugerechnet werden. Auf diese Problematik hat bereits Arnold Wolff im Zusammenhang mit Überlegungen zu einem Entwurfsschema des Alten Domes und dem zugrunde liegenden Baumaß hingewiesen.[3] In seinen Berechnungen auf Basis der Fundamentaußenmaße stellt er die Länge des Gebäudes – allerdings ohne Einbeziehung der Apsiden – der Breite der Querbauten gegenüber, was einem Verhältnis von 1:2 entspricht.[4] Bezieht man das von Wolff gewählte Längenmaß wiederum auf die Breite des dreischiffigen Langhauses, so ergibt sich wegen der proportionalen Beziehungen daraus also ein Verhältnis von 1:3.[5] Weitaus eindrucksvoller wirkt die Aussage mit Blick auf das dominante Mittelschiff, dessen Breiten-Längen-Verhältnis bei 1:6 liegt, bezogen auf die Gesamtlänge inklusive der Apsiden sogar bei 1:7.[6] Aus eben dieser extremen Relation resultiert offenbar die übersteigerte Darstellung des Hillinus-Kodex, die im Übrigen in der Buchmalerei trotz – oder gerade wegen – der Schwächen einer perspektivischen Umsetzung sogar recht akkurat wiedergegeben ist.[7]

Da Nutzung und Wirkung des Innenraumes allerdings eher von den lichten Weiten, also den Distanzen von Mauerinnenseite zu Mauerinnenseite bestimmt werden, sind diese Werte für den Gesamtbau ebenfalls relevant. Obgleich auch hier ein exaktes Maß nur unter Vorbehalt zu nennen ist, weisen doch diverse Be-

2 Detaillierte Beschreibungen des Alten Domes sind zahlreich publiziert, zuletzt bei Ulrich Back: Archäologie im Kölner Dom. Forschungsergebnisse zu seiner Vor- und Baugeschichte, Köln 2023, S. 67–119. – Zusammenfassend: Ruth Stinnesbeck: Zwischenbilanz zum Alten Dom und seiner Vorgängerbebauung, in: Ulrich Back, Thomas Höltken, Dorothea Hochkirchen: Der Alte Dom zu Köln (Studien zum Kölner Dom 12), Köln 2012, S. 205–212, hier bes.: S. 208–209. – Die in vorliegendem Beitrag genannten Befundnummern sind in dem Gesamtplan zum Alten Dom (ebd., Beilage 3) erfasst.

3 Arnold Wolff: Maß und Zahl am Alten Dom zu Köln, in: Baukunst des Mittelalters in Europa. Hans Erich Kubach zum 75. Geburtstag, hg. von Franz J. Much, Stuttgart 1988, S. 97–106, hier bes.: S. 98–99.

4 In absoluten Zahlen nennt Wolff 82,68 m zu 41,39 m, woraus er das angestrebte Maß von 240 zu 120 karolingischen Fuß errechnet und für diesen eine Länge von 34,46 cm ermittelt. Wolff [3], unter anderem S. 97.

5 In der Berechnung führt der Term 82,68 : 3 = 27,56 recht genau zur Breite des dreischiffigen Langhauses, allerdings bezogen auf die Mitte der Außenfundamente.

6 In Bezug auf die Gesamtlänge inklusive Apsiden führt die Berechnung ausgehend von der errechneten Mitte der Apsisfundamente zu dem Term 93,33 : 7 = 13,33 und entspricht im Ergebnis der Breite des Mittelschiffs, wiederum bezogen auf die Fundamentmitte. Die Rechnung 13,33 x 6 = 79,98 stimmt denn auch mit der Gesamtlänge ohne Apsiden überein, allerdings ohne Einbeziehung der Mauerstärke, da die Apsissehne jeweils der Apside zugehört.

7 Das Verhältnis der Breite der Westapsis beziehungsweise des im Randbereich minimal durch die Flankentürme überdeckten Westgiebels zur Länge des Dachfirstes deutet sogar an, der Illustrator habe das Verhältnis 1:6 womöglich bewusst angestrebt.

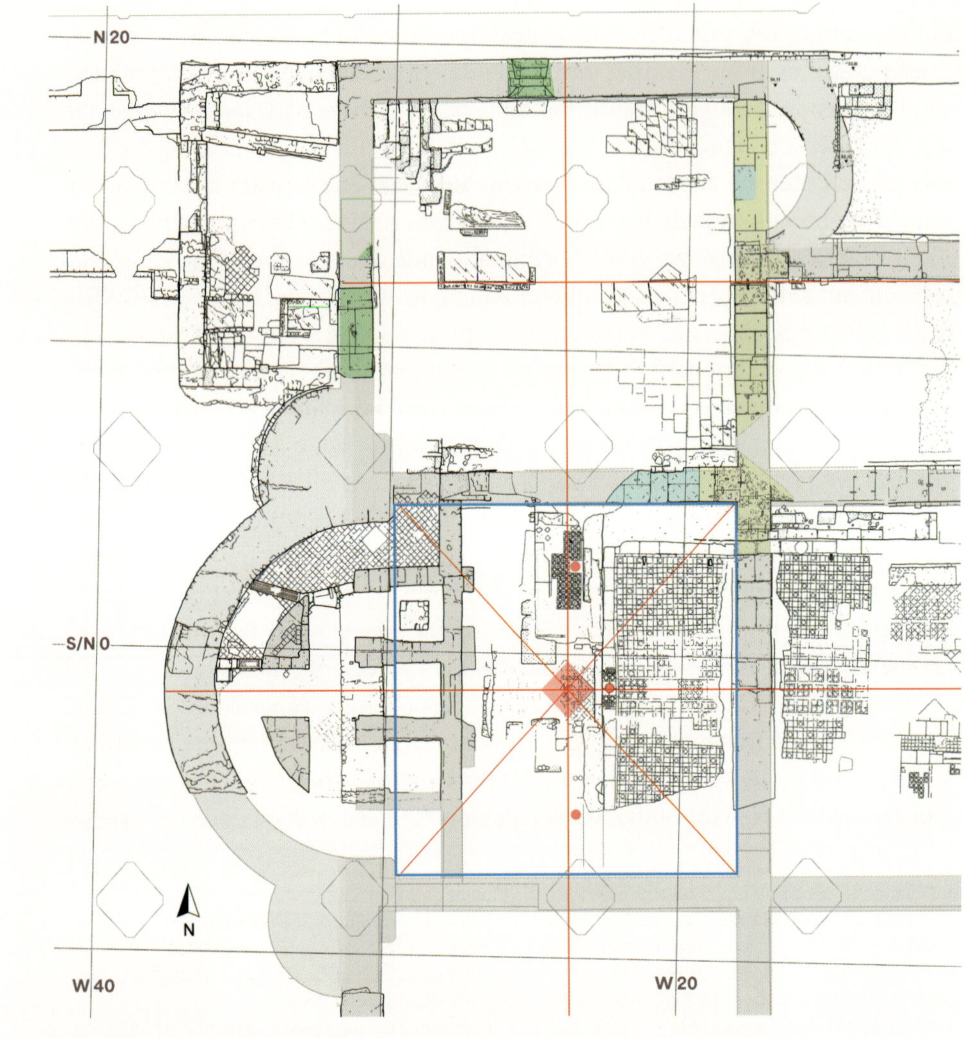

2 | *Nordwestbereich des Alten Domes. Farbig unterlegt: Eingänge und erhaltene Fundamentoberkanten; blau: architektonisches Vierungsquadrat; rot: Mittelachsen und exzeptionelle Bodenmuster*

funde auf den Übergang vom Fundament zur aufgehenden Architektur.[8] Demnach beträgt die lichte Breite des Mittelschiffs etwa 12,30 m, während diejenige der Seitenschiffe bei 6,15 m liegt. Weil andererseits die Breite des Mittelschiffs maßgeblich ist für die Konzeption der Querbauten, ergeben sich für diese jeweils drei in Nord-Süd-Richtung aneinandergereihte Quadrate mit einer Seitenlänge von 12,30 m. Diese Angaben stimmen, soweit überprüfbar, mit den lichten Raummaßen überein und sparen die Mauerstärken der Fundamente aus.[9] Letztere zeigen im Übrigen am gesamten Baubestand des dreischiffigen Alten Domes keinerlei Baufugen.[10] Das Fundament weist also für den Grundriss, wenn nicht für das gesamte Bauwerk, auf einen umfassenden Entwurf, womöglich an Ort und Stelle, und dessen Umsetzung in einem Zuge.[11] Dem entsprechen die sukzessiv aufgebrachten Anschüttungen an das Fundament, innerhalb derer insbesondere ein großflächiger Bauhorizont auf Höhe der Kryptaböden hervorsticht.[12] Von diesem Horizont aus wurde die West- und vermutlich auch die Ostkrypta angelegt. Auch diente er als Arbeitsniveau für den oberen Fundamentabschluss, der im Bereich der Binnengliederung durchgehend aus zwei Lagen großer Steinquader gesetzt ist.[13] In diesem Zusammenhang verdient auch ein Pfostenloch im Boden der Ostkrypta Beachtung, das, in der Längsachse des Gebäudes liegend, möglicherweise von einem Messpfahl stammt.[14] Die Oberseite der Quaderlagen auf den Fundamenten wiederum trägt Planungsanrisse für die Binnengliederung und war als eigenständiges Gestaltungselement sichtbar in den Fußboden integriert.[15]

Betrachtet man vor diesem Hintergrund zunächst exemplarisch das Umfeld des im Befund hervorragend erhaltenen Nordwestquerarmes (Abb. 2), fällt eine wiederkehrende Besonderheit auf. Die Mittelachse dieses Raumteiles fluchtet Richtung Osten mit der Innenseite der Langhausaußenwand, womit das nördliche Seitenschiff dessen halbe Raumbreite einnimmt.[16] In gleicher Position, nämlich exakt in der Mitte der Wandfläche, setzt auf der gegenüberliegenden Westseite das Eingangsportal an, dessen Türschwelle als eindrucksvoller Befund erhalten ist.[17] Das Portal ist also nicht etwa auf die Raummitte ausgerichtet, son-

8 Aufgehendes Mauerwerk ist an der Nordwand B 120 des Nordwestquerarmes erhalten geblieben sowie an dem Mauerkern des Pfeilers B 393, als Rudiment der ursprünglichen Südwand des dreischiffigen Kernbaus. Die Langhausaußenwände B 343 und B 371 hingegen gehören zur Erweiterung. Die ebenfalls über Bodenniveau erhaltene Mauer der Westapsis B 52 liegt noch im Bereich der Krypta und war hier mit Sicherheit stärker als oberhalb des Altarpodestes. Weitere Hinweise geben unter anderem die sichtbar in den Bodenbelag integrierten Oberkanten der Binnenfundamente, die Pfeilerstandspuren B 142d und B 142e sowie die Türschwelle B 93b.

9 Darin spiegelt sich die bereits von Wolff [3] umrissene, eingangs geschilderte Problematik.

10 Ulrich Back: Archäologische Befunde zum Alten Dom und seinen Vorgängerbauten, in: Back, Höltken, Hochkirchen [2], S. 9–91, hier: S. 48. – Ders.: Befundkatalog, in: ebd., S. 349–512.

11 Das schließt selbst parallel zum Gebäude verlaufende Anbauten am Platz der späteren äußeren Seitenschiffe ein. – Zu B 343: Ruth Stinnesbeck: Beschreibung der umgesetzten Grabungszeichnungen, in: Back, Höltken, Hochkirchen [2], S. 252–293, hier: Taf. 6, S. 268–273. – Zu B 371: ebd., Taf. 9, S. 277–284.

12 Dazu allgemein: Back, Archäologische Befunde [10], S. 51. – Back [2], S. 78. – Zu B 1826: Back, Befundkatalog [10], S. 494. – Exemplarisch Stinnesbeck [11], Taf. 6–8, S. 273–274.

13 Back, Archäologische Befunde [10], S. 64–68.

14 Zu B 1243: Back, Befundkatalog [10], S. 475–476.

15 Zuletzt Back [2], S. 72–75 mit Abb. 59–62 und weiterführender Literatur.

16 Damit blieb bei der späteren Erweiterung des Alten Domes für die äußeren Seitenschiffe ebenfalls die halbe Raumbreite, also jeweils circa 6,15 m, allerdings inklusive der Mauerstärke der ursprünglichen Außenwand. Die lichte Breite der äußeren Seitenschiffe ist daher deutlich geringer.

17 Zu Schwelle B 93b: Back, Befundkatalog [10], S. 360.

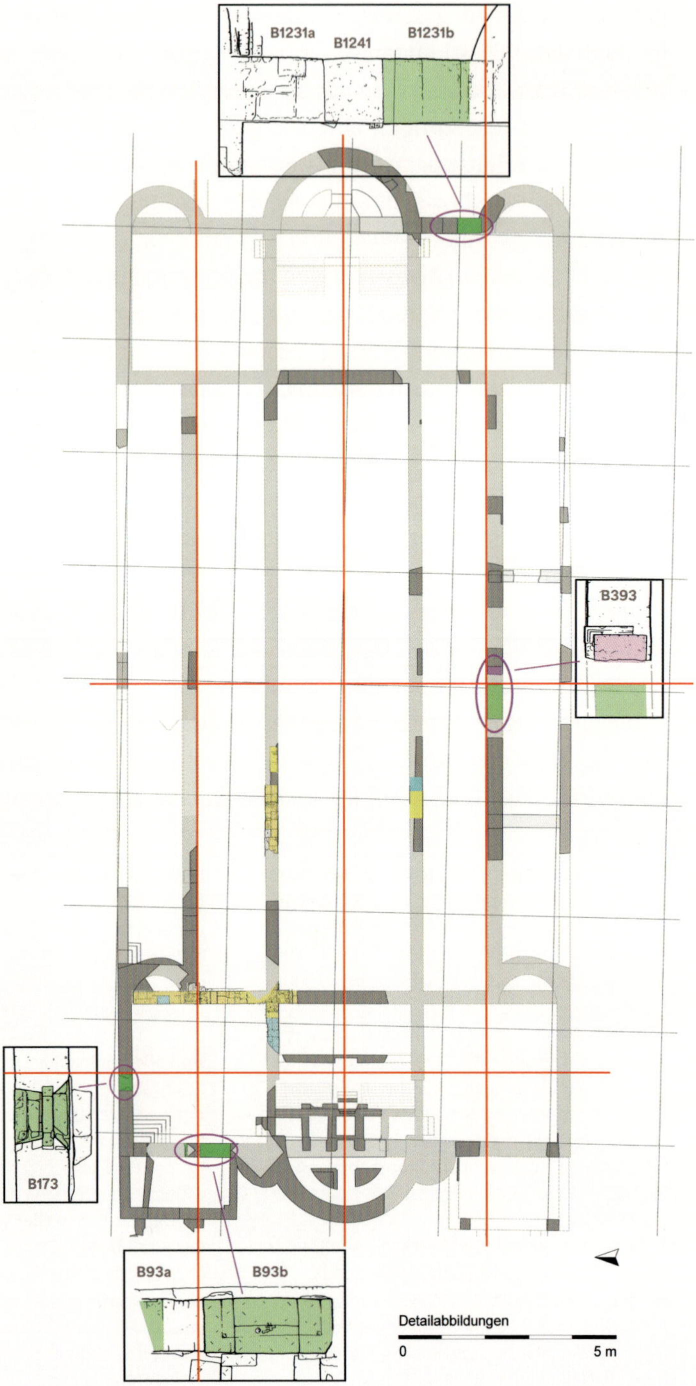

3 | Schematischer Grundriss mit Kennzeichnung und Detailabbildung der im Text benannten Eingänge sowie der erhaltenen Fundamentoberkanten; gelb: Kalkstein; blau: Trachyt

dern wird vielmehr südlich an der Mittelachse entlang geleitet. Rein funktional gewährt diese Position einen gradlinigen Zugang ins Seitenschiff, genauer zu dessen äußerer Hälfte. Dabei fällt der eigentliche Durchgang des Portals mit etwa 2,20 m Breite gegenüber der Schwelle etwas schmaler aus und fluchtet wiederum auf der Nordseite mit der Pfeilervorlage am Übergang ins nördliche Seitenschiff.[18] Die Schwelle selbst nimmt mit rund drei Metern Breite die Hälfte der verbleibenden Wandstrecke ein, könnte allerdings auch kaum weiter nach Süden reichen, da der Mauerzwickel neben der Apsis auf der Gebäudeaußenseite durch einen Turm belegt ist. Blickt man auf das Ostende der Kirche, zeichnet sich jedoch für den Zugang in den südlichen Querarm auch ohne die Einschränkung durch einen Turm eine vergleichbare Position ab. Die Befunderhaltung ist in diesem per se stärker gestörten Bereich deutlich schlechter und besteht nurmehr aus den Quaderabdrücken der mutmaßlich abgeräumten Schwelle.[19] Gleichwohl stimmt deren Südflanke mit der Mittelachse des rekonstruierten Südostquerarmes überein, obwohl die Ausdehnung nach Süden durch die anschließende Apsidiole beschnitten ist.

Tatsächlich ist das tangential auf die Mittelachse eines Bauteiles ausgerichtete Lage-Phänomen am Alten Dom mehrfach zu beobachten (Abb. 3). Am Nordwestquerarm führt eine Pforte Richtung Norden aus der Kirche hinaus.[20] Sie ist ebenfalls nicht mittig positioniert, sondern ausgehend von der Wandmitte nach Westen geführt. Womöglich war sogar das ursprüngliche Südportal des dreischiffigen Ursprungsbaus, also der stadtseitige Zugang in den Alten Dom, vergleichbar angelegt. Die Hinweise auf seinen Standort sind allerdings recht rudimentär. So wurden bei der Erweiterung des Alten Domes von drei auf fünf Schiffe die ursprünglichen Außenwände offenbar nicht vollständig niedergelegt. Vielmehr blieben Teilstücke erhalten, um im Stützensystem der Seitenschiffe als Pfeiler zu dienen.[21] Unlängst durchgeführte Mörtelanalysen stützen diese These, da sie eine Übereinstimmung zwischen dem noch erhaltenen Pfeilerrest und dem darunterliegenden Fundament bestätigen und somit also für die Zugehörigkeit des Mauerwerks zur ursprünglichen Bausubstanz sprechen.[22] Die Westseite des Pfeilers ist durch eine angrenzende Baugrube des gotischen Domes abgebrochen. Allerdings zeigt der verbleibende Teil aus – der Bauweise am Alten Dom entsprechend – vor-

18 Zu B 1172: Back, Befundkatalog [10], S. 469.
19 Die Abdrücke der Quader B 1231b grenzen im Norden an den Pfeiler oder Gewänderest B 1241. Zu beiden Befunden: Back, Befundkatalog [10], S. 475. – Back, Archäologische Befunde [10], S. 60 mit Anm. 436. – Back [2], S. 95.
20 Zu B 173: Back, Befundkatalog [10], S. 371.
21 Back [2], S. 107 mit Anm. 573 und 574, mit weiterführender Literatur. – Zu Pfeiler B 393: Back, Befundkatalog [10], S. 402. – Dorothea Hochkirchen: Zur Chronologie karolingischer Architektur im Lichte der Steinbearbeitungstechnik, in: Back, Höltken, Hochkirchen [2], S. 133–198, hier: S. 183.
22 Anna Skriver, Publikation in Vorbereitung, dazu: Back [2], S. 76–77 mit Anm. 394.

nehmlich Tuffsteinen im Handquaderformat an der Abbruchkante einen oder mehrere Abdrücke großer geflächter Quader. Da letztere bislang nur in exponierten Zonen des Mauerwerks festgestellt wurden, könnte es sich durchaus um Spuren eines Portalgewändes handeln.[23] Die Abbruchkante des Pfeilerrestes liegt etwa einen halben Meter östlich der Gebäudemitte. Unter Ergänzung eines aus großen Steinquadern bestehenden Gewändes würde also die Ostseite des Portals mit der Mittelachse des Gebäudes übereinstimmen, während der eigentliche Durchgang westlich davon gelegen hätte. Bei allen der schlechten Erhaltung geschuldeten Unsicherheiten hinsichtlich des letztgenannten Beispiels zeichnet sich hier ein Phänomen ab, das weiter unten noch einmal zur Sprache kommen wird.

In Bezug auf das Nordwestportal ist eine weitere Beobachtung anzuschließen. In seiner Funktion als Zugang vom Nordflügel des Westatriums über die Vorhalle in die Kirche hinein hat es im Laufe der Zeit Veränderungen gegeben. So gehört das Nordwestportal (B 93b) zum ursprünglichen Baubestand, wohingegen die Vorhalle erst später angefügt wurde.[24] Ein späterer Einbau ist auch für eine weitere Pforte (B 93a) festzustellen, die nur etwa einen Meter nördlich des besagten Portals liegt und ebenfalls von Westen in die Kirche hineinführt.[25] Die zunächst irritierende unmittelbare Nachbarschaft fügt sich zu der These, das Atrium beziehungsweise seine nordseitige Bebauung habe zunächst von Westen her bis an die Außenwand des Alten Domes herangereicht – womöglich schon als Teil des Ursprungsbaus.[26] In einfacher Verlängerung der Baufluchten des nördlichen Atriumflügels würde das hervorragend zur Lage beider Zugänge passen: So hätte das Portal aus der Kirche unmittelbar in das Atrium, also ins Freie, geführt, von wo aus eine Zugangsmöglichkeit in die Stiftsgebäude bestanden haben dürfte. Die nördlich gelegene Pforte hingegen bot als spätere Ergänzung eine direkte Verbindung zwischen Kirche und nördlichem Atriumflügel. Dieser Gedanke harmoniert auch mit der Auftritthöhe der Pforte, die zwischen der Bodenhöhe des Kirchenraums und der etwa 0,4 m höher gelegenen Atriumbebauung vermittelt.[27] Die Errichtung der Nordwestvorhalle wohl im 10. Jahrhundert[28] machte die Nebenpforte überflüssig.

Selbstverständlich ist auch der Innenraum des Alten Domes im Laufe seiner Nutzung mehrfach überprägt worden. Indes bildet der Grundriss eine Konstante, die neben der aufgehenden Architektur zudem anhand der Fundamentober-

23 Vgl. Stinnesbeck [11], Taf. 11 und 12, S. 289–291 mit Anm. 181. – Back, Archäologische Befunde [10], S. 54–55 mit Anm. 365, S. 402.
24 Stinnesbeck [11], S. 290–291, Taf. 12.
25 Zu Pforte B 93a: Back, Befundkatalog [10], S. 360.
26 Back [2], S. 84–88 mit weiterführender Literatur, vgl. bes. S. 86.
27 Estrich im Nordflügel des Atriums ist B 1004, dazu: Back, Befundkatalog [10], S. 448.
28 Thomas Höltken: Die karolingischen und hochmittelalterlichen Funde der Domgrabung, in: Back, Höltken, Hochkirchen [2], S. 93–132, hier: S. 124–125.

kanten ablesbar war. Nicht diese Tatsache alleine, sondern auch die Materialauswahl der verwendeten Steine verdienen dabei eine genauere Betrachtung. Die beiden oberen Quaderlagen der Binnenfundamente des Alten Domes sind aus Spolien zugerichtet, darunter Trachyte, Kalksteine und Sandsteine, welche mit hoher Wahrscheinlichkeit aus römischen Großbauten der Stadt gewonnen wurden.[29] Dabei ist in der oberen Lage anscheinend bewusst auf eine Materialdurchmischung verzichtet worden. Hier zeigen die noch erhaltenen Bereiche, mit Ausnahme kleiner, wohl reparaturbedingter Stellen, zumeist Kalkstein. Allein am südlichen Mittelschifffundament ist wenig westlich der Gebäudemitte punktuell Trachyt festgestellt, und der Durchgang vom Nordwestquerarm nach Süden in die Vierung ist durchgehend mit Trachyt belegt. Erst an dessen östlichem Ende, kurz vor dem Kreuzungspunkt der Fundamente von Mittelschiff und Querarm, liegt etwa 0,5 m vor der Standfläche der Pfeilervorlage wieder Kalkstein. Da der Bodenbelag des Mittelschiffs im Anschlussbereich der Fundamente aus großen Trachytplatten besteht, handelt es sich bei den Kalksteinstreifen der Fundamente gewiss um ein intendiertes Gestaltungselement. Zudem nehmen die Fundamentoberkanten aus Kalkstein womöglich bewusst das Material der architektonischen Gliederungselemente und Bauskulptur auf, um passend zu den aufsitzenden Arkadenreihen diese zu betonen und zusätzlich das Mittelschiff von den Seitenschiffen abzusetzen. Ob deren Bodenbelag in deutlichem Kontrast zu dem hellen Kalkstein schon zu Anfang aus Schieferplatten bestand, ist jedoch ungewiss, da lediglich Teile des Estrichs erhalten sind. Womöglich wurde bei der Erweiterung des Alten Domes die ursprüngliche Beplattung weitergenutzt, doch ist selbstverständlich auch anderes Material denkbar, nicht zuletzt beispielsweise Trachyt, wie im Mittelschiff.[30] Ähnliches gilt für den noch in größeren Partien vornehmlich mit blauen Kalkschieferplatten belegten Boden im Nordwestquerarm.[31] Während der Boden in den Randbereichen des Gebäudes also nur in seiner letzten Ausprägung fassbar ist, gehören die im Fuß-

29 Back, Archäologische Befunde [10], S. 48, Beilage 3. – Exemplarisch: Stinnesbeck [11], S. 292–293, Taf. 13.

30 Zum ursprünglichen Boden B 1188 sowie dem letzten Boden B 1184 im beziehungsweise in den Nordseitenschiffen: Back, Befundkatalog [10], S. 470. – Im Südseitenschiff ist eine Erneuerung des Bodens B 374, dessen Belag wohl eine Schieferplatte zugehört, nicht festzustellen. Ebd., S. 400. – Dazu auch: Stinnesbeck [11], Taf. 7, S. 272–273 mit Anm. 92 sowie Taf. 9, S. 278–279 mit Anm. 8. – Am Ostende des südlichen Seitenschiffs bildet der Ziegelplattenboden B 304 den letzten Bodenbelag. Back, Befundkatalog [10], S. 394.

31 Zu Boden B 104: Back, Befundkatalog [10], S. 361–362. – Der im südwestlichen Randbereich angetroffene Streifen aus 14 quadratischen, roten und schwarzen Tonfliesen entspricht sowohl dem mittleren Boden B 34 der später angefügten Nordwestvorhalle als auch (weitgehend) dem oberen Boden B 64 der Westkrypta. Ebd., S. 353–354, 356–357. – Plattenmosaike aus Tonfliesen sind laut Kier ab dem 11. Jahrhundert üblich. Hiltrud Kier: Der mittelalterliche Schmuckfußboden (Die Kunstdenkmäler des Rheinlandes, Beiheft 14), Düsseldorf 1970, S. 9, 35–39.

4 | *Bodenbefund im Zentrum der Westvierung, Blick von Westen. Die Trachytstufe in der Bildmitte trennt den Ostbereich der Vierung im oberen Bildsegment von der erhöhten Plattform mit dem zentralen Bodenmuster in Quadratform.*

boden sichtbaren Fundamentoberkanten definitiv zum ursprünglichen Gestaltungskonzept, und die Verwendung von Trachyt statt Kalkstein zwischen dem Nordwestquerarm und der westlichen Vierung ist kaum anders als intentionell zu deuten. Auch am Fundament zwischen Vierung und Mittelschiff besteht die obere Quaderlage im Umfeld des nördlichen Pfeilers aus Kalkstein, ist aber darüber hinaus nicht erhalten, das Material also nicht bekannt. Sie war jedoch ebenfalls in den Bodenbelag integriert und ist erst durch eine Bodenerneuerung im Zuge des Einbaus des westlichen Chorgestühls überdeckt worden.[32]

Innerhalb des Vierungsquadrates ist exakt in seinem geometrischen Zentrum durch Abdrücke im Estrich eine aufwendige Bodengestaltung überliefert (Abb. 4). Quadratische und rechtwinklige Dreiecksplättchen, nachgewiesen sind weißer und schwarzer Marmor, fügen sich zu einem komplexen Muster aus eingeschriebenen Quadraten, deren größtes gegenüber den Gebäudeachsen und damit auch der Vierung um 45 Grad gedreht ist.[33] Im Alten Dom ist dieses Muster nur hier beobachtet und angesichts der besonderen Lage gewiss singulär, allenfalls wiederholt in der östlichen Vierung, als symmetrisches Pendant.[34]

Die nach Osten weisende Spitze des Quadrates grenzt an eine flache Trachytstufe (Abb. 5), die vor der oben genannten Bodenerneuerung zwischen dem Kirchenraum und diesem leicht erhöhten Teil der Vierung vermittelt hat.[35] Ausklinkungen im Norden und Süden der rund zweieinhalb Meter langen Stufe weisen sie als Teil einer größeren Struktur aus. Aufgrund der Maße wäre ein das benannte Bodenmuster umschreibendes Quadrat denkbar, wenngleich im Befund nicht erhalten. Insbesondere und davon unbenommen ist aber eine gradlinige Verlängerung der Stufe über die Gesamtbreite der Vierung anzunehmen, im Verlauf und letztlich auch in der Funktion der später hier errichteten Westschranke. So bietet auch eine einfache Stufe eine gewisse Zugangsreglementierung für den westlich anschließenden Raumteil, wo die Treppenaufgänge zum Hochaltarpodium einen zentral gelegenen Abgang zur Krypta flankierten. Letzterer gewährte wohl keinen Zutritt, sondern einen Einblick in die mittlere der drei in die Krypta eingelassenen Kammern. Die Zugänge führten vielmehr aus den Querbauten, von Norden und wohl auch von Süden, in die Krypta hinunter.[36] Sowohl die Krypta als auch das darüberliegende Sanktuarium waren also nicht auf den Raum innerhalb der Apsis beschränkt, sondern weiter nach Westen ausgedehnt, wodurch die Fläche der anschließenden Vierung um einen etwa zweieinhalb Meter breiten Streifen beschnitten ist. Bemerkenswert ist nun, dass der verbleibende Teil der Vierung durch besagte Stufe exakt halbiert wird und innerhalb des erhöhten, der Apsis zugewandten Streifens die zum Altarpodium führenden Treppenaufgänge wiederum entlang der Nord-Süd gerichteten Mittellinie ansetzen.[37]

In diese Geometrie fügt sich auch das oben genannte zentrale Bodenmuster, dessen Ausdehnung als Quadrat problemlos zu rekonstruieren ist und das die Fläche westlich der Linie exakt ausfüllt. Dieser exzeptionell gestaltete Teil des

32 Zu Westschranke B 1874, Chorgestühl mit Bankett B 1102 sowie Bodenerneuerung B 184: Back, Archäologische Befunde [10], S. 79–81.

33 Hiltrud Kier: Der Fußboden des Alten Domes in Köln. Wiederabdruck, in: Otto Doppelfeld, Willy Weyres: Die Ausgrabungen im Dom zu Köln (Kölner Forschungen 1), Mainz 1980, S. 600–613, hier: S. 602, 610–611.

34 Mit Einbau des Ostlettners B 863 ist die östliche Vierung mit Boden B 884 um etwa einen halben Meter erhöht und der Bereich zudem durch die Baugrube B 1326 zum Binnenchorfundament des gotischen Domes gestört worden.

35 Vgl. Anm. [32]. – Zu B 184b: Back, Befundkatalog [10], S. 376.

36 Am Befund überliefert ist der nördliche Zugang. Dort sind von der Treppe B 153 noch zwei Stufen aus Sandstein erhalten (Auftritthöhe 18 cm), die zwischen Innenraum- und dem Kryptaboden vermittelt haben. Die untere Stufe zeigt Schleifspuren einer Doppelflügeltür, von deren Verankerung der Ausbruch eines Türklobens in der östlichen Wange zeugt.

37 Diese Linie ist als Grenze zwischen den Bodenresten B 184 einschließlich dessen partieller Reparatur B 1880 und der Treppenunterfütterung B 1836 am Befund eindeutig definiert. Back, Befundkatalog [10], S. 374, 496, 498 sowie Beilage 3a.

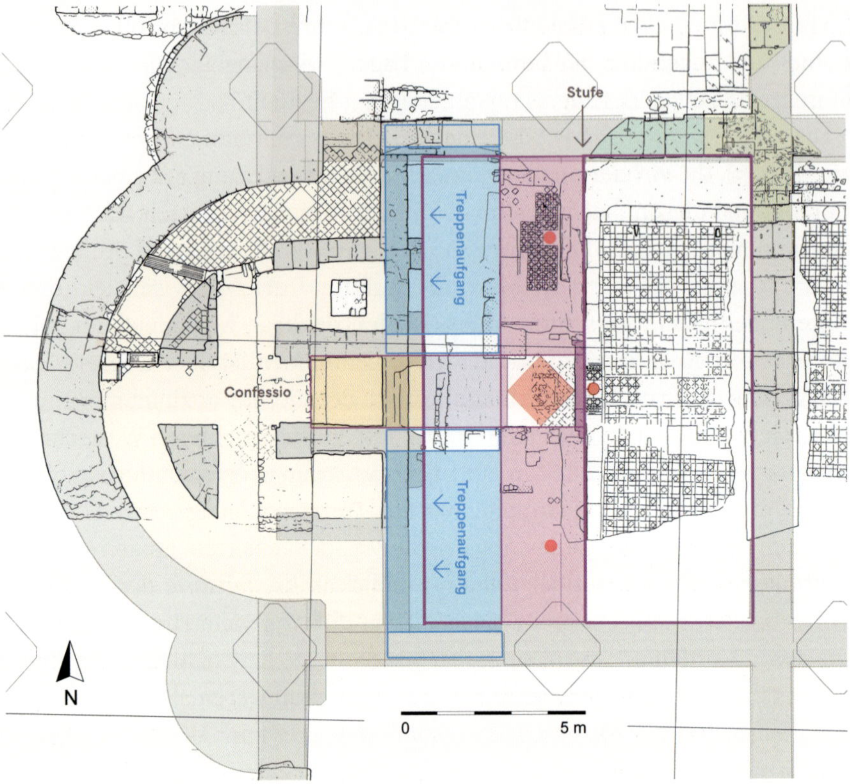

5 | *Westapsis und Westvierung. Der durch die Krypta beschnittene Raumanteil der Vierung (Rahmen magenta) wird durch eine Stufe in Nord-Süd-Richtung halbiert. Von der erhöhten Plattform (magenta) führen Treppen hinauf (blau) zum Altarpodium und hinunter (lila) zur Krypta (orange).*

Fußbodens liegt also nicht alleine im geometrischen Mittelpunkt der Vierung und damit zugleich natürlich in der Mittelachse der Kirche, sondern ist ebenso in die erhöhte, in Nord-Süd-Richtung verlaufende schmale Plattform eingepasst, die Zugang zum Sanktuarium bot. Die Position genau im geometrischen Mittelpunkt des Kreuzungsquadrats von Mittelschiff und Querarmen, also einem Raumabschnitt, der im vollendeten Bauwerk durch Krypta und Podiumstreppe in seiner Ausdehnung beschnitten ist, macht eine antizipierende Planung bereits in dessen Entstehungsphase wahrscheinlich. Gemeinsam mit der Position im vollendeten Raum weist das auch auf einen funktionalen Aspekt hin.[38]

Tatsächlich bietet die Fußbodengestaltung des Alten Domes trotz der rudimentären Erhaltung vielfältige Hinweise darauf, dass sie nicht nur Schmuck war, sondern womöglich Unterstützung bei der regelkonformen Einhaltung der teils sehr komplexen Liturgie bot. Immerhin gelten der kultisch-rituelle Charakter als eines der wesentlichen Elemente der karolingischen Reformen und Fehler im Liturgievollzug geradezu als unverzeihlich.[39] In diesem Sinne mag das Bodenmuster zugleich als Markierung gedient haben, um bei Bewegungen durch den Kirchenraum die korrekte Position im Ablauf der Liturgie auszuweisen. Neben dem beschriebenen Quadrat passen dazu unter anderem die Abdrücke von zwei jeweils in ein Quadrat gefügten kreisförmigen Scheiben von etwa 0,3 m Durchmesser, die ebenfalls in der westlichen Vierung gefunden wurden. Angesichts der sonst linear geprägten Bodenmuster stechen hier selbst kleine Kreise deutlich heraus, auch ohne Kenntnis des mutmaßlich kostbaren Materials.[40] Einer der Kreise liegt innerhalb des durch seine außerordentlich kleinteilige Gestaltung ausgezeichneten Bodenfeldes am Fuß des nördlichen Treppenaufgangs.[41] In lichtem Abstand von etwa 1,15 m zur untersten Stufe zeigt diese Markierung innerhalb der erhöhten Plattform offenbar die Mitte der Freitreppe an. In entsprechender Position ist der südliche Kreisabdruck in den Abbildungen ergänzt.[42] Der zweite erhaltene Kreisabdruck ist an noch prägnanterer Stelle, in der Mittelachse der Kirche, gefunden worden. Dort liegt er östlich der Plattform, unmittelbar vor der Trachytstufe. Er gehört demnach zu dem später erneuerten Bodenfeld und markiert innerhalb des nun egalisierten Bodenniveaus die Mitte des Durchgangs in der hier ebenfalls neu errichteten Schranke.[43] Gerade in einer derart auffälligen Position wie auch bei besonderen Materialien oder Mustern ist natürlich die Verwendung von Spolien der Ursprungsgestaltung, womöglich sogar in gleicher Lage, in Betracht zu ziehen.[44] Daneben unterstreicht die im Spektrum der Bodenplatten und -plättchen durchaus häufige Verwendung römischer Spolien die Regelhaftigkeit von Recycling, wenn nicht sogar antikes Material bewusst gewählt wurde, um die lange Tradition des Bauwerks wie auch der dahinterstehenden Institution herauszustellen.

38 So bereits von Kier erwogen. Kier [33], S. 610.
39 Alfred Ehrensperger: Karolingische Liturgiereformen, o. O. 2006, https://www.gottesdienst-ref.ch/perch/resources/03-03-01-karolingische-liturgiereformen-kopie.pdf [10. September 2025], S. 7.
40 Zu Porphyrscheiben als Standortmarkierung: Kier [31], S. 25.
41 Erstmals publiziert 2024 durch Dorothea Hochkirchen im Rahmen einer detaillierten digital generierten Innenraumrekonstruktion des Alten Domes um 1000, die auch eine Interpretation des Bodens einschließt: https://www.koelner-dom.de/rundgang/themenrundgang-der-alte-dom/westapsis [10. September 2025]. – Der 2012 publizierte Gesamtplan zum Alten Dom zeigt innerhalb des Bodenmusters bei West 23,70/Nord 2,90 lediglich die quadratische Aussparung, welche die zu ergänzende Kreisform umgibt. Back, Archäologische Befunde [10], Beilage 3. – Vgl. Anm. [2].
42 Anders Hochkirchen [41]. Sie vermutet schmale Treppenaufgänge und deutet die Kreisform als wiederkehrendes Muster innerhalb einer, durch die Spiegelung nachgewiesener Muster erzeugten, großflächigen Ornamentierung, die den tatsächlichen Befund jedoch nicht umfassend berücksichtigt.
43 Vgl. Anm. [32].
44 Hier greift die Verfasserin eine Idee von Hochkirchen [41] auf, die Segmente der späteren Bodenerneuerung als wiederverwendete Teilstücke des älteren Bodens deutet.

6 | *Georg Osterwald, Innenraum der ehemaligen Sakristei (heute Sakramentskapelle), Detail. Köln, Wallraf-Richartz-Museum, Inv.-Nr. WRM 3025*

Die Feststellung, dass der Bodenbelag des Alten Domes insbesondere im Bereich der aufwendigen Opus-sectile-Felder nahezu komplett verloren ist, belegt die Wertschätzung des offenbar kostbaren Materials auch während der gotischen Bauzeit. Obwohl der Verbleib der Bodenplatten nicht bekannt ist, sei ein Gemälde von Georg Osterwald in Erinnerung gebracht (Abb. 6).[45] Es zeigt den Innenraum der Sakramentskapelle inklusive ihres recht detailliert dargestellten Bodens. Der nicht erhaltene Belag stimmt in der Gesamtkonzeption mit keinem der aus dem Alten Dom überlieferten Muster überein. Die Einzelformen der Platten zeigen jedoch eine deutliche Ähnlichkeit zu den Formen und Mustersegmenten, die anhand der Bodenreste in dessen östlicher Vierung überliefert sind.[46] Ein faktischer Zusammenhang ist damit gleichwohl nicht zu belegen.

Anders verhält es sich mit der Grabplatte des Kölner Erzbischofs Gero (Abb. 7), der im Jahr 979 im Alten Dom bestattet wurde, nach Auskunft des Thietmar von Merseburg in der Mitte der Kirche. Und wirklich wurde knapp östlich der Gebäudemitte eine offenbar geleerte Grabgrube aufgefunden und seither als erster Bestattungsort Geros angesehen.[47] Mit Abriss der Osthälfte des Al-

7 | *Grabplatte des Erzbischofs Gero. Köln, Dom, Stephanuskapelle*

ten Domes wurde das Grab wohl 1248 gehoben und nach zeitweiliger Unterbringung in der Westkrypta um 1265 in die Stephanuskapelle des gotischen Domes überführt, wo es sich, versehen mit einer damals aus Trachyt neu errichteten Tumba, noch heute befindet.[48] Die Tumba trägt eine Deckplatte aus rotem Sandstein, in die ein kleinteiliges Opus-sectile-Muster aus verschiedenen Schmucksteinen, meist Varietäten roten und grünen Porphyrs, und weißem Marmor eingelassen ist. Eingedenk ihrer Datierung in das 10. Jahrhundert wird die Platte als ursprüngliche Grabplatte Geros angesehen und am Ort der ausgeleerten Grube im Rahmen von Rekonstruktionsvorschlägen meist ebenerdig in den Bodenbelag integriert.[49] Die These einer Tumba bereits im Alten Dom wurde neuerdings zur Diskussion gestellt.[50]

Teilrekonstruktion des zentralen Mittelschiffbodens

Das mutmaßliche Gerograb befindet sich in einem Bereich des Alten Domes, der seitens der Verfasserin bereits früher einer detaillierten Analyse unterzogen wurde. Das Hauptaugenmerk galt damals dem potenziellen Aufstellungsort der 1164 nach Köln verbrachten Reliquien der Heiligen Drei Könige, der anhand

45 Freundlicher Hinweis von Matthias Deml, Dombauarchiv.
46 Zu Boden B 884: Back, Befundkatalog [10], S. 436–437.
47 Otto Doppelfeld: Die Domgrabung XV. Stand der Ausgrabungen 1963, in: Doppelfeld, Weyres [33], S. 392–409, hier: S. 400.
48 Paul Clemen: Der Dom zu Köln (Die Kunstdenkmäler der Rheinprovinz, 6.3. Die Kunstdenkmäler der Stadt Köln 1,3), ²1938, S. 258–259. – Klaus Hardering: Rheinische Reliquientumben, in: KDbl. 64, 1999, S. 55–88, hier: S. 55–59. – Otto Doppelfeld: Stand der Grabungen und Forschungen im Alten Dom von Köln, in: Doppelfeld, Weyres [33], S. 139–158, hier: S. 157.
49 Doppelfeld [47], S. 400. – Kier [33], S. 604. – Willy Weyres: Die vorgotischen Bischofskirchen in Köln (Studien zum Kölner Dom 1), Köln 1987, S. 189–190. – Zuletzt Back [2], S. 115 mit weiterer Literatur.
50 Hochkirchen [41].

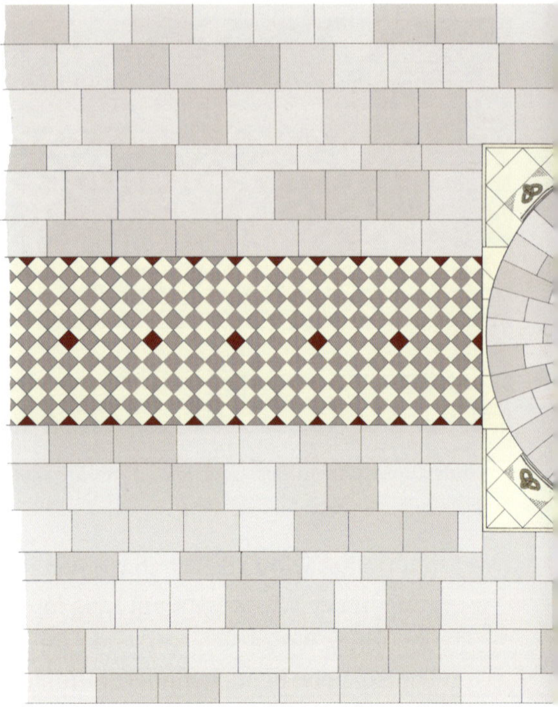

8 | *Teilrekonstruktion des Mittelschiffbodens im Zentrum des Langhauses*

einer Teilrekonstruktion des Bodens vergegenwärtigt werden sollte.[51] Dabei war der ausschlaggebende Befund aus einer Reihe kleiner Löcher im Fußboden der Kirche bemerkenswert unscheinbar, doch stützt deren Lage und Anordnung die Interpretation als Gitterstandspur um den Reliquienstandort.[52] Gemeinsam mit Fugenabdrücken im Estrich, bei teils unterscheidbaren Mörtelmischungen, sowie den wenigen in situ dokumentierten Steinplatten, ergänzt durch einzelne Plattenfragmente aus dem Fundbestand, dienen sie als Basis für die Rekonstruktion eines etwa 10 Meter breiten und 25 Meter langen Streifens des Mittelschiffbodens, dessen grundsätzliche Struktur bereits seit Langem bekannt ist.[53] Demnach besteht der Bodenbelag aus ungleichmäßigen, der Längsachse des Gebäudes folgenden Bahnen großformatiger Trachytplatten, die einen aufwendig

51 Ulrich Back: Die Reliquien der Heiligen Drei Könige im Alten Dom, in: Caspar, Melchior, Balthasar. 850 Jahre Verehrung der Heiligen Drei Könige im Kölner Dom, hg. von Leonie Becks, Matthias Deml, Klaus Hardering, Ausstellungskatalog, Köln 2014, S. 22–27. – Katalog, in: ebd., Kat.-Nr. I 7, S. 54 (Ruth Stinnesbeck), Kat.-Nr. I 8, S. 55 (Ruth Stinnesbeck). Die an der Westseite beschnittene Abbildung ist in einer vollständigen und großformatigen Version im Grabungsgelände unter dem Dom ausgestellt. – Hochkirchen [41] übernimmt die Rekonstruktion weitgehend, weicht jedoch in Details, darunter dem Mittelstreifen, der Größe der Mittelrosette sowie der Gestaltung des Gerograbes, davon ab.

52 Eine entsprechende Deutung von B 184l zuerst bei Kier [33], S. 604–606.

53 Kier [33], Falttaf. 1 und 2.

und kleinteilig gestalteten Mittelstreifen umfassen (Abb. 8). Darin ist ein deutlich breiteres Quadrat mit eingeschlossener Kreisform integriert, welche die Mitte des Alten Domes kennzeichnet. Die Befunderhaltung steht allerdings hinter anderen Flächen zurück, und zudem haben massive Störungen vornehmlich durch den gotischen Neubau den fraglichen Bereich vollständig isoliert.[54] Letzteres hat offenbar während der Freilegung Vermessungsprobleme begünstigt, auf die bisher nur summarisch verwiesen wurde.[55] Da sie aber für die Dokumentation und korrekte Verortung der Befunde von essenzieller Bedeutung sind, soll die recht komplexe Genese und Herleitung der hier erneut abgedruckten Rekonstruktion im Folgenden etwas detaillierter vorgelegt werden.

Die Vermessung

Das relevante Areal ist nicht im Zuge einer großflächigen Maßnahme, sondern im Rahmen mehrerer kleinteiliger Untersuchungen zwischen 1946 und 1963 aufgedeckt und dokumentiert worden. Die dabei entstandenen Originalzeichnungen

54 Neben den weit ausgreifenden Fundamenten des Binnenchores im Norden und Süden liegt westlich das Fundament der provisorischen Abschlusswand des Chores B 801.1 und östlich die frühneuzeitliche, später erweiterte Bischofsgruft B 202/203.

55 Back [51], S. 25, Anm. 4. – Ausführlich hinterlegt im Archiv der Domgrabung.

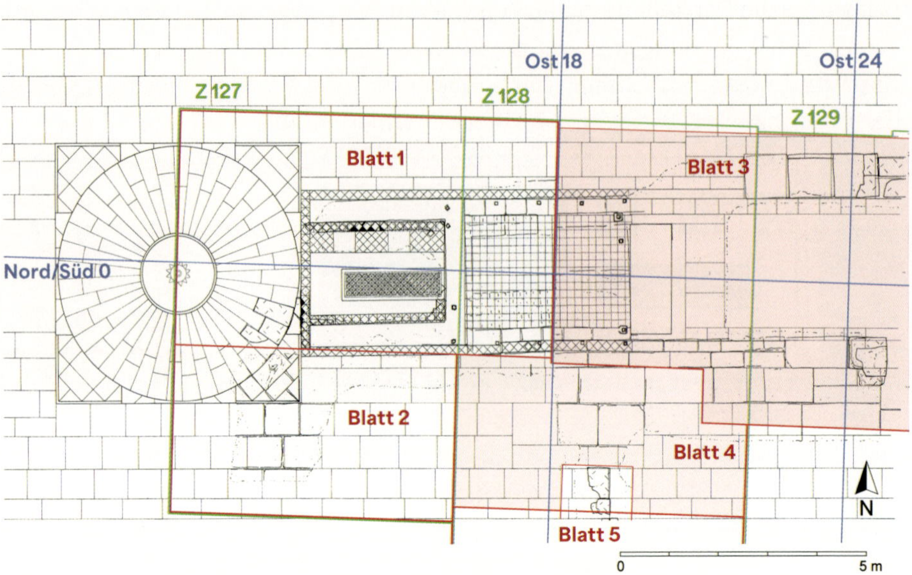

9 | *Die zeichnerische Dokumentation zum Fußboden in der Mitte des Alten Domes und ihre Segmentierung, eingebettet in den erhaltenen und rekonstruierten Befund. Blau: Lage im Koordinatensystem der Grabung; rot: Einzelblätter der Originaldokumentation; grün: unter der Bezeichnung Z 127–Z 129 archivierte Montage der Originaldokumentation*

wurden im Laufe der Jahre zu größeren Segmenten zusammengefügt, teilweise überlappend durch Klebung fixiert und später – entlang neuer Linien – wieder auseinandergeschnitten (Abb. 9).[56] Zwischenzeitlich erfolgten Nachträge und insbesondere Korrekturen des Messsystems, die offenbar erforderlich waren, stimmen sie doch in Bezug auf die ebenfalls korrigierten tiefer liegenden und heute noch erhaltenen älteren Befunde exakt mit dem modernen Aufmaß überein.[57]

Die Notwendigkeit einer erneuten Revision der damaligen Korrektur ist anhand der bereits erwähnten Gitterstandspuren aufgefallen. Die vier erhaltenen Standpunkte der Nordseite sind in den älteren Publikationen jeweils in einer Flucht liegend dargestellt, weisen jedoch in der Zeichnungsmontage auf Z 128 – und damit auch in jüngeren Publikationen – einen Versprung auf.[58] Offenbar waren die auf der Linie Ost 18 aneinandergrenzenden Einzelblätter auf unterschiedlichen Nord-Süd-Werten zusammengefügt worden.[59] Trotz der Überarbeitung und Radierung sind die ursprünglichen Messlinien weitgehend rekonstruierbar und zeigen Änderungen sowohl in Nord-Süd- als auch in Ost-West-Richtung. Allerdings ist nicht das gesamte Areal in gleicher Weise überarbeitet worden. Folglich wurde die Darstellung der an den Nahtstellen gelegenen und gegeneinander verschobenen Befunde mitunter modifiziert.[60] Eine komplette Rückführung der Korrektur wäre schon deshalb kaum praktikabel und keinesfalls sinnvoll, zumal die ursprüngliche Vermessung ja offenbar fehlerhaft war. Vielmehr ist also die vom Ausgräber vorgenommene Korrektur grundlegend zu akzeptieren. Ferner ist vorauszusetzen, dass die während der Ausgrabung in einem Zuge und gemeinsam auf einem Blatt dokumentierten Befunde in der korrekten Lage zueinander erfasst sind. Daher wurde insbesondere die Relation der Einzelblätter zueinander einer genaueren Prüfung unterzogen. Ihre Lage ist in Abbildung 9 zusammengestellt. Hier fiel auf, dass auf Blatt 3 zwar eine Korrektur der Vermessung eingetragen ist, aber nicht zur Anwendung kam. Auf dem westlichen Anschlussblatt 1 hingegen wurden die Messlinien um 1,2 cm nach Norden und um 0,5 cm nach Westen verschoben, die Befunde dadurch nach Süden beziehungsweise Osten versetzt.[61] Exakt dieselbe Korrektur hat auch in der tieferen Ebene stattgefunden und stimmt mit der heute noch nachprüfbaren Lage der Befunde überein. Allerdings reicht die Überarbeitung der Vermessung in der tieferen Ebene bis annähernd Ost 24, also deutlich weiter nach Osten.[62] Demnach war es nur legitim, diese Korrektur auch in Bezug auf die höher gelegenen Befunde, darunter den Boden des Alten Domes, zu vervollständigen und Blatt 3 ebenfalls nach Süden zu ziehen beziehungsweise die Messlinien um 1,2 cm nach Norden zu versetzen. Dies ist konsequenterweise für alle auf dem Blatt dokumentierten Befunde

56 Der zentrale Bereich mit den Resten der Rosette und dem östlich anschließenden Bereich inklusive der Gitterstandspuren ist heute in der Domgrabung inventarisiert unter Z 127, aus zwei Einzelblättern, und Z 128, aus vier Einzelblättern zusammengesetzt. Dabei besteht die Nahtstelle zwischen Z 127 und Z 128 im Wesentlichen aus einem ursprünglich durchgehenden, jetzt aber zerschnittenen Blatt. Weiter östlich folgt Z 129.

57 Für das hier besprochene Areal zeigen Z 122 und Z 123 die Originalaufnahme der tieferen Ebene, deren Neudokumentation auf Z 1983, Z 1986, Z 1987, Z 2018, Z 2019 vorliegt.

58 Zum Beispiel Doppelfeld [47], Taf. 2, sowie Kier [33], Falttaf. 1, zeigen den Befund noch linear. – Bereits Willy Weyres: Die Domgrabung XX. Wiederabdruck, in: Doppelfeld, Weyres [33], S. 685–721, hier: S. 689, Abb. 2, sowie Weyres [49], S. 185, Abb. 147, S. 193, Abb. 152b, und zuletzt Back, Archäologische Befunde [10], Beilage 3b, bilden den verschobenen Befund ab.

59 Der Versprung beträgt 1,2 cm, was bei dem zugrunde liegenden Maßstab von 1:20 immerhin 24 cm entspricht. Bis heute derart fixiert als Z 128.

60 Festzustellen beispielsweise bei den zwischen Ost 24–27 und Nord 2–3 erfassten Trachytplatten. Sie sind auf ursprünglich zwei Blättern mit Anschlussstelle bei Ost 26 dokumentiert, die heute zu Z 129 zusammengefügt sind. Das westliche Blatt blieb in Ost-West-Richtung unverändert, während auf dem östlichen Blatt das Messsystem um 1 cm (entspricht 20 cm) nach Osten versetzt ist. Vermutlich in diesem Zusammenhang wurde die Ostkante der mittleren Trachytplatte ausradiert und um 1 cm nach Westen versetzt. Damit ist sie gegenüber älteren Publikationen von 1,40 m Länge auf 1,20 m geschrumpft. – Vgl. Anm. [56].

61 Daraus resultierte der oben genannte Versprung der Gitterstandspuren. Alle anderen Strukturen fügen sich trotz der Verschiebung – erstaunlicherweise – hervorragend aneinander.

62 Um den Anschluss an das nächste Blatt zu wahren, ist bei Ost 23,80 auf Z 123 die Nordflucht des Frauengrabes ausradiert und an neuer Stelle wieder eingezeichnet worden.

auch jenseits von Ost 24 durchgeführt worden.[63] Die Lage in Ost-West-Richtung wurde unverändert beibehalten. Auf den im südlichen Anschluss gelegenen Blättern 2 und 4 sind keine älteren oder alternativen Vermessungsspuren vorhanden. Daher ist es nur naheliegend, die als Z 127 fixierte Relation der Blätter 1 und 2 zu wahren.[64] Andererseits war aufgrund der nun durchgeführten Verschiebung von Blatt 3 die Lage von Blatt 4 genauer zu prüfen. Diesbezüglich aussagekräftig ist ein heute unter der Ostkante von Blatt 2 klebender, circa 3,5 cm breiter Streifen von Blatt 4, der tatsächlich einen Versatz von 0,5 cm (entspricht 10 cm) offenbart.[65] Für die Rekonstruktionsvorlage ist Blatt 4 also entsprechend nach Süden gezogen worden. Lediglich die im Übergang zu Blatt 5 erfassten Trachytplatten blieben an ihrem alten Platz, da sie durch eine Grabungsgrenze von den übrigen auf Blatt 4 eingetragenen Befunden abgegrenzt sind und wohl erst später nachgetragen wurden.[66]

Die Teilrekonstruktion von 2014

Die Rekonstruktion (Abb. 8) umfasst einen Teil des Mittelschiffbodens – ohne dessen Randbereiche im Norden und Süden. Großformatige Trachytplatten – manche in situ erhalten, andere in Abdrücken im Estrich überliefert – verlaufen in Richtung der Gebäudeachse in Bahnen unterschiedlicher Breite, deren Maß teils über weite Strecken adaptiert wurde. Sie flankieren einen Mittelstreifen in mutmaßlich aufwendiger Gestaltung. Er wird als Zierelement gleicher Breite über nahezu die gesamte Gebäudelänge angenommen. Daher sollte er in der Rekonstruktionsfläche erfasst sein, obwohl die Darstellung unspezifisch bleiben muss, weil der Befund in diesem Areal weiträumig verloren ist. Auch das zentrale Schmuckelement des Fußbodens ist nur knapp der vollständigen Zerstörung entgangen. Das Kreisornament besteht – soweit feststellbar – aus radial verlegten Trachytplatten, von denen zumindest drei, teils fragmentarisch, in situ erhalten waren. Der restliche Befund war großflächig gestört. Da die Platten

63 Die schon genannten Trachytplatten zwischen Nord 2 und Nord 3 (vgl. Anm. [60]) sind erst 1963 untersucht worden, nachdem alle westlich gelegenen Befunde längst abgeräumt waren. Trotz Dokumentation auf demselben Blatt bleibt fraglich, welche Vermessung zugrunde liegt, weshalb ihre Lage aus heutiger Sicht nicht mehr zu beurteilen ist.

64 Die bereits für Blatt 1 festgestellte Ost-West-Verschiebung um 0,5 cm (entspricht 10 cm) ist auch bei Blatt 2 erfolgt. Dies fällt auf im Vergleich mit der Detailaufnahme Z 142, deren Originalkoordinaten beibehalten wurden. Sie belegen die ansonsten unveränderte Einmessung von Blatt 2.

65 Dieser verdeckte Streifen ist von anschließenden Überarbeitungen verschont geblieben. Hier zeigt die Nordausdehnung des gotischen Fundamentes B 379 und der Übergang zur zugehörigen Baugrube B 1306, dass Blatt 4 im Verhältnis zu Blatt 2 um 0,5 cm zu hoch, also zu weit nördlich, fixiert wurde.

66 Für eine korrekte Vermessung in diesem Teil der Dokumentation sprechen die weiter südlich gelegenen Befunde B 831 und B 976. Ihre Lage in Planum Z 128 stimmt mit derjenigen in Profil Z 632 überein, welches auch das südliche Mittelschifffundament B 331 des Alten Domes korrekt zeigt.

lediglich 16 bis 19 Grad der äußeren Kreiskontur abdecken, war der Kreisdurchmesser nicht ohne Weiteres ablesbar und ist im Verlauf der Forschungsgeschichte mit unterschiedlichen Werten angegeben worden. Bei Aufdeckung wurde zur Ermittlung des Durchmessers zunächst die Flucht der bis zu 80 cm langen radialen Plattenkanten verlängert, um über ihren Schnittpunkt die Kreismitte zu bestimmen.[67] Erst mit der späteren Ausdehnung der Grabungsfläche Richtung Süden wurde die Südostecke eines den Kreis umschreibenden Quadrates aufgedeckt. Damit ist eine deutlich präzisere Größenrekonstruktion möglich.[68] Ausgehend von einem axial gelegenen Mittelpunkt beläuft sich demnach der Kreisdurchmesser auf 5,05 m. Der dokumentierte Befund deutet auf ein Muster aus größeren und kleineren, alternierend verlegten Platten, welches auf die gesamte Kreisaußenseite übertragen wurde. Zur Mitte hin sind die Kreissegmente in der Rekonstruktionszeichnung lediglich verlängert. Dabei wurde eine Unterteilung der einzelnen Radialstreifen in realistische Plattengrößen bewusst vermieden, um in diesem zentralen Bereich kein Muster ohne entsprechende Grundlage anzudeuten. Die radialen Trachytplatten sind bis zu einem konzentrischen, rot hervorgehobenen Ring von circa 1,50 m Durchmesser geführt, der aufgrund eines Plattenfragments aus dem Fundbestand eingefügt wurde. Die Abnutzungsspuren der Oberfläche weisen den ringsegmentförmigen Stein aus rotgrundigem »Africano« als Teil eines Bodenbelages aus.[69] Die Fundlage in den gotischen Auffüllschichten des Südturmfundamentes stützt eine potenzielle Zugehörigkeit zum Alten Dom. Der Ring ist als Ornamentdetail konzentrisch in die Rekonstruktion gesetzt, da nur hier eine große Kreisform belegt und sinnvoll in das Bodenmuster zu integrieren ist. Aus diesem Grund wird auch das zentrale Blumenmuster inklusive des mittig positionierten Ringes hier lokalisiert. Beide Elemente werden ebenfalls anhand verlagerter Bodenplättchen rekonstruiert. Von dem Blumenmuster liegt eines der Blätter aus Kohlenkalkstein vor.[70]

67 Diese Linien sind auf der Originaldokumentation (Z 127) gestrichelt eingetragen. Eine Durchzeichnung der Befunde, Z 974, noch vor Aufdeckung der Südostecke des die Rosette einschließenden Quadrates, belegt die kreissegmentförmigen Trachytplatten als Grundlage für die auf 5,54 m Durchmesser rekonstruierte Kreisgröße.
68 Dennoch wurde der Kreisdurchmesser in den älteren Publikationen weiterhin mit circa 5,50 m angegeben. – Beispielsweise hat 1963 Doppelfeld [47] Blatt 1 mit dem Kreissegment hinsichtlich der Lage noch nicht korrigiert, zeigt aber die Ecke auf Blatt 2 in ihrer aktuellen Position. – Kier [33] hat hingegen 1971 die Korrektur von Blatt 1 bereits durchgeführt, diese jedoch auf Blatt 2 erweitert. – Weyres [58] bietet 1987 mit einem Durchmesser von 5,40 m (S. 185, Abb. 147) beziehungsweise 5,05 m (S. 193, Abb. 152b, S. 222, Abb. 170) verschiedene Varianten, kommt aber letztendlich zu dem hier ermittelten Maß.
69 Der Stein Inv.-Nr. 5/48818 aus F 1958 ist 3,6 cm breit und noch 10,8 cm lang. Hochkirchen [21], S. 612.
70 Hochkirchen [21], S. 598–599, zu Inv.-Nr. 1/10733 aus F 338. Das Plättchen wurde über Boden B 184 des Alten Domes geborgen, etwa 10 m östlich seiner rekonstruierten Position, aus der Aufschüttung unter dem gotischen Chor. Die Oberfläche zeigt Kratz- und Begehungsspuren.

Seine konkave Innenkante kann zu einem Kreis von circa 33 cm Durchmesser und demnach zu einer zwölfblättrigen Blume ergänzt werden. Der zentrale Ring aus weißem Carraramarmor hat einen Außendurchmesser von 12,5 cm.[71] Aufgrund der geringen Größe wäre für ihn durchaus eine andere Lokalisierung im Bodenmuster denkbar, jedoch nicht zu belegen.[72] Abgesehen von den dargestellten Details steht eine reichhaltigere Ornamentierung der zentralen Fläche im Umfeld des Blumenmusters außer Frage, ist aber in Ermangelung entsprechender Funde nicht in die Rekonstruktion eingeflossen.[73] Tatsächlich ist für das gesamte Kreisornament eine weitaus aufwendigere Gestaltung in Betracht zu ziehen, zumal der Trachytplattenbelag nur für die äußeren 80 cm des Kreisradius belegt ist (Abb. 10). Würde man bereits hier einen Musterwechsel annehmen, ergäbe sich – mit der Akzentuierung durch den roten Ring – für das Gesamtornament ein Aufbau aus drei konzentrisch angeordneten Ring- beziehungsweise Kreisflächen etwa gleicher Radiallänge.

Das den großen Kreis umschreibende Quadrat ist anhand seiner Südostecke erfasst, mit dem als Kreistangente nach Norden auslaufenden Zwickel. Letzterer war teilweise noch mit passgenau gearbeiteten Platten aus grobkristallinem weißem Marmor belegt.[74] Auch für den Eckbereich sind durch das Mörtelbett rechteckige und dreieckige Platten bezeugt (Abb. 11), deren zum Kreis gelegene Kanten ebenfalls konkav gestaltet gewesen sein müssen. Ein Materialnachweis steht hier allerdings aus. Daneben war ein etwa plattengroßer Teil der an die Rundung grenzenden Fläche mit einem Stiftmosaik ausgestaltet. Von diesem lagen noch 44 zumeist schwarze und braune, vereinzelt auch grüne und graue Steine, in Andeutung eines bandförmigen Musters, beisammen.[75] Die Spuren sind jedoch zu gering, um die Darstellung oder auch nur ihren Charakter näher zu identifizieren. Zwar ist die Lage der angetroffenen Steine passgenau in die Rekonstruktion eingeflossen, doch bleiben das eingesetzte Ornament sowie die Gesamtgestaltung

71 Inv.-Nr. 3/22393 und Inv.-Nr. 3/22394 aus F 171/04. Beide Fragmente passen aneinander und zeigen eine abgenutzte, zerkratzte Oberfläche. Hochkirchen [21], S. 581.

72 Die von Hochkirchen [21], S. 581, erwogene Zugehörigkeit zu dem kreisförmigen Motiv östlich der Westkrypta ist aufgrund der Fundlage in der Aufschüttung unter dem gotischen Chor auszuschließen. Neben den oben genannten Befunden aus der Westvierung und der zentralen Rosette sind Kreismuster im Boden des Alten Domes lediglich aus der östlichen Vierung bekannt, wo sie als wiederkehrendes Ornament von jeweils circa 20 cm Durchmesser an Boden B 884 belegt sind.

73 Vergleichsbeispiele sind bei Kier [31], S. 192–195, zusammengestellt.

74 Platte stark fragmentiert unter F 305/03 geborgen, darunter Inv.-Nr. 1/010814, 1/010818, Hochkirchen [21], S. 595–596.

75 Im Maßstab 1:1 auf Z 142 dokumentiert und teilweise geborgen, Inv.-Nr. 1/011904 aus F 303/01.

76 Der Streifen ist nur im südlichen Befundsegment auf etwa einem Meter Länge erhalten. Richtung Süden wurde ein Mustersegment ergänzt, um an den noch zu schildernden äußeren Rahmen anzuschließen.

77 Die Unregelmäßigkeiten des Befundes, so der Richtung Nordosten leicht aus der Flucht ziehende Verlauf des Südstreifens, sind in die Rekonstruktion übernommen.

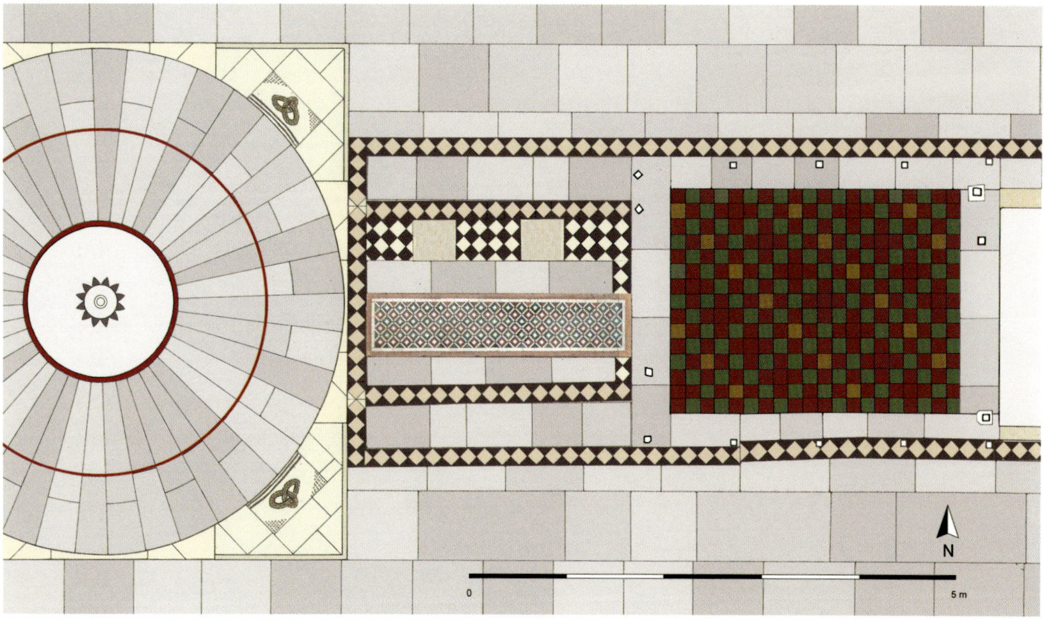

10 | *Detail aus Abb. 8 mit alternativer Variante für das zentrale Kreisornament und das angrenzende Gerograb*

der Mosaikflächen rein hypothetisch. Dies gilt ebenso für den schmalen Umfassungsstreifen, mit dem die Außenkontur des Quadrates in den Eckbereichen abgesetzt ist. Er wurde eingefügt, weil die Ostkante des Quadrates im Mittelteil direkt an das benachbarte Bodenfeld anschließt, zur Ecke hin jedoch nicht fluchtet, sondern parallel leicht zurückversetzt ist, womöglich infolge der oben beschriebenen Vermessungsproblematik. Im Süden folgt zwischen dem Quadrat und den angrenzenden großformatigen Plattenabdrücken zudem eine mit 6 cm recht breite Fuge, deren Maß zu dem über Eck gelegenen Fluchtversprung passt und als Grundlage für den Umfassungsstreifen gewählt wurde.

An das zentrale Quadrat schließt nach Osten ein langrechteckiges Bodenfeld an, dessen Muster von zwei ineinander gestaffelten Umrandungen beherrscht wird. Die innere Einfassung ist anhand zahlreicher Platten belegt, deren teils starke Abnutzung Richtung Osten zunimmt. Die 18–20 cm breiten Streifen setzen sich aus Dreiecken und Quadraten zusammen. Jeweils vier gleichschenklige, mit dem rechten Winkel nach außen weisende Dreiecke aus schwarzem Stein umfassen eine quadratische helle Marmorplatte, wohl meist hellgrau oder weiß, zuweilen rosa, und sind in dieser Form als wiederkehrendes Muster zu Streifen aneinandergefügt. Ein derart gestalteter Streifen begleitet die Ostkante des zuvor geschilderten großen Quadrates, reicht jedoch nicht bis zu dessen Ecke.[76] Symmetrisch zur Mittelachse des Gebäudes laufen von hier aus zwei identisch aufgebaute Streifen als innerer Rahmen rund 2,70 m Richtung Osten.[77]

11 | *Bodenbefund der Süd-Ost-Ecke des Quadrates um den großen Mittelkreis mit Resten des Mosaikfeldes, Blick von Westen. Köln, Domgrabung*

Sie umschließen eine annähernd rechteckige, in Nord-Süd-Richtung etwa 1,60 m breite Fläche, die nach Osten an einer geraden Kante endet. Entlang dieser Kante ist das Rahmenmuster jedoch nur partiell am Südende belegt, nördlich gefolgt von den Fragmenten einer 0,60 m breiten Steinplatte. Sie markiert das Ostende der lang gestreckten Grube, die bereits Otto Doppelfeld als leer geräumte erste Grabstelle Geros angesehen hat. Die heute im gotischen Dom aufbewahrte Grabplatte Geros zeigt, wie oben beschrieben, ein Opus-sectile-Muster in einer Trägerplatte aus rotem Sandstein. Sowohl die Mosaikplatte als auch die Trägerplatte haben offenbar eine Beschädigung einer der Schmalseiten erfahren, die über die gesamte Breite ergänzt ist. Dies ist bemerkenswert, weil die Trägerplatte in der Breite mit den in situ dokumentierten Plattenfragmenten übereinstimmt.[78] Obwohl die Zuweisung letztendlich unsicher bleiben muss, weil keine eindeutige Materialbestimmung vorliegt und die Stücke anscheinend nicht geborgen wurden, ist die Gerograbplatte in der Rekonstruktion mit ihrer beschädigten Schmalseite deckungsgleich über den dokumentierten Plattenfragmenten positioniert. Damit fügt sie sich zunächst wenig harmonisch in das umgebende Bodenfeld ein, das von der Mittelachse ausgehend symmetrisch verläuft, während die Grabplatte nach Süden gerückt ist. Sie befindet sich so allerdings nicht nur genau über der Grabgrube, sondern ihre Nordflanke kommt zudem exakt entlang der Mittelachse zu liegen. Das weist weniger auf eine zufällige als vielmehr auf eine absichtliche Positionierung.[79] Neben einer – angesichts der exzeptionellen Lage – potenziellen Demutsbekundung entspricht die Ausrichtung seitlich zur Mittelachse der oben geschilderten Beobachtung hinsichtlich der Lage der Portale. Des Weiteren belegt die Reparatur der Grabplatte, dass ihre heutige Länge nicht der ursprünglichen entsprochen haben muss. Womöglich hat die Beschädigung ein längeres Segment der offenbar stärker durch Begehung beanspruchten Ostseite umfasst. Eine längere Platte hätte innerhalb des Musterfeldes weiter nach Westen gereicht, ebenso wie die 2,50 m lange Entnahmegrube der mutmaßlichen Grabstätte. Eine Kürzung der heute noch 2,08 m langen Platte könnte zudem den nicht symmetrischen Musterverlauf entlang der Schmalseiten erklären.

78 In der Grabungszeichnung Z 127 sind die Reste der Steinplatte mit einer sehr zart eingetragenen, engen Schraffur gekennzeichnet. Eine Schraffur steht für Grauwacke, wohingegen Rotsandstein eine gepunktete Schraffur erfordern würde.

79 Nur wenige Bestattungen liegen im Innenraum des Alten Domes, dort unter anderem sehr prominent am Ostende des Mittelschiffs. Keine liegt in der Mittelachse. Back, Archäologische Befunde [10], Beilage 6. – Zur dezentralen Lage von Gräbern im Kirchenraum: Barbara Scholkmann: Normbildung und Normveränderung im Grabbrauch des Mittelalters – Die Bestattungen in Kirchen, in: Prozesse der Normbildung und Normveränderung im mittelalterlichen Europa, hg. von Doris Ruhe, Karl-Heinz Spieß, Stuttgart 2000, S. 93–117, hier: S. 105.

Die parallel zur Grabplatte im Norden und Süden angrenzenden Streifen sind bei ähnlicher Breite hinsichtlich ihrer Gestaltung nicht zu erschließen. Nördlich folgt im Abstand von circa 0,32 m – abgesetzt durch eine deutliche Kante – ein Feld, dessen vorgeschlagene Flächeneinteilung und Musterung auf einzelnen quadratischen Plattenabdrücken sowie Mörtelstegen beziehungsweise erhöhten Mörtelflächen beruht.[80] Unter Einbeziehung des Rahmens, dessen Muster aufgegriffen wird, ergeben sich drei in Ost-West Richtung jeweils etwa 0,70 m lange Felder aus diagonal angeordneten quadratischen Platten, abgetrennt durch zwei schmalere, annähernd quadratische Flächen ohne nähere Spezifizierung. Lediglich die östliche ist als leicht erhöhte Mörtelfläche dokumentiert.[81] Das westliche der drei gemusterten Felder ist als alternierende Ergänzung eingefügt worden, bleibt aber sowohl in Bezug auf das Muster als auch die Ausdehnung nach Süden rein hypothetisch. Das gesamte, von dem inneren Rahmen umschlossene Bodenfeld ist im Norden, Osten und Süden von einer leicht erhöhten und deutlich abgesetzten glatten Mörtelfläche von umlaufend etwa 0,40–0,44 m Breite umgeben, deren Außenkante nahezu vollständig nachgewiesen ist.[82] Im Norden und Süden fluchtet sie exakt mit dem in der Rekonstruktion folgenden äußeren Begrenzungsrahmen, dessen Streifenform und Breite allerdings nur Richtung Osten belegt sind. Er beruht im Wesentlichen auf den Befunden der deutlich besser erhaltenen Südseite, die symmetrisch im Norden ergänzt wurde. Im südlichen Streifen waren circa 0,45 m östlich des kleinen in die Rekonstruktion übernommenen Versatzes zwei diagonal ausgerichtete quadratische Plattenabdrücke erhalten. Es ist für den äußeren Rahmen der einzige Musternachweis, der in Anlehnung an das bereits bekannte Streifenmuster über die gesamte West-Ost-Ausdehnung als Rahmen ergänzt wurde. Auf der Innenseite wird dieser Richtung Osten von jeweils einer Reihe rechteckiger Platten begleitet, die als Trachytplatten in die Rekonstruktion eingeflossen sind, allerdings ohne dezidierten Materialnachweis. Das kleinteilig gemusterte um-

80 Dokumentiert neben Planum Z 127 in Profil Z 612, hinsichtlich der Ostkoordinaten gut zu korrelieren anhand von B 225.

81 Ein Plattenabdruck des östlichen gemusterten Feldes ist belegt in Z 127 bei Ost 15,40, Nord 0,70, zwei Platten des mittleren Feldes sind in Profil Z 612 erfasst, zwischen Ost 14–14,40 bei Nord 0,80. Letztere wurden bereits bei Doppelfeld [47], Taf. 2 ins Planum übertragen. Profil Z 612 zeigt außerdem die erhöhte Mörtelfläche des ungemustert belassenen östlichen Feldes. Die Begrenzung des westlichen beruht auf der in Planum Z 127 dokumentierten Mörtelkante.

82 Die Ostseite ist auf Ph 1630 erfasst und in Z 587 geschnitten, wo sie als etwa 0,20 m dicke, solide Struktur in den Estrich integriert ist.

83 Reinald von Dassel bringt die Reliquien 1164 nach Köln und in den Alten Dom. Philipp von Heinsberg († 1191) initiiert die Arbeiten am Dreikönigenschrein und nimmt eine Umbettung der Reliquien vor. Clemen [48], S. 341–342. – Ab 1197 ist ihre geregelte Bewachung überliefert. Hans Hofmann: Die Heiligen Drei Könige (Rheinisches Archiv 94), Bonn 1975, S. 144. – Das Maß der im Abdruck überlieferten quadratischen Platten entspricht laut Kier [33], S. 605, mit 14 cm Seitenlänge dem ab Ende des 12. Jahrhunderts Üblichen für ornamentierte Tonfliesen.

schlossene Bodenfeld ist in West-Ost-Richtung knapp 3,40 m lang und 2,34 m breit, der Belag aus orthogonal angeordneten quadratischen Platten vollständig abgeräumt. Genau dieser Bereich wird von den besagten Gitterstandspuren umschlossen und als möglicher Aufstellungsort der Reliquien der Heiligen Drei Könige angesehen.[83] Daher wurde in der Rekonstruktion eine auffällige Darstellung gewählt und ungeachtet der Zeitstellung oder Materialfrage für den Bodenbelag Farbgebung und Muster des Fußbodens, der auf dem Dedikationsbild des Hillinus-Kodexes abgebildet ist, übernommen.

Wesentlich für die Interpretation als Reliquienstandort sind allerdings die mutmaßlichen Gitterstandspuren. Dokumentiert sind elf kleine, etwa quadratische Löcher von 6–8 cm Seitenlänge und bis zu 7 cm Tiefe. Die geringe Größe und exakte Form stützen die Annahme, es könne sich um die Standspuren später entfernter Metallpfosten handeln. Ausgehend von den vier erhaltenen Eckpunkten bilden sie ein Rechteck von etwa 3,70 m Länge und nahezu 2,90 m Breite am Ostende, während die Westseite mit etwa 2,75 m etwas schmaler ist. Vier Löcher liegen auf der Nordseite des Bodenfeldes in einer Linie und zeigen, ergänzt um einen fünften Standort, einen regelmäßigen Rhythmus bei jeweils rund 0,90 m Abstand. Entsprechend wurde auch die Südseite zwischen den erhaltenen Endpunkten vervollständigt. Interessanter sind allerdings die Schmalseiten. Im Osten liegen zwischen den Eckpunkten drei weitere Standspuren, zwei im Norden, eine im Süden, mit rund 1,65 m lichtem Abstand zueinander. Auf der Westseite sind lediglich zwei weitere Pfostenspuren nachgewiesen, die einen lichten Freiraum von 1,54 m offenlassen. Dabei umfasst die Strecke von der südlichen Ecke bis zum Pfosten inklusive Standspur 0,76 m, während es auf der Nordseite 0,45 m sind. An den Spuren fällt auf, dass offenbar diese letzten beiden Pfosten im Verhältnis zu den anderen wie auch der Gesamtform um 45 Grad gedreht waren.

Neben der grundsätzlichen Annahme, Reliquien und Schrein wären bereits im Alten Dom an dieser Stelle durch eine Umgitterung geschützt worden, weisen Maße und Rhythmisierung des Befundes Parallelen zum gotischen Gittergehäuse auf, das in der Achskapelle des gotischen Chores stand (Abb. 12).[84] Besonders auffällig ist dies bei der in Abbildungen überlieferten Westseite.[85] Sie

84 Dort wird es seit der Übertragung des Schreins zu dessen Schutz angenommen. Matthias Deml: Das Gittergehäuse der Heiligen Drei Könige im Kölner Dom, in: KDbl. 79, 2014, S. 182–217, hier: S. 183–184. – Ders.: Aufstellungsorte der Dreikönigsreliquien im gotischen Dom, in: Caspar, Melchior, Balthasar [51], S. 28–39, hier: S. 29–30.

85 Deml, Gittergehäuse [84], S. 190–191 mit Abb. 1 und 2. Eine weitere Skizze, S. 182, zeigt die südliche Langseite, deren oberer Teil in vier Vertikalsegmente gleicher Breite aufgeteilt ist. Dies würde zum Rhythmus der Standspuren im Boden des Alten Domes passen, deren Abmessungen eine vollständige Unterbringung in der Achskapelle problemlos gestatten würden. Deml, ebd., S. 211–213, vermutet jedoch an diesem Standort eine kürzere Ausführung.

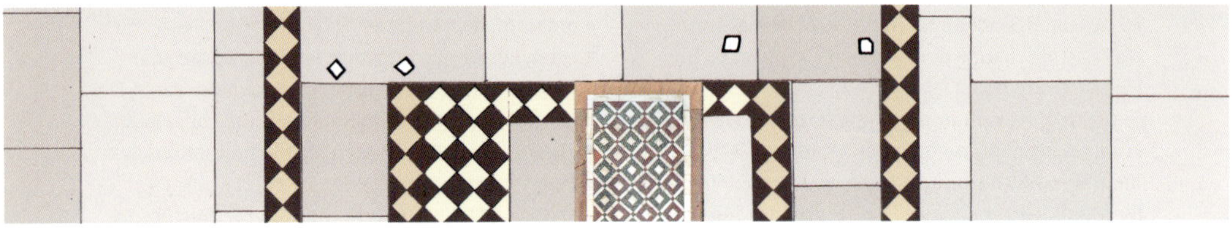

12 | *Das gotische Gittergehäuse in der Achskapelle, kolorierte Zeichnung, 1633, Detail. Köln, Kölnisches Stadtmuseum. Gegenüberstellung mit den Standspuren im Boden des Alten Domes (Westseite)*

besteht aus drei Segmenten unterschiedlicher Breite und Funktion. Eine große mittlere Öffnung wird im Norden durch ein schmales, geschlossenes Gitterfeld begleitet, dessen unterer Teil l-förmig unter die mittlere Öffnung reicht, während dasjenige auf der Südseite deutlich breiter sowie zwischen kräftigen Pfosten mit einer Türe ausgestattet ist. Die verschließbare mittlere Öffnung gewährte zu ausgewählten Zeiten den Blick auf die Stirnseite des Dreikönigenschreins. Ihr sind vermutlich einige der erhaltenen Teilstücke des originalen Gehäuses, nämlich vier Gittertürchen, zugehörig.[86] In der rekonstruierenden Montage nehmen sie von Türangel zu Türangel eine Breite von rund 1,50 m ein. Damit fügen sich sowohl das Maß recht gut zur mittleren Öffnung der Standspuren im Boden des Alten Domes als auch die Segmentierung der Westseite bis zu den die Seitentüre begleitenden Pfosten. Da die Standspuren der östlichen Schmalseite eine nahezu gleiche Aufteilung zeigen, war ihre Funktion offenbar identisch und das Gitter auch im Osten zu öffnen.[87] Anhand der Abbildungen des Gittergehäuses in der Achskapelle fällt im Übrigen auf, dass in geöffnetem Zustand weder die Türchen der mittleren Öffnung noch die Seitenpforte zu sehen sind. Will man nicht annehmen, sie wären jeweils bei Öffnung ausgehängt worden, könnte sich darin ihre Öffnung nach innen andeuten, wiewohl die dort aufbewahrten Weihegaben den zur Verfügung stehenden Raum deutlich einschränken. Allerdings waren die Weihegaben zur Zeit des Alten Domes noch nicht oder zumindest nicht in dieser Fülle vorhanden, während zugleich das anhand der Standspuren gegebene Längenmaß von rund 3,70 m gegenüber dem 2,155 m langen Schrein einen beidseitigen Überstand von rund 0,75 m bietet und wie eine maßgenaue Adaption eben dieser Problematik wirkt.

Östlich an die Gitterstandspuren und das kleinteilig gemusterte Bodenfeld anschließend sind nur wenige, dem Anschein nach großflächige Abdruckspuren ohne spezifische Charakteristika im Estrich dokumentiert, nach etwa zwei Metern gefolgt von einer umfassenden Störung. Ihre Nord-Süd-Ausdehnung entspricht dem äußeren Rahmen, dessen Kontur das Feld zumindest im Süden begleitet, allerdings ohne Hinweis auf eine Fortsetzung des Musters. Innerhalb des

86 Die Anschlagbleche wurden wohl später hinzugefügt. Darüber hinaus sind weitere Gittersegmente erhalten, unter anderem durch ihre sekundäre Verwendung im Dreikönigenmausoleum des 17. Jahrhunderts, allerdings einhergehend mit Umarbeitungen und Kürzungen. Deml, Gittergehäuse [84], S. 192–207. – Katalog, in: Caspar, Melchior, Balthasar [51], Kat. Nr. I 1, S. 40–41 (Matthias Deml).

87 Eine Aufstellung des Dreikönigenschreins auf der Mittelachse, nahe der Mitte des Kirchenraumes, legt eine beidseitige Öffnung per se nahe. Speziell in Zusammenhang mit der Frage nach einem zugehörigen Altarstandort. Back [51], S. 23.

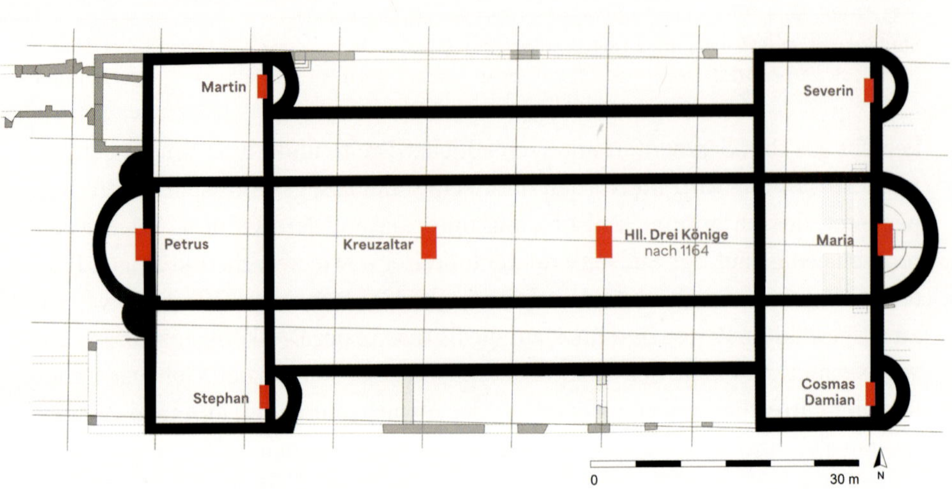

13 | *Die Altäre im Alten Dom, Zuweisung nach Clemens Kosch*

umschlossenen Bereichs bilden sich anhand von Mörtelkanten zwei Rechteckfelder in Nord-Süd-Richtung von jeweils etwa 0,80 auf 2,00 m heraus, getrennt durch einen schmaleren Streifen, dessen Breite mit der Plattenreihe vergleichbar ist, die den äußeren Zierrahmen flankiert. Eine Segmentierung durch quer verlaufende Mörtelstege ist jedoch nicht dokumentiert. Ob es sich in der Gesamtheit um die letzten Reste eines Plattenbelages handelt oder ob womöglich in dem direkt an das Gitter grenzenden Rechteckfeld die Standspur des Dreikönigenaltars gefasst wurde, muss letzten Endes ungewiss bleiben, da ein Fundament an dieser Stelle nicht gefunden wurde.

Die Spuren und Abdrücke im Boden des Alten Domes weisen recht deutlich auf das gotische Gittergehäuse und damit einen möglichen Zusammenhang mit dem Aufstellungsort des Dreikönigenschreins.[88] Die prominente Lage im Kirchenraum, an zugänglicher Stelle im Langhaus, und dort mehr in Richtung Marienchor, erfüllt die von Renate Kroos anhand der Schriftquellen ermittelten Kriterien.[89] Eine eindeutige Zuweisung muss dennoch ausbleiben, derweil die

88 Die zum Gitter hin deutlich stärkere Abnutzung des Plattenbelages im westlich angrenzenden Bodenfeld belegt eine erhebliche Frequentierung. Deren in West-Ost-Richtung ungleichmäßige Intensität spricht gegen einen Zusammenhang mit dem Gerograb. Die Annahme einer Tumba über dem Grab (vgl. Anm. [50]) führt zu einem räumlichen Konflikt mit dem unmittelbar angrenzenden Gitter, ungeachtet der Frage, was darin geborgen war.

89 Kroos [1], S. 45, 51–52.

90 Quellen bei Kroos [1], S. 38–53. – In einem Plan zusammengestellt bei Clemens Kosch: Kölns Romanische Kirchen. Architektur und Liturgie im Hochmittelalter (Große Kunstführer 207), Regensburg 2000, S. 15.

Frage nach dem zugehörigen Altarstandort unbeantwortet ist und ohne entsprechendes Fundament wohl auch unbeantwortet bleibt. Die Frage, ob ein solches Fundament für einen Altar des 12. Jahrhunderts zwingende Voraussetzung ist, zumal bei einer Reliquien begleitenden Aufstellung innerhalb eines bestehenden Kirchenraumes, erfordert indes andere Expertise. Angesichts der Vielzahl von Altären (Abb. 13), die durch unterschiedliche Quellen für den Alten Dom überliefert sind, sei allerdings darauf verwiesen, dass keiner von ihnen durch ein eigens errichtetes Fundament zu belegen ist.[90]

Dem Petrusaltar im Westen stand der Marienaltar im Osten gegenüber, jeweils auf erhöhtem Podest oberhalb der Krypta, außerhalb der Bestandserhaltung. Der Kreuzaltar wird an zentraler Stelle des Langhauses gestanden haben, ebenso wie später der Altar für die Heiligen Drei Könige, beide ohne konkreten Befund. Nebenaltäre galten unter anderem den Heiligen Martin, Stephan, Severin sowie Cosmas und Damian. Sie sind in den Querarmen des Alten Domes zu verorten, dort wohl in den nach Osten gerichteten Apsidiolen. Diese Standorte sind, vorgegeben durch die Architektur, recht sicher, obwohl der Befund eine eindeutige Lokalisierung schuldig bleibt. Ihre Zugehörigkeit bereits zum Ursprungsbau ist möglich, wenngleich nicht zu belegen.[91] Sie ist allerdings naheliegend wie gleichfalls diejenige des Kreuzaltars.[92] Mit dem Aufkommen von Votiv- und Privatmessen steigt gemäß der Tradition, den Altar nur einmal am Tage zu nutzen, deren Zahl notwendigerweise an. In Adaption des römischen Stationskirchensystems im Rahmen der karolingischen Liturgiereform betrifft dies durchaus die Zahl der Altäre innerhalb eines Kirchenraumes.[93] Ein Neubau dieser Zeit, zumal vom Rang des Alten Domes, hat diese Tendenz sicher nicht nur berücksichtigt, sondern geradezu vorgegeben.

Das Raumkonzept des Alten Domes, und darin die Bodengestaltung gleichsam als Orientierungshilfe, scheint auf diese neuen Elemente des liturgischen Geschehens zugeschnitten. Hier sei zunächst an die eingangs erwähnte auffällige Betonung der Längsachse erinnert, die im Innenraum durch eine deutliche Hervorhebung der Mittelachse aufgegriffen wird. Über nahezu die Gesamtlänge verteilt finden sich im Fußboden entlang der Mittelachse Nachweise des klein-

91 Kroos [1], S. 47.
92 Kroos [1], S. 46. – Josef Andreas Jungmann: Missarum Sollemnia, Bd. 1, Wien 1958, S. 291–292. – Franz Kohlschein: Der mittelalterliche Liber Ordinarius, in: Heiliger Raum. Architektur, Kunst und Liturgie in mittelalterlichen Kathedralen und Stiftskirchen (Liturgiewissenschaftliche Quellen und Forschungen 82), hg. von Franz Kohlschein, Peter Wünsche, Münster 1998, S. 1–24, hier: S. 18.
93 Albert Gerhards, Klaus Wintz: Altar, III. Liturgisch, in: Lexikon für Theologie und Kirche, hg. von Walter Kasper, Bd. 1, Freiburg im Breisgau ³1993, Sp. 436–438. – Albert Gerhards: Der Kirchenraum als »Liturge«, in: Heiliger Raum [92], S. 225–242, hier: S. 228. – Andreas Odenthal: Liturgie vom frühen Mittelalter zum Zeitalter der Konfessionalisierung. Studien zur Geschichte des Gottesdienstes (Spätmittelalter, Humanismus, Reformation 61), Tübingen 2011, S. 26–28, 104–105. – Ehrensperger [39], S. 8.

teilig ornamentierten Schmuckstreifens. Als wesentliches Element der oben beschriebenen Teilrekonstruktion zeigt er östlich des zentralen Kreisornamentes eine maximale Breite von nahezu 3,30 m, während die innere Ornamentierung etwa zwei Meter einnimmt. Auf diese Maße weisen auch verschiedene Teile des Bodenbefundes weiter im Westen.[94] In die Bodenerneuerung für das westliche Chorgestühl ist der Mittelstreifen wahrscheinlich als Adaption der ursprünglichen Gestaltung übernommen, allerdings in geringerer und zudem gestaffelter Breite.[95] Das zentrale quadratische Bodenmotiv der westlichen Vierung wiederum zeigt als originärer Teil der Bodengestaltung ebenfalls die Breite von zwei Metern. Tatsächlich greift diese damit ein Maß auf, das anhand der lichten Weite der mittleren Kryptakammer auch im architektonischen Befund verankert ist. Hier bot sich der Blick zur Confessio, flankiert von den Treppen zum Altarpodium. Damit erfüllt die kostbare Bodengestaltung des Mittelstreifens zugleich eine inszenierende Blickführung auf den Hochaltar, vermutlich in West- und Ostrichtung. Da die genannten Abweichungen im Breitenmaß mit späteren Veränderungen einhergehen, besteht die Möglichkeit, dass der Bodenstreifen als ursprünglich gradliniges Zierelement über die Gesamtlänge des Kirchenraumes konzipiert war, akzentuiert durch die Mittelrosette. Einen Hinweis, dass er seine Bedeutung als Bezugspunkt wohl während der gesamten Nutzungszeit des Alten Domes nicht einbüßte, bietet der erst um 1200 errichtete Ostlettner, dessen nach Westen gerichtete Zungenmauern ebenfalls im Abstand von zwei Metern in gleicher Flucht errichtet wurden.[96]

Ob der Zierstreifen, wie in der Rekonstruktion angedeutet, bis an die Mittelrosette heranreichte oder womöglich ihr direktes Umfeld aussparte, ist heute nicht mehr zu klären. Der östliche Anschluss ist durch die späteren Modifikationen überprägt, während die Westseite durch massive Störungen verloren ist. Hier wurden allerdings etwa zehn Meter vor der Kreismitte Nord-Süd verlaufende Plattenspuren gefunden, die eine Unterbrechung des Bodenmusters belegen. Allein ihre zeitliche Einordnung bleibt unsicher. In diesem Bereich des ab 1248 parallel zu den Arbeiten am gotischen Chor weiter genutzten Westteils des Alten Domes wurde ein erhöhtes Podest errichtet, wohl für einen Altar oder den Dreikönigenschrein, und ein Zusammenhang mit dieser Baumaßnahme ist nicht

94 Im Bereich zwischen West 12 und West 2 setzt sich der zwei Meter breite Zierstreifen unter anderem durch diagonal verlaufende Mörtelstege von dem einfachen Plattenboden ab. Zwischen West 12,50 und West 9,50 wird er südlich von einem Musterfeld begleitet, dessen Nordkontur dem Fluchtverlauf des äußeren Rahmens entspricht, aufgrund der Höhenlage aber der Ursprungsgestaltung zugehört.

95 Dort misst er circa 1,50 m beziehungsweise 0,70 m. Zur Bodenerneuerung vgl. Anm. [32] und [44].

96 Auch hier gilt es, zwischen Fundament und aufgehendem Mauerwerk zu differenzieren. Stinnesbeck [11], Taf. 10, S. 284–288. – Zum Ostlettner Back [2], S. 119 mit weiterführender Literatur.

auszuschließen.[97] Für eine ältere Unterbrechung des Zierstreifens, vielleicht sogar im Ursprungskonzept, spricht andererseits eine Beobachtung, die auch in der Frage nach den Altarstandorten im Mittelschiff interessant sein könnte. In gleicher Entfernung zur Kreismitte, symmetrisch zu den grade benannten Plattenabdrücken, liegt Richtung Osten der oben als vage Möglichkeit identifizierte Standort des Dreikönigenaltars. Möchte man diese Feststellung – wohlgemerkt ohne faktische Grundlage – weiter ausschmücken, hätte der Kreuzaltar an der genannten Stelle in der Achse westlich der Mitte gelegen und mit dem Altar zu Ehren der Heiligen Drei Könige eine symmetrische Entsprechung erhalten (Abb. 13). Unabhängig von ihrer exakten Lokalisierung steht jedenfalls eine Anordnung zwischen Petrus- und Marienaltar außer Frage – und dort ebenfalls in der Mittelachse –, deren zentrale Bedeutung im liturgischen Geschehen durch die Bodengestaltung hervorgehoben und visualisiert wird.[98]

Orthogonal zum Zierstreifen der Längsachse und in identischer Breite steht das oben genannte Zierfeld im Boden der Westvierung. Der kostbare Bodenbelag am Fuß der Treppe wertet den Zugang zum Altarpodium auf, wobei das zentrale Bodenmotiv des auf die Spitze gestellten Quadrates den Schnittpunkt beider Achsen bildet. Damit zeigt das Quadrat zugleich die vier möglichen Bewegungsrichtungen im Vorfeld des Presbyteriums auf.[99] Die Betonung der Nord-Süd-Achse ist wiederum nicht als reines Schmuckelement zu verstehen, sondern beruht ebenfalls auf Gegebenheiten der liturgischen Nutzung. Das umfasst nicht allein die Betonung des Treppenaufgangs. Vielmehr weist das senkrecht zur Mittelachse stehende Zierfeld auf die Verbindung zu den Querarmen und damit zu den dort gelegenen Nebenaltären.[100]

Anhand der Bodengestaltung waren die Wege der Kleriker im Kirchenraum hervorgehoben und angesichts komplexer liturgischer Abläufe mit teils vielen agierenden Personen auch deutlich vorgezeichnet (Abb. 14). Zugleich unterstreicht die räumlich präzise, kostbare Ausgestaltung die – mit Übernahme und Adaption der römischen Ordines einhergehende – Inszenierung des mit Gebeten, Handlungen und Prozessionen verbundenen Zeremoniells.[101] Dabei wird die unmittelbare Vergleichbarkeit mit dem beispielsweise unter der römischen Lateranbasilika festgestellten Befund einer das gesamte Mittelschiff durchziehenden Solea kaum zufällig sein.[102] Vielmehr liegt darin eine gemeinsame Manifestation

97 Originaldokumentation ist Z 19. Zu B 191: Back, Befundkatalog [10], S. 378. – Vgl. auch Back [51].
98 Andreas Odenthal: Der älteste Liber Ordinarius der Stiftskirche St. Aposteln in Köln (Studien zur Kölner Kirchengeschichte 28), Siegburg 1994, S. 114–119.
99 Kier [33], S. 610. – Vgl. Anm. [38].
100 Vgl. Anm. [98].
101 Jungmann [92], S. 99–103, 110–111. – Kohlschein [92], S. 12–13.
102 Ulrich Back: Zur schola cantorum unter dem Kölner Dom, in: KDbl. 76, 2011, S. 46–75, hier: S. 65 mit Anm. 64.

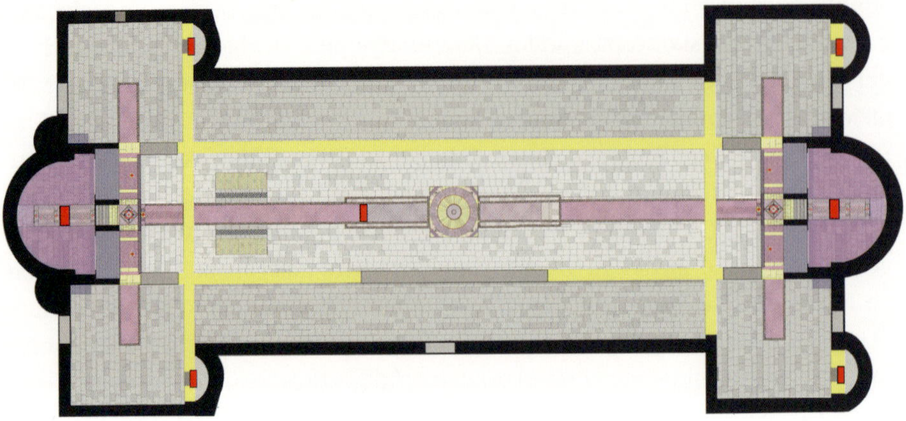

14 | *Mögliche Bodengestaltung im Kirchenraum in schematisierter Darstellung. Der Kalksteinbelag der Fundamentoberkanten (gelb) sowie auffällig gestaltete Zierstreifen (violett) setzen sich von einfachen Bodenplatten ab. In Verlängerung des Zierstreifens auf der Mittelachse befindet sich der Abstieg zur Krypta, jeweils flankiert von den breiten Treppenaufgängen zu den Altarpodien.*

von Neuausrichtung und Tradition. Auf der anderen Seite hat eine plakative Gestaltung den Kirchenraum in seiner grundsätzlichen Nutzungskonzeption auch für Laien leichter lesbar gemacht. Das umfasst neben dem Blick auf die eigentliche Liturgie wohl gleichfalls eine Illustration des Zugangsreglements innerhalb des sakralen Raumes. In diesem Zusammenhang sei an die im Bodenbelag sichtbaren Fundamentoberkanten erinnert. Je nach Material waren sie von dem umgebenden Bodenbelag entweder abgesetzt oder vielmehr mit diesem verschmolzen. So war das von den Arkaden gesäumte Mittelschiff durch den begleitenden Kalksteinbelag der Fundamentstreifen zusätzlich betont, und womöglich hat der im Boden abgesetzte Streifen darauf verwiesen, den umschlossenen Bereich nur unter Vorbehalt zu betreten. Damit gewinnt im Gegenzug der Nachweis von Trachyt auf der Oberseite des südlichen Mittelschifffundamentes an Bedeutung. Der sonst ebenfalls vorhandene Kalksteinbelag wechselt etwa zehn Meter westlich der Gebäudemitte zu Trachyt. Möchte man einen Kalksteinstreifen als Begren-

103 Vgl. Anm. [21]–[23].
104 Jungmann [92], S. 98–100, 112–113. – Dem imperialen Anspruch der Aachener Pfalzkapelle steht der kirchliche Repräsentationscharakter des Alten Kölner Domes gegenüber, zusätzlich betont durch die Stiftungen der Altarantependien durch Karl und Hildebold. Franz Josef Schmale: Die Schriftquellen zur Bischofskirche des 8. bis 10. Jahrhunderts, in: Die Domgrabung Köln. Kolloquium zur Baugeschichte und Archäologie, Köln 1996, S. 155–173, hier: S. 157–158. – Gerhards [93], S. 236. – Odenthal [93], S. 8.
105 Kroos [1], S. 38.

zung auffassen, käme der Trachytbelag auf dem Fundament einer Egalisierung gleich, stimmt er doch mit dem Material der umgebenden Bodenplatten überein. Auf der Südseite des Langhauses lag der stadtseitige Zugang in die Kirche und zwar im dreischiffigen Bau wohl in unmittelbarer Nähe, im westlichen Anschluss an die Gebäudemitte.[103] Anders als Petrus- und Marienaltar musste der Kreuzaltar im Mittelschiff für Laien ebenso erreichbar sein wie die Nebenaltäre in den Querarmen. Die Befunderhaltung gebietet hier erneut den Blick auf den Nordwestbereich des Alten Domes. Dort sind nördliches Seitenschiff und Querarm durch ein Fundament mit Kalksteinauflage getrennt, während die Fundamentoberseite zwischen Vierung und Querarm, soweit erhalten, mit Trachyt belegt ist. Damit fungiert der Ostteil der Vierung als Durchgang in Nord-Süd-Richtung. Auf der Westseite wird der Bereich von einer nach oben führenden Stufe begleitet, die den Durchgang von der eigentlichen Nord-Süd-Achse in der geometrischen Mitte abgrenzt. Sie begleitet wiederum die Treppenanlage am Aufgang ins Sanktuarium, also einen Teil des Kirchenraumes, der Laien verwehrt blieb. Trotzdem war auch für sie offenbar eine Bewegungsmöglichkeit entlang der Hauptachsen der Kirche vorgesehen, der Gang auf der Achse – verdeutlicht durch den erlesenen Bodenbelag – war es sicherlich nicht.

Als neu errichtete Bischofskirche der gerade erhobenen Erzdiözese Köln war der Alte Dom ein prachtvolles und schon durch seine Dimension beeindruckendes Bauwerk. Seine kostbare Ausstattung ist selbst anhand rudimentärer Fragmente von Bauschmuck, Bodenbelag, Wandmalereien und sogar Spuren der Verglasung offenkundig. Zugleich bieten aber auch die eher unscheinbaren Details des archäologischen Befundes Hinweise auf eine Nutzungsvorgaben einschließende Baukonzeption, die über Größe und Pracht weit hinausgeht. So hat der Übergang zum »ordo romanus« und dessen Forcierung durch Karl den Großen in der architektonischen Gestalt ebenfalls ihren Niederschlag in einem Entwurf gefunden, der als direkte Antwort auf die liturgischen Erfordernisse und neuen Tendenzen determiniert war.[104] Während Renate Kroos in der gotischen Kathedrale einen Bau sieht, »der bestimmt war für Liturgie und Repräsentation eines traditions- und herrschaftsbewußten Domkapitels und eines Erzbischofs, der hauptsächlich Politik in großem Maßstab machte«,[105] ist die Intention rund viereinhalb Jahrhunderte zuvor, ausgedehnt auf einen auch den Herrscher selbst umfassenden Personenkreis, wohl recht ähnlich einzuordnen.

Zum Verhältnis von Kölner Dombauhütte, Gaffel der Steinmetzen und Haupthütte der Bruderschaft

Erkenntnisse aus dem Simrock-Boisserée-Nachlass in Weimar

Stefan Bürger

Im Goethe- und Schiller-Archiv der Klassik Stiftung Weimar hat sich im Bestand »Karl Simrock« ein Konvolut von Urkunden, Dokumentenabschriften und Manuskriptseiten zum Steinmetzhandwerk erhalten. Dieser Teilbestand ist unter den Signaturen GSA 88/245 bis GSA 88/279 zu finden. Dass sie sich dort bewahrt haben, ist besonderen Überlieferungsumständen zu verdanken, und der für diese Art von Quellen ungewöhnliche Aufbewahrungsort war der Grund dafür, dass diesem Material kaum angemessene Beachtung in der Forschung zuteilwurde.

* Festvortrag anlässlich der Boisserée-Feier am 10. November 2023 in der Kölner Dombauhütte.

Von 2020 bis 2024 widmete sich an der Julius-Maximilians-Universität Würzburg das von der Fritz Thyssen Stiftung geförderte Projekt »Der Simrock-Boisserée-Nachlass. Quellen und Forschungen zur Geschichte der deutschen Hüttenverbände (1350–1563)« der Erforschung dieses Konvoluts. Die abschließende Publikation wurde in die Abhandlungen der Sächsischen Akademie der Wissenschaften zu Leipzig aufgenommen.[1] Darin liegen nunmehr zuzüglich zu einer zweibändigen Edition des umfangreichen Nachlassbestandes Forschungsergebnisse vor, die einen veränderten Blick auf die Organisation und Bruderschaft der Steinmetzen werfen und das, was wir landläufig unter einer »Bauhütte« verstehen. Dies betrifft sowohl die lokalen Organisationsformen, die zu kurz gegriffen als »Bauhütte« oder »Zunft« bezeichnet werden, als auch die überregionale Straßburger Bruderschaft, die sich 1459 in Regensburg konstituierte. Neben der fortan obersten Haupthütte in Straßburg und der ihr unterstellten Haupthütte Bern gab es zwei weitere Haupthüttenstandorte: Wien und Köln.

Obwohl im Nachlass Urkundenmaterial und Manuskriptteile zu Köln (unter GSA 88/262 und GSA 88/270) nur eine untergeordnete Rolle spielen, waren die Forschungen dennoch ergiebig. Dieser Beitrag bündelt entsprechend die Projektergebnisse für den Handwerksstandort Köln – für Stadt und Dombau. Die relevanten Kapitel der Projektpublikation sind hier in gekürzter oder fast unveränderter Form zusammengefasst.

Folgende Aspekte sind für das Kölner Handwerk von besonderem Interesse:

1. Durch die Edition des Nachlasses liegt nunmehr umfangreiches Material vor, um jene für den Kölner Domweiterbau treibende Persönlichkeit Sulpiz Boisserée (Abb. 1) als Wissenschaftler und Kenner der Handwerksgeschichte kennenzulernen und studieren zu können. Die Provenienz des Nachlasses von Sulpiz Boisserée wurde beleuchtet und neben der Herkunft des Materials auch ein Netzwerk sichtbar, in das viele Menschen und Orte eingebunden waren.

2. Im Verlauf der Projektforschungen wurde deutlich, dass der schablonenhafte Gebrauch des Begriffs »Bauhütte« nicht taugt, um die sehr unterschiedlichen lokalen Organisationsformen des Steinmetzhandwerks zu beschreiben (zum

1 Stefan Bürger, Johannes Sander, Anne-Christine Brehm: »Bauhütten-Forschungen«. Der Simrock-Boisserée-Nachlass: Zur Geschichte der altdeutschen Steinmetzen und Bauleute. Quellen und Forschungen zu den Handwerksverbänden in Spätmittelalter und Früher Neuzeit (Abhandlungen der Sächsischen Akademie der Wissenschaften zu Leipzig, Philosophisch-historische Klasse 86), 3 Bde., Stuttgart, Leipzig 2024.

2 Ad Summum 1248. Der gotische Dom im Mittelalter. Ausstellung des Historischen Archivs der Stadt Köln aus Anlaß der Grundsteinlegung des Kölner Domes vor 750 Jahren, Köln 1998. – Vgl. bes. Bürger, Sander, Brehm [1], Bd. 1, S. 156–161.

3 Goethe- und Schiller-Archiv der Klassik Stiftung Weimar (nachfolgend GSA): GSA 88/255. – Vgl. Bürger, Sander, Brehm [1], Bd. 1, S. 226–228. – Vgl. Petra Böttcher: Das Epitaph für Konrad Kuyn im Kölner Dom, in: KDbl. 60, 1995, S. 47–102, hier: S. 57–58.

1 | *Johann Joseph Schmeller, Porträt Sulpiz Boisserées, Zeichnung, 1826. Weimar, Klassik Stiftung Weimar*

Beispiel Stadtwerk, Domhütte, Zunft, Hofbauwesen, Bruderschaft). Die Darstellungen unserer Projektergebnisse satteln diesbezüglich auf einer Publikation auf, die 1998 anlässlich einer Ausstellung des Historischen Archivs der Stadt Köln zum 750. Grundsteinlegungsjubiläum des Kölner Domes erschien.[2]

3. Für den Kölner Dombau dürften diese Neubetrachtungen von besonderem Interesse sein, da die nunmehr differenzierten Kenntnisse zu den lokalen Handwerksorganisationen auch ein völlig neues Licht auf die Kölner Dombauhütte im 15. Jahrhundert werfen. Die neuen Überlegungen und Darstellungen zu den einstigen Handwerksorganisationen von Dom und Stadt bilden den Kern dieses Beitrags. Konkret geht es um die Fragen, ob Domhütte und Gaffel strikt getrennte Handwerksorganisationen waren oder ob sie Überlappungen aufwiesen und wo die Haupthütte angesiedelt war, welches Personal ihr angehörte und welche Meister unter anderem die Ordnung und Gerichtsbarkeit der Straßburger Bruderschaft vertraten.

4. Darüber hinaus ist erwähnenswert, dass sich im Nachlass ein Kopial jenes Dossiers erhalten hat, das den sogenannten Kölner Gaffelstreit von 1616/17 beleuchtet.[3] Darin werden Informationen und Vorgänge sichtbar, die die städtische Handwerksorganisation des 15. und 16. Jahrhunderts und darin die Rolle der Steinmetzen und Steinbildhauer betreffen.

2 | *Karl Goepfert, Porträt Johann Christian Ehrmanns, Kupferstich, nach 1779*

1. Zur Provenienz des Simrock-Boisserée-Nachlasses
Die Entstehung des Weimarer Konvoluts lässt sich in vier Phasen einteilen.[4]

Phase I – Die Sammlungstätigkeit von Johann Christian Ehrmann bis 1811
Ehrmann (1749–1827) (Abb. 2) war Arzt in Frankfurt und Ehrenmitglied der Straßburger Bruderschaft, also jener überregionalen Handwerksvereinigung, die mit ihrer Ordnung von 1459 und mittels kaiserlicher Privilegierung von 1498 nach reichsweiter Gerichtsbarkeit und Geltung strebte. Da seit der Eroberung Straßburgs durch die Franzosen die Bruderschaft beziehungsweise die Bedeutung Straßburgs als oberster Gerichtsort für das Reich im Niedergang begriffen war, sorgte sich Ehrmann um die Quellen und das Wissen der Handwerksorganisation. Er beabsichtigte, alle Ordnungen und Dokumente, die der Zerstörung des Straßburger Hüttenarchivs entgangen waren, zu veröffentlichen, um sie der Nachwelt zu erhalten. 1811 traten Ehrmann und Boisserée erstmals in Kontakt: Sulpiz Boisserée (1783–1854), der sich ebenfalls für die Geschichte des deutschen Steinmetzhandwerks interessierte, hatte von der Materialsammlung Ehrmanns erfahren und ihren besonderen Wert erkannt. Angesichts dieser Bedeutung des

3 | *Quittung Johann Christian Ehrmanns über den Verkauf seiner Publikationsunterlagen an Sulpiz Boisserée, 3. Juli 1819. Weimar, Klassik Stiftung Weimar, Goethe- und Schiller-Archiv, GSA 88/263, S. 23*

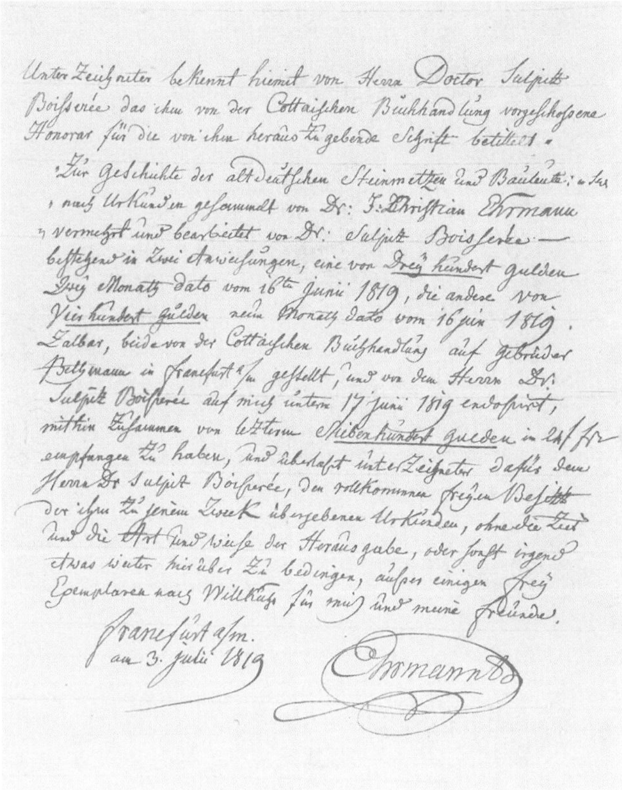

Unterzeichneter bekennt hiemit von Herrn Doctor Sulpitz Boisserée das ihm von der Cottaischen Buchhandlung vorgeschossene Honorar für die von ihm herauszugebende Schrift betittelt:
„Zur Geschichte der altdeutschen Steinmetzen und Bauleute: oder
„nach Urkunden gesammelt von Dr: J. Christian Ehrmann
„vermehrt und bearbeitet von Dr: Sulpitz Boisserée —
bestehend in zwei Anweisungen, eine von Drey hundert gulden drey Monats dato vom 16ten Junii 1819, die andere von Vierhundert gulden neun Monats dato vom 16 Juni 1819. Zahlbar, beide von der Cottaischen Buchhandlung auf Gebrüder Bethmann in Francfurt a/m gestellt, und von dem Herrn Dr: Sulpitz Boisserée auf mich unterm 17 Juni 1819 endossirt, mithin zusammen von letzterm Siebenhundert gulden im 24 fl Fuß empfangen zu haben, und überlasst unterzeichneter dafür dem Herrn Dr Sulpitz Boisserée, den vollkommenen freyen Besitz der ihm zu jenem Zweck übergebenen Urkunden, ohne die Zeit und die Art und Weise der Herausgabe, oder sonst irgend etwas weiter hierüber zu bedingen, außer einigen frey Exemplaren nach Willkühr für mich und meine Freunde.

Francfurt a/m.
am 3. Julii 1819

Ehrmann

Konvoluts für die Darstellung der bislang im Verborgenen gebliebenen Handwerksgeschichte war Boisserée festen Willens, sich an dieser Sammeltätigkeit und Publikationsabsicht Ehrmanns zu beteiligen.

Phase II – Beteiligung Sulpiz Boisserées ab 1811, Recherchen bis 1819

Boisserée hatte seine Forschungen anhand der bisher zugänglichen Literatur und Quellen fortgesetzt. Im Jahr 1812 nahm er das Sammlungskonvolut Ehrmanns in seine Hände. Ab 1813 scheinen die Recherchen Fahrt aufgenommen zu haben: Boisserée korrespondierte unter anderem mit Archivaren und Historikern in Frankfurt, Straßburg, Ulm, Nürnberg und Thann, um zusätzliches Quellenmaterial zur Geschichte des Steinmetzhandwerks zu heben, um das Konvolut systematisch auszubauen und um möglichst viele Lücken im Wissen um die Handwerksgeschichte schließen zu können. Hinsichtlich der Fragen, ob und wie umfang-

4 Als Bachelor-Thesis im Rahmen des Projektes insbesondere anhand der Tagebücher Boisserées und insbesondere auch der Briefe unter der Signatur GSA 88/246 ausgearbeitet durch Miriam Egner (verheiratete Gölde) – Vgl. Bürger, Sander, Brehm [1], Bd. 1, S. 29–51.

Aktenbestände zum Steinmetzhandwerk im Nachlass Karl Simrocks im Goethe- und Schiller-Archiv, Weimar

GSA 88/245, S. 1-40	Übersicht über die Sammlung von Urkunden und Arbeitsmaterial: Quellen- und Inhaltsverzeichnisse sowie Konzepte, Notizen und Korrespondenz zu einer Publikation über das Steinmetzenwesen, unter anderem 1814-1864
GSA 88/246, 1-16	Schriftwechsel zur Geschichte der Sammlung von Steinmetzurkunden: Briefe insbesondere an Sulpiz Boisserée, 1811-1859
GSA 88/246,1, S. 1-8	Brief von Johann Friedrich Böhmer an Sulpiz Boisserée, 1852
GSA 88/246,2, S. 1-8	2 Briefe von Moritz von Engelhard an Sulpiz Boisserée, 1813
GSA 88/246,3, S. 1-2	Brief von Georg Kloß an Sulpiz Boisserée, 1843
GSA 88/246,4, S. 1-4	Brief von Johann Merkel an Sulpiz Boisserée 1817; S. 5-12: Maurer-Gruß des Carl David Klimm
GSA 88/246,5, S. 1-8	2 Briefe Johann Friedrich Heinrich Schlosser an Sulpiz Boisserée, 1812
GSA 88/246,6, S. 1-7	3 Briefe von Johann Christoph von Schmid an Sulpiz Boisserée, 1813-1819; S. 7-10: Vermerk
GSA 88/246,7, S. 1-2	Brief von Friedrich Schützenberger an Sulpiz Boisserée, 1846
GSA 88/246,8, S. 1-4	Brief von Johann Gerhard Christian Thomas an Sulpiz Boisserée, 1813
GSA 88/246,9, S. 1-4	Brief von Heinrich Konrad Föringer an Sulpiz Boisserée Sulpiz, 1844
GSA 88/246,10, S. 1-44	10 Briefe von Ludwig Schneegans an Sulpiz Boisserée, 1846-1851; S. 45-48: Brief von Sulpiz Boisserée an Ludwig Schneegans, 1847
GSA 88/246,11, S. 1-6	Brief von Sulpiz Boisserée an Friedrich Schützenberger, 1846
GSA 88/246,12, S. 1-4	2 Briefe von Sulpiz Boisserée an Johann Gerhard Christian Thomas, 1813
GSA 88/246,13, S. 1-8	Abschriften und Aufzeichnungen von Sulpiz Boisserée: unter anderem Bestallung Werkmeister Ulrich von Ensingen, 1392; S. 9-12: Verzeichnis von Urkunden zur Baugeschichte des Ulmer Münsters; S. 13-16: Werkmeister am Ulmer Münster
GSA 88/246,14, S. 1-4	Bescheinigung von Sébastien Antoine Klotz mit Entwurf von Karl Simrock, 1812; S. 5-6: Notizen aus Franz Joseph Mone (Anzeiger für Kunde der deutschen Vorzeit, besonders 1836-1838) zu Steinmetzen und zu Christian Ehrmann
GSA 88/246,15, S. 1-6	Brief von Franz Joseph Bodmann an Friedrich Christian Matthiae, 1811
GSA 88/246,16	Briefe von verschiedenen Briefschreibern und Empfängern, 1857-1859; S. 1-2: Brief von Karl Simrock an Johann Friedrich Cotta/Cotta'sche Buchhandlung Stuttgart, 1857; S. 3-6: Brief von Johann Friedrich Cotta/Cotta'sche Buchhandlung Stuttgart an Karl Simrock, 1858; S. 7-12: Brief von Heinrich Adelbert von Keller an Karl Simrock, 1859; S. 13-14: Notiz über die Korrespondenz zwischen Simrock und Cotta, 1859 (?)

4 | *Porträt Karl Simrocks, Holzstich, um 1875*

reich Material zusammenzutragen und zu ordnen sei oder ob nicht recht zügig das bereits vorhandene Material publiziert und für breitere Forschungen zur Verfügung gestellt werden sollte, waren Ehrmann und Boisserée offenbar uneins.

Phase III – Alleinige Sammlungstätigkeit Boisserées ab 1819

Hinsichtlich des geplanten Editions- und Publikationsprojekts hatten Ehrmann und Boisserée die Cotta'sche Verlagsbuchhandlung kontaktiert. Über den Verlag wurde in Frankfurt 1819 der Kauf abgewickelt, bei dem Ehrmann den Besitz und die Rechte über die Urkunden- und Dokumentensammlung zum Steinmetzhandwerk an Boisserée übertrug (Abb. 3). Die genauen Gründe sind unklar. Man einigte sich darauf, dass eine künftige Publikation unter folgendem Titel erscheinen sollte: »Zur Geschichte der altdeutschen Steinmetzen und Bauleute: nach Urkunden gesammelt von Dr: J. Christian Ehrmann vermehrt und bearbeitet von Dr: Sulpiz Boisserée«.[5] Entgegen der Erwartungen erlahmte allerdings Boisserées Forschungsinteresse und die Arbeit am Konvolut und Thema auf Jahre. Erst in den 1840er-Jahren sind wieder Aktivitäten zu verzeichnen. Boisserée erwarb weitere Dokumente beziehungsweise deren Transkriptionen, erweiterte und ordnete die Sammlung, mit der Absicht, sie in absehbarer Zeit veröffentlichen zu können. Bei

5 GSA 88/263, S. 23. – Bürger, Sander, Brehm [1], Bd. 3, S. 198.

der Ordnung ließ er zudem nochmals die Dokumentenherkünfte und -abschriften Ehrmanns überprüfen, was aufgrund von zwischenzeitlichen Verlusten nicht vollständig möglich war und außerdem zu weiteren Verzögerungen führte. Im Jahr 1851 vermerkte Boisserée, dass er seine Arbeit an den Editions- und Publikationsvorbereitungen zum Abschluss gebracht habe.

Phase IV – Publikationsbemühungen Karl Simrocks nach Boisserées Tod 1854
Kurz vor seinem Tod hatte Sulpiz Boisserée das gesamte Material Karl Simrock (1802–1876) (Abb. 4) übergeben, mit der als letzten Willen formulierten Bitte und Verpflichtung, dieses zu publizieren. Simrock kontaktierte 1857 das Verlagshaus Cotta hinsichtlich des beabsichtigten Publikationsvorhabens. Das Verlagshaus schätzte aber dieses Vorhaben als Verlustgeschäft ein und schlug eine Herausgabe aus. Anfragen zur Herausgabe an das Germanische Nationalmuseum in Nürnberg oder den Literarischen Verein Stuttgart wurden gleichermaßen abschlägig beschieden. Simrocks Bemühungen blieben auf Dauer erfolglos. Nach dessen Tod gelangte die Urkunden- und Schriftensammlung Ehrmanns und Boisserées mit dem Nachlass Karl Simrocks 1905 an das Goethe- und Schiller-Archiv nach Weimar.

2. Zum Begriff der »Bauhütte«

Die Geschichte der »Bauhütte« ist die Geschichte dieses Begriffs:[6] Und die Begriffsbildung ist eng verbunden mit der Literatur, angefangen von den ersten Lexika-Einträgen im 18. und 19. Jahrhundert, den einschlägigen Publikationen von Stieglitz (1820), Heideloff (1844), Janner (1876), Wissell (1929), Segers (1980) und anderen.[7] An diese Tradition ließe sich heute anknüpfen, doch nahm diese Traditionslinie – wie zu zeigen sein wird – einen fehlgehenden Abzweig. An einer diesbezüglichen Korrektur und differenzierten Betrachtung war insbesondere auch Karlheinz Vogt mit seinem Beitrag im erwähnten Kölner Ausstellungskatalog von 1998 gelegen:[8] Drei sehr instruktive Passagen sollen, um die Fehlentwicklungen hinsichtlich der Begriffsgenese, der Rezeptionsgeschichte und des Gebrauchs aufzuzeigen, vorangestellt werden: 1. »Die von der Bauhüttenliteratur verbreitete Auffassung [was eine Bauhütte ist] blieb für lange Zeit, zumindest für die deutschsprachige Literatur, untrennbar mit dem Thema des mittelalterlichen Baugewerbes und des mittelalterlichen Kathedralbaues verbunden. Besonders in der kunsthistorischen Forschung wurde das Bild der ›Bauhütte‹ noch vielfach tradiert.« Dann zitiert Vogt die berechtigte Kritik des Architekturhistorikers Maximilian Hasak in seiner Monografie zum Straßburger Münster: »Was Janner darüber geschrieben hat, ist sehr lesenswert, aber nicht richtig. Bauhütten hat es nicht gegeben. Das Mittelalter kannte weder das Wort Bauhütte, noch das vermeintliche Wesen einer solchen.« Anschließend verweist Vogt auf die seither erfolglose Suche nach der »richtigen« Interpretation des Begriffs »Bauhütte«.[9] – 2. »Die mangelnde Belegbarkeit der von der Bauhüttenliteratur immer behaupteten großartigen Bedeutung und der rechtlich eigenständigen Organisation der mittelalterlichen ›Bauhütte‹ war bereits zuvor im Rahmen von lokalen Studien aufgefallen. Aufgrund der verbreiteten Annahme, daß zumindest an jeder größeren Kirchenbauunternehmung des Mittelalters eine ›Bauhütte‹ im Sinne der Bauhüttenliteratur existiert haben müßte, hatte Regional- und Stadtgeschichtsforscher zu der Hoffnung veranlaßt, im Rahmen der monographischen Behandlung einzelner Bauten auf weiteres Material stoßen zu können. Fast immer waren die Ergebnisse negativ gewesen, obwohl die Verfasser entsprechender Bücher oder Aufsätze versuchten, auch den kleinsten vermeintlichen Quellenhinweis in das Bild von der ›Bauhütte‹ einzuordnen. Der Ausweg war dann immer, daß man Quellen zur Geschichte oder zu einzelnen Baumeistern des jeweiligen monographisch behandelten Baues präsentieren konnte, bei dem unvermeidlichen Hinweis auf die Organisation der Steinmetzen und ›Bauhütten‹ in der Regel immer auf die Bauhüttenliteratur zurückgriff – ein Verfahren, das in jüngerer Literatur durchaus noch anzutreffen ist.«[10] – 3. »Im Sinne der Bauhüttenliteratur kommt der Begriff immer noch vor und bezeichnet die be-

6 Dieser Abschnitt entspricht dem gekürzten und leicht veränderten Kap. 3.3.1: Ad Summum – Das Höchste zum Begriff der »Bauhütte«, in: Bürger, Sander, Brehm [1], Bd. 1, S. 156–161.
7 Christian Ludwig Stieglitz: Von Altdeutscher Baukunst, Leipzig 1820. – Carl Alexander von Heideloff: Die Bauhütte des Mittelalters in Deutschland. Eine kurzgefaßte geschichtliche Darstellung mit Urkunden und andern Beilagen, so wie einer Abhandlung über den Spitzbogen in der Architektur der Alten [...], Nürnberg 1844. – Ferdinand Janner: Die Bauhütten des deutschen Mittelalters, Leipzig 1876 (Nachdruck 2019). – Rudolf Wissell: Des alten Handwerks Recht und Gewohnheit, Bd. 1, Berlin 1929. – Erweiterte Neuaufl.: Ders.: Des alten Handwerks Recht und Gewohnheit (Einzelveröffentlichungen der Historischen Kommission zu Berlin, Bd. 7,1), hg. von Ernst Schraepler, Bd. 1, Berlin ²1971. – Volker Segers: Studien zur Geschichte der deutschen Steinmetzenbruderschaft. Mit besonderer Berücksichtigung der für das Straßburger Gebiet geltenden Ordnungen und Bestätigungsurkunden (15. bis 17. Jahrhundert), Phil. Diss., Berlin 1980. – Dazu Günther Binding: Baubetrieb im Mittelalter. In Zusammenarbeit mit Gabriele Annas, Bettina Jost und Anne Schunicht, Darmstadt 1993, S. 102: »Der unhistorische Begriff ›Bauhütte‹ wird in der Literatur seit dem 19. Jh. im Zusammenhang mit der Entwicklung der Freimaurer auch fälschlich auf die überregionale Organisation der Steinmetzen übertragen, die jedoch – wie spätmittelalterliche Quellen deutlich machen – als Steinmetzbruderschaft zu bezeichnen ist.« – Die Trennung von »Bauhütte« und »Bruderschaft« nach lokal beziehungsweise überregional versucht das Problem auf der Ebene der Organisationsformen zu lösen, was jedoch neue Probleme verursacht, denn es gab auch lokale Bruderschaften oder »Bauhütten«, die beispielsweise als Landesbauwesen überregional aktiv wurden.
8 Karlheinz Vogt: Die mittelalterliche »Bauhütte«. Zur Geschichte und Karriere eines Mythos, in: Ad Summum [2], S. 203–231.
9 Vogt [8], S. 224–225; mit Bezug auf Maximilian Hasak: Das Münster Unserer Lieben Frau zu Straßburg im Elsaß, Berlin 1927. – Zu früher Kritik am Forschungsstand unter anderem auch: Hans Voltelini: Die Ordnungen der Wiener Bauhütte, in: Monatsblatt des Vereins für Geschichte der Stadt Wien 7, 1925, S. 60–64. – Segers [7], S. 2.
10 Vogt [8], S. 226.

reits beschriebenen vermeintlich historischen Organisationen der Bauleute, oder aber auch nur der Steinmetzen. ›Bauhütte‹ wird ebenso für die Benennung einer gesamten Bauunternehmung undifferenziert und übergreifend eingesetzt. Eindeutig falsch benutzt wird ›Bauhütte‹ gelegentlich zur Charakterisierung der ›Fabrica‹, jener Körperschaft, die die Bauunternehmung organisierte und je nach Ort und Zeit unterschiedliche Ausprägungen annehmen konnte. Erschwerend kommt hinzu, daß in deutschen Übersetzungen fremdsprachige Begriffe wie z.B. ›chantier‹ oder ›cantiere‹, gelegentlich auch ›fabrica‹, regelmäßig mit ›Bauhütte‹ übertragen werden und so die ›Bauhütten‹ schon allein vom Wort her vermehren und über ganz Europa verteilt erscheinen lassen. Unter Hinweis auf die zahlreichen Arbeiten zu organisatorischen, sozialen, wirtschaftlichen Fragen mittelalterlichen Bauwesens im weiteren Sinn bleibt entschieden zu betonen: Der Begriff der ›Bauhütte‹ und die damit zusammenhängenden häufig unklaren und auch eindeutig falschen Vorstellungen sind völlig ungeeignet, die komplexe rechtliche, ökonomische und soziale Realität des mittelalterlichen Kirchen- und Kathedralbaues auch nur annähernd angemessen zu erfassen. Für die historische Forschung ist, will sie ihrer Aufgabenstellung gerecht werden, ein Verzicht auf eine derartige Begrifflichkeit unerläßlich.«[11]

An dieser Stelle gilt es, sich zu entscheiden: Entweder man nimmt sich vor, die enge Verzahnung von Mythosbildung und Forschungsgeschichte rückblickend kultur- und wissenschaftsgeschichtlich aufzuarbeiten, um zu versuchen, »Wunsch und Wirklichkeit« zu trennen, denn insbesondere in der Historie des Begriffs »Bauhütte« ist auf ungünstige Weise eine Amalgamierung von Mythos und historischer Realität angelegt. Wer die Geschichte der »Bauhütte« zurückverfolgt, wird nur bis zu jenem Punkt gelangen können, an dem der Begriff herausgearbeitet und mit historischen und mythischen Aspekten beladen wurde.

Ferdinand Janner hatte sich um eine Schärfung des Begriffs bemüht.[12] Nach seinen Analysen ließe sich zusammenfassend folgendermaßen urteilen. Eine »Bauhütte« sei: an ein Bauwerk als Produktionsort gebunden; eine Vereinigung/Korporation von Personen an diesem Werk; mit Blick nur auf die Personen auch im Begriff der »Bruderschaft« erfasst; aus dieser Gruppenbindung am Werk zu einer Körperschaft verfestigt worden; dadurch von städtischen Zünften klar zu unterscheiden.

11 Vogt [8], S. 228. – Zur »fabrica« als Bauunterhaltung und Vermögensmasse: Binding [7], S. 101. »Sie stand unter Aufsicht der Vertreter der Bauherren und unter der Leitung des Bauverwalters, der unterschiedlich bezeichnet wurde.« – Zur »fabrica« auch: Beiträge über Bauführung und Baufinanzierung im Mittelalter (Veröffentlichung der Abteilung Architektur des Kunsthistorischen Instituts der Universität Köln 6), hg. von Günther Binding, Köln 1974. – Arnd Reitemeier: Pfarrkirchen in der Stadt des späten Mittelalters. Politik, Wirtschaft und Verwaltung (Vierteljahrsschrift für Sozial- und Wirtschaftsgeschichte 177), Stuttgart 2005.

12 Janner [7], bes. Vorwort und S. 3.

Beim Blick in die Quellen wird man allerdings mit Befunden konfrontiert, die nahelegen, dass sich Hüttenverbände als Netzwerke von Personen eben nicht nur über das gemeinsame Werk konstituierten, sondern gerade »Bruderschaften« die Vergemeinschaftung durch Arbeit oder Memoria zum Ziel hatten, um hier interpersonelle Differenzen und Unterschiede zu überwinden. Kennzeichnend war ein Bemühen um die gemeinsame Verantwortung für die Vorsorge und insbesondere die Heilsfürsorge mit den Mitteln des Gottesdienstes. Mitunter stand ihre Form der Gruppenbindung den Zünften näher als den sogenannten Münsterbauhütten (sowohl Domhütten als auch Handwerke großer städtischer Sakralbauprojekte). Dies könnte nun dazu verleiten, bloß die Begriffe »Bauhütte« und »Bruderschaft« sauberer zu trennen und die nunmehr drei Gruppen beispielsweise über die Orte ihrer Vergemeinschaftung zu definieren: Bauhütte – Bau – Werk; Bruderschaft – Bruderschaftsaltar – Kapelle; Zunft – Zunft-/Trinkstube – Stubengesellschaft.[13] Dann wäre zu überlegen, ob und wie sich hinsichtlich der oben genannten städtischen Gewerbeordnungen Zünfte wiederum vom »Stadtwerk« als städtischem, amtsmäßigem Bauwesen unterscheiden ließen: Zünfte als körperschaftliche Berufsvertretungen, das Stadtwerk als städtisches Bauunternehmen mit anteiliger Selbstverwaltung oder das Stadtbauwesen als Bauamt mit eigener Ordnung und eigenem Personal. Was würde dies beispielsweise für die Stadt Ulm bedeuten, die eine Münsterbauhütte unterhielt? Wäre hier von einer »Bauhütte« zu sprechen oder aufgrund der städtischen Anbindung und Unterwerfung eben nicht, weil es sich um ein projektbezogenes »Stadtwerk« handelte?

Auf die Tauglichkeit des Begriffs »Bauhütte« wird unten noch einzugehen sein – zunächst zur Untauglichkeit: Es zeigt sich, dass die moderne Kunstgeschichtsschreibung mit gravierenden Folgen bis heute ältere Auffassungen tradiert. Dabei bezog vor allem die Geschichte der »Bauhütte« beziehungsweise die Begriffsgeschichte zur »Bauhütte« einen Großteil ihrer kulturhistorischen Begründung und Leistungsfähigkeit aus jener »Freiheit«, die antithetisch zum »Zunftzwang« herausgearbeitet wurde – um die Bauhütte überhöhen zu können. Das Verhältnis von »Bauhütte« und Zunft wurde – durch zahllose Quellen unhaltbar – als geteilt, als konkurrierend und feindselig betrachtet, aufgeteilt in Zuständigkeiten für baukünstlerisch anspruchsvolle sakrale Bauwerke einerseits und minderwertige

13 Zur Unterscheidung Bruderschaft und Gesellschaft – Gemeinsamkeiten und Unterschiede: Knut Schulz: Handwerksgesellen und Lohnarbeiter. Untersuchungen zur oberrheinischen und oberdeutschen Stadtgeschichte des 14. bis 17. Jahrhunderts, Sigmaringen 1985, S. 164–167; diesbezüglich herausgestellt die konstituierende Rolle der Trinkstuben für Gesellschaften, S. 165–167; zur Rolle der Seelmessen/Altäre, Kerzen/Wachs et cetera für die Bruderschaften, S. 167; und zu den Beziehungen zur Kirche, S. 184–195.

profane Bauten andererseits.[14] Otto Winkelmüller formulierte es so: »Diese Begriffe und die Unterscheidung zwischen Bauhütten und örtlicher Zunft muß zur Vermeidung von Mißverständnissen unbedingt eingehalten werden. Die Zünfte standen zu den Bauhütten im scharfen Gegensatz, sie waren die Konkurrenz.«[15] Und bezogen auf die zugehörigen Bauhüttenordnungen: »Diese Ordnungen beziehen sich nur auf freie Steinmetzen. Frei deshalb, weil sie nicht dem Rat der Stadt Gehorsam schuldig sind, sondern allein dem Meister ihrer Bauhütte. Die Hütten und ihre Mitglieder haben ihre eigene Gerichtsbarkeit, ihr besonderes Brauchtum und eine besondere, meist religiös bedingte Symbolik.«[16]

Diese vermeintliche »Freiheit«, die sich in der »Freiheit des Geistes«, der »Freimaurerei« und so weiter forttrug, gab es so im Mittelalter und in der Frühen Neuzeit nicht.[17] Wir müssen akzeptieren, dass im Begriff der »Bauhütte« die historische Unfreiheit (als hoheitliche, rechtliche und ökonomische Abhängigkeitsverhältnisse) durch mythisch verklärte Freiheitsvorstellungen und Überlegensheitsdiskurse überdeckt wurde. »Bauhütten« waren und blieben, je nach lokaler Organisationsform, von Stadträten abhängig. Auch Mitglieder einer Zunft oder eines Stadtwerks konnten in überregionale Bruderschaften aufgenommen werden.

Fazit – und zur Tauglichkeit des Bauhütten-Begriffs: Alle Versuche, den Begriff »Bauhütte« aus der Forschung zu tilgen, sind gescheitert. Das dürfte sich auch in Zukunft nicht ändern, denn der Begriff ist offenbar zu stark. Doch um einen unverstellten Blick auf eine »historische Bauhütte« zu gewinnen, wird es immer wieder notwendig sein, jeweils genauer auf die einstigen Abhängigkeits- und Bindungsverhältnisse zu schauen. Möchte man den unscharfen Begriff »Bauhütte« weiterhin verwenden, dann bloß synonym für »Handwerk«. Nur ganz undifferenziert wäre dadurch jede Organisationsform (gegebenenfalls Korporation, Vereinigung) miteinander arbeitender Steinmetzen mit mehr oder weniger engen Bindungen erfasst. Heißt: »Bauhütte« meint lediglich – synonym zu Handwerk oder (Stein-)Hütte –, dass es ein Werk gab, bei dem mehrere Steinmetzen, gegebenenfalls auch weitere Gewerke, organisiert zusammenarbeiten mussten,

14 Franz Bischoff: Burkhard Engelberg. »Der vilkunstreiche Architector und der Statt Augspurg Wercke Meister«. Burkhard Engelberg und die süddeutsche Architektur um 1500. Anmerkungen zur sozialen Stellung und Arbeitsweise spätgotischer Steinmetzen und Werkmeister (Schwäbische Geschichtsquellen und Forschungen. Schriftenreihe des Historischen Vereins für Schwaben 18), Augsburg 1999, S. 82–83.

15 Otto Winkelmüller: Die deutschen Bauhütten. Ihre Ordnungen und die Freimaurerei, Bad Harzburg 1964, S. 8.

16 Vgl. [15].

17 Zur Bedeutung der »Bauhütten« für die Freimaurerlogen unter anderem: Voltelini [9], S. 61.

18 Wissell 1929 [7], S. 85. – Segers [7], S. 38. – Zuletzt: Bischoff [14], S. 99–100. – Der Abschnitt entspricht im Wesentlichen: Bürger, Sander, Brehm [1], Bd. 1, S. 220–223.

19 Vgl. zu den drei Haupthüttenstandorten in Straßburg, Köln und Wien und der Unterordnung der vierten Hütte in Bern unter Straßburg: Bürger, Sander, Brehm [1], Bd. 1, S. 202–204.

um erfolgreich zu sein – mehr nicht. Was man über diese Ahnung hinaus zu wissen glaubt, trifft nicht zu beziehungsweise lässt sich mit dem Begriff »Bauhütte« nicht abbilden.

Dass der Begriff »mythisch« kontaminiert ist, muss nicht weniger stören, wenn weiterhin als vereinbart gilt, dass es »die Bauhütte« als wie auch immer geartete, klar von einer Zunft zu unterscheidende Organisationsform, die sich von Zwängen befreit haben soll und dadurch als »Freiheitssymbol« taugen würde, nie gegeben hat. Diesbezüglich ist die Forschung aufgefordert, sich jeweils über die Quellen und Artefakte den differenten Organisationsformen im Steinmetzhandwerk zuzuwenden – also in diesem Zusammenhang konkret der Frage, ob und wie das Kölner Handwerk am Dom und in der Stadt lokal organisiert war.

3. Zu Kölner Handwerk und Haupthütte im 15. Jahrhundert

Zur Organisation der »Domhütte« in Köln als verantwortlicher Haupthütte für die niederdeutsche Provinz ist nur wenig bekannt.[18] Köln war 1459 zu einem der drei ersten Haupthütten-Standorte erwählt worden.[19] In der Straßburger/Regensburger Ordnung der Steinmetzen von 1459 wurde hinsichtlich der künftigen Zuständigkeit Kölns vermerkt: »Die Gebiet zu Coln – Item meister Cunrat von Cölln meister der Styfft doselbs vnd alle sein nochkum[m]en glicher wise sol Im[m]e zu gehoͤren das überige gebiet hinabe was do vff stott von fürderunge vnd hütten die In der Ordenunge sint oder dar In kum[m]en möchtend.«[20] Konrad Kuyn (Kuene, Koene) von der Hallen (Abb. 5) scheint als damals leitender Domwerkmeister eine bedeutende Führungsrolle eingenommen zu haben und käme als wichtiger Protagonist für die Gründung des Hüttenverbandes infrage. Doch in der Erstfassung von 1459 wird ein Oberster Richter für die Kölner Provinz zunächst noch nicht namentlich genannt.[21] Dass Meister Konrad von Köln und seine Nachkommen dieses Amt einnehmen sollen, war womöglich ein Nachtrag.[22] Mit der Ernennung wurde Meister Konrad Kuyn, dem obersten Werkmeister am Dombau in Köln, die Aufgabe übertragen, die Ordnung im niederdeutschen Gebiet durchzusetzen. Neben der Anerkennung der Gerichtsbarkeit sollten alle Handwerksstandorte der Provinz »der Haupthütte zu Cöln bey der Dom Kirche gehorsam seyn und den 10ten Pfennig reichen«.[23] Bei der Neuordnung des Handwerks 1563 tauchte Köln als Standort einer Haupthütte nicht mehr auf.

20 GSA 88/259,2, S. 18. – Bürger, Sander, Brehm [1], Bd. 2, S. 609–610. – Vgl. Janner [7], Quelle Nr. I, S. 264.

21 Cornelius Gurlitt: Kunst und Künstler am Vorabend der Reformation. Ein Bild aus dem Erzgebirge (Schriften des Vereins für Reformationsgeschichte 29), Halle 1890, S. 44.

22 Gurlitt [21], S. 45; so wie anscheinend auch die Wahl und Funktionsbestimmung des Berner Münsterbaumeisters Steffen Hurder als Meister für die Schweiz erst später erfolgte.

23 Heideloff [7], S. 13.

5 | *Epitaph für den Domwerkmeister Konrad Kuyn, nach 1469. Köln, Dom. Die Figur des knieenden Dombaumeisters ist eine Ergänzung von Alexander Iven von 1907.*

Überlegungen zum Kölner Handwerk

Aus dem oben genannten Vermerk in der Straßburger/Regensburger Ordnung und der allgemeinen Vorstellung, wie »Bauhütte« an großen Kathedralbaustellen konstituiert waren, ließe sich Folgendes mutmaßen: Der Kölner Dombau war und blieb über lange Zeit eine große bedeutende Bauaufgabe. Spätestens mit Baubeginn am 15. August 1248 wurde die »Bauhütte« (das Handwerk) vor Ort aktiv und war unter der Leitung des »magister operis ecclesiae Coloniensis« für das Bauwerk verantwortlich.[24] Sie unterstand dem Domkapitel beziehungsweise ihrer Domfabrik, wobei unklar bleibt, inwieweit dieses Gremium in die Handwerksbelange eingriff, beispielsweise die Anstellung der Handwerker zu verantworten hatte.[25] Dieses Gremium überwachte – vielleicht in Köln besonders streng – das Personal, die Baumaßnahmen und die Finanzen. Die Einheitlichkeit der Architektur des Domes und die nur marginalen Formveränderungen zwischen dem

6 | *Köln, Dom, nordöstlicher spätgotischer Pfeiler F 03 des Nordturms, Detail einer spätgotischen Fiale*

7 | *Köln, Dom, nordöstlicher spätgotischer Pfeiler F 03 des Nordturms, Detail mit spätgotischem Laubwerk*

frühen Chorbau (1248–1322) und dem Langhaus (14. bis 16. Jahrhundert) werden als deutliches Indiz dahingehend gewertet, dass das Domkapitel sehr strikt an der Verbindlichkeit der älteren Planungen festhielt: Einheitlichkeit (»conformitas«) statt Fortentwicklung (»modernitas«).[26]

Lediglich Kielbögen über den Mittelschiffarkaden des Langhauses, einige weniger gravierende Form- und Profilveränderungen an den Pfeilern des Nordturms (Abb. 6–7) und nördlichen Langhauses ließen den Werkmeistern – recht überschaubare – Spielräume für eigene werkmeisterliche Vorstellungen und Planungen. »Die spätgotischen Bau- und Schmuckformen hatten nie einen besonders hohen Anteil am Gesamtvolumen des Kölner Domes. Zudem sind sie am Außenbau durch Steinzerfall, Kriegsfolgen und Erneuerungen weitgehend vernichtet worden. Dennoch würde das wenige, was heute noch von der alten Substanz des 15. und 16. Jahrhunderts erhalten ist, völlig ausreichen, um eine große Pfarrkirche mit spätgotischer Bauzier zu versehen.«[27] Die Reformation jedoch setzte dem geregelten Dombaubetrieb und dieser Fortentwicklung der Detailformen ein Ende. Sie hatte den Niedergang der Bauaktivitäten durch eine zuneh-

24 Binding [7], S. 55.
25 Klaus Militzer: Der Dom und das Domkapitel, in: Ad Summum [2], S. 97–103, hier: S. 100–101.
26 Arnold Wolff: Der Kölner Dombau in der Spätgotik, in: Beiträge zur rheinischen Kunstgeschichte und Denkmalpflege, Bd. 2. Albert Verbeek zum 65. Geburtstag (Die Kunstdenkmäler des Rheinlandes, Beih. 20), Düsseldorf 1974, S. 137–150, hier: S. 139.
27 Wolff [26], S. 148.

mend problematische Finanzierung verursacht.[28] Die Dombauhütte wurde 1520 aufgelöst. Den Bauunterhalt besorgte fortan die Domfabrik.

»Wissell bedauerte, daß selbst bei so großen Unternehmen wie dem Bau des Kölner Domes, wo nach Aussage der so genannten ›Hüttenordnungen‹ [siehe oben] eine der Haupthütten Deutschlands bestanden habe, die erhaltenen Quellen und beispielsweise Amtsbriefe der Kölner Steinmetzen und Zimmerer von 1397, 1402, 1443 und 1561 nichts vom Bestehen des großen ›Hüttenbundes‹ erkennen ließen.«[29] Interessant ist, dass Wissell die Antworten hinsichtlich der Fragen zur überregionalen Rolle der lokalen Domhütte in den städtischen Amtsbriefen suchte: Ist der Blick allein auf den Dom, das Domkapitel samt Domhütte doch zu verengt? Vielleicht war die Situation in Köln komplizierter als bislang gedacht?

Bereits biografische Eckdaten von Meister Konrad lassen aufhorchen:[30] Konrad Kuyn von der Hallen war kein Meister, den das Domkapitel als auswärtigen Spezialisten angeworben hatte. Konrad war in Köln längst ansässig, hatte die Schwester des Stadtwerkmeisters Johann von Bueren geehelicht, war Ratsmitglied geworden – und dies als Vertreter der Steinmetzgaffel, das heißt, er war Angehöriger der lokalen Handwerkszunft. Erst ab 1452 wird er als Domwerkmeister erwähnt. »Sollte Kuene auch noch als Domwerkmeister in der Zunft verblieben sein, so wäre er gleichzeitig dort und in der Regensburger [Straßburger] Bruderschaft als Mitglied eingeschrieben gewesen, denn 1459 und 1464 wird er ausdrücklich als einer der Vertreter der drei Hauptorte (Straßburg, Köln und Wien) in der Bruderschaft erwähnt.«[31]

Das städtische Handwerk war von Bedeutung – auch für den Dombau: Die besagte städtische Handwerksordnung von 1397 wurde 1402 vom Rat als Amtsbrief verfasst,[32] mit Zusätzen 1424 und 1431[33] erneuert; ebenso noch einmal im Jahre

28 Ad Summum [2], darin Beiträge mit diverser weiterführender Literatur; hier der Beitrag von Manfred Huiskes: Die Finanzierung des Dombaus und ihr Zusammenbruch, S. 43–55.
29 Vogt [8], S. 226; mit Verweis auf Wissell 1929 [7], S. 85. – Vgl. dazu unter anderem: Klaus Militzer: »Gaffeln, Ämter, Zünfte«. Handwerker und Handel vor 600 Jahren, in: Jahrbuch des kölnischen Geschichtsvereins 67, 1996, S. 41–59.
30 Manfred Huiskes: Die Dombaumeister, in: Ad Summum [2], S. 69–76, hier: S. 73–74.
31 Bischoff [14], S. 100. – Segers [7], S. 36–39.
32 GSA 88/259,1, S. 16–17. – Bürger, Sander, Brehm [1], Bd. 2, S. 570–572. – Ausführliche Darstellung zu den Quellen: GSA 88/278, S. 21–26. – Bürger, Sander, Brehm [1], Bd. 3, S. 674–678.
33 GSA 88/259,1, S. 13–16. – Bürger, Sander, Brehm [1], Bd. 2, S. 566–570.
34 GSA 88/259,1, S. 16–18. – Bürger, Sander, Brehm [1], Bd. 2, S. 570–573.
35 GSA 88/259,1, S. 14. – Bürger, Sander, Brehm [1], Bd. 2, S. 567–568.– Vgl. GSA 88/278, S. 21–22. – Bürger, Sander, Brehm [1], Bd. 3, S. 674–676.
36 GSA 88/259,1, S. 15. – Bürger, Sander, Brehm [1], Bd. 2, S. 568–569.
37 Auf der Sandkaul nahe dem Quatermarkt. Das Gaffelhaus scheint im Laufe der Zeit ausgebaut und erweitert worden zu sein. 1560 wird ein Hof des Gaffelhauses erwähnt, was für einen größeren Gebäudekomplex spricht. – GSA 88/259,1, S. 19. – Bürger, Sander, Brehm [1], Bd. 2, S. 573.
38 GSA 88/259,1, S. 15. – Bürger, Sander, Brehm [1], Bd. 2, S. 568–569.

8 | *Konrad Kuyn (zugeschrieben), Figuren der Vier Gekrönten, der Patrone der Steinmetzen, vom Epitaph für den Domwerkmeister Nikolaus von Bueren, nach 1445. Ehemals Köln, Dom, heute Kolumba, Kunstmuseum des Erzbistums Köln*

1443[34]. Unter anderem lässt sich der Fassung von 1431 entnehmen, dass die Steinmetzen und Zimmerleute in einem »Amt« (Stadtwerk) zusammengefasst waren. Das heißt, dieses Handwerk wurde im organisatorischen Verhältnis zum Stadtrat als »Amt« bezeichnet; im Bezug zur internen (zunftmäßigen) Organisation hieß sie Gaffelgesellschaft (»gaffelgeselschaff«).[35] In der seitens des Stadtrates erlassenen und wiederkehrend redigierten Ordnung wurden Artikel und Punkte, die schon »von Alters her« galten, zusammengetragen und für »ewige Tage« verfasst: Das Handwerk sollte dem entsprechen und das Amt danach »halten und regieren«, was für eine größere Eigenständigkeit spricht. Vier Meister waren gesetzt und vereidigt worden, um jenes Amt zu regieren. Zur Ausübung dieser Eigenverwaltung verfügte das Handwerk über ein eigenes Gaffelhaus (»yrs gaffelhuys«),[36] das offenbar gerade erst »auf der Sandkuhle gezimmert und gebaut« worden war.[37] Für den Bau beziehungsweise die Abzahlung der verursachten Kosten sollte von den Meistern ein jährliches Hausgeld bezahlt werden, »bis zertzyt des Huys wale bezailt ind gevryet is«.[38]

Interessant ist die Rückseite des Dokuments, auf der eine Vereinbarung (1424) zwischen den Meistern des städtischen Amts und Klaus (Nikolaus von Bueren) (Abb. 8), dem Werkmeister vom Dom (»meister clais dem werckmeister vame doyme«),[39] festgeschrieben worden war. Die Einigung regelte als Ergänzung zur Ordnung von 1402 unter anderem, dass Lehrgesellen, die unter Nikolaus gedient hatten und nun vom Amt angenommen werden wollten, einen Rheinischen Gulden zu zahlen hatten; nach Aufnahme ins Amt einen weiteren (»dat man dit Ampt mit tzwen Ryntzschen gulden wynnen seulde«). Nun könnte genau diese Regelung dazu verführen, das Stadtwerk/Amt und das Domhandwerk als zwei völlig getrennte Körperschaften zu betrachten. Doch eigentlich war es wohl nur so, dass dem Dom(werk)meister bei der Wahl der eigenen Lehrlinge und Gesellen freie Hand gelassen wurde, solange diese nicht in der Stadt selbstständig tätig wurden. Insgesamt scheint es, als sei bis zur Mitte des 15. Jahrhunderts das Stadtwerk in erheblichem Maße aufgewertet worden, als »Amt«, als Gaffelgesellschaft samt Gaffelhaus. Doch trotz dieser Eigenständigkeit hielt der Rat die Hoheit und Fäden über das Steinmetzhandwerk weiterhin in der Hand. Die Schlussfolgerungen aus den Dokumenten sind widersprüchlich: Annamia Deichmann nimmt an, dass die Domwerkleute bereits seit dem 14. Jahrhundert auch der Zunft (Amt) angehörten.[40] Hans Vogts sieht dagegen die Zunftmitgliedschaft nicht als zwingend an.[41] Die Uneindeutigkeit ist wohl darauf zurückzuführen, dass 1424 Sonderrechte gewährt wurden, die nicht auf andere Phasen des Handwerks übertragbar sind.[42] In jedem Fall war es möglich und durchaus Usus, dass Domwerkleute der Zunft beitraten.

Hinsichtlich der überregionalen Bruderschaftsverhältnisse ist unbestritten, dass Köln eine der ersten Haupthüttenstandorte war, obwohl Handwerksvertreter aus Köln oder vom Rhein bei entscheidenden Hüttentagen nicht anwesend waren. Diese Auffälligkeit wird damit erklärt, dass sich Köln bereits vor 1459 mit beziehungsweise neben Straßburg als herausgehobener Standort etabliert hatte, ein Sachverhalt, der dann von den nachfolgenden Ordnungen wiederkehrend fixiert wurde.[43]

Zum Verhältnis von Amt und Domhütte

Viele Unklarheiten lassen sich gerade nicht dadurch klären, dass man schlicht der Domhütte einen Vorrang gegenüber dem städtischen Handwerk (Amt/Gaffel) einräumt: Doch wie könnte man sich das Verhältnis von Amt zu Domhütte genauer vorstellen? Als Meister Konrad für den Dombau verpflichtet und bestallt (?) wurde, war er damit dem städtischen Handwerk entzogen worden? Legte er seine städtischen Ämter und Mitgliedschaft zur Gaffel nieder? Wem unter-

39 GSA 88/259,1, S. 16. – Bürger, Sander, Brehm [1], Bd. 2, S. 570–571. – Vgl. Huiskes [30], S. 72.
40 Annamia Deichmann: Das Kölner Bauwesen im Mittelalter, Phil. Diss., Köln 1929, S. 51.
41 Hans Vogts: Das Kölner Wohnhaus bis zur Mitte des 19. Jahrhunderts, Bd. 1, Neuss 1966, S. 331. – Vgl. Bischoff [14], S. 99.
42 Bischoff [14], S. 99.

standen dann womöglich Handwerker, die für Meister Konrad arbeiteten: Gab es Handwerker in Diensten des Domkapitels und Handwerker in städtischen Diensten, die je nach Auftragslage unter Konrad arbeiteten? Waren dadurch nicht Konflikte vorprogrammiert? Was konnte das Domkapitel bewogen haben, sich mit der Einstellung des Meisters solche Probleme einzukaufen? Wer sprach Recht, wenn es zu handwerksinternen Konflikten kam: das Domkapitel, die Gaffel oder das Stadtgericht? Und wenn Meister Konrad dann unmittelbar dem Domkapitel und der Domfreiheit unterstand, wie konnte es ihm dann gestattet sein, einen Hüttenstandort am Dom als neue Haupthütte im Straßburger Verband einzurichten und die Gerichtsbarkeit im Handwerk auszuüben?

Gerade im Verhältnis zu Regensburg, wo zwar die Meister des Steinmetzhandwerks 1459 die Straßburger/Regensburger Ordnung verabschiedet und unterzeichnet hatten, Regensburg aber nicht zur Haupthütte erwählt worden war, ja nicht einmal deren Meister die Ordnung unterschrieben hatten, muss man den Verdacht hegen, dass die Kölner Verhältnisse anders lagen. Tatsächlich deuten etliche Aspekte daraufhin, dass die »Bauhütte« am Dom viel stärker als gedacht in den Zuständigkeitsbereich des städtischen Steinmetzhandwerks hineinreichte.

Ein weiteres Indiz ist ein Eintrag im Dossier zum sogenannten Kölner Gaffelstreit (siehe unten): »Conradt, kuyen, auch ein Bildthewer vnnd dhumb werck meister vnnd bei den Steinmetzern veraidt geweest, vnnd Ao. 1469. gestorben, vnnd stehen vnder seinem Epitaphio ihm Thumb der Steinmetzern gaffelen wapfen, wie die selbige biß dato noch van den Steinmetzern vnnd Zimmerleuthen gefuhrt vnnd gebraucht werden.«[44] Interessant an dem erwähnten Epitaph im Nordquerhaus des Kölner Domes, am Eingang zum nördlichen Chorumgang, ist, dass sich Meister Konrad dort mit dem Wappen der Steinmetzgaffel präsentiert (Abb. 5, 9).[45] Er hatte einen Eid auf die Gaffel und ihre Ordnung geschworen und blieb an diese bis zum Lebensende gebunden. Das bedeutet, er hatte die Gaffel und städtischen Verpflichtungen keinesfalls hinter sich gelassen, um zum Domwerkmeister ernannt werden zu können. Im Gegenteil: Er präsentierte im Dom neben seinem Meisterzeichen das Gaffelwappen an prominenter Stelle und trug damit das städtische Steinmetzhandwerk sehr selbstbewusst in den Zuständigkeitsbereich des Domkapitels ein.

Darüber hinaus ist Meister Konrad kein Einzelfall: Weitere Domwerkmeister und Parliere hatten den Gaffeleid gesprochen: »Irstlich M[eiste]r Niclaeß de Buren ist ein Bildthewer vnnd thumbwerckmeister bei den Steinmetzeren veraidt gewesen vnnd Ao. 1445. gestorben. [...] Item M[eiste]r. heinrich Thumpolirer ein

43 Wissell 1929 [7], S. 71.

44 GSA 88/255, S. 179. – Bürger, Sander, Brehm [1], Bd. 2, S. 365.

45 Böttcher [3], S. 48–50.

9 | *Epitaph für den Domwerkmeister Konrad Kuyn, nach 1469. Köln, Dom, Detail: Inschrift mit Wappen*

Bilthewer vnnd Ao 1509 bei den Steinmetzern veraidt gewesen.«[46] Dass die Domhandwerker Privilegien und Sonderrechte genossen, die städtischen Handwerkern verwehrt waren, mag zu Konflikten geführt haben. Jedoch ist lediglich ein Streit aktenkundig geworden: 1471 kam es zu einem Prozess der »steinmetzr- ind zimmerludeampten tgaen die werklude imme Doime«; der Streitgegenstand ist unbekannt.[47]

Unbedingt zu berücksichtigen ist, dass die Steinmetzgaffel in Köln keine unbedeutende Zunft war, die bloß als berufsspezifische Interessenvertretung einer niederen Gruppe agierte. Die Gaffel, der unter anderem auch Bildhauer und Zimmerleute angehörten, besaß nachweislich 1527 vier Amtmeister (»vier Ampts meisteren der Steinmetzer vnnd Zimmerluide Ampter«).[48] Das städtische Handwerk war zwar nicht als regelrechtes, amtsmäßiges Stadtwerk institutionalisiert,

46 GSA 88/255, S. 179. – Bürger, Sander, Brehm [1], Bd. 2, S. 365. – Das Wappen auf dem Inschriftenstein des Bueren-Epitaphs ist dem auf dem Kuyn-Epitaph ähnlich, nur mit geschlossenem Zirkel dargestellt. – Zum Epitaph für Nikolaus von Bueren vgl.: Andreas Speer, Marc Steinmann, Regina Urbanek: Die Vier Gekrönten. Konrad Kuyn (Kolumba. Werkhefte und Bücher 48), Köln 2016.

47 Bischoff [14], S. 99. – Heinrich von Loesch: Die Kölner Zunfturkunden nebst anderen Kölner Gewerbeurkunden bis zum Jahre 1500 (Publikationen der Gesellschaft für Rheinische Geschichtskunde 22), Bd. 2, Bonn 1907, S. 443.

48 GSA 88/255, S. 200. – Bürger, Sander, Brehm [1], Bd. 2, S. 378.

aber auch nicht nur eine Zunft als Berufsverband, sondern eine eigenständige, gewichtige Körperschaft, offenbar mit guten Möglichkeiten kommunaler Teilhabe und Machtausübung. Der Stadtrat hatte seinerseits Einfluss auf die Gaffel, denn er bestimmte qua städtischer Handwerksordnung, wie es sich mit der Lehrzeit oder der Meisterprüfung und so weiter zu verhalten habe.[49]

Ferner wäre Folgendes zu bedenken: Die bedeutsame Kölner Gaffel der Steinmetzen stellte offenbar das Personal, mit dem der Dombau im Auftrag von Domkapitel und Domfabrik realisiert wurde. Da die rechtliche Zuständigkeit, was die internen Handwerksbelange betraf, in den Händen der städtischen Gaffel lag, dürfte auch die »Haupthütte« als Gerichtsort ab 1459 im Umfeld der städtischen Handwerksorganisation zu suchen sein. Von einer ausschließlichen Anlagerung dieser Haupthütte an das Domkapitel ist dagegen nicht auszugehen.

Ein weiteres Indiz: Die einzig erhaltenen Rechnungen zum Dombau stammen aus den Jahren 1513/14 und 1559/60; eine von vor und eine von nach der Reformation.[50] In der Rechnungslegung der Domfabrik von 1513/14 wurden alle 14 Tage die gezahlten Löhne für Meister und Gesellen verbucht.[51] Allerdings wurden keine Zahlungen für einen Dom(werk)meister vermerkt. Der führende Meister erhielt offenbar keinerlei wöchentliche Lohn(zu)zahlungen für seine tägliche Arbeit vor Ort: Das lässt vermuten, dass der Dommeister samt seiner Entlohnung vom lokalen Handwerk etwas abgekoppelt war: Er wird – wie andernorts auch – im Jahrsold bestallt, vereidigt und verbeamtet worden sein. Diese administrative Trennung bedeutete auch eine statusmäßige Aufwertung des Dommeisters gegenüber den anderen Meistern und Gesellen.

Als Gegenprobe: Die Vermutung, dass es in Köln eine regelrechte »Domhütte« als Teil der Domfreiheit gegeben habe und dass diese Hütte zur »Haupthütte« erhoben worden war, lässt sich durch Quellen und Indizien nicht belegen. Während sich die Quellenfunde und Indizien hinsichtlich einer städtischen Organisationsform verdichten, finden sich keinerlei Hinweise auf eine solche Haupthütte im Nahverhältnis zum Domkapitel. Ein solcher Befund wäre auch völlig singulär, denn alle Haupthütten, die an Domen oder in Domstädten eingerichtet wurden, wiesen eher ein distanziertes Verhältnis zum Domkapitel auf.[52]

49 GSA 88/255, S. 200–202. – Bürger, Sander, Brehm [1], Bd. 2, S. 377–379.
50 [Manfred] Hu[iskes]: Die älteste erhaltene Jahresrechnung der Domfabrik, 1513/14, in: Ad Summum [2], S. 60. – Ders.: Die zweitälteste erhaltene Jahresrechnung der Domfabrik, in: ebd., S. 61.
51 Huiskes, älteste erhaltene Jahresrechnung [50].
52 In Konstanz musste sich das Domkapitel mit der Stadt einigen und die städtische Rechtsprechung über das Handwerk akzeptieren, vgl. Bürger, Sander, Brehm [1], Bd. 1, S. 303–309. – In Würzburg war die »Domhütte« Teil des Landesbauwesens und der oberste Hüttenmeister ein vom Fürstbischof bestallter Hofbeamter, vgl. ebd., S. 385–389. – In Worms war die Haupthütte der städtischen Ordnung unterworfen, vgl. ebd., S. 429–442.

Zwei weitere Aspekte wären zu bedenken: Zwar war zum einen die Haupthütte städtisch dominiert, doch wird durchaus entscheidend für die Standortwahl Kölns gewesen sein, dass die dortige Gaffel beziehungsweise deren Personal am Dom arbeitete: Denn der großartige Dombau war prestigeträchtig, und dieses Prestige strahlte auch auf die Meister und deren Funktionen aus, und so ist davon auszugehen, dass die Dombaustelle als Werk auf lange Sicht fortgeführt wurde (die Reformation war nicht abzusehen), was sowohl für den Kölner Dombau als auch für die städtische Gaffel große Kontinuität und Sicherheit bedeutete. Prestige und Dauerhaftigkeit des Dombaus werden in jedem Fall für die Wahl des Hüttenstandorts Köln mitentscheidend gewesen sein.

Zum anderen ist die Frage, ob die Wahlentscheidung, Köln zum Standort einer Haupthütte zu machen, das Kölner Handwerk wirklich tangierte: Die Verabschiedung und Unterzeichnung der Straßburger/Regensburger Ordnung hatte ohne Beteiligung Kölner Meister stattgefunden, und auch später ist nicht zu sehen, dass Kölner Meister diesbezüglich im Netzwerk der Straßburger Bruderschaft aktiv wurden. Man hatte offenbar Köln den Status »Haupthütte« von außen verliehen und Meister Konrad von Köln als Obersten Richter ernannt. Es gibt keinerlei Anzeichen dafür, dass sich das Kölner Handwerk diese Rolle zu eigen machte und ausfüllte. Stattdessen weist ein Notarvermerk zur Bestätigungsurkunde vom 7. August 1495 darauf hin, dass das neu verliehene Privileg nur nach Wien und Bern geschickt worden war, nicht jedoch nach Köln.[53] Dass dann in späteren Abschriften der Ordnung Köln weiterhin als Haupthüttenstandort genannt wurde, könnte eventuell auf ein gewohnheitsmäßiges Weiterführen des Titels »von alters her« hindeuten.

4. Zum Gaffelstreit von 1616/17

Im Konvolut des Simrock-Boisserée-Nachlasses hat sich ein Dossier erhalten, das offenbar von Juristen zusammengestellt und vorbereitet worden war, um dem Kölner Rat eine Entscheidungsgrundlage für einen seit Langem schwelenden Streit an die Hand zu geben. Hintergrund des dokumentierten Vorgangs war ein Konflikt, der zwischen dem Kölner Amt (Gaffel) der Maler und Glasmacher auf der einen Seite und dem Amt der Schreiner, verbunden mit den Steinmetzen und Schnitzern, auf der anderen Seite ausgetragen wurde.

Streitgegenstand, der im Dossier von 1616/17 herausgearbeitet wurde, war die Frage, zu welchem dieser beiden Ämter beziehungsweise Berufsgruppen die Bildhauer und Bildschneider künftig gehören sollten. Beide Parteien verwiesen auf ältere Vorgänge und Dokumente, die die Ansprüche belegten, die Bildschneider

53 GSA 88/278, S. 56–57. – Bürger, Sander, Brehm [1], Bd. 3, S. 696–697.

jeweils der eigenen Gruppe zuzurechnen. Problem dabei war, dass in den zusammengetragenen Quellen die Berufsgruppen »Bildenhauer« beziehungsweise »Bildschneider« zuvor nicht explizit genannt wurden, sondern beide bislang unter der Bezeichnung »Holzschneider« firmierten. Die Zugehörigkeitsfrage reichte bis ins 15. Jahrhundert zurück, und die Gaffeln stützten sich auf Dokumente und Privilegien, auch auf einen diesbezüglichen Streit von 1491, der zur Zuordnung der Handwerker in getrennten Gaffeln geführt hatte. Ein weiterer Streit von 1576 war diesem jüngsten Konflikt vorausgegangen, als die Frage geklärt werden musste, wem es erlaubt sein sollte, Bildwerke oder Laubwerk zu hauen.

Die Schreiner/Tischler führten an, dass von alters her Holzschneider und Kistler ihrer Amtsgewalt unterstehen würden und jene, die Bilder in Holz, aber auch in Stein, schneiden würden, ihrem Amt unterstünden. Dagegen verwiesen die Maler darauf, dass die in den Quellen genannten »Holzschneider« keine Bildermacher waren, sondern »Segschneider« und »Brettschneider«, die mit grobem Werkzeug Holz zerschneiden, nicht aber Bildwerke fertigen. Die Maler beharrten daher auf ihre Zuständigkeit, für das Bildermachen in Holz mitverantwortlich zu sein.

Das Streiten darüber, wer ein »Bild« machen dürfe, zog wiederum die Steinmetzen in diesen Konflikt hinein, denn es berührte die Frage, ob Steinmetzen als Laub- und Bildhauer tätig werden dürfen oder nicht. Man versuchte, den Konflikt auf Basis des Materials zu klären: Jene, die Holzbildwerke fertigen, also Bildschneider, sollten dem Maler- und Glaseramt unterstellt sein; jene, die Steinbildwerke hauen, also Bildhauer, sollten dem Schreineramt zugehören, dem auch die Steinmetzen unterstanden. Allerdings prozessierten die Schreiner, zu denen auch die Schnitzer gehörten, gegen diesen Kompromissvorschlag, denn dies hätte bedeutet, dass sie bei der Herstellung von Inneneinrichtungen und Ausstattungsstücken keinerlei »geschnittenes (Bild)Werk« hätten herstellen dürfen. Auch der Versuch, dies über die Art der spezifisch verwendeten Werkzeuge zu klären, führte nicht zum Erfolg, da es bereits etablierte Meister und Werkstätten gab, die Bildwerke sowohl aus Stein als auch aus Holz fertigten. Da die Aktenlage unvermittelt abbricht, geht aus ihr nicht hervor, ob und wie dieser Konflikt am Ende beigelegt wurde.

Solchen Entwicklungen entsprechend mussten die Ordnungen angepasst werden. So erhielt die Steinmetzgaffel im Jahre 1700 einige Zusatzartikel. Ähnliche Vorgänge lassen sich für das Amt der Steinmetzen und Zimmerleute auch nach 1763, um 1783 und 1796 nachweisen. Ob der hier dokumentierte Gaffelstreit oder andere Konflikte den Ausschlag für die Anpassungen gaben und dadurch befriedet werden konnten, lässt sich anhand der hier dokumentierten Quellenlage nicht ermitteln.

Eine Idee wird Wirklichkeit
Gedanken zur Neubegründung der Kölner Dombauhütte

Matthias Deml

Im Juni 2024 feierte die Kölner Dombauhütte das 200-jährige Jubiläum ihrer Neubegründung.[1] Als Jubiläumstag war der 15. Juni festgelegt worden; da dieser jedoch auf einen Samstag fiel, wurden die Festlichkeiten in guter christlicher Tradition bereits am Vorabend, dem 14. Juni, begangen.[2] Auch das alljährliche Boisserée-Fest am 8. November, dem Festtag der Vier Gekrönten, der Patrone der Steinmetzen, stand ganz im Zeichen des Jubiläumsjahres. Dies galt besonders für die von Sulpiz Boisserée (1783–1854) 1851 gestiftete Messe im Gedenken an alle verstorbenen und zum Wohl aller lebenden Angehörigen der Dombauhütte und aller Förderer des Dombaus von der

* Der Beitrag basiert auf dem Festvortrag des Autors anlässlich des Boisserée-Festes am 8. November 2024 in der Kölner Dombauhütte.

1 M[atthias] D[eml]: Jubiläumsjahr 200 Jahre Wiederbegründung Kölner Dombauhütte, in: KDbl. 89, 2024, S. 258–260.

2 Matthias Deml: Wiederbegründung der Kölner Dombauhütte, Ausstellungsbroschüre, Köln 2024.

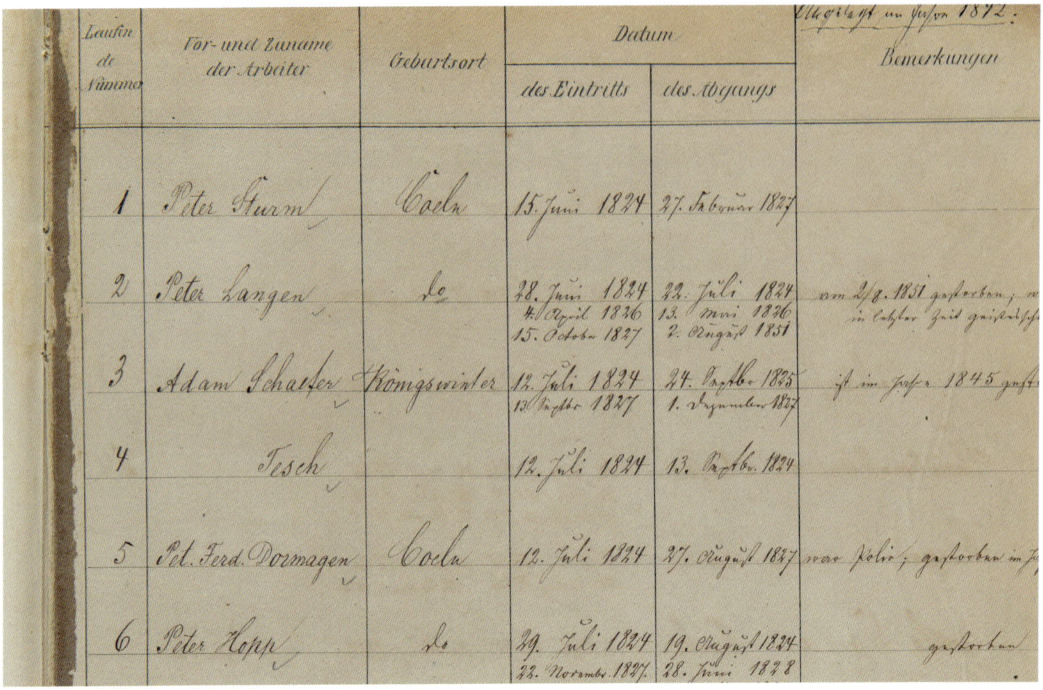

Laufende Nummer	Vor- und Zuname der Arbeiter	Geburtsort	Datum des Eintritts	Datum des Abgangs	Bemerkungen
1	Peter Sturm	Coeln	15. Juni 1824	27. Februar 1827	
2	Peter Langen	do	28. Juni 1824 4. April 1836 15. October 1827	22. Juli 1824 13. Mai 1836 2. August 1851	am 2/8. 1851 gestorben; …
3	Adam Schaefer	Königswinter	12. Juli 1824 13 Septbr 1827	24. Septbr 1825 1. Dezember 1827	ist im Jahre 1845 gest…
4	Tesch		12. Juli 1824	13. Septbr. 1824	
5	Pet. Ferd. Dormagen	Coeln	12. Juli 1824	27. August 1827	war Polier; gestorben im …
6	Peter Hopp	do	29. Juli 1824 22. November 1827	19. August 1824 28. Juni 1828	gestorben

1 | *Erste Seite der »Stammrolle der Steinmetzen«. Köln, DBA, AB 212*

Grundsteinlegung 1248 bis heute.[3] Der abschließende Höhepunkt des Jubiläumsjahres war am 22. November ein Empfang durch die Oberbürgermeisterin der Stadt Köln im Hansasaal des Historischen Rathauses.[4]

Die Entscheidung, den 15. Juni 2024 als Jubiläumstag festzulegen, beruhte auf dem ersten Eintrag in die sogenannte Stammrolle der Steinmetzen[5] (Abb. 1). In diesem Verzeichnis wurden bis zum Januar 1946 die Namen nahezu sämtlicher Steinmetzen, Bildhauer und Bauzeichner,[6] die fest am Dombau beschäftigt waren, registriert. Insgesamt finden sich in der Liste 3.056 Einträge, die neben dem Namen der Mitarbeiter zumeist auch den Geburtsort, das Eintrittsdatum der jeweiligen Person in die Bauhütte und das Austrittsdatum nennen. Bei einigen Mitarbeitern finden sich im Bemerkungsfeld Angaben zum weiteren Werdegang und zum Austritts- oder Entlassungsgrund. Eine entsprechende Stammrolle der Zimmerleute, Maurer, Handlanger, Schmiede und Klempner wurde erst ab 1832 geführt.[7] Unter dem 15. Juni 1824 ist in der »Stammrolle der Steinmetzen« unter der laufenden Nummer 1 *Peter Sturm* aus Köln eingetragen.[8] Er war bis zum 27. Februar 1827 am Dombau beschäftigt. Die Wahl seines Eintrittsdatums als »Gründungstag« der Dombauhütte war letztlich arbiträr und der Verlegenheit geschuldet, dass es einen eigentlichen Gründungstag gar nicht gibt. Tatsächlich halten keine Urkunde und kein anderes Dokument die Gründung der Bauhütte fest. Selbst die Stammrolle der Steinmetzen wurde erst 1842 angelegt.[9] Die Namen aller früheren Mitarbeiter wurden erst später aus älteren Listen nachgetragen. Auch die heute für die Institution übliche Bezeichnung »Dombauhütte« findet sich in den frühesten Akten des 19. Jahrhunderts noch nicht – hier ist zumeist ganz allgemein vom *Dombau* oder *Dom-Bau* die Rede – eine Selbstbezeichnung der Institution, die im Übrigen bis weit in das 20. Jahrhundert Bestand hatte; als Ortsbezeichnung für die Werkstatt der Steinmetzen ist hingegen bereits 1824 der Begriff *Steinhauerhütte* bezeugt.[10] Spätestens Anfang der 1840er-Jahre hatte sich dann »Dombauhütte« als Bezeichnung speziell für den handwerklich tätigen Bereich des »Dombaus« und der entsprechenden Gebäude im allgemeinen Sprachgebrauch etabliert.[11]

Einen eigentlichen Gründungstag der Dombauhütte gibt es somit nicht; ihre Entstehung in den 1820er-Jahren war vielmehr ein sich über mehrere Jahre hinziehender, schleichender Prozess, der 1822 begann und sich im Frühjahr und Sommer 1824 verdichtete. Die wichtigsten Ereignisse der Anfangsjahre sollen hier kurz dargestellt werden.[12]

3 M[arianne] F[roning]: 150 Jahre Boisseréemesse, in: KDbl. 67, 2002, S. 333–334.
4 M[atthias] D[eml]: Empfang der Dombauhütte durch die Kölner Oberbürgermeisterin, in diesem Domblatt, S. 291–292.
5 DBA, Köln, AB 212, Stammrolle der Steinmetzen, Bildhauer und Zeichner (1824–1946).
6 Tatsächlich hatte die Dombauhütte im handwerklichen Bereich bis zu diesem Zeitpunkt ausschließlich männliche Mitarbeitende.
7 DBA, Köln, AB 213, Stammrolle der Zimmerleute, Maurer, Handlanger, Schmiede und Klempner (1832–1931). Sie wurde zunächst nur für die Zimmerleute geführt und erst nach und nach auf die anderen genannten Berufsgruppen ausgeweitet. – Daneben gibt es weitere Listen, etwa von Lehrlingen sowie von verunglückten Mitarbeitern der Dombauhütte, unter anderem: DBA, Köln, Litt. E b, Vol. I, Verzeichnis der Steinmetzlehrlinge (1840–1850). – DBA, Köln, Litt. E f, Vol. II, Verzeichnis der Steinmetzlehrlinge (1861–1878). – DBA, Köln, Litt. E a, suppl. I, Verstorbene und verunglückte Domarbeiter (1841–1932). – Ab 1946 wurden alle Mitarbeitenden der Dombauhütte in einer Kartei geführt.
8 Stammrolle der Steinmetzen [5], Nr. 1, fol. 1r.
9 So ist oben rechts auf der ersten Seite handschriftlich notiert: *Angelegt im Jahre 1842*. Stammrolle der Steinmetzen [5], fol. 1r.
10 *Dombau* beziehungsweise *Dom-Bau* ist beispielsweise die Bezeichnung, die sich auf nahezu allen Aktendeckeln des Dombauarchivs bis in das frühe 20. Jahrhundert findet. – Zur Problematik des Begriffs »Bauhütte« zur Bezeichnung mittelalterlicher Bauorganisationen vgl. Karlheinz Vogt: Die mittelalterliche »Bauhütte«. Zur Geschichte und Karriere eines Mythos, in: Ad Summum 1248. Der gotische Dom im Mittelalter. Ausstellung des Historischen Archivs der Stadt Köln aus Anlaß der Grundsteinlegung des Kölner Domes vor 750 Jahren, Köln 1998, S. 203–231. – Stefan Bürger: Zum Verhältnis von Kölner Dombauhütte, Gaffel der Steinmetzen und Haupthütte der Bruderschaft. Erkenntnisse aus dem Simrock-Boisserée-Nachlass in Weimar, in diesem Domblatt, S. 176–199, hier: S. 184–189. – Zur *Steinhauerhütte* vgl. unten.
11 Dies zeigt die rege Benutzung des Begriffs in den ab 1842 erschienenen Kölner Domblättern vom ersten Jahrgang an. – Bereits 1830 wurde in der »Zeitung für die elegante Welt« empfohlen, bei einem Besuch des Kölner Domes es nicht zu versäumen, »sich wo möglich die Bauhütte zeigen zu lassen.« N. N.: Korrespondenz und Notizen. Aus Köln (Fortsetzung), in: Zeitung für die elegante Welt 30, Nr. 147, 29. Juli 1830, Sp. 1175–1176, hier: Sp. 1175. – Im frühen 20. Jahrhundert ist in den Akten auch oft von der *Domwerkhütte* die Rede.
12 Vgl. hierzu ausführlich: Thomas Schumacher: Großbaustelle Kölner Dom. Technik des 19. Jahrhunderts bei der Vollendung einer gotischen Kathedrale (Studien zum Kölner Dom 4), Köln 1993, S. 21–38, 699–703, 713–715.

Der Entstehungsprozess der Kölner Dombauhütte 1822 bis 1824

Ein erster entscheidender Schritt war am 8. Oktober 1822 erfolgt. An diesem Tag wurde der Kreisbauinspektor Friedrich Adolph Ahlert (1788–1833), der bereits 1819 und 1821 mit Gutachten und Kostenanschlägen zur Restaurierung des Domes beauftragt worden war,[13] *mit hintansetzung sämtlicher* […] *anderweit übertragenen Arbeiten* ausschließlich mit den Restaurierungsarbeiten am Dom betraut, um *unverzüglich die unentbehrlichsten Rüstungen und Werkzeuge zur Besteigung und Untersuchung sämmtlicher Theile des Domgebäudes* anzufertigen.[14] Über Ahlerts Biografie ist wenig bekannt. Er stammte aus dem brandenburgischen Rathenow und erblickte 1788 als Sohn des Seifenfabrikanten Martin Ahlert und dessen Ehefrau Anna Amalia, geborene Todt, das Licht der Welt. Zunächst Kölner Wegebauinspektor, wurde er 1819 zum Kreisbauinspektor ernannt.[15] Als Dombauinspektor war er von 1822 bis zu seinem Tod am 10. Mai 1833 für die *spezielle Bauleitung*[16] vor Ort zuständig. Auch wenn er heute als erster Dombaumeister des 19. Jahrhunderts gezählt wird, trug er diesen Titel zu Lebzeiten nicht. Etwa gleichzeitig mit Ahlerts Ernennung setzt auch die Aktenüberlieferung des Dombauarchivs ein, auch wenn einige ältere, bis 1816 zurückreichende Dokumente – etwa die oben erwähnte Gutachten – zumindest als Abschriften Aufnahme in das Archiv gefunden haben.[17] Den 8. Oktober 1822 könnte man somit mit einem gewissen Recht zwar nicht als Gründungstag der Dombauhütte – einen handwerklichen Betrieb gab es noch nicht – festsetzen, wohl aber als Gründungstag des »Dombaus« und der preußisch-staatlichen Dombaubehörde.

13 *Erläuterungs Protokoll zum Abnehmen der an den ehemaligen äußeren steinernen Wasserleitungen des Domes befindlichen* […] *Verzierungen* vom 20. September 1819. DBA, Köln, Litt. F, Vol. I, Baulicher Zustand des Domes (1816–1829), fol. 2a–c.– Bericht Friedrich Adolph Ahlert an die königliche Regierung vom 15. Juni 1821, ebd., fol. 12–14. – Vgl. Schumacher [12], S. 22.

14 Schreiben der Königlich Preußischen Regierung an den Königlichen Bauinspektor Ahlert vom 8. Oktober 1822. Baulicher Zustand (1816–1829) [13], fol. 27. – Vgl. hierzu: Schumacher [12], S. 699. – Ulrike Brinkmann: Die Wiederherstellung der Kölner Domfenster im 19. Jahrhundert, in: Erfurt – Köln – Oppenheim. Quellen und Studien zur Restaurierungsgeschichte mittelalterlicher Farbverglasungen (Corpus Vitrearum Medii Aevi. Deutschland Studien 2), hg. von Falko Bornschein, Ulrike Brinkmann, Ivo Rauch, Berlin 1996, S. 100–149, hier: S. 111–112. – Bei Deml [2], S. 10, wird fälschlich der 19. Dezember als Tag der Berufung genannt.

15 Wolfram Hagspiel: Lexikon der Kölner Architekten vom Mittelalter bis zum 20. Jahrhundert (Veröffentlichungen des Kölnischen Geschichtsvereines 52), Köln, Wien u. a. 2022, Bd. 1, S. 24.

16 *Verzeichniß der beim Restaurations- und Fortbau des Kölner Domes in dem Zeitraum vom Jahre 1824* […] *thätig gewesenen und gegenwärtig noch beschäftigten Baubeamten*, DBA, Köln, LR 997, S. 1–5, hier: S. 1.

17 Vgl. hierzu auch: Matthias Deml: Durchzeichnungen der verlorenen Monumentalmalerei auf der Chortrennmauer. Aus den Beständen und Sammlungen des Domes und des Dombauarchivs, in diesem Domblatt, S. 92–139.

18 Vgl. zum Folgenden ausführlich auch: Schumacher [12], S. 25–30.

19 *Journal der gesamten täglichen Arbeiten* […] *vom 4ten Dezember 1822 bis 31ten Dezember 1823*, DBA, Köln, AB 45, Geschäfts-Journal (1822–1834), o. Pag.

20 Journal 1822/23 [19], Einträge zum 11. Januar bis 3. Februar 1823. – Zu Kronenberg vgl. Schumacher [12], S. 699–703.

2 | *Friedrich Kronenberg, Chorgiebel von Westen, 1823, Detail: Giebel mit Rissbildung und Ostwand des südlichen Querhausobergadens. Köln, DBA, Planarchiv, M IV, Ua, Nr. 11*

Noch im Dezember 1822 begannen erste Sicherungsarbeiten am Giebel der Chortrennmauer (Abb. 2), der zu dieser Zeit eine bedrohliche Rissbildung zeigte.[18] Ferner wurden während des Arbeitsjahres 1822/23 absturzgefährdete Fialen – in den Quellen gewöhnlich als *Pyramiden* bezeichnet –, Brüstungen und andere Bauelemente am Chor, etwa im Bereich des Strebewerks, entfernt. Anschließend mussten die unteren Schieferdächer, die dabei massiv gelitten hatten, wieder instandgesetzt und der Schutt abgeräumt werden. Die bis zum 31. Dezember 1823 ausgeführten Sicherungsarbeiten sind im *Journal der gesamten täglichen Arbeiten und sonstigen Ereignisse bey den verschiedenen Reparaturen an der hiesigen Dom-Kirche*,[19] einer Art Bautagebuch, vergleichsweise detailliert dokumentiert.

Trotz ihrer Knappheit und Nüchternheit lassen die Notizen deutlich die schwierigen Bedingungen erahnen, unter denen in der Anfangszeit des Dombaus gearbeitet wurde: Am 11. Januar 1823 mussten die Arbeiten wegen zu großer Kälte und Schneefalls bis zum 3. Februar eingestellt werden[20] – nur die Aufmaßarbeiten durch den Baukondukteur Friedrich Heinrich Kronenberg (1802 bis nach

1873) und einen Gehilfen wurden an mehreren Tagen fortgesetzt. Nachdem sich am 11. Juni ein erster schwerer Unfall ereignet hatte,[21] forderte der Dombau am 17. Juni 1823 sein erstes bekanntes Todesopfer. Die Arbeiter auf der Dombaustelle waren gerade mit dem Herabnehmen der schwer verwitterten Verzierungen auf den *ehemaligen Wasserleitungen* der Strebebogenbrücken des Chores beschäftigt – eine äußerst gefährliche Arbeit. Der aus einem nicht eindeutig zu identifizierenden Ort namens *Petit Felli*[22] stammende Maurer Claudius Collet stürzte dabei *von dem obersten Gerüst am hohen Chore und starb denselben Tag, wodurch sich die übrigen Arbeiter gegen die fernere Fortsetzung weigerten, und deshalb die ganze Woche mit minder schwierigen Beschaeftigungen hingehalten werden mußten.*[23] In seinem Unfallbericht, den Ahlert an die königliche Regierung sandte, finden sich weitere Details. Der Maurer war beim Einrüsten einer Fiale im Strebewerk des Chores ausgeglitten und etwa 15 bis 20 Meter in die Tiefe gestürzt, wo er auf den Kapellendächern liegen blieb. Ein herbeigerufener Wundarzt stellte fest, dass er noch lebte und ließ ihn ins Bürger-Hospital bringen, wo er aber am selben Abend verstarb. Collet hinterließ eine Witwe mit neun zumeist unmündigen Kindern sowie einen kognitiv eingeschränkten Sohn aus erster Ehe. Ahlert bat daher die Regierung um finanzielle Unterstützung der unverschuldet in Not geratenen Familie, nicht zuletzt, *da deren Vater sich beÿ den gefährlichen Arbeiten am Dom durch Unerschrockenheit, Gewandheit und Thätigkeit*

21 Journal 1822/23 [19], Eintrag zum 11. Juni: *und ward ein Schieferdecker durch den Herabsturz vom oberen Gerüste beschaedigt.*
22 Aufgrund einer gewissen Namensähnlichkeit könnte es sich beispielsweise um den heutigen Ortsteil Filly von Sciez am Genfer See im französischen Departement Haute-Savoie oder, vielleicht eher, um den gleichnamigen, heute zu Houffalize in der belgischen Provinz Luxemburg gehörenden Weiler Filly handeln. – Der Name Collet ist in weiten Teilen Frankreichs und im französischsprachigen Teil Belgiens verbreitet. Mitarbeiter aus nicht deutschsprachigen Ländern waren in der Dombauhütte des 19. Jahrhunderts nicht ungewöhnlich. Vgl. Stammrolle der Steinmetzen [5].
23 Journal 1822/23 [19], Eintrag zum 17. Juni. – Zu den Arbeiten vgl. die Einträge ab dem 22. Mai 1823, Zitat: Eintrag zum 24. Mai 1823.
24 Bericht Friedrich Adolph Ahlert an die königliche Regierung vom 18. Juni 1823. DBA, Köln, Litt. A, Vol. I[a], Acta generalia (1823–1825), fol. 6r–7r. – Ausführlich Schumacher [12], S. 540–541.
25 So ist unter dem 31. Dezember vermerkt: *desgleichen* [Instandsetzung der bei den Arbeiten beschädigten Schieferbedeckungen] *und sind die Arbeiten sämmtlich eingestellt, worauf dieses Journal hiermit geschlossen wird.* Journal 1822/23 [19].
26 Vgl. zum Folgenden: Schumacher [12], S. 30–32.
27 An Pfingstmontag, den 31. Mai 1824, war der Gottesdienst im Dom durch das Polizeipräsidium wegen eines bereits am 11. Mai durch das Chorgewölbe herabgestürzten Balkens aufgehoben worden. Am 14. Juni einigte man sich, die Domkirche nicht nur wochentags – wie von Ahlert vorgeschlagen –, sondern auch sonntags für die Gottesdienste zu schließen. Ab dem 6. Dezember konnte an Sonn- und Feiertagen wieder im Chor Gottesdienst gefeiert werden, wochentags in der Dompfarrkirche St. Maria im Pesch. Vgl. [Journal der täglichen Arbeiten 1824], DBA, Köln, AB 49, Geschichts-Journal (1824–1827), Einträge zum 11. und 31. Mai sowie zum 6. Dezember, o. Pag. – Abschrift, in: Geschäfts-Journal (1822–1834) [19]. – Hierzu ausführlich: Schumacher [12], S. 374. – Nach Leonard Ennen war der Dom sogar bis zum 29. Dezember geschlossen. Leonard Ennen: Der Dom zu Köln von seinem Beginne bis zu seiner Vollendung. Festschrift, Köln 1880, S. 119.

vortheilhaft ausgezeichnet und sich den ihm begegneten Unfall nicht durch eigenes Verschulden zugezogen hat.[24]

Die Mitarbeiterzahl der täglich am Dombau beschäftigten Handwerker schwankte im Verlauf des Jahres 1823 zwischen einem und zwanzig Arbeitern. Die teils von Tag zu Tag wechselnden Zahlen legen für dieses Jahr eine recht große Fluktuation nahe. Am 31. Dezember 1823 wurden die Arbeiten zunächst wieder gänzlich eingestellt.[25]

Im folgenden Jahr begannen dann umfassendere Restaurierungsarbeiten,[26] die unter anderem auch eine mehrmonatige Schließung der Kathedrale erforderten.[27] Bereits am 24. März war Friedrich Adolph Ahlert durch das Ministerium des Handels in Berlin mitgeteilt worden, dass die *Domreparaturarbeiten unter die Direction des K*[öniglichen] *Regierungs-Bauraths Frank* in Koblenz gestellt würden – dieser war von nun an der unmittelbare Vorgesetzte Ahlerts, allerdings im Unterschied zu diesem nicht vor Ort.[28]

Am Donnerstag, den 15. April 1824, ein Tag der 2024 ebenfalls als denkbarer Jubiläumstag im Gespräch war, begannen mit dem Ausheben der Fundamente für das Baugerüst vor den Nordseitenschiffen des Domes durch die beiden Maurer *Grot* und *Gangler* sowie die Tagelöhner *Günter* und *Steward* erneut die Arbeiten auf der Dombaustelle (Abb. 3).[29] Um die Nordseitenschifffenster vor den anstehenden Arbeiten zu schützen, fing am 20. April der Glasermeister Wilhelm Düssel mit den Vorbereitungen für deren Ausbau an; zu diesem Zeitpunkt waren bereits neun Zimmerleute, drei Maurer und drei Tagelöhner am Dombau beschäftigt.[30] Neben dem Gerüstbau standen nun auch das Ablassen der im Vorjahr wegen akuter Einsturzgefahr abgebrochenen Galerie über der *südlichen Flügelmauer* vom Chordach und der Bau von Absperrungen im Inneren der Kirche auf dem Programm.[31] Abgesperrt wurden die gesamten nördlichen Seitenschiffe vom Westen bis zu den nördlichen Chorkapellen. Das provisorische Westportal in der Trennmauer zwischen Turmbereich und Langhausmittelschiff diente nun als

28 [Verzeichnis der eingegangenen und ausgegangenen Sachen 1824], in: Geschichts-Journal (1824–1827) [27], Nr. 1, 13. März 1824. – Schumacher [12], S. 30.

29 Journal 1824 [27], Eintrag zum 15. April 1824: *April 15 haben die Dombauten begonnen, und ist der Anfang mit der Ausgrabung der Fundamente zu Berüstung und Herstellung der nördlichen Umfassungsmauer der Kirche gemacht worden.* – Zu den auf der Baustelle tätigen Arbeitern vgl. DBA, Köln, AB 94, Journal der Tagelöhne (April 1824 – August 1825), Register *Fundamente Facaden Gesimse pp*, Eintrag zum 15. April 1824, o. Pag. – In den Stammrollen der Dombauhütte (vgl. [5] und [7]) finden sich ihre Namen nicht. – Zum Gerüst: Schumacher [12], S. 545.

30 Journal 1824 [27], Eintrag zum 20. April 1824. – Journal der Tagelöhne (1824–1825) [29], Register *Fundamente* [...], Eintrag zum 20. April 1824. – Vgl. hierzu auch: Brinkmann [14], S. 113–114. – Auch dieser Tag wäre daher ein möglicher Jubiläumstag gewesen.

31 Journal 1824 [27], Einträge vom 21. bis 26. April 1824. Gemeint ist die seitlich und zur Stütze des Chores bereits auf 45 m Höhe hochgezogene Ostwand des südlichen Querhauses A 11–C 11. Die Galerie befindet sich am Dachumlauf in etwa 45 m Höhe.

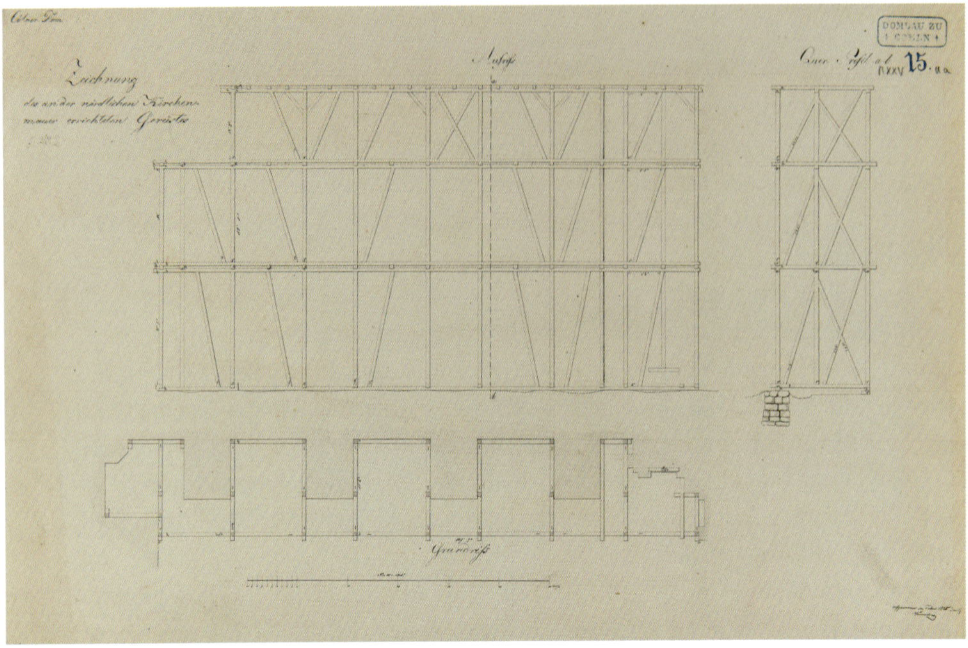

3 | *Friedrich Kronenberg, Aufnahme des Gerüstes an der nördlichen Kirchenmauer, 1825. Köln, DBA, Planarchiv, M XXV, Ua, Nr. 15*

Baustellenzugang; der gewöhnliche Eingang zum Dom erfolgte stattdessen über eine *Seitentüre am westlichen Eingange* – wohl das Petersportal unter dem Südturm.

Hauptaufgabe im Jahr 1824 war die nahezu vollständige Erneuerung des oberen Chordaches (Abb. 4).[32] Am 23. April begannen hierfür die Zurichtung des erforderlichen Bauholzes und bereits ab dem 27./28. April parallel dazu die Abnahme der alten Bleideckung; am 13. Mai konnte das bis heute erhaltene mittelalterliche Firstkreuz herabgelassen werden.[33] Waren am 23. April die Arbeiten von drei Zimmerleuten, genannt werden *J. Kirsten*, *A. Zanford* und *P. Meyer*, begonnen worden, arbeiteten am 13. Mai bereits insgesamt 29 Zimmerleute und Dachdecker auf der Chorbaustelle, zwei weitere Zimmerleute an den Gerüsten auf der Nordseite des Domes, die nun *bis zur Hälfte vollendet* waren. Nach der Abnahme

32 Hierzu ausführlich: Schumacher [12], S. 368–378. – Zunächst war eine umfassende Wiederherstellung geplant. Bei der Abdeckung des Daches hat sich aber gezeigt, dass daran aufgrund des äußerst schlechten Zustandes nicht zu denken war.

33 Journal 1824 [27], Einträge vom 23. April bis 13. Mai 1824. – Vgl. auch Journal der Tagelöhne (1824–1825) [29], Register *Chordach*. Für den 27. April werden hier bereits drei *Schieferdecker* mit jeweils einem Vierteltag Arbeitszeit genannt.

34 Journal 1824 [27], Einträge vom 14. Mai bis 6. August 1824. – Den westlichen Teil des Dachstuhls hatte man zunächst als Abstützung der Giebelwand stehen gelassen.

35 Journal 1824 [27], Einträge ab dem 9. Juli 1824. – Eintrag zum 3. August 1824, ebd.: In das Kreuz wurde ein Pergament mit den Namen der Bauleute und Werkmeister sowie neue Münzen eingelegt. – Vgl. hierzu auch: Schumacher [12], S. 376.

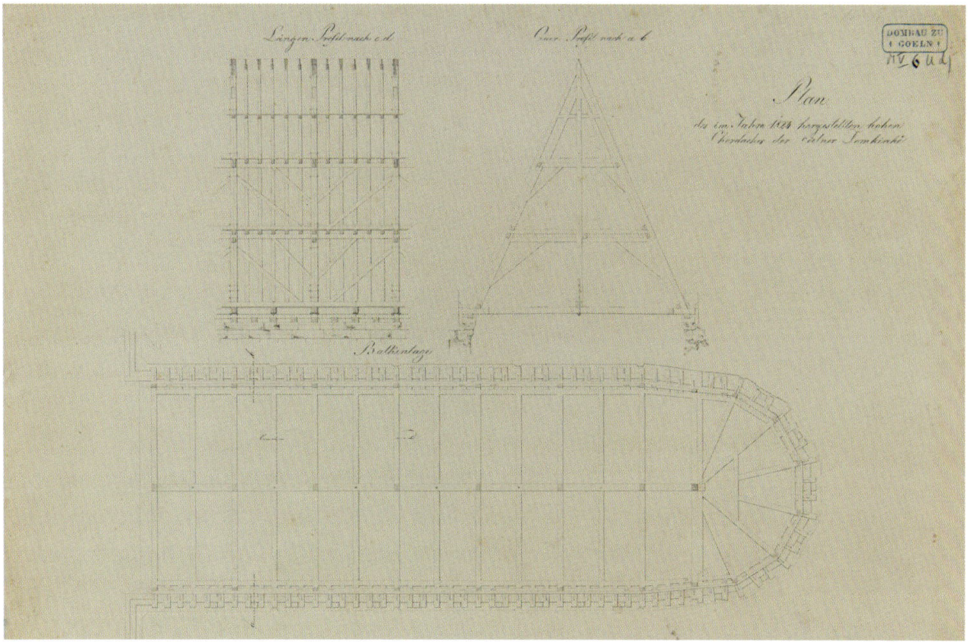

4 | *Friedrich Kronenberg, Querschnitt und Grundriss des hölzernen Hochchordaches nach dem Umbau, 1824. Köln, DBA, Planarchiv, M V, Ud, Nr. 6*

des Firstkreuzes begann der Abbruch des alten Dachstuhls, dessen letzte Reste, nach der notwendigen Abstützung der anschließenden Giebelwand im Juli, bis zum 6. August abgebrochen wurden.[34] Bereits parallel begannen die Zimmerleute ab dem 9. Juli mit dem Aufbau des neuen Dachstuhls; am 3. August konnte dort bereits das neu vergoldete Firstkreuz wieder aufgestellt werden.[35] Bis zu diesem Zeitpunkt war die Anzahl der Handwerker auf der Dombaustelle auf 81 Personen angewachsen.[36] Am 19. August war das neue Dach schließlich soweit zugerichtet, dass die Zimmerleute das Richtfest feiern konnten – am 23. Oktober war das neue Dach schließlich vollendet.[37]

36 14 Zimmerleute und sieben Schieferdecker waren mit dem Aufrichten des Kreuzes, 38 Zimmerleute mit dem Aufrichten des neuen Dachstuhls und drei Maurer mit dem Ausbrechen von Ziegelsteinen an der Dachgalerie beschäftigt. Vgl. Journal der Tagelöhne (1824–1825) [29], Register *Chordach*, Einträge zum 3. August 1824. – Auf der Baustelle auf der Nordseite des Domes arbeiteten zeitgleich zwei Bildhauer, sieben Steinmetzen, sechs Maurer und vier Tagelöhner. Vgl. *Instandsetzung der Umfassungsmauern auf der nördlichen Seite der Kirche* [...], DBA, Köln, AB 95, Journal der Tagelöhne (Juni–November 1824), Register der *Bildhauer*, der *Steinhauer*, der *Maurer* und *Tagelöhner*, Einträge zum 3. August 1824, o. Pag.

37 Journal 1824 [27], Eintrag zum 19. August 1824: *besondere Ereignisse haben nicht statt gehabt, als daß das Chordach nun vollkommen gerichtet ist, und heute das große Richtefest von den Zimmerleuten gefeiert wurde.* – Journal 1824 [27], Eintrag zum 23. Oktober 1824: *Der Bau des hohen Chordaches ist nun gänzlich vollendet, und ist deshalb die Remision* [Bauabnahme] *über die Dachdecker Arbeiten daselbst abgehalten worden.*

5 | *Friedrich Kronenberg, Ansicht eines Fensters der nördlichen Seitenschiffswand (wohl F 04–F 05), 1824. Köln, DBA, Planarchiv, M V, Uc, Nr. 9*

Parallel zu den Arbeiten der Zimmerleute und Dachdecker auf dem Chordach, arbeiteten ab Mitte Juni auf der Baustelle im Bereich des Nordturmpfeilers und der nördlichen Seitenschiffe auch Steinmetzen, Maurer, Tagelöhner und Bildhauer.[38] *Verwitterte Hausteine* sollten *ausgehauen* und erneuert werden – insbesondere die Fensterbögen wurden ausgetauscht (Abb. 5). Ferner sollten das verwitterte Mauerwerk abgeflächt und durch die Bildhauer Zierelemente abgeformt werden.[39] Die Arbeiten begannen hier am 15. Juni, just an dem Tag, an dem auch der erste Eintrag in die Stammrolle erfolgte. Anfangs arbeiteten nur drei Personen auf dem Gerüst. Der oben erwähnte Steinmetz Peter Sturm war an diesem Tag mit der *Befestigung der Gerüste mittelst Klammern* beschäftigt, wozu *Löcher in die nördliche Kirchenmauer gebrochen, und die Klammern vergossen* werden mussten. Parallel begann der Bildhauermeister Wilhelm Joseph Imhoff zusammen mit einem Lehrling das *Modellieren der Verzierungen.*[40]

Auch wenn die Dombauhütte den Tag 200 Jahre später als ihren Geburtstag feierte, hält das Geschichtsjournal den 15. Juni als vergleichsweise normalen Arbeitstag fest, der aber auch einen anschaulichen Eindruck von den Nöten der damaligen Bauleitung gibt: *Juni 15. Ist der Bildhauermeister Imhoff mit dem Modellieren eines Ausgusses* [Wasserspeiers] *an dem Gesimse der nördlichen Kirchenmauer beschaeftigt gewesen. Ferner wird daselbst ein Theil der Thurmbedachung zu Aufstellung eines Krahns, an welchem die neuen Steine aufgezogen werden, abgebrochen, und die Gerüste daselbst werden mit eisernen Klammern an der Mauer befestigt. Auf dem hohen Chordache werden in die vor mehreren Jahren ausgemauerten Gallerien wieder Luftzüge gefertigt, um der hauptsächlichen Ursach des Verfaulens der Balken zu begegnen. Die übrigen Arbeiten des neuen Chordaches wurden heute schlecht gefördert, da die Zimmergesellen von dem Meister Meÿer, hinsichtlich ihrer Forderungen für rückständige Löhne, nicht befriedigt worden sind. Dieselben verließen des Morgens gleich nach der Ankunft wieder die Arbeitsplätze, um ihr Gesuch beÿ dem Meister zu wiederholen und kehrten größtentheils betrunken erst den Mittag zu ihrer Arbeit zurück. Der p. Meÿer ward deshalb von dem Konducteur Kronenberg zur Rede gestellt, worauf derselbe erklärte, den Arbeitern am nächsten Sonnabend die Rückstände zu bezahlen.*[41]

38 Instandsetzung der Umfassungsmauern [36]. – Vgl. auch: Schumacher [12], S. 285–287.
39 Journal 1824 [27], Einträge vom 15. Juni bis 24. Dezember 1824. – Zitat: ebd., zum Beispiel Eintrag zum 8. Juli 1824.
40 Instandsetzung der Umfassungsmauern [36], Register *Steinhauer*, Eintrag zum 15. Juni 1824. – Register *Bildhauer*, Eintrag zum 15. Juni 1824, ebd.
41 Journal 1824 [27], Eintrag zum 15. August 1824. – Zum Streik der Zimmerleute, die bereits am Vortag vorzeitig die Baustelle verlassen hatten vgl. ausführlich: Schumacher [12], S. 374–375. Auch am folgenden Samstag wurde den Zimmerleuten ihr versprochener Lohn nicht ausgezahlt.

Wie auf dem Dach füllte sich auch auf der Nordseite allmählich die Baustelle mit Handwerkern – wenn auch nicht in demselben Umfang. Am 25. Juni kamen zwei Maurer, die mit *dem Aushauen der faulen Steine am Thurme* begannen, und zwei weitere Tagelöhner hinzu.[42] Am 28. Juni wurde mit Peter Langen der zweite Steinmetz in die Stammrolle eingetragen,[43] weitere kamen ab Juli hinzu, darunter am 12. Juli der erste Steinmetzpolier der Kölner Dombauhütte, Peter Ferdinand Dormagen.[44] Neben den Arbeiten an der nördlichen Außenwand des Domes wurden die Steinmetzen, Maurer und Tagelöhner auch auf anderen Baustellen des Domes eingesetzt. So ab dem 28. Juni etwa im Bereich des Strebewerks, aber auch im Dachbereich und gegen Ende des Jahres an der frei in den Himmel ragenden Ostwand des südlichen Querhauses (Abb. 2).[45]

Im Verzeichnis der am Dombau tätigen Baubeamten, Techniker und Aufseher werden für das Jahr 1824 genannt:[46] Regierungs- und Baurat Johann August Frank (1779–1867) in Koblenz als *technische und adminstrative obere Bauleitung*, Bauinspektor Friedrich Adolf Ahlert, *für spezielle Bauleitung* vor Ort sowie die Baukondukteure (Bauaufseher) Friedrich Kronenberg und Eduard Steinberg[47] für *Bauführung, Aufsicht ec.* Von Kronenberg stammen auch die meisten frühen Aufmaße und Bauzeichnungen, die sich in der Plansammlung des Dombauarchivs erhalten haben. Ferner werden in der Liste Abraham Labo[48] als *Bauwächter* und Peter Dormagen als *Steinmetzpolir* genannt.

Nach einer Berechnung in den Akten des Dombauarchivs arbeiteten über das Jahr 1824 verteilt durchschnittlich etwa 52 Mann auf der Dombaustelle – 30 von ihnen als Zimmerleute.[49] Ausgeführt wurden die Arbeiten am Dom wie bereits im

42 Instandsetzung der Umfassungsmauern [36], Register *Maurer*, Eintrag zum 25. Juni 1824. – Register *Tagelöhner*, Eintrag zum 25. Juni 1824, ebd. – Am 25. Juni unterstützten die Tagelöhner den Steinmetzen Peter Sturm beim Ausgießen der Klammern, ab dem 26. unterstützten sie und Peter Sturm die Maurer beim Aushauen der Steine.

43 Stammrolle der Steinmetzen [5], Nr. 2, fol. 1r. Der ebenfalls in Köln geborene Peter Langen war vom 28. Juni bis 22. Juli 1824 und erneut vom 4. April bis 13. Mai 1826 sowie vom 15. Oktober 1827 bis zu seinem Todestag am 2. August 1851 am Dombau tätig. – Vgl. auch: Instandsetzung der Umfassungsmauern [36], Register *Steinhauer*, Eintrag zum 28. Juni 1824 sowie die Einträge zum Juli 1824.

44 Stammrolle der Steinmetzen [5], fol. 1r–1v. Insgesamt sind in der Liste für 1824 17 Namen eingetragen – einige von ihnen waren allerdings nur wenige Tage am Dombau beschäftigt.

45 *Herstellung der Strebepfeiler und Strebebögen, Thürmchen und anderen Details* [...], Tagelöhne (1824) [36]. – Journal 1824 [27], Einträge vom 28. Juni bis Ende Dezember 1824.

46 Verzeichniß der Baubeamten [16], S. 1. – Kronenberg hier fälschlich für 1831 eingetragen. Er war bereits ab 1822 für den Dombau tätig.

47 Zu Kronenberg und Steinberg: Schumacher [12], unter anderem S. 543–544, 699–700, 702. – Zum weiteren Leben und Werk des Architekten Kronenberg vgl. Peter Vormweg: Die Neugotik im westfälischen Kirchenbau. Von den ersten Gotizismen bis zum Kulturkampf, Lindenberg im Allgäu 2013, S. 91–95. – Ders.: Friedrich Heinrich Kronenberg. Preußischer Wegbereiter der Neugotik im Sauerland, in: Sauerland, 2015, Heft 1, S. 23–28.

48 Schumacher [12], S. 703.

49 *Nachweisung der in den verschiedenen Phasen des Dombaues vom Jahre 1824 bis 1880 beschäftigt gewesenen Arbeiterzahl.* DBA, Köln, LR 997, S. 6.

Jahr zuvor von selbstständigen Unternehmern wie dem Dachdeckermeister Wilhelm Esser, dem Glasermeister Wilhelm Düssel, dem Schlossermeister Heinrich Degenhardt, dem Steinmetzmeister Johann Joseph Schmitz oder dem Zimmermeister Anton Meyer und ihren Mitarbeitern.[50] Dies hatte den Vorteil, dass man bei Mangel an Arbeit einen Großteil der Handwerker wieder entlassen konnte, so etwa am 24. Dezember 1824.[51] Auch wenn sich daran formal für viele Jahre nichts änderte, bildete sich doch bereits zu dieser Zeit eine Struktur und ein fester Stab an Mitarbeitern heraus, die nahezu ausschließlich für den Dombau arbeiteten.[52]

Die notwendigen Restaurierungsarbeiten am Dom waren vom zuständigen Beamten der preußischen Oberbaudeputation in Berlin, Karl Friedrich Schinkel (1781–1841), 1823 zunächst auf fünf Jahre veranschlagt worden;[53] es dürfte daher 1824 wohl kaum einer der Beteiligten geahnt haben, dass die hier gerade entstehende Bauinstitution, die wir heute als Kölner Dombauhütte bezeichnen, nun inzwischen seit über 200 Jahren kontinuierlich existiert – trotz aller Höhen und Tiefen sowie strukturellen Veränderungen im Laufe der Zeit.

Auch baulich wird die Dombauhütte im Sommer 1824 ins Leben gerufen. Bereits einige Tage vor Aufnahme der Restaurierungsarbeiten hatte Ahlert dem Polizeipräsidenten Georg Karl Philipp von Struensee am 9. April 1824 mitgeteilt, *daß der zunächst am Thurme des hiesigen Doms belegene Platz, auf welchem früher das vom H. Kracamp bewohnte Haus gestanden hat, jetzt zum Steinhauer-Platz behufs der vorzunehmenden Dombauten benutzt und mit einem Bretterzaune eingeschlossen werden soll.*[54] Der genannte Platz lag ziemlich exakt westlich gegenüber des Südturms (Abb. 6). Am 2. August 1824 wurde hier auch eine einfache Werkstatt errichtet – offenbar als Fachwerkbau. Das Baujournal berichtet zu diesem Tag, dass ein Teil der Zimmerleute *die Wände zur Steinhauerhütte auf dem Domkloster* zugelegt habe. Thomas Schumacher hatte daher in seiner Dissertation diesen Tag – im wörtlichen Sinne – als Gründungstag der Kölner Dombauhütte vorgeschlagen.[55]

50 Schumacher [12], S. 713–714. – Vgl. DBA, Köln, Litt. E, Vol. I, Verhandlungen mit verschiedenen Meistern und Gesellen (1824–1845).

51 Journal 1824 [27], Eintrag zum 24. Dezember: *die Zimmerleute, welche die Berüstung der südlichen Flügelmauer vollendeten, entlassen. Ebenso haben die Steinhauer mit ihren Arbeiten aufgehört, theils wegen Mangel an Steinen, theils um die Abrechnung der diesjährigen Arbeiten ungehindert fertigen zu können.* – Mit einer stark reduzierten Mannschaft wurden die Arbeiten nach den Weihnachtsfeiertagen aber fortgesetzt. Einträge zum 27. bis 31. Dezember, ebd.

52 Vgl. Schumacher [12], S. 714.

53 Vgl. Schumacher [12], S. 28.

54 DBA, Köln, Litt. M, Vol. I, Beschaffung der Bauplätze (1823–1846), fol. 8r. – Es handelte sich um das Haus des teilweise auch als Dombaumeister bezeichneten ehemaligen Steinmetz- und Baumeisters des Kölner Domkapitels Johann Heinrich Nikolaus Krakamp (1738–1815). Vgl. Hagspiel [15], S. 1001. – Vgl. Judith Breuer: Die Kölner Domumgebung als Spiegel der Domrezeption im 19. Jahrhundert (Landeskonservator Rheinland. Arbeitsheft 10), Köln 1981, S. 27. Hier wird der erste Steinhauerplatz fälschlich auf dem Domhof verortet.

55 Journal 1824 [27], Eintrag zum 2. August 1824. – Schumacher [12], S. 713.

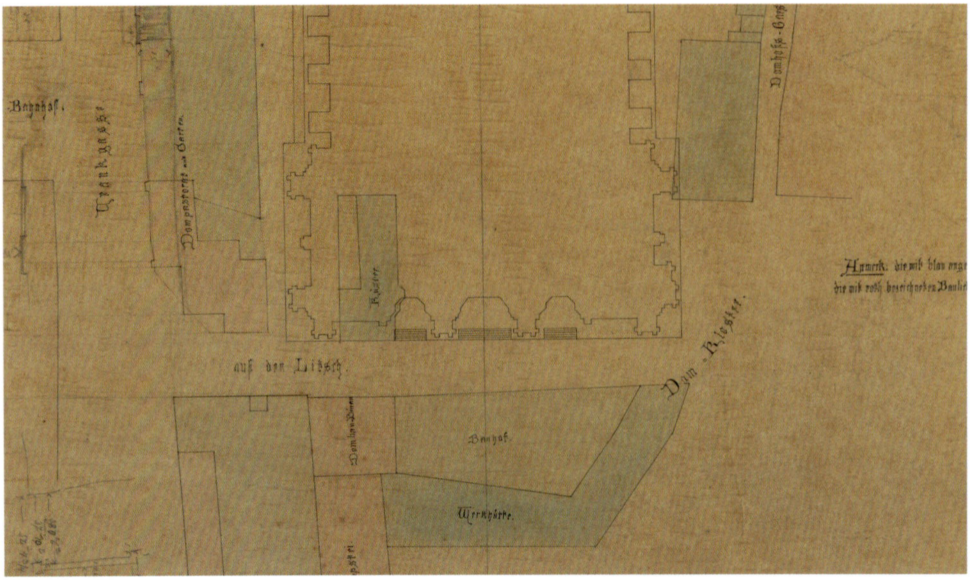

6 | *Richard Voigtel, Grundriss des Domes und seiner Umgebung zu Beginn des 19. Jahrhunderts, 1863. Köln, DBA, Planarchiv, M XXXI, Ud, Nr. 3*

Am folgenden Tag wurde die Hütte gewissermaßen bereits festlich eingeweiht. Den Arbeitern, die beim Aufziehen des vergoldeten Firstkreuzes auf das Chordach geholfen hatten, reichte man *dafür, daß den Mittag durchgearbeitet wurde, nach 4 Uhr sammt und sonders Erfrischungen in der Steinhauerhütte vor der Domkirche.*[56] Am 4. August 1824 wird schließlich erwähnt, dass ein *Schuppen in der Steinhauerhütte* eingerichtet wird.[57] Auf einem vor wenigen Jahren durch Jacques de Caso und Michael Puls an dieser Stelle erstmals publizierten Aquarell von Pierre Hawke aus dem Jahr 1835 kann man im Vordergrund den Bretterzaun des zu dieser Zeit noch am selben Platz befindlichen Steinhauerplatzes erkennen (Abb. S. 200); das Dach dahinter mit dem rauchenden Kamin dürfte zu der auf dem Platz stehenden Steinhauerhütte gehören.[58] Es handelt sich somit um die älteste bekannte Darstellung der Kölner Dombauhütte.

Bereits eine Woche nach Anlage des Steinhauerplatzes, am 16. April, bemühte sich Ahlert, auch das unmittelbar nördlich angrenzende *und zur Kirchen-Fabrik*

56 Journal 1824 [27], Eintrag zum 3. August 1824: – Vgl. hierzu: Schumacher [12], S. 376.
57 Journal 1824 [27], Eintrag zum 4. August 1824.
58 Jacques de Caso, Michael Puls: »Église, effet du soleil chouchant«. Zwei Ansichten des unvollendeten Kölner Domes von Pierre Hawke in Angers, in: KDbl. 78, 2013, S. 236–259, insbes. S. 248. Die Autoren äußern sich hier vorsichtig, ob es sich um den »südlichen Ausläufer des Dombauhofes« oder um ein Verkaufsbüdchen oder eine Absperrung zur Anlage des Wallraffplatzes handeln könnte. Ein Vergleich mit Plänen, in welchen der Steinhauerplatz eingetragen ist, legen indessen nahe, dass es sich tatsächlich um diesen gehandelt haben muss. Er ging nach Süden leicht über die Flucht des Südturms hinaus. Vgl. Abb. 6.

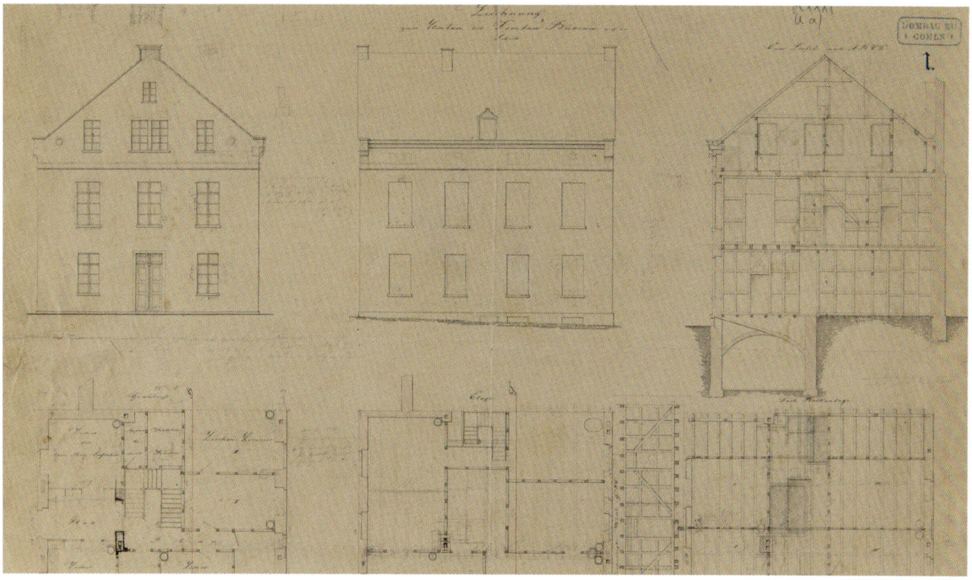

7 | *Zeichnung zum Umbau des Dombaubüros Auf der Litsch Nr. 1, um 1844. Köln, DBA, Planarchiv, M XXXI, Ua, Nr. 1*

zugehörige Haus No 1 auf der Litsch [...] *zur Einrichtung eines Zeichen- und Schreib-Zimmers* sowie als *theilweisen Aufentalts-Ort des Aufsichtspersonals und zur Aufbewahrung von Untensilien nutzen zu können.*[59] Da das Haus zu dieser Zeit noch von Kaplan Jumpertz bewohnt war, musste die *Dombaubehörde* stattdessen zunächst zwei Büroräume in der Dienstwohnung des städtischen Schullehrers Heuter am Domhof anmieten, die sich aber als völlig unzureichend herausstellten.[60] Nach dem Tod des Kaplans am 15. Mai 1827 gelang es Ahlert tatsächlich, das Gebäude Auf der Litsch 1 als Dombaubüro anzumieten und entsprechend einzurichten. Das Aussehen des Hauses und die Raumaufteilung des Büros sind durch einen allerdings erst im Rahmen von Umbauarbeiten in den 1840er-Jahren entstandenen Bauplan überliefert (Abb. 7).[61] Ein älterer Grundriss vom 31. Mai 1835 hat sich im Vertrag zwischen Baurat Frank und Bauinspektor Ernst Friedrich Zwirner (1802–1861) über die Einrichtung einer Dienstwohnung im Gebäude des Dombaubüros

59 Vgl. Beschaffung der Bauplätze (1823–1846) [54], fol. 9r–11r, Zitat: fol. 9r.
60 Vgl. Beschaffung der Bauplätze (1823–1846) [54], fol. 13r. – DBA, Köln, Litt. L, Vol. I., Dombaubureau (1824–1854), Nr. 1–24. – Siehe auch Breuer [54], S. 27. – Bemängelt wurde vor allem der etwa auch für eine adäquate Unterbringung der Modelle und Pläne viel zu geringe Platz und die zu große Entfernung des auch als Aufenthaltsort des Wächters genutzten Büros vom Steinhauerplatz.
61 Die Rechnungen und vergleichbaren Planzeichnungen in der entsprechenden Akte zum Dombaubüro legen nahe, dass der Plan im Zusammenhang mit dem weitreichenden Umbau des Hauses 1844/45 in Verbindung steht. Dombaubureau (1824–1854) [60], Nr. 63 bis Ende der Akte [unvollständige Paginierung].

vom 3. Juli 1835 erhalten.[62] Demnach gruppierten sich vor 1835 im Erdgeschoss um einen zentralen Flur mit Treppenhaus die aus einer Küche und zwei Stuben bestehende Dienstwohnung des Bauwächters auf der Nordseite[63] sowie eine 1835 in drei Räume[64] aufgeteilte, ursprünglich die gesamte Breite der Südseite des Gebäudes einnehmende *Remise* [...] *zur Aufbewahrung alter, wieder benutzter Dombaufragmente*. Dazwischen gab es auf der Ostseite einen schmalen Flur sowie auf der Westseite eine Abstellkammer und den Abort. Im Obergeschoss, in dem sich nach dem Umbau 1844/45 die Dombaumeisterwohnung befand, lagen – ebenfalls um einen zentralen Flur gruppiert – die die gesamte Ostseite einnehmenden Arbeitszimmer des Bauinspektors und des Bauschreibers, zwei Räume für Schablonen und Modelle auf der Südseite und zwei weitere Räume auf der Nordseite, von denen einer als *Arbeitszimmer zu benutzen* war. Im Westen führte eine Treppe auf den Dachboden. In dem mehrfach umgebauten Gebäude war bis 1876 das Dombaubüro, ab 1835 auch die Dienstwohnung des Dombaumeisters Ernst Friedrich Zwirner und seines Nachfolgers Richard Voigtel, untergebracht.

Größere Unglücksfälle mit Todesfolgen blieben 1824 aus. Die teilweise lebensbedrohlichen Zustände, die aufgrund des starken Verfalls der Kathedrale auf der Dombaustelle herrschten, werden aber anschaulich in einem Brief festgehalten, den Karl Friedrich Schinkel, der den Dombau zwischen dem 8. und 13. Juli begutachtete, an seine Frau Susanne in Berlin sandte: »Die Domarbeiten sind das Gefährlichste, was es giebt; ich selbst glaubte, überall in Lebensgefahr zu sein, weil die Verwitterung so zugenommen hat, daß täglich Stücke der vielen freistehenden Theile herabstürzen. Ich bedauere von Herzen den guten Bau-Inspector Ahlert, der den Bau führt, weil er aus der Gefahr niemals herauskommt, und man kann nur Gott bitten, daß kein großes Unglück dabei vorkommen möge.«[65] Tatsächlich hält auch das Journal der 1824 durchgeführten Arbeiten regelmäßig Abstürze von Steinen und Bauholz fest, die aber zumeist nur zu Sachschäden führten.[66]

Nur kurz erwähnt werden soll an dieser Stelle, dass es nicht selbstverständlich war, dass die Gründung der Dombauhütte nicht bereits im Anfangsstadium scheiterte. Erst mit Beginn der umfassenden Restaurierungsarbeiten und nach-

62 Ein noch älterer Grundriss – allerdings ohne Eintragungen – zeigt das Gebäude vor dem Umbau 1827. Dombaubureau (1824–1854) [60], Nr. 13.
63 Auf dem Plan der 1840er-Jahre (Abb. 7) sind die Räume im Grundriss verändert und zu zwei Zeichenzimmern, zum Arbeitszimmer des *Regierungs-Bauraths* Zwirner sowie zu einem *Ansprache-Zimmer* des Dombaumeisters umgewidmet.
64 Genannt werden auf dem Plan zwei Räume für Schablonen und Modelle sowie das Arbeitszimmer des Bauschreibers. – Auf dem Plan der 1840er-Jahre (Abb. 7) sind hier nun ein zentraler Flur sowie die Zimmer für den Bauaufseher und den Baukontrolleur untergebracht.
65 Aus Schinkels Nachlaß. Reisetagebücher, Briefe und Aphorismen, hg. von Alfred von Wolzogen, Bd. 2, Berlin 1862, S. 124–125. – Zum Besuch Schinkels in Köln vgl. Schumacher [12], S. 30–31.

dem 1824 weite Teile des Domes eingerüstet worden waren, hatte sich das ganze Ausmaß der Zerstörung gezeigt, die der Dom durch jahrzehntelange Vernachlässigung erlitten hatte. Die im Jahr zuvor kalkulierten Kosten von 100.000 Talern für die Restaurierung des bestehenden Baus drohten sich auf etwa 376.000 Taler zu erhöhen. Daher teilte am 10. April 1825 das preußische Handelsministerium Baurat Frank in Koblenz die königliche Entscheidung Friedrich Wilhelms III. (reg. 1797–1840) mit, die Instandsetzung des Domes nach Abschluss und Sicherung der bereits im Vorjahr begonnenen Arbeiten bis auf Weiteres wieder auszusetzen. Ab Herbst 1825 drohte somit ein Baustopp und letztlich ein sehr frühes Ende der jungen Dombauhütte. Dies konnte am Ende durch die Intervention des Erzbischofs Ferdinand August von Spiegel (amt. 1824–1835) und vor allem durch die finanzielle Beteiligung des wiederbegründeten Erzbistums Köln abgewendet werden. Die notwendigen kirchlichen Mittel sollten über die sogenannte Kathedralsteuer und durch Kollekten akquiriert werden.[67]

Die Idee zur Gründung der Kölner Dombauhütte 1811/12

Sehr viel genauer als das Gründungsdatum der Kölner Dombauhütte lässt sich der Zeitpunkt fassen, an dem die Idee zu ihrer Gründung entwickelt und erstmals formuliert worden ist – und zwar von keinem Geringerem als Sulpiz Boisserée (1783–1854). Er ist nicht nur der wichtigste Initiator der Domvollendung des 19. Jahrhunderts, sondern zugleich auch der geistige Gründungsvater der Kölner Dombauhütte.

Anfang 1808 hatte der 25-jährige Sulpiz Boisserée begonnen, zumindest publizistisch die Domvollendung zu betreiben und sein großes erst zwischen 1821 und 1831 bei Cotta in Stuttgart publiziertes großformatiges Mappenwerk »Ansichten, Risse und einzelne Theile des Doms von Köln« vorzubereiten, mit dem er für die Fertigstellung der Kathedrale werben wollte.[68] Hierzu begann er zunächst mit dem Maler Maximilian Fuchs[69] (um 1767–1846) den bestehenden Bau im Detail aufzumessen und zeichnerisch zu erfassen. Für die Umsetzung einiger

66 Am 26. Oktober wäre beispielsweise beinahe die Renaissancekanzel des Domes durch einen Steinsturz zertrümmert worden, wenn nicht das *Gespränge der Rinne und das untere Holzwerk* [der Dächer] *durch ihren Widerstand, die Kraft gebrochen hätten*. Journal 1824 [27], Eintrag zum 26. Oktober 1824.

67 Vgl. hierzu ausführlich: Schumacher [12], S. 32–36.

68 Vgl. hierzu unter anderem: Renate Matthaei: Sulpiz Boisserée und die Vollendung des Kölner Doms. Eine Biographie, Norderstedt 2016, S. 33–45. – [Arnold Wolff]: Begleitheft, in: Sulpiz Boisserée: Ansichten, Risse und einzelne Teile des Domes von Köln. Nachdruck der Ausgaben Stuttgart 1821 und München 1842, hg. von Arnold Wolff, Köln 1979, bes. S. 8–10, 12–13. – Klaus Niehr: »Ansichten, Risse und einzelne Theile ...«. Abbildungen des Kölner Doms als Dokumente früher Kunstgeschichte, in: KDbl. 55, 1990, S. 167–200.

69 Zu Maximilian Fuchs vgl. die Kurzbiografie von Arnold Wolff, in: Sulpiz Boisserée. Der Briefwechsel mit Moller, Schinkel und Zwirner, hg. von Arnold Wolff, Köln 2008, S. 539.

Tafeln gewann er, neben zahlreichen weiteren Helfern, in der Folge bedeutende Architekten und Künstler wie Karl Friedrich Schinkel, Georg Moller[70] (1784–1852) oder Angelo Quaglio[71] (1778–1815).[72] Für andere Blätter lieferten Boisserée und Fuchs selbst die Vorlagen. Im Dombauarchiv hat sich ein noch wenig erforschtes Konvolut mit Skizzen, Aufmaßen, Berechnungen, Notizen und wenigen Entwürfen für das Domwerk erhalten, darunter das wohl erste von Sulpiz Boisserée Anfang 1808 angelegte Aufmaßheft (Abb. 8).[73] Das Konvolut vermittelt einen eindrucksvollen Einblick in die umfassende und detaillierte Vermessungsarbeit, welche dem Mappenwerk zugrunde liegt. Zugleich ist es ein anschaulicher Beleg für die intensive wissenschaftliche Beschäftigung Boisserées mit der Architektur des Domes. In seinen Tagebüchern zum Winter 1808 vermerkt Boisserée hierzu: »Nun warf ich mich zu Anfang dieses Jahres auch noch auf die Ausmessung des Doms, und ich begann leidenschaftlich von einem Werk zu träumen, welches dieses so traurig unterbrochene Denkmal deutscher Größe im Bilde vollendet darstellen wollte«.[74] Das Konvolut wurde von Boisserée der Dombauhütte vermacht. Wenige Monate nach seinem Tod am 2. Mai 1854 reichte es Dombaumeister Ernst Friedrich Zwirner den *Herrn Meistern und Polirern zur Durchsicht und weiteren event. Benutzung* weiter, da sie für *den Unterzeichneten keinen Werth* hätten und *nur für die Dombauhütte bestimmt* seien.[75] Glücklicherweise schätzten die Meister und Poliere der Dombauhütte die enorme Bedeutung dieses Nachlasses offenbar besser ein als der Dombaumeister, sodass die Aufzeichnungen erhalten blieben und schließlich dem Dombauarchiv übergeben wurden.

Während zahlreiche Tafeln des Mappenwerks Staffagefiguren in historischen Kostümen des Mittelalters und der Frühen Neuzeit zeigen, ist allein auf der vom Zeichner und Architekten Jacob Carl Vierordti († 1825) entworfenen Tafel XV mit Darstellungen von Strebepfeilern und einem Südturmfenster eine auf dem Außentriforium des Südturmes stehende Gestalt in zeitgenössischer Tracht des frühen 19. Jahrhunderts zu sehen. Bereits Arnold Wolff vermutete, dass Vierordt hier Sulpiz Boisserée ein kleines Denkmal geschaffen haben könnte (Abb. S. 5).[76]

70 Zu Georg Moller vgl. die Kurzbiografie von Arnold Wolff, in: Boisserée [69], S. 17–19.
71 Zu Angelo Quaglio vgl. die Kurzbiografie von Arnold Wolff, in: Boisserée [69], S. 583.
72 Zu den einzelnen Tafeln vgl. Wolff [68], S. 23–50, zu den beteiligten Mitarbeitern, S. 57–60.
73 DBA, Köln, Planarchiv, M LI. – Aufmaßheft: ebd., Nr. 17. – Einige Blätter des Konvoluts wurden von Wolff [68], S. 9, 23–54, veröffentlicht (Abb. 5, 37–39, 41, 47, 49, 53–54, 60–62, 72, 76, 86, 91, 101–102, 117, 119). – Zum Aufmaßheft: ebd., S. 9, Abb. 25.
74 Sulpiz Boisserée zum Winter 1808. Zitat nach: Sulpiz Boisserée: Tagebücher 1808–1854, hg. von Hans-J. Weitz, Bd. 1, Darmstadt 1978, S. 37.
75 Schreiben Ernst Friedrich Zwirner an die Meister und Poliere der Dombauhütte vom 6. September 1854, in: DBA, Köln, Planarchiv, M LI, Nr. 16.
76 Zu Jacob Carl Vierordt vgl. die Kurzbiografie von Arnold Wolff, in: Boisserée [69], S. 621.
77 Vgl. Wolff [68], S. 10. – Matthaei [68], passim.
78 Vgl. zum Folgenden ausführlich: Matthaei [68], S. 56–67.

Von vornherein dürfte es die besondere Absicht Boisserées gewesen sein, die großformatigen Grafiken, von denen bereits 1810 die ersten sechs Blätter im Entwurf vorlagen, dazu zu nutzen, für eine Vollendung des Domes zu werben.[77] Boisserée erwies sich hier als äußerst geschickter Netzwerker, der mit großem Erfolg die Geistesgrößen seiner Zeit von dieser Idee zu überzeugen suchte und diese als Mitstreiter zu gewinnen. Nicht zuletzt mithilfe der Zeichnungen gelang es ihm selbst Goethe, der – anders als in seiner Jugend – zu dieser Zeit mittelalterlicher Baukunst eher reserviert gegenüberstand, für die Sache einzunehmen.[78] Bereits 1810 hatte er Goethe die Zeichnungen zukommen lassen; Anfang Mai 1811 kam er dann selbst nach Weimar. Anschaulich und mit einem gewissen Witz beschreibt Boisserée in seinen Tagebüchern und den Briefen an seinen Bruder Melchior sowie den gemeinsamen Freund Johann Baptist Bertram seine Begegnungen mit dem Dichterfürsten.[79] War der Empfang bei seinem ersten Besuch am 3. Mai noch »recht steif und kalt« und reichte ihm Goethe zum Abschied nur »einen oder zwei Finger«,[80] wurde das Verhältnis bereits am Folgetag herzlicher: »Mit dem alten Herrn geht mirs vortrefflich, bekam ich auch den ersten Tag nur einen Finger, den andern hatte ich schon den ganzen Arm.«[81] Tatsächlich gelang es Boisserée, als er alleine mit Goethe die Zeichnungen betrachtete, nicht nur, diesen für den Dom einzunehmen, sondern auch, dessen Freundschaft zu gewinnen. In sein Tagebuch notierte er zum 8. Mai: »Heute nach Tisch saßen wir allein; er lobte recht mit aller Wärme und allem Gewicht meine Arbeit, ich hatte das erhebende Gefühl des Siegs einer großen schönen Sache über die Vorurteile eines der geistreichsten Menschen. [...] Ich sprach wie eben meine Stimmung mir es eingab, ich weiß nicht wie ich die Worte setzte, sie mußten meine Bewegung kund geben, denn der Alte wurde ganz gerührt davon, drückte meine Hand und fiel mir um den Hals, das Wasser stand ihm in den Augen.«[82] Am Samstag, den 11. Mai, hatte Boisserée schließlich die Gelegenheit, die Grafiken auf Goethes Vermittlung hin auch am Weimarer Hof zu zeigen. Als er sie auf zwischen den Fenstern aufgespannten Tüchern präsentierte, erhielt er sogar tatkräftige Unterstützung: »Goethe in seiner Hofuniform half mir redlich zu dieser ganzen Einrichtung mit eigener Hand, und war höchst glücklich, daß die Sache sich so gut machte.«[83]

79 Vgl. die Tagebucheinträge vom 3. Mai bis 11. Mai 1811, in: Boisserée [74], S. 61–64. – Briefe Boisserées vom 3. bis 15. Mai 1811, in: Sulpiz Boisserée: Sulpiz Boisserée, hg. von Mathilde Boisserée, Stuttgart 1862, Bd. 1, S. 111–125.

80 Schreiben Sulpiz Boisserée an seinen Bruder Melchior vom 3. Mai 1811, in: Boisserée [79], S. 111–113, hier: S. 111, 112.

81 Schreiben Sulpiz Boisserée an seinen Bruder Melchior vom 6. Mai 1811, in: Boisserée [79], S. 113–115, hier: S. 113.

82 Tagebucheintrag zum 8. Mai 1811, in: Boisserée [74], S. 62–63.

83 Schreiben Sulpiz Boisserée an seinen Bruder Melchior vom 15. Mai 1811, in: Boisserée [79], S. 120–125, hier: S. 121. – Vgl. auch den Tagebucheintrag zum 11. Mai, in: Boisserée [74], S. 63–64.

8 | *Blick in das Konvolut mit Aufmaßzeichnungen, Entwürfen, Skizzen, Berechnungen und Notizen für Sulpiz Boisserées Mappenwerk »Ansichten, Risse und einzelne Theile des Doms von Köln«. Köln, DBA, Planarchiv, M LI*

Angeregt durch seine Erforschung der Architektur des Kölner Domes begann Boisserée in dieser Zeit, sich auch näher mit der Geschichte des Steinmetzhandwerks, mit Handwerksorganisationen und Bruderschaften auseinanderzusetzen und trat daher 1811 mit dem Frankfurter Arzt Johann Christian Ehrmann (1749–1827) in Kontakt, der als Ehrenmitglied der Straßburger Steinmetzbruderschaft zu diesem Zeitpunkt bereits eine große Sammlung von Dokumenten zum Steinmetzhandwerk zusammengetragen hatte.[84]

Boisserée setzte sich allerdings nicht nur wissenschaftlich und werbend mit dem Kölner Dom auseinander, sondern bemühte sich gerade im Jahr 1811 auch ganz konkret darum, für die dringend notwendigen Restaurierungs- und Erhaltungsmaßnahmen am Dom zu werben. Durch seine Vermessungsarbeiten an der unvollendeten Kathedrale war ihm der bedrohliche Zustand, den das Bauwerk inzwischen zeitigte, zweifellos bestens bekannt.

Die Einstellung des Dombaus nach 1520 hatte nicht die Einstellung sämtlicher Erhaltungsmaßnahmen bedeutet.[85] Allerdings waren die finanziellen Möglichkeiten der für die Finanzierung und Organisation der Baumaßnahmen am Dom zuständigen Domfabrik (fabrica) seit dem zweiten Viertel des 16. Jahrhunderts begrenzt. 1738 beschwerte sich beispielsweise das Domkapitel beim Erzbischof, dass die Mittel der fabrica nicht ausreichten, die erforderlichen Reparaturen am Domchor durchzuführen.[86] Die Verhältnisse verschlechterten sich weiterhin, nachdem Köln 1794 von den französischen Revolutionstruppen besetzt worden war:[87] Im November 1796 wurde der Dom für den Gottesdienst geschlossen; die unvollendeten Bereiche dienten in der Folgezeit als Korn- und Futtermagazin, im Winter 1797/98 als Kriegsgefangenenlager für österreichische Soldaten. Nicht nur wurden bereits kurz nach der Besetzung der Stadt zahlreiche Gräber Kölner Erzbischöfe verwüstet und bei einem antiklerikalen Fest Wappenschilder aus dem Dom demonstrativ verbrannt, sondern vor allem waren auch die Erhaltungsarbeiten am Dom eingestellt worden. Angeblich wurden sogar Bleiplatten von den Dächern heruntergerissen und eingeschmolzen, was den Verfall des mittelalterlichen Dachstuhls und das Eindringen von Wasser in die Mauern befördert haben dürfte. 1801 konnte der Dom wieder für den Gottesdienst geöffnet werden, ab 1807 wurden auch kleinere Reparaturmaßnahmen

84 Hierzu ausführlich: Bürger [10], S. 180–184.
85 Vgl. etwa die Zusammenstellung von Pflege- und Reparaturmaßnahmen bei: Renate Kroos: Liturgische Quellen zum Kölner Domchor, in: KDbl. 44/45, 1979/80, S. 35–202, hier: S. 85–86.
86 Kroos [85], S. 86. – Allgemein zur finanziellen Lage der Domfabrik: Manfred Huiskes: Die Finanzierung des Dombaus und ihr Zusammenbruch, in: Ad Summum [10], S. 43–55.
87 Vgl. hierzu und zum Folgenden: Ennen [27], S. 99–100.
88 Vgl. Ennen [27], S. 106–107.
89 Vgl. zum Bauzustand: Schumacher [12], S. 17–25.
90 Zu Johann Baptist Leydel vgl. die Kurzbiografie von Arnold Wolff, in: Boisserée [69], S. 564–565.

durchgeführt, die aber aufgrund des fortschreitenden Verfalls der Kirche unzureichend waren.[88] Der Zustand des Domes war im frühen 19. Jahrhundert bedrohlich, immer wieder kam es zu Steinschlägen, das mittelalterliche Dach war marode und im Giebel der provisorischen Trennmauer, mit der der fertige Chor vom unvollendeten Rest der Kathedrale abgetrennt war, zeigte sich eine bedrohliche Rissbildung.[89] Vor allem aber schien der barocke Dachreiter (ABB. 9) auf dem Chordach einsturzgefährdet zu sein.

Als im September 1811 der Oberbaurat und Hofbaudirektor des Großherzogtums Hessen-Darmstadt Georg Moller einer Einladung Boisserées nach Köln folgte, nutzte Boisserée die Gelegenheit, den Kölner Magistrat dazu zu drängen, die Bauschäden am 30. September ganz offiziell durch Moller, den Kölner Stadtbaumeister Peter Schmitz und den kirchlichen Baumeister Johannes Baptist Leydel[90] sowie Vertreter der Stadt und der Kirche begutachten zu lassen – inoffizielle Begutachtungen hatten schon am 27. und 29. September stattgefunden.[91] Über die Begutachtung am 27. September berichtete er seinem Bruder: »Die Besichtigung des Bauschadens am Dom hat nun in gehöriger Form Statt gehabt; es hat sich daraus ergeben, daß wirklich die höchste Noth war. [...] Alle überzeugten sich von der Gefahr und stimmten zu den Vorschlägen von Moller ein: Das Thürmchen noch vor dem Winter abzutragen und die große Giebelmauer gegen dem Krahnen zu, wo die zwei Fensterwände des Kreuzes stehen mit einem mächtigen Anker zu verbinden. Abends entwarf ich im Beiseyn von Moller und Leydel einen Procès verbal, der nun von Allen unterschrieben und dem Präfekten mitgetheilt wird.«[92]

Boisserées Hoffnung war es nun, Kaiser Napoleon (reg. 1804–1814, 1815) bei seinem anstehenden Besuch in Köln Anfang November 1811 für die Kölner Kathedrale zu interessieren und ihn zur Bereitstellung einer jährlichen Summe für die Instandhaltung des Domes zu bewegen. Bereits am 25. August hatte er die Mutter des Kaisers durch den Dom geführt und auf ihr Bedauern, dass der Dom unvollendet sei, geantwortet, dass es nur eines Befehls ihres Sohnes bedürfe, ihn zu vollenden.[93] Auf Boisserées Anregung hin verfasste er selbst für den Municipialrat der damals französischen Stadt Köln eine Petition an den Kaiser, in der die Bedeutung des Domes hervorgehoben, die Förderung des Mailänder Domes

91 Hierzu ausführlich: Ennen [27], S. 107–109. – Siehe auch Matthaei [68], S. 74–75. – Vgl. auch die Tagebucheinträge zum 27. bis 30. September 1811, in: Boisserée [74], S. 72–73.

92 Schreiben Sulpiz Boisserée an seinen Bruder Melchior vom 27. September 1811, in: Boisserée [79], S. 152–153, hier: S. 153.

93 Schreiben Sulpiz Boisserée an seinen Bruder Melchior vom 1. September 1811, in: Boisserée [79], S. 149–151, hier: S. 150: »Sie bedauerte nämlich, daß das Gebäude nicht fertig und als ich darauf erwiederte: Il ne faut qu'un ordre de sa Majesté, vôtre fils, pour l'achever, war in allen Stockwerken des kaiserlich-mütterlichen Angesichts eine solche Freudenbeleuchtung sichtbar, als hätte man ich weiß nicht was gethan. – Vgl. auch den sehr knappen Tagebucheintrag zum 25. August 1811, in: Boisserée [74], S. 71.

9 | *Lorenz Janscha, Johannes Ziegler, Ansicht des Domes von Südost, kolorierter Kupferstich, 1798, Detail: barocker Dachreiter auf dem mittelalterlichen Chordach*

durch den Kaiser erwähnt und schließlich die Bitte formuliert wurde, auch den Kölner Dom vor dem Verfall zu retten: »In dem Zustande des allmählichen Verfalles, worin sich dieses stolze Bauwerk befindt, hat man ausgerechnet, daß es zur Verhinderung eines vollständigen Einsturzes einer jährlichen Summe von 40,000 Francs bedarf. Diese Ausgabe übersteigt die Kräfte der Stadt Köln und der Fabrik der Domkirche. Stadt und Fabrik finden sich nun in die Nothwendigkeit versetzt, an die Großmuth Eurer Majestät zu appeliren.«[94] Die Petition wurde dem Kaiser am 5. November übergeben, blieb letztlich aber wirkungslos – den Dom besucht hat am folgenden Tag auch nur die Kaiserin, während Napoleon nach Bonn weiterreiste.[95] Von den dringend notwendigen Restaurierungsarbeiten wurde im Sommer 1812 nur der Abbruch des Dachreiters und kleinere Dachreparaturen umgesetzt.

94 Hierzu ausführlich: Ennen [27], S. 109–110. – Zitat der deutschen Übersetzung: ebd., S. 109. – Vgl. auch Matthaei [68], S. 76–78.
95 Vgl. die Beschreibung des kaiserlichen Besuchs durch Boisserée in seinem Brief vom 8. November 1811, in: Boisserée [79], S. 157–158. – Vgl. auch die äußerst knappe Erwähnung in den Tagebucheinträgen zum 5. und 6. November 1811, in: Boisserée [74], S. 74. – Matthaei [68], S. 77.

10 | *Angelo Quaglio, Ansicht der Domkirche zu Köln von der Südseite seit Anfang des 16. Jahrhunderts, Tafel II, Entwurf 1809, Druck 1823, Detail: Dachreiter in gotischen Formen*

Am 25. Januar teilte Melchior Boisserée seinem Bruder Sulpiz mit, »dass der Präfekt auf die Anzeige, daß man das Thürmchen vom Dom herunternehmen müsse, verlangt habe, ihm einen Plan nebst Ueberschlag der Unkosten zur Erbauung eines neuen einzuschicken [...]«. Der damalige Dompfarrer Michael Joseph DuMont ließ Boisserée daher ausrichten, dass er sich von ihm hierzu binnen 14 Tagen einen Entwurf wünsche.[96] Tatsächlich zeichnete hierauf der Architekt und Zeichner Jacob Carl Vierordt nach Sulpiz Boisserées Angaben den Entwurf für einen neuen Dachreiter in den Formen der Neugotik. Leider wurde der zierliche Turm nie realisiert, und auch der Entwurf ist verschollen. Vielleicht hätte der Dachreiter so ähnlich aussehen sollen wie der, den Angelo Quaglio auf seiner Südansicht des unvollendeten Domes im Mappenwerk Boisserées darstellte (Abb. 10).[97]

96 Schreiben Melchior Boisserée an seinen Bruder Sulpiz vom 25. Januar 1812, in: Boisserée [79], S. 166.

97 Zur Tafel Quaglios vgl. Wolff [68], S. 24–26. – Auf dem ersten von Wolff 1809 datierten Entwurf ist noch der barocke Dachreiter zu sehen. Er könnte nach dessen Abbruch 1812 durch den von Vierordt und Boisserée geplanten Dachreiter in gotischen Formen ersetzt worden sein.

Sowohl auf den Entwurf des neuen Dachreiters als auch auf die Adresse an Napoleon, das Baugutachten an den Präfekten sowie ganz allgemein auch auf sein Mappenwerk über den Dom, mit dessen Erscheinen er offenbar recht bald rechnete, nimmt ein Schreiben unmittelbaren Bezug, das Sulpiz Boisserée am 5. Februar 1812 an seinen in Köln weilenden Bruder Melchior zusammen mit dem Entwurf des Dachreiters sandte. Er gibt Melchior hierin genaue Instruktionen, wie man diplomatisch geschickt am besten verfahren sollte, um von der Regierung Gelder für die Restaurierung des Domes zu erhalten: »Den Entwurf zu einem neuen Thürmchen für den Dom findest Du beiliegend, Vierordt hat ihn nach meiner Angabe gezeichnet. [...] Ich habe Dir wegen dem Dom noch einige wichtige Bemerkungen zu machen. Es scheint mir nämlich höchst rathsam, daß man bei dem Bericht über den großen Bauschaden, der an den Präfekten gemacht werden soll, Rücksicht nehme auf die Forderung oder Darstellung, welche in der Adresse an den Kaiser gemacht worden; am thunlichsten mag es wohl seyn, wenn eine Berechnung der nöthigsten und unentbehrlichsten Mittel zu einer nothdürftigen Erhaltung und Widerherstellung, und eine andere für eine vollkommene, sorgfältige Erhaltung und Herstellung vorgelegt würde. Ich gehe hiebei von dem Grund aus, daß unsere Adresse in den Händen des Ministers und wahrscheinlich auch in seinem Gedächtniß, vielleicht gar noch in dem des Kaisers ist. Es wäre daher mißlich, wenn eine spätere Schilderung von der früheren verschieden wäre. Eine Sache von solcher Bedeutung darf man durchaus nicht gleich fallen lassen, man muß sie beharrlich mehrere Jahre hindurch in Bewegung erhalten, zumal wenn eine so gute, hohe Einleitung vorhergegangen, und so gute Aussichten zur fernern Betreibung vorhanden sind wie hier; denn daß durch die Erscheinung meines Werks bei meiner Gegenwart in Paris Vieles dafür geschehen kann, steht doch über allem Zweifel.«[98]

98 Schreiben Sulpiz Boisserée an seinen Bruder Melchior vom 5. Februar 1812, in: Boisserée [79], S. 166–167.

99 Eine frühere Stelle ist dem Autor nicht bekannt.

100 Schreiben Sulpiz Boisserée an seinen Bruder Melchior vom 5. Februar 1812, in: Boisserée [79], S. 167–168.

101 Schreiben Sulpiz Boisserée an seinen Bruder Melchior vom 14. September 1812 in: Boisserée [79], S. 176. – Vgl. auch die Tagebucheinträge zum 14. bis zum 17. September, in: Boisserée [74], S. 82–83. – Zu Boisserées Aufenthalt in Straßburg vgl. Matthaei [68], S. 81–83.

102 Gemeint ist die 1824 begonnene (siehe oben) und 1829 mit dem Wiedereinbau der Nordseitenschifffenster abgeschlossene Restaurierung der nördlichen Seitenschiffwand. Vgl. Schumacher [12], S. 144, Tab. 1.

103 Gemeint ist die ebenfalls 1824 begonnene (siehe oben) und 1830 abgeschlossene Restaurierung der seitlich des Chores stehenden Ostwand des südlichen Querhausobergadens. Vgl. Schumacher [12], S. 145, Tab. 2.

104 Gemeint ist die 1827 begonnene Erneuerung des ersten Strebewerks auf der Südseite des Chores A 11–C 11. Vgl. Schumacher [12], S. 145, Tab. 2. – Alle vier Bögen des Strebewerks wurden erneuert.

105 Schreiben Sulpiz Boisserée an seinen Bruder Melchior vom 3. Oktober 1829, in: Boisserée [79], S. 547–548. – Vgl. auch den Tagebucheintrag zum 3. Oktober 1829, in: Boisserée [74], Bd. 2, Darmstadt 1981, S. 424. – Matthaei [68], S. 289–290.

Besondere Bedeutung hat das Schreiben für die Geschichte der Dombauhütte durch seine abschließenden Überlegungen zum notwendigen Restaurierungsbau, der sich für ihn in vier »Hauptabtheilungen« gliedert: »1) Dachwerk, 2) Zimmerwerk, 3) Glaswerk und 4) Steinmetzenwerk.« Hier schreibt Boisserée ganz nebenbei und vielleicht erstmals[99] die Idee nieder, am Kölner Dom eine »Steinmetzenhütte zur fortlaufenden Ausbesserung wie in Straßburg, Freiburg, Mailand u.s.w.« einzurichten.[100] Die beiläufige Art der Formulierung legt nahe, dass er bereits im Vorfeld mit seinem Bruder über diese Idee gesprochen hat. Es wäre naheliegend, dass spätestens Boisserées oben geschilderte Beschäftigung mit den notwendigen Restaurierungsarbeiten am Dom im Herbst 1811 sowie der Austausch mit den genannten Baumeistern Moller, Schmitz und Leydel in Verbindung mit seinen Forschungen zum Dom und zum Steinmetzhandwerk in ihm diese Idee reifen ließen.

Vor diesem Hintergrund verwundert es auch nicht, dass Boisserée im September 1812 mit Johann Christian Ehrmann nach Straßburg reiste, um dort die Archive der »Steinhütte« nach »Urkunden und Papieren über das alte Steinmetzwesen« zu durchforsten.[101] Daneben mag er sich aber auch ein Bild der Hütte selbst gemacht haben – einer der wenigen Kathedralbauhütten, die seit dem Mittelalter kontinuierlich fortbestanden hatten.

Am 3. Oktober 1829 besuchte Boisserée die zwölf Jahre später begründete Kölner Dombauhütte. In einem Brief an seinen Bruder Melchior berichtet er von seinen Eindrücken: »Heute bin ich zum erstenmal in der Bauhütte am Dom gewesen und habe alle Arbeiten besichtigt, von unten bis oben in die höchste Spitze. Ich kann davon mit Wahrheit sagen, daß ich bis auf Weniges, was man bei einem solchen Unternehmen zu den Kleinigkeiten rechnen kann, ganz befriedigt bin. Unten an der Nordseite sind die Fenster und Wölbungen ganz reparirt, auch sind die Glasmalereien alle wieder eingesetzt.[102] Dann sind oben am Chor die zwei freistehenden Fenster am Kreuz, an der Seite des Domhofs ganz neu gemacht,[103] ebenso sind von den vier Strebebogen am ersten Pfeiler neben dem Kreuz drei ganz neu.[104] Ich kam gerade in dem Augenblick, als man die letzten Fugen des dritten Bogens mit Blei ausgoß, und Ahlert ließ zum Beweis, daß er seiner Sache gewiß sey, sogleich die Keile aus dem Gerüstbogen herausschlagen, worauf der steinerne Bogen gebaut worden. Du kannst Dir denken, daß gar mancherlei Gedanken und Gefühle mir bei Betrachtung dieser wichtigen Arbeiten durch die Seele zogen.«[105]

Laudatio Klaus Hardering

Rolf Lauer

Verehrte Festgäste, lieber Klaus Hardering,
der Raum für die Abschiedsfeier des Leiters des Dombauarchivs Dr. Klaus Hardering (Abb. 1) könnte nicht besser gewählt sein: nicht weil Klaus noch getauft werden müsste, sondern weil hier unser aller Arbeitsgebiet, die bis in frühchristliche Zeit zurückreichende Geschichte und Kunstgeschichte des Kölner Domes, optisch sichtbar und emotional fühlbar wird. Genau das stand ja auch im Zentrum Deiner über dreißigjährigen Arbeit am Kölner Dom.

Eine kurze Chronologie zu Anfang: 1985 kam Klaus Hardering neben einigen anderen Studenten und Studentinnen des Kunsthistorischen Instituts der Universität Bonn als erste studentische Hilfskraft an den Kölner Dom. Das war auch der Förderung des Dombauarchivs durch den großartigen und unvergessenen Dombaumeister Arnold Wolff zu verdanken, der in den späten 1980er- sowie in den 1990er-Jahren die wissenschaftliche und konservatorische Betreuung der gesamten künstlerischen Ausstattung des Dominnenraums an das Dombauarchiv übertrug. Zusätzlich wurde der Leiter des Dombauarchivs zunächst auch mit der Leitung der Domschatzkammer beauftragt. Das bedeutete eine erhebliche Aufwertung des Archivs als überregional geachtete wissenschaftliche Institution.

Nachdem Klaus Hardering 1990 bei Prof. Aart Mekking an der Universität Leiden über die Klosterkirche von Rolduc promoviert worden war, trat er 1990 als wissenschaftlicher Mitarbeiter in das Kölner Dombauarchiv (Abb. 2) ein, dem er bis heute ununterbrochen angehörte, seit 2007 als mein Nachfolger. Das heißt: Klaus Hardering war fast vierzig Jahre am Kölner Dombauarchiv tätig, in den letzten siebzehn Jahren als dessen Leiter.

Lieber Klaus, die Bilanz Deiner Arbeit ist beachtlich. Als erstes und nach außen sichtbarstes Zeugnis sei das seit 1842 – und seit 1990 im Verlag Kölner Dom – erscheinende Kölner Domblatt genannt, die – soweit ich das sehe – älteste exis-

* Die Laudatio wurde zur Verabschiedung von Dr. Klaus Hardering, Leiter des Dombauarchivs, am 31. Januar 2025 im Baptisterium des Kölner Domes gehalten.

1 | *Laudatio des ehemaligen Archivleiters Dr. Rolf Lauer zur Verabschiedung seines Nachfolgers Dr. Klaus Hardering am 31. Januar 2025 im Baptisterium des Domes*

tierende kunsthistorische Zeitschrift der Welt, die – wie ein Schweizer Kollege es einmal aussprach – »als einzige jährlich pünktlich erscheint und in der nie etwas Falsches steht« – hoffen wir mal. Schon in den 1980er-Jahren hast Du als studentische Hilfskraft auch am Domblatt mitgearbeitet, bis hin zu der Schnippel- und Klebearbeit am Umbruch, den wir gemeinsam damals noch selbst herstellten.

Um ein solches Unternehmen mit Erfolg zu leiten, muss man einerseits beste Kontakte zu Forschenden haben und andererseits geeignete Themen anregen und die Forschungen begleiten. Das ist Dir mit Bravour für alle achtzehn von Dir als Archivleiter betreuten Domblattbände gelungen.

Natürlich hast Du auch selbst zahlreiche Forschungsarbeiten veröffentlicht, nicht nur zum Kölner Dom, sondern etwa auch zu anderen Kölner Kirchen oder zur kirchlichen Kunst des 19. Jahrhunderts. Dabei bist Du mit dem in der Reihe »Meisterwerke des Kölner Domes« erschienenen Dachführer »Jenseits der Gewölbe« nicht nur in geradezu himmlische Höhen vorgestoßen, sondern hast auch in der Auflagenhöhe Rekorde errungen.

2 | *Klaus Hardering als wissenschaftliche Hilfskraft im Dombauarchiv, Oktober 1991*

Von den zahlreichen Aufsätzen im Kölner Domblatt und in anderen wissenschaftlichen Zeitschriften seien zwei erwähnt: der Beitrag über mittelalterliche rheinische Reliquientumben im Kölner Domblatt von 1999 und der Aufsatz über die Bildprogramme des historistischen Kirchenmalers Matthias Goebbels in dem Jahrbuch Colonia Romanica von 2011.

Ich hoffe, dass Deine umfangreiche Bibliografie im nächsten Kölner Domblatt publiziert wird [vgl. S. 232–238]. Sie wird Dein weit über den Dom hinausreichendes Wissens- und Interessenspektrum erweisen.

Daneben – das ist wohl das falsche Wort – hast Du, wie es zu den Aufgaben des Dombauarchivleiters gehört, auch zahlreiche Forschungsprojekte selbst durchgeführt, angeregt, betreut und deren Publikation im Kölner Domverlag begleitet. Ich erwähne nur die 2014 erschienene dreibändige Monografie über die Goldschmiedearbeiten am Dreikönigenschrein von Dorothee Kemper und die grundlegende Arbeit über die Drôlerien an den Chorschrankenmalereien von Katharina Bornkessel, erschienen 2019. Die Betreuung der Arbeit von Anna Skriver über die ottonischen Wandmalereifragmente aus dem karolingischen Alten Dom gehört ebenfalls dazu; die Veröffentlichung steht hier noch aus.

Zahlreiche Projekte, die von Dir betreut wurden, beschäftigen sich mit der technischen Untersuchung, der Konservierung und der kunsthistorischen

Analyse der Binnenchorausstattung des 14. Jahrhunderts. Im Zentrum stehen die Chorschrankenmalereien und das Chorgestühl. Schon jetzt zeichnet sich ab, dass wesentliche neue Erkenntnisse zur Entstehung dieser Hauptwerke der gotischen Kunst gewonnen werden. Die Arbeitsgruppe aus Restauratoren, Historikern und Kunsthistorikern wurde von Dir begründet und wird hoffentlich weiter von Dir begleitet.

Besonders zu danken haben Dir drei Mitarbeiter der Dombauverwaltung, deren wissenschaftliche Abschiedskolloquien und die dazugehörigen Feierlichkeiten Du organisiert hast: 1999 für Dombaumeister Arnold Wolff, 2007 für meine Wenigkeit und 2012 für Dombaumeisterin Barbara Schock-Werner.

Eine Deiner Lieblingsbeschäftigungen war es, die Sammlungen des Dombauarchivs zu bereichern. Gemälde, vorwiegend des 19. Jahrhunderts, Kunstgewerbeobjekte mit Abbildungen des Domes wie Porzellangefäße oder die manchmal skurrilen, aus dem Holz des im 19. Jahrhundert abgebauten mittelalterlichen Domkranes gefertigten Objekte sind von Dir erworben worden, aber auch frühe Fotografien des Domes. Einiges davon werden wir in der von Leonie Becks zusammengestellten Ausstellung in der Domschatzkammer [vgl. S. 299–300] sehen: Vielleicht ist dies auch eine Anregung, die Einrichtung eines Dommuseums, das etwa der Florentiner Opera del Duomo nicht nachstehen würde, nicht aus den Augen zu verlieren.

Ein Höhepunkt ist die umfangreiche und kostbare Dreikönigensammlung Weyand, die dem Dombauarchiv geschenkt wurde. Auch heute ergänzt Frau Weyand durch Ankäufe diese Sammlung. 2014 hast Du – zusammen mit Deinem heutigen Nachfolger im Amte Matthias Deml – einen kleinen Teil der Dreikönigenobjekte im Dreikönigensaal des Domes ausgestellt.

Apropos Museum: Wer Deine Vorliebe für kunsthistorische Reisen bis in ferne Gegenden kennt und Deine Leidenschaft für das Sammeln von Kunstpostkarten, wird keinen Zweifel daran haben, dass bald das Deutsche »Kunstpostkartenmuseum KH« entstehen wird. Ich stelle mich für Führungen zur Verfügung!

Lieber Klaus, Deine Leistung für das Dombauarchiv und natürlich vor allem für die Erhaltung und Erforschung der Domausstattung und die Vermittlung in die Öffentlichkeit ist bewundernswert und als Dein Vorgänger und ein bisschen als Dein Lehrmeister freue ich mich natürlich besonders darüber.

Ich frage mich manchmal, worin wir uns denn unterscheiden, und zum heiteren Abschluss stelle ich fest: vor allem in der Frisur. Ich tröste mich immer mit dem Ausspruch meines gymnasialen und glatzköpfigen Französischlehrers aus den 1950er-Jahren: »Wo Geisteskräfte mächtig walten, da können sich keine Haare entfalten.« Er ist hiermit widerlegt.

Ich ende mit dem klassischen Wunsch: »ad multos annos«, lieber Klaus.

Bibliografie Klaus Hardering

Monografien

1. Die Abteikirche von Klosterrath. Baugeschichte und Bedeutung / De abdijkerk te Rolduc. Bouwgeschiedenis en betekenis (Clavis kunsthistorische monografieën 18), Utrecht 1998 [Dissertation, Universität Leiden, 1998].
2. Dombaumeister Arnold Wolff zum 60. Geburtstag am 26. Juli 1992. Unter Mitwirkung von Mitarbeitern der Dombauverwaltung und Dombauhütte, Typoskript, Köln 1998 [Festschrift].
3. Jenseits der Gewölbe. Ein Führer über die Dächer des Kölner Domes (Meisterwerke des Kölner Domes 5), Köln 2000, 3. Aufl. 2010.
4. Heiligenstatuen am Außenbau und im Innenraum des Kölner Domes, Typoskript, Köln 2001.
5. —, Matthias Deml: Die Schönste von allen. Mariendarstellungen und marianische Gesänge im Kölner Dom. Mit einem Vorwort von Domprobst Norbert Feldhoff, Köln 2013.
6. —, Matthias Deml: Die Heiligen Drei Könige. Darstellungen und Gesänge im Kölner Dom. Mit einem Vorwort von Domdechant Robert Kleine, Köln 2015.
7. —, Matthias Deml: Wasserspeier des Kölner Domes. Mit einem Vorwort von Peter Füssenich, Fotografien von Klaus Maximilian Gierden, Köln 2016.
8. —, Matthias Deml: Und fertig wird er doch! Der Zentral-Dombau-Verein und der Beginn der Domvollendung, hg. von Dombauhütte Köln und Domforum, Ausstellungsbroschüre, Köln 2017.
9. Abtei Rolduc in Kerkrade (Rheinische Kunststätten 567), Köln 2018.
10. —, Petra Sophia Zimmermann: 111 Orte im und am Kölner Dom, die man gesehen haben muss (111 Orte), Köln 2021.
11. —, Matthias Deml, Peter Füssenich u. a.: Der Kölner Dom und »die Juden«. Ein thematischer Rundgang, hg. vom Metropolitankapitel der Hohen Domkirche Köln, Köln 2021, 2., erw. Aufl. 2024.
12. —, Matthias Deml, Joachim Oepen u. a.: »Überaus schön, doch unvollendet …«. 700 Jahre Chorweihe gotischer Dom, hg. von Dombauhütte Köln, Domforum, Historisches Archiv des Erzbistums Köln, Ausstellungsbroschüre, Köln 2022.

13. —, Matthias Deml, Clara Oepen u. a.: »St. Peter bin ich genannt ...«. 100 Jahre Petersglocke, hg. von Dombauhütte Köln, Domforum, Historisches Archiv des Erzbistums Köln, Ausstellungsbroschüre, Köln 2023.
14. —, Matthias Deml, Daria Bona: Domstein-Mission. X-DBA-00408, Ausstellungskatalog, Köln 2025.

Beiträge in Zeitschriften, Ausstellungskatalogen und Sammelpublikationen

15. Kölner Motive am Magdeburger Chorgestühl, in: Kölner Domblatt 50, 1985, S. 53–62.
16. Die Ausmalung der Abteikirche von Rolduc durch den Kirchenmaler Matthias Goebbels (19. Jahrhundert), in: Aachener Kunstblätter 58, 1989/90, S. 149–190.
17. Das Chorgestühl von St. Andreas, in: Colonia Romanica 5, 1990, S. 79–100.
18. Ein Hauch von Luxus. Berliner Prunkvase mit Kölner-Dom-Motiv, in: Kölner Domblatt 57, 1992, S. 290–296.
19. St. Severin in Köln-Lövenich, in: Colonia Romanica 8, 1993, S. 65–71.
20. Der Dom, Köln und die weite Welt, in: Kölner Domblatt 61, 1996, S. 327–328.
21. Hoch die Tassen, in: ebd. [Nr. 20], S. 281–288.
22. Kuene von der Hallen, Konrad, in: The dictionary of art, Bd. 18, New York 1996, S. 497–498.
23. Die Restaurierung des Restaurierten. Zur Restaurierungsgeschichte der künstlerischen Ausstattung des Kölner Domes, in: Rheinische Heimatpflege N. F. 35, 1998, S. 239–251.
24. Mettlacher Dombecher, in: Bayern & Preußen & Bayerns Preußen. Schlaglichter auf eine historische Beziehung (Veröffentlichungen zur Bayerischen Geschichte und Kultur 41/99), hg. von Johannes Erichsen, Evamaria Brockhoff, Ausstellungskatalog Berlin/Kulmbach, Regensburg 1999, Kat.-Nr. 9.32, S. 87–388.
25. Rheinische Reliquientumben, in: Kölner Domblatt 64, 1999, S. 55–88.
26. Studienfahrt 1998 nach Paris, in: ebd. [Nr. 25], S. 296–297.
27. Wissenschaftliches Kolloquium zu Ehren von Dombaumeister i. R. Arnold Wolff, in: ebd. [Nr. 25], S. 303–305.
28. Eiserne Krone von Monza, in: Krönungen. Könige in Aachen. Geschichte und Mythos, hg. von Mario Kramp, Ausstellungskatalog Aachen, Mainz 2000, Kat.-Nr. 1.26, S. 171.
29. St. Agnes. Kirche des Franziskanerobservanten-Klosters Ad Oivas oder Mons Olivarum, in: Kölner Kirchen und ihre Ausstattung in Renaissance und Barock, Bd. 1: St. Achatius – St. Georg (Colonia Romanica 16/17), Köln 2001/02, S. 39–56.

30. Neugotischer Wasserspeier vom Vierungsturm des Kölner Domes, in: Wasser-Fälle. An Rhein und Maas, hg. von Ulrich Borsdorf, Jürg Steiner, Ausstellungskatalog Düsseldorf, Essen 2002, Kat.-Nr. 1.2.6, S. 72.
31. St. Maria im Pesch. Pfarrkirche (1843 abgebrochen), in: Kölner Kirchen und ihre Ausstattung in Renaissance und Barock, Bd. 3: St. Maria Himmelfahrt – Vierzehn Nothelfer (Colonia Romanica 20), Köln 2005, S. 193–205.
32. Hl. Sakrament. Kapelle bei St. Agnes (1815 abgebrochen), in: ebd. [Nr. 31], S. 346.
33. Keineswegs »unsichtbar«. Eine Anbetung der Heiligen Drei Könige von Hendrick Dubois, in: Kölner Domblatt 71, 2006, S. 81–100.
34. Alle Wege führen nach Rom. Doch nur einer auf den Dom?, in: ebd. [Nr. 33], S. 303.
35. Laudatio Rolf Lauer, in: Kölner Domblatt 72, 2007, S. 379–392.
36. —, Wolfgang Cortjaens: The aid societies of the Cologne Cathedral Construction Society in the area of today's Euregion Meuse-Rhine, in: Historism and cultural identity in the Rhine-Meuse Region. Tensions between nationalism and regionalism in the nineteenth century / Historismus und kulturelle Identität im Raum Rhein-Maas. Das 19. Jahrhundert im Spannungsfeld von Regionalismus und Nationalismus (KADOC Artes 10), hg. von Wolfgang Cortjaens, Jan De Maeyer, Tom Verschaffel, Löwen 2008, S. 136–157.
37. Der Hochaltar des Kölner Domes im Mittelalter, in: Zurückgewonnen für den Kölner Dom. Die heilige Katharina vom Hochaltar und ein Pleurant vom Grabmal des Erzbischofs Wilhelm von Gennep (Patrimonia 329), hg. von der Kulturstiftung der Länder in Verbindung mit dem Dombauarchiv und der Domschatzkammer Köln, Köln 2008, S. 6–29.
38. [Katalogtexte, in:] Kurfürst, Adel, Bürger. Das Kurkölnische Herzogtum Westfalen (1180–1803), Ausstellungskatalog, Arnsberg 2009: Abguss der Büste des Kölner Erzbischofs Rainald von Dassel, Kat.-Nr. B 13, S. 38–39; Portrait des Kölner Erzbischofs Clemens August von Bayern, Kat.-Nr. L 2, S. 150–151; Maximilian Franz von Österreich (1756–1801) Erzbischof und Kurfürst von Köln, 1784–1801, Kat.-Nr. M 2, S. 160.
39. Untersuchungen an den Chorschrankenmalereien, in: Kölner Domblatt 74, 2009, S. 311–313.
40. Anmerkungen zum Patrozinium des Kölner Domes, in: Kölner Domblatt 75, 2010, S. 260–272.
41. Gipsmodell für eine Statue des heiligen Engelbert im Nordquerhaus des Kölner Domes, in: Familienbande. Die Grafen von Berg 1101–1225 (Romerike Berge 60, Heft 2), Ausstellungsbroschüre, Solingen 2010, S. 17.

42. Kirchenmann und Kirchenmaler. Der Aachener Domkanoniker Matthias Goebbels, in: Baesweiler Geschichtsverein 1, 2010, S. 2–69.
43. Von prächtigen Lançaden, einem Festmahl der Kaiserin Augusta und einem Stuhl aus dem Holz des alten Domkranes, in: Kölner Domblatt 75, 2010, S. 86–103.
44. Kirchenmann und Kirchenmaler. Die kenntnisreichen Bildprogramme des Aachener Domkanonikers Matthias Goebbels, in: Die Romanischen Kirchen im Historismus, Bd. 2 (Colonia Romanica 26), Köln 2011, S. 279–308.
45. Die Chorpfeilerfiguren des Kölner Domes. Einführung und Restaurierungsgeschichte, in: Kölner Domblatt 77, 2012, S. 47–69.
46. [Katalogtexte, in:] Russkie i nemcy. 1000 let istorii, iskusstva i kultury [Russen und Deutsche. 1000 Jahre Kunst, Geschichte und Kultur], Ausstellungskatalog Moskau/Berlin, Bd. 1, Petersberg 2012: [Der Dom zu Coeln im Frühjahre 1854 – Vereinsgedenkblatt], Kat.-Nr. 674, S. 485; [Emile Pierre Joseph de Cauwer, Der Kölner Dom in antizipierter Vollendung], Kat.-Nr. 675, S. 485–486; [Der Dom zu Coeln mit seiner Umgebung vor dem Beginne seines Herstellungsbaues im Jahre 1824 – Vereinsgedenkblatt 1857], Kat.-Nr. 676, S. 486; [Ernst Friedrich Zwirner (?), Ansicht des ausgeführten Mittelthurms], Kat.-Nr. 677, S. 486–487.
47. The vestry board of Cologne Cathedral. History, organisation, funding and projects, in: European cathedrals. A comparison of management experiences, Tagung, Pisa 20./21. Mai 2011, Pisa 2012, S. 93–104.
48. [Katalogtexte, in:] In aeternum cantabo. Zeugnisse aus 1300 Jahren kölnischer DomMusikGeschichte, hg. von Stefan Klösges, Eberhard Metternich, Ausstellungskatalog, Köln 2013: Zwei musizierende Engel vom Petersportal, Kat.-Nr. II.9, S. 80–81; Hl. Paulus von der ehemaligen Renaissance-Domorgel, Kat.-Nr. III.5, S. 102; Frühklassizistisches Kantorenpult, Kat.-Nr. III.9, S. 104–105; Digitales Modell Domchorinnenraum 1856, Kat.-Nr. IV.8, S. 150–154; Fragment der alten Kaiserglocke, Kat.-Nr. V.25, S. 197–198.
49. La Cathédrale de Cologne. »Un édifice qui n'a pas son pareil au monde«, in: Cathédrales. 1789–1914. Un mythe moderne, Ausstellungskatalog, Paris 2014, S. 100–107.
50. Der Dom zu Köln, »kein Gebäude ... wie alle anderen auf der Welt«, in: Die Kathedrale. Romantik – Impressionismus – Moderne, Ausstellungskatalog Köln, München 2014, S. 120–125.
51. [Katalogtexte, in: ebd., Nr. 50] Johann Adolf Lasinsky, Der unvollendete Südturm des Kölner Domes, 1832, Kat.-Nr. 52, S. 139; Emile Pierre Joseph de Cauwer, Der Kölner Dom in antizipierter Vollendung, 1857, Kat.-Nr. 58, S. 146.

52. [Katalogtexte, in:] Die Heiligen Drei Könige. Mythos, Kunst und Kultur, hg. von Manuela Beer, Iris Metje, Karen Straub u. a., Ausstellungskatalog Köln, München 2014: Dreikönigenschranke im Binnenchor des Kölner Domes, Kat.-Nr. 50, S. 140–141; Altar der Stadtpatrone, Kat.-Nr. 51, S. 146–147.
53. Zur Dreikönigensammlung des Kölner Dombauarchivs, in: Caspar, Melchior, Balthasar. 850 Jahre Verehrung der Heiligen Drei Könige im Kölner Dom, hg. von —, Leonie Becks, Matthias Deml, Ausstellungskatalog, Köln 2014, S. 78–85.
54. [Katalogtexte, in: ebd., Nr. 53] Kölner Pilgerzeichen mit den Heiligen Drei Königen und der hl. Ursula, Kat.-Nr. I 10, S. 58; Bleistiftzeichnung der Dreikönigenschranke im Binnenchor des Kölner Domes, Kat.-Nr. II 9, S. 96–97; Anbetung der Heiligen Drei Könige, Giovanni Battista Passeri, Kat.-Nr. II 29, S. 120; Anbetung der Heiligen Drei Könige, Giuseppe Nicola Nasini, Kat.-Nr. II 30, S. 121; Anbetung der Heiligen Drei Könige, Bartholomäus Ignaz Weiss, Kat.-Nr. II 31, S. 122; Anbetung der Heiligen Drei Könige, Matthias Scheits, Kat.-Nr. II 32, S. 123; Anbetung der Heiligen Drei Könige, Francesco Solimena, Kat.-Nr. II 34, S. 125; Anbetung der Heiligen Drei Könige, Edward von Steinle, Kat.-Nr. II 35, S. 126–127; Anbetung der Heiligen Drei Könige, Karl Christian Andreae, Kat.-Nr. II 36, S. 128–129; Anbetung der Heiligen Drei Könige, Carl Gottlieb Peschel, Kat.-Nr. II 37, S. 130; Anbetung der Heiligen Drei Könige, Adrian Ludwig Richter, Kat.-Nr. II 38, S. 131; Die Heiligen Drei Könige vor Herodes, Kat.-Nr. II 74, S. 168–169.
55. Die Binnenchorausstattung des Kölner Domes im 19. Jahrhundert, in: Die Musikaliensammlung Leibl. Neukatalogisierung der Musikalien der Kölner Domkapelle des 19. Jahrhunderts auf der Grundlage des Katalogs von Gottfried Göller (Libelli Rhenani 66), hg. von Stefan Klösges, Christoph Müller-Oberhäuser, Köln 2016, S. 66–77.
56. Dr. Klaus Weyand verstorben, in: Kölner Domblatt 83, 2018, S. 316.
57. The Three Magi. Places of worship in Cologne Cathedral, in: Relics, shrines, and pilgrimages. Sanctity in Europe from the late antiquity, hg. von Antón M. Pazos, London, New York 2020, S. 164–178.
58. —, Rolf Lauer: Bilder von Juden im Kölner Dom – und was sie über das Zusammenleben von Juden und Christen aussagen, in: Anno 321. Jüdisches Leben in Deutschland, hg. von Jürgen Wilhelm, Thomas Otten, Köln 2021, S. 49–63.
59. Ein Hauch von Unsterblichkeit. Wie es zu einem falschen Todesjahr auf dem Epitaph des Kölner Weihbischofs Johann Werner von Veyder kam, in: Malberger Schloßbote 16, 2021, S. 16–19.
60. —, Matthias Deml: 75. Geburtstag von Dombaumeisterin a. D. Prof. Dr. Barbara Schock-Werner, in: Kölner Domblatt 87, 2022, S. 300.

Zeitungsartikel, Vorworte und sonstige Veröffentlichungen

61. Teppiche als Wahlgeschenk. Bildteppiche nach Entwürfen von Peter Paul Rubens im Kölner Dom, in: Kirchenzeitung für das Erzbistum Köln, 1991, Heft 25, S. 16.
62. Der Dom, in: Köln, hg. von Nina Köster (Apa City Guides), Berlin, Gütersloh u. a. 1992, S. 93–96.
63. Kölner Dom. Informationen zur Turmbesteigung, Köln 2004, 2. Aufl. 2009 / Cologne Cathedral. The ascent of the south tower, Köln 2004, 2. Aufl. 2009 [Faltblatt].
64. Zum Geleit, in: Antonia Mentel: Alexander Iven (1854–1934). Bildhauer am Übergang zur Klassischen Moderne, Norderstedt 2010, S. [5–7].
65. —, Rolf Lauer: Vorwort, in: Dorothee Kemper: Die Goldschmiedearbeiten am Dreikönigenschrein. Bestand und Geschichte seiner Restaurierungen im 19. und 20. Jahrhundert. Mit Beiträgen zu Materialanalysen und Herstellungstechniken (Studien zum Kölner Dom 11. Corpus Scriniorum 1,2), hg. von —, Birgit Lambert, Rolf Lauer u. a., 3 Bde., Köln 2014.
66. Ein neuer Dom für die Drei Könige. Von den »Wanderungen« des Schreins durch die Kathedrale, in: Kirchenzeitung für das Erzbistum Köln, 2014, Heft 20, S. 10–11.

Herausgeberschaft

67. Kölner Domblatt. Jahrbuch des Zentral-Dombau-Vereins, hg. von —, Barbara Schock-Werner [2007–2011]; hg. von —, Michael Hauck [2012–2013]; hg. von —, Peter Füssenich [2015–2024].
68. Carolin Wirtz: »Dass die ganze Umgebung des Domes eine würdige Gestaltung erhalte«. Der Zentral-Dombau-Verein und die Freilegung des Kölner Domes (1882–1902) (Forschungen zum Kölner Dom 2), hg. von —, Barbara Schock-Werner, Köln 2009.
69. Maren Lüpnitz: Die Chorobergeschosse des Kölner Domes. Beobachtungen zur mittelalterlichen Bauabfolge und Bautechnik (Forschungen zum Kölner Dom 3), hg. von —, Barbara Schock-Werner, Köln 2011.
70. Niklas Möring: Der Kölner Dom im Zweiten Weltkrieg (Meisterwerke des Kölner Domes 10), hg. von —, Barbara Schock-Werner, Birgit Lambert, Köln 2011
71. Niklas Möring: Cologne Cathedral in World War II (Meisterwerke des Kölner Domes 10), hg. von —, Barbara Schock-Werner, Birgit Lambert, Köln 2011, 4. Aufl. 2025.
72. Ulrich Back, Thomas Höltken, Dorothea Hochkirchen: Der Alte Dom zu Köln. Befunde und Funde zur vorgotischen Kathedrale (Studien zum Kölner

Dom 12), hg. von —, Barbara Schock-Werner, Birgit Lambert, Köln 2012.
73. Arnold Wolff: Das Chormosaik im Kölner Dom (Meisterwerke des Kölner Domes 11), hg. von —, Barbara Schock-Werner, Birgit Lambert, Köln 2012.
74. Arnold Wolff: The mosaic in the choir of Cologne Cathedral (Meisterwerke des Kölner Domes 11), hg. von —, Barbara Schock-Werner, Birgit Lambert, Köln 2012.
75. Caspar, Melchior, Balthasar. 850 Jahre Verehrung der Heiligen Drei Könige im Kölner Dom, hg. von —, Leonie Becks, Matthias Deml, Ausstellungskatalog, Köln 2014.
76. Dorothee Kemper: Die Goldschmiedearbeiten am Dreikönigenschrein. Bestand und Geschichte seiner Restaurierungen im 19. und 20. Jahrhundert. Mit Beiträgen zu Materialanalysen und Herstellungstechniken (Studien zum Kölner Dom 11. Corpus Scriniorum 1,2), hg. von —, Birgit Lambert, Rolf Lauer u. a., 3 Bde., Köln 2014.
77. Katharina Bornkessel: Die Drôlerien der Chorschrankenmalereien des Kölner Domes (Forschungen zum Kölner Dom 4), hg. von —, Peter Füssenich, 2 Bde., Köln 2019.

Kleine Beiträge

»Wer des ewigen Lichts nicht beraubt werden will«

Ein wiedergefundenes Fragment einer Originalinschrift vom Dreikönigenschrein

Jitka Ehlers

Nichts kennzeichnet die wechselvolle Geschichte des Kölner Dreikönigenschreines eindrucksvoller als der Verlust seines kostbaren Schmucks. Umso erfreulicher ist es, wenn nach langer Zeit noch Teile des Originalbeschlags ans Licht kommen. Die Auffindung eines kleinen Inschriftenfragments (Abb. 1) gelang infolge der aktuellen Bearbeitung der Inschriften der Stadt Köln, welche durch die Bonner Inschriftenarbeitsstelle für das interakademische Projekt »Die Deutschen Inschriften des Mittelalters und der frühen Neuzeit« durchgeführt wird.[1]

Der hier vorzustellende Inschriftenbeschlag stammt von einer der beiden oberen Dachflächen des Schreines, dessen inschriftliche Ausstattung insgesamt in erheblichem Maße zerstört ist.[2] Sein ursprüngliches Bild-Text-Programm lässt sich aus diesem Grund nicht mehr mit Sicherheit ermitteln. Im heutigen Zustand (und unter Hinzuziehung der museal aufbewahrten Inschriftenbeschläge) sind weniger als 50 Prozent der Inschriften im Original erhalten. Was die Inschriftenbeschläge der Dachflächen betrifft, so sind diejenigen der beiden unteren Dachflächen vollständig verloren. Von den beiden oberen Dachflächen haben sich erfreulicherweise noch circa 85 Prozent der zugehörigen Inschriftenbeschläge im Original erhalten. Unter Berücksichtigung der überlieferten Abschriften und Skizzen von Bartholomäus Joseph Blasius Alfter wäre ein Rekonstruktionsversuch des inschriftlichen Gesamtprogramms sehr lohnend, kann jedoch hier nicht angestrebt werden.[3] Im Fokus der nachfolgenden Ausführungen steht vielmehr das aufgefundene Fragment, welches im Museum für Angewandte Kunst Köln aufbewahrt wird (Inv.-Nr. G 721). In die Betrachtung werden zudem drei weitere Inschriftenbeschläge einbezogen, die sich heute im Museum Schnütgen in Köln befinden (Inv.-Nr. G 542 a–c) und die ebenfalls ursprünglich auf den oberen Dachflächen des Reliquienschreines angebracht waren.

Der Reliquienschrein der Heiligen Drei Könige

Der Schrein der Heiligen Drei Könige gilt als das »größte mittelalterliche Goldschmiedereliquiar des Abendlandes«.[4] Für seine Entstehung wird mit Bezug auf die Darstellung König Ottos IV. von Braunschweig auf der Stirnseite und seine inschriftliche Bezeichnung als *OTTO REX* der Zeitraum zwischen 1198 (Königswahl) und 1209 (Kaiserkrönung) angesetzt. Erwartungsgemäß nahm die Anfertigung des enorm großen und künstlerisch anspruchsvollen Reliquienschreines mehrere Jahre in Anspruch. Seine Fertigstellung ist nach stilistischer Beurteilung »kaum vor dem 2. Viertel des 13. Jahrhunderts anzusetzen«.[5] Das herausragende Werk wird dabei aufgrund von Übereinstimmungen bei geprägten Metallbeschlägen mit Goldschmiedearbeiten aus der Werkstatt des Nikolaus von Verdun in Verbindung gebracht.[6]

Die Grundform des Reliquienschreines erinnert an eine dreischiffige Basilika. Im Inneren birgt er noch heute die von Erzbischof Rainald von Dassel im Jahr 1164 nach Köln gebrachten Gebeine der Heiligen Drei Könige, ferner die Reliquien der heiligen Felix und Nabor sowie die des heiligen Gregor von Spoleto, die in der 2. Hälfte des 13. Jahrhunderts hinzugefügt wurden.[7] In seiner äußeren Gestalt wurde der Reliquienschrein während der Jahrhunderte mehrfach verändert. Neben Verlusten, Reparaturen von Beschädigungen und diversen Restaurierungen erfolgten schon Ende des 16. Jahrhunderts und zuletzt noch im 20. Jahrhundert einschneidende Umgestaltungen des Schreines.

Mit der Auffindung des Inschriftenstreifens rücken die Veränderungen des Reliquienschreines im Allgemeinen und die Überlieferung der Inschriften tragenden Originalbeschläge der Dachflächen im Besonderen ins Zentrum der Betrachtung. An dieser Stelle können nur grob die wesentlichen, zuletzt von Dorothee Kemper akribisch dokumentierten Änderungsstufen des Reliquienschreines skizziert werden. In Ergänzung zu Kempers Arbeit werden die Wege der vier Inschriftenbeschläge in die museale Aufbewahrung aufgezeigt.

Eine kurze Chronologie der Veränderungen am Dreikönigenschrein

Das ursprüngliche Bild-Text-Konzept des Reliquienschreines (sofern es für uns heute greifbar ist) hatte folgende Gestalt: Die beiden Stirnseiten trugen (beziehungsweise tragen heute noch) Szenen aus dem Leben und der Passion Christi: die Anbetung der Heiligen Drei Könige, die Taufe Christi im Jordan und Chris-

1 | Inschriftenbeschlag, ehemals Dreikönigenschrein, obere Dachfläche der Salomonseite, Vorder- und Rückseite. Köln, Museum für Angewandte Kunst Köln, Inv.-Nr. G 721

tus als Weltenrichter auf der Epiphanieseite, die Geißelung und die Kreuzigung Christi sowie die Krönung der heiligen Märtyrer Felix und Nabor durch Christus auf der Passionsseite. Auf den Langseiten befinden sich in plastischen Reliefarbeiten oben die zwölf Apostel begleitet von einem Cherub und einem Seraph sowie unten die zwölf Propheten mit den Königen David und Salomon. Auf den unteren Dachflächen waren ursprünglich Szenen aus dem Leben und der Passion Christi, auf den oberen Dachflächen vermutlich Szenen mit Bezug auf das Jüngste Gericht und die Offenbarung des Johannes angebracht.[8] Diese sind vollständig verloren.

Die erste bekannte und nachhaltige Veränderung des Schreines geht auf eine Reparatur im Jahr 1597 zurück, für die der 1596 verstorbene Domherr Johannes Walschartz entsprechende Mittel testamentarisch verfügte. Die Neugestaltung betraf unter anderem die unteren und die oberen Dachflächen. Ein Relikt dieser Umgestaltung dürfte das heute noch erhaltene Relief mit der Darstellung des Pfingstgeschehens sein, welches stilistisch ins letzte Drittel des 16. Jahrhunderts datiert wird. Auf diesen Vorgang ist sehr wahrscheinlich auch die unsachgemäße Neuanordnung der Inschriftenbeschläge zurückzuführen.[9]

Auf weitere Veränderungen am Reliquienschrein scheint das große Kölner Pilgerblatt des Kupferstechers Johann Löffler von 1671 hinzuweisen. Sofern man eine gewisse Authentizität des Stiches voraussetzt, erkennt man darauf, dass sich zu diesem Zeitpunkt auf den oberen Dachflächen plastisch gearbeitete, unter Arkaden thronende (?) Figuren befanden.[10]

2 | *Charles Dupuis, Ansicht der Salomonseite des Dreikönigenschreines, Kupferstich aus: Johann P. N. M. Vogel, Sammlung der prächtigen Edelgesteinen [...], Bonn 1781*

Erneute Veränderungen und Eingriffe in den Bestand des Schreines erfolgten bei dessen Erneuerung 1747–1750 durch Johann Rohr. Die vorgenommenen Maßnahmen an den oberen Dachflächen belegen die von Charles Dupuis angefertigten Kupferstiche, welche von Johann P. N. M. Vogel in seine 1781 publizierte »Sammlung der prächtigen Edelgesteinen« aufgenommen wurden (Abb. 2). Sie zeigen insgesamt 18 figürliche Szenen. Ihre Thematik ließ sich bislang jedoch nicht zweifelsfrei klären.[11]

Die zahlreichen Inschriften des Reliquienschreines dokumentierte erstmals Bartholomäus Joseph Blasius Alfter (1729–1808) mit seinen Umrisszeichnungen aus der 2. Hälfte des 18. Jahrhunderts (Abb. 3).[12] Diesen kommt überlieferungsgeschichtlich eine außerordentlich hohe Bedeutung zu, weil sie den seinerzeit vorhandenen Textumfang und die bestehende Anordnung der Inschriften festhalten, die allerdings – wie bereits ausgeführt – spätestens seit dem Ende des 16. Jahrhunderts gestört war.[13]

Eine grundsätzliche Neukonzeption des Reliquienschreines erfolgte 1807/08 und 1822 unter der Ägide des Kölner Kanonikers, Universitätsrektors und Kunstsammlers Ferdinand Franz Wallraf (1748–1824), der als »beratender Sachver-

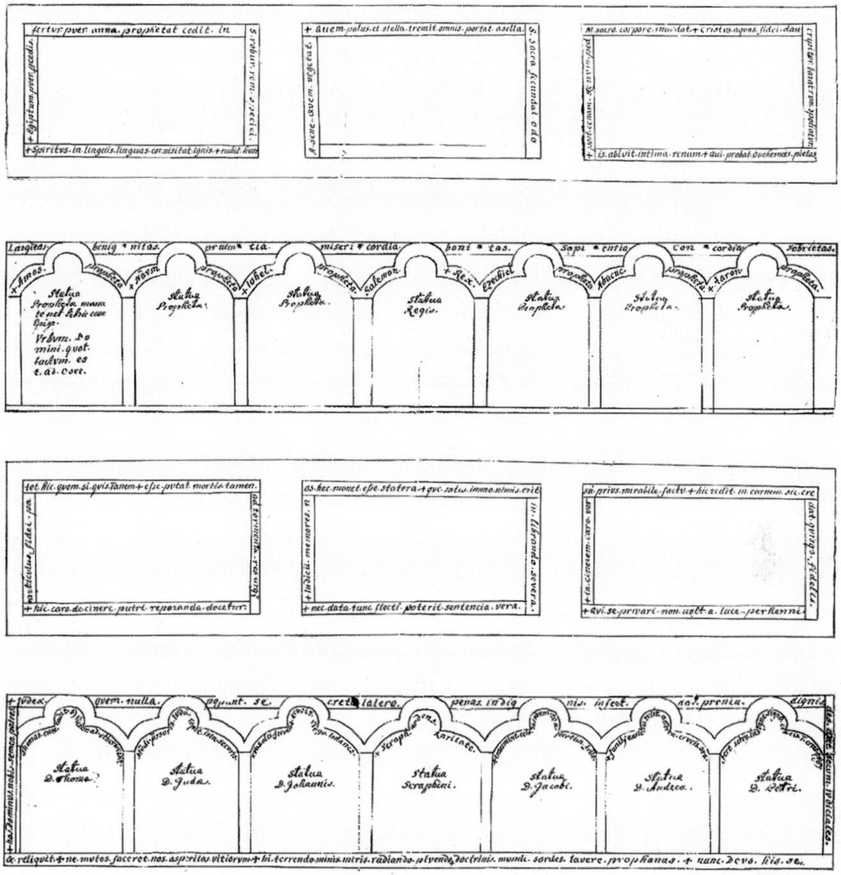

3 | *Bartholomäus Joseph Blasius Alfter, Ansichten der Salomonseite des Dreikönigenschreines, Umrisszeichnungen, 2. Hälfte 18. Jahrhundert. Köln, Kölnisches Stadtmuseum, Graphische Sammlung, Zugangsnummer H. M. 1901/292*

ständiger« und »Entscheidungsträger« fungierte (Abb. 4).[14] Die tiefgreifenden Maßnahmen waren notwendig geworden, nachdem der Dreikönigenschrein im September 1794 vor den vorrückenden französischen Revolutionstruppen ins Kloster Wedinghausen bei Arnsberg in Sicherheit verbracht wurde und nach verschiedenen weiteren Stationen im Juni 1803 »in äußerst desolatem Zustand« nach Köln zurückgekehrt war.[15] Die Arbeiten führte die Werkstatt von Wilhelm Pullack durch. Hierbei wurden die Langseiten um ein Joch (circa 40 cm) gekürzt und eine Vielzahl von Figuren und Beschlägen versetzt. Die Dachflächen unterlagen einer kompletten Neugestaltung nach Wallrafs Entwurf. Da die Metallbeschläge der unteren Verdachungen seit 1803 vollständig verloren waren,[16] wurden die Beschläge der oberen Dachflächen auf die unteren übertragen, inklusive der Inschriftenstreifen, die auf beiden Seiten zu durchgehend umlaufenden Rahmen aneinandergereiht wurden und dafür teils beschnitten, teils übermalt wurden.[17] Beschläge, die sich nicht mehr verwenden ließen, wurden aussortiert,[18] darunter auch die vier hier im Fokus stehenden Inschriftenbeschläge. Für die unteren Dachflächen fertigte 1807 der Maler Kaspar Benedikt Beckenkamp 16 bemalte Kupfertafeln an, welche auf der einen Seite acht Themen aus dem Alten Testament und auf der gegenüberliegenden Seite acht Szenen aus der Geschichte der Heiligen Drei Könige und ihrer Reliquien illustrierten.[19] Für die oberen Dachflächen sah das neue Konzept zwölf figürliche Engelreliefs mit Sternzeichensymbolen vor, die man auf einen tiefblauen, sternbesetzten Hintergrund applizierte. Diese Reliefs wie auch der Beckenkamp-Zyklus verblieben am originalen Holzkern des Schreines, der heute in der Domschatzkammer aufbewahrt wird.[20] Über die neue Gestaltung des Reliquienschreines berichtete 1810 Wilhelm Heinrich Boecker, der die Inschriftentexte in ihrer alten wie der neuen Zusammensetzung abdruckte.[21] Das neue Aussehen des Dreikönigenschreines wurde 1911 von Otto von Falke auf 25 im Lichtdruckverfahren erstellten Bildtafeln publiziert[22] und ist ebenso in der bei Dorothee Kemper veröffentlichten fotografischen Dokumentation aus dem Jahr 1957 festgehalten.[23]

Die letzte umfassende Änderung des Reliquienschreines stellen die unter Leitung von Joseph Hoster (bis 1969) und Walter Schulten von 1961 bis 1972/73 durch Peter Bolg, Alfons Dreher und Fritz Zehgruber durchgeführten Wiederherstellungsmaßnahmen dar (Abb. S. 240).[24] Die Planung für die Rekonstruktion war von der Absicht getragen, den mittelalterlichen Zustand des Reliquienschreines so weit wie möglich wiederherzustellen. Da jedoch insbesondere die Dachflächen im Verlauf der Zeit den Großteil ihres Schmuckes eingebüßt haben,[25] gab es »am Schrein selbst kaum mehr Anhaltspunkte für eine Rekonstruktion«[26]. Man griff schließlich auf bildliche Quellen und Beschreibungen aus dem 17. und 18. Jahrhundert zurück und versuchte anhand der kopial überlieferten Inschriftentexte wie auch der erhaltenen Inschriftenbeschläge die Themen der bildlichen Darstellungen in diesen Bereichen zu ermitteln.[27] Für den ursprünglich an den unteren Dachflächen befindlichen Christuszyklus[28] und seine Bildbeischriften legte Herbert Rode auf dieser Grundlage einen Rekonstruktionsvorschlag vor.[29] Für die oberen Dachflächen gelang hingegen keine Rekonstruktion.[30] Als ursprüngliches Bildprogramm nahm man hier Themen aus der Apokalypse an.[31] Die Inschriftentexte lassen trotz des fragmentierten Zustands jedenfalls einen allgemeinen Bezug auf das Jüngste Gericht zu.[32] Da folglich wegen der erheb-

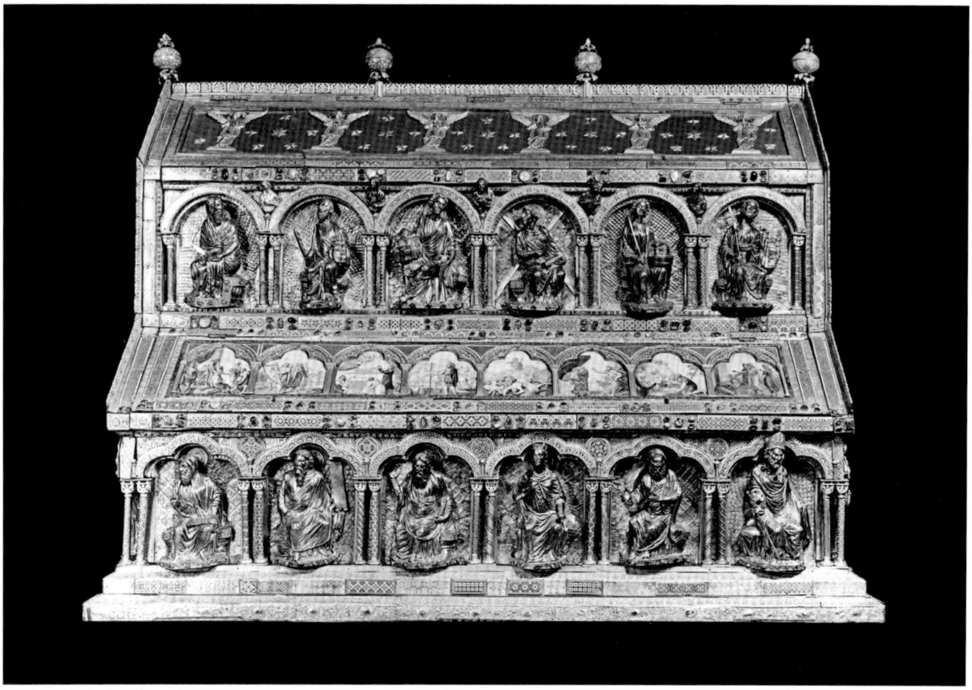

4 | *Dreikönigenschrein vor der Restaurierung von 1961–1973, Ansicht der Salomonseite*

lichen Verluste und der im Verlauf der Jahrhunderte vorgenommenen Veränderungen eine vollständige Rekonstruktion des Bild-Text-Programms nicht möglich war, entschied man sich, alle Dachflächen in abstrahierter Form mittels einer Gliederung aus Rundfeldern (unten) und Kleeblattarkaden (oben) zu belassen.

Bei der Erneuerung der Dachflächen des Schreines zwischen 1968 und 1972 wurden die erhaltenen Beschläge des Altbestandes zum Großteil wiederverwendet. Dennoch war es erforderlich, Beschläge in größerem Umfang neu anfertigen zu lassen, da die Inschriftenstreifen der unteren Verdachungen seit 1803 vollständig verloren waren.[33] Für die Inschriftentexte der unteren Pultdächer übernahm man deshalb die von Herbert Rode rekonstruierten 18 Verse (mit wenigen Änderungen beziehungsweise Ergänzungen) und fertigte die Beschläge allesamt neu an.[34] Bei den oberen Dachflächen orientierte man sich an dem bei Vogel und Alfter überlieferten Wortlaut der Inschriften samt ihrer Anordnung.[35] Verlorene sowie in der Vergangenheit veräußerte Inschriftenstreifen wurden durch neu angefertigte Beschläge ersetzt.[36] Für die vier Inschriftenstreifen in musealer Aufbewahrung stellte man Kopien in Anlehnung an den bei Alfter überlieferten Wortlaut her, ohne dass die im Original erhaltenen Beschläge als Vorlage genutzt werden konnten. Das hatte zur Folge, dass die neu angefertigten Ersatzstücke in ihrer Gestaltung und in ihren Buchstabenformen von den Originalen abweichen.

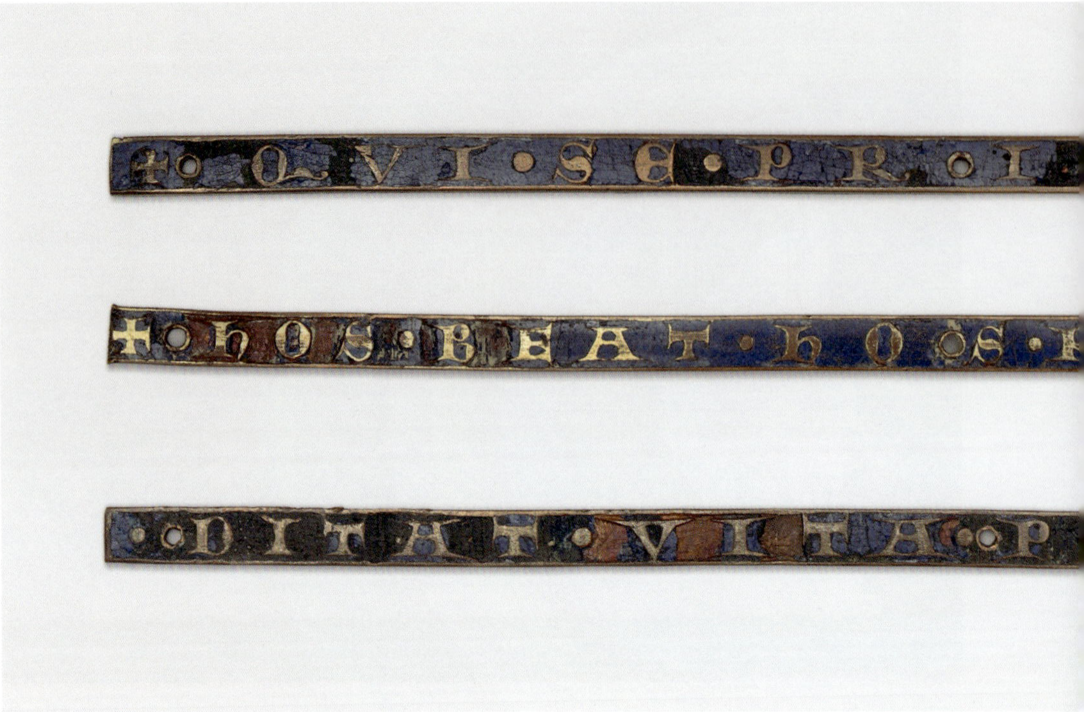

Der Weg der Beschläge in die museale Aufbewahrung

Der im Museum für Angewandte Kunst Köln (MAKK) aufbewahrte Beschlag (Abb. 1) gehört aufgrund der gleichartigen Gestaltung mit den drei heute im Museum Schnütgen befindlichen Metallbeschlägen zusammen (Abb. 5).[37] Letztere wurden bereits 2014 von Dorothee Kemper in ihrer Dokumentation erfasst, einzig das Einzelstück im MAKK blieb bislang unentdeckt.[38]

Legt man die von Bartholomäus Joseph Blasius Alfter angefertigten Skizzen den Inschriften zugrunde,[39] so gehören die vier erhaltenen Vershälften wie folgt zusammen[40]:

+ • QVI · SE · PR•IVARI · NON • · [41] | U•VLT · A · LVCE • PERHENNI • · [42]
Wer des ewigen Lichts nicht beraubt werden will, …[43]

+ • HOS · BEAT · HO•S · RECIPIT · HOS • · [44] | · • DITAT · VITA · • PERHENNIS • · [45]
Diese hier erfreut, diese hier empfängt, diese hier bereichert das ewige Leben.

Der Vergleich mit den von Alfter überlieferten Inschriften zeigt, dass alle vier Beschläge in der zweiten Hälfte des 18. Jahrhunderts Bestandteil des Inschriftenprogramms der oberen Dachflächen waren. Das Aussortieren der Beschlä-

5 | *Inschriftenbeschläge, ehemals Dreikönigenschrein. Oben: obere Dachfläche der Salomonseite. Köln, Museum Schnütgen, Inv.-Nr. G 542 b. Mitte und unten: obere Dachfläche der Davidseite. Köln, Museum Schnütgen, Inv.-Nr. G 542 a, c*

ge geht folglich auf die Veränderungen am Reliquienschrein unter Ferdinand Franz Wallraf zurück. Wallrafs Herausforderung und zugleich Leistung bestanden zweifellos darin, für die noch vorhandenen Inschriftentexte einen sinnvollen Wortlaut zu rekonstruieren und sie zudem in die neue Gestaltung des gekürzten Reliquienschreines angemessen einzubinden. Die Schattenseite dieses Unterfangens war allerdings, dass man eine Anzahl der originalen Inschriftenbeschläge, die in das neue Konzept nicht passten, kurzerhand entfernte. So fehlen in den nachfolgend erschienenen Publikationen von Boecker (1810), d'Hame (1821) und Kraus (1894) gerade diejenigen Inschriften, die sich auf den hier betrachteten Originalbeschlägen befinden.[46] Offensichtlich behielt Wallraf einige der Originalbeschläge, die bei der Neugestaltung des Dreikönigenschreines keine Verwendung mehr fanden.[47]

Als Teil der Wallraf'schen Kunstsammlung gingen die vier Inschriftenbeschläge nach dem Tod Wallrafs am 18. März 1824 an die Stadt Köln über.[48] Die Sammlung war seit 1827 im sogenannten Wallrafianum (Trankgasse 7) provisorisch untergebracht und fand nachfolgend in dem 1861 eröffneten Museumsneubau am Minoritenkloster, dem Wallraf-Richartz-Museum, einen würdigen Repräsentationsort. Von dort wurden die Beschläge im Jahr 1888 in den Bestand des neu gegründeten Kölner Kunstgewerbemuseums (An der Rechtschule 10) überführt.[49] Im Verzeichnis der überwiesenen kunstgewerblichen Gegenstände steht hierzu: *Vier Beschlagstücke, Grubenschmelz auf Kupfer. Blauer Emailgrund mit goldener Inschrift (zwei zusammengehörende Hexameter) | c und d mit beschädigtem Email. | Rheinlande 13. Jahrhundert.*[50] Der Eingang ist seinerseits in den Inventarbüchern des Kunstgewerbemuseums (heute MAKK) unter der laufenden Nummer G 721 a–d und mit Verweis auf die Übertragungsnummer W.168/1–4 folgend dokumentiert:[51] *4 Beschlagstücke, Grubenschmelz auf Kupfer. Lange, schmale Streifen; Blauer Emailgrund mit goldener Inschrift (2 zusammengehörende Hexameter). c und d mit beschädigtem Email | Rheinlande 13. Jahrhundert.* Es folgen Maßangaben und der Schätzwert von 20 Mark.[52] Notiert ist ferner die zwischen den Jahren 1930 und 1932 erfolgte Abgabe von drei Beschlägen an das Schnütgen-Museum:[53] *a.b.c. sind an das Schnütgen-Museum überwiesen*, sowie die Rückkehr des Einzelstücks nach der Auslagerung während des Zweiten Weltkriegs: *K(iste) z(u)r(ück) 19. III. 48 Dr. F(ranke)*. Erstaunlich ist dabei, dass die Inschriftenbeschläge in keinem der Inventarbücher als Teile der Ausstattung des Reliquienschreines der Heiligen Drei Könige weiter spezifiziert werden. Das Wissen um ihre Herkunft war also zu diesem Zeitpunkt offensichtlich bereits verloren gegangen.

Anhang

Übersicht der im Original erhaltenen Inschriftenbeschläge der Dachflächen

Die nachfolgende Übersicht umfasst die zum heutigen Zeitpunkt bekannten Inschriftenbeschläge. Die Nummerierung der einzelnen Beschläge erfolgt gemäß der Dokumentation von Dorothee Kemper (2014). Die Transkription der Inschriften ist ebenfalls nach der dortigen Fotodokumentation erstellt und folgt den im Projekt »Die Deutschen Inschriften« verwendeten Richtlinien: Auflösungen von Abkürzungen sind in runde Klammern ( ) gesetzt, Buchstabenverbindungen durch Unterstreichung markiert, Ergänzungen durch eckige Klammern [ ] kenntlich gemacht, Worttrenner durch · angegeben. Vom Usus abweichend wurden in die Transkription zusätzlich Nagellöcher aufgenommen und mit fetten Punkten • gekennzeichnet.

Salomonseite, Dach, unten:
Alle Inschriftenbeschläge verloren, Neuanfertigung zwischen 1961 und 1973

Salomonseite, Dach, oben:
Nr. 1235: + • ARTICVLV•S · FIDEI · PA ·•
Nr. 1236: • TET · HIC · QVEM •· SIQVIS · I(N)ANE•M ·
Nr. 1238: • AD . TORMEN•TA · RE
Nr. 1239: • SVRG(<u>ET</u>) ·•

Nr. 1240: T•RI · REPARAN•DA · DOCETV•R ·
Nr. 1241: · CARO · DE •· CINERE · P•V
Nr. 1242: + • HI•C
Nr. 1243: •

Nr. 1296: + • IVDICII · M•EMORES · N •
Nr. 1297: O•S · HEC · MONET • ESSE · STATERA •·
Nr. 1300: R•A ·
Nr. 1301: P•OTERIT · SEN•TENCIA · V•E
Nr. 1302: •
Nr. 1303: + • NEC · DATA · T•VNC · FLECT•I

Nr. 1360: • + IN · CINERE•M · CARO · VER•
Nr. 1361: S•A · PRIVS · MIR•ABILE · FACT•V
Nr. 1362: •
Nr. 1363: + • HIC · REDIT · IN C•ARNEM · SIC · CR•E
[Nr. 1365]: U•VLT · A · LVCE • PERHENNI • · [54]
[Nr. 1366]: + • QVI · SE · PR•IVARI · NON • · [55]

Davidseite, Dach, unten:
Alle Inschriftenbeschläge verloren, Neuanfertigung zwischen 1961 und 1973

Davidseite, Dach, oben:
Nr. 2718: •
Nr. 2719: • + SE •
Nr. 2720: DOCET · • ESSE · DEVM • ·
Nr. 2721: Q•VEM · NOMEN · V•ITA · REATVS • ·
Nr. 2722: + • OPPOSITVM · D•OCET · ESSE · DEO •
Nr. 2723: •
Nr. 2724: •
Nr. 2725: • CADIT · ERG•O · CADENTEM • ·
Nr. 2726: •
Nr. 2727: NA •
Nr. 2728: T•OS · BEAT · AV•LA · SVPER •
Nr. 2729: + • MORS · RAPI•T · ETERNA · IV•S

Nr. 2787: IO · IVSTIS • ·
Nr. 2788: + • QVIC •
Nr. 2789: QVID · CO•NGESSIT · STVD•I

Nr. 2790: •VM · MORTALE • · CREMABIT •
Nr. 2791: •
Nr. 2792: •
Nr. 2793: F•ORMA · NITE•AT MELIOR•I ·
Nr. 2794: DVS · V•T · CTERNVM • ·
Nr. 2795: • + MV•N

Nr. 2861: • + CREDVNT •
Nr. 2862: • IVDEI · DVM •
Nr. 2863: · • CRISTVM · PRE•DICAT · ENOCH • ·
Nr. 2864: + • DVM · DE · MESS•IA · MO
Nr. 2865: NSTRAN •
Nr. 2866: •
Nr. 2867: • TE · DOCENT•UR
Nr. 2869: [H]ELIA •
Nr. 2870: •
[Nr. 2871]: · • DITAT · VITA · • PERHENNIS • · [56]
[Nr. 2872]: + • HOS · BEAT · HO•S · RECIPIT · HOS • · [57]

1 Arbeitsstelle Inschriften, Universität Bonn, https://www.igw.uni-bonn.de/de/institut/abteilung-historische-grundwissenschaften-und-archivkunde/forschung/arbeitsstelle-inschriften [25. April 2025]. – Die Deutschen Inschriften Online, https://www.inschriften.net/projekt.html [25. April 2025].
2 Zum Reliquienschrein der Heiligen Drei Könige siehe die umfassende Darstellung von Dorothee Kemper: Die Goldschmiedearbeiten am Dreikönigenschrein. Bestand und Geschichte seiner Restaurierungen im 19. und 20. Jahrhundert. Mit Beiträgen zu Materialanalysen und Herstellungstechniken (Studien zum Kölner Dom 11. Corpus Scriniorum 1,2), 3 Bde., Köln 2014, hier: Bd. 1, S. 17–18, 21–259. – Zum Forschungsprojekt siehe den kurzen Bericht von Leonie Becks: Forschungsprojekt zum Dreikönigenschrein im Kölner Dom, in: Das Münster 70, 2017, S. 381–384.
3 Eine Edition aller Inschriften des Dreikönigenschreines wird demnächst im Rahmen des interakademischen Inschriftenprojekts »Die Deutschen Inschriften« erfolgen (geplant ab 2027). Die Inschriften der Epiphanieseite untersuchte bereits Clemens M. M. Bayer: Otto IV. und der Schrein der Heiligen Drei Könige im Kölner Dom. Inschriften und andere Textquellen, in: Otto IV. Traum vom welfischen Kaisertum, hg. von Bernd Ulrich Hucker, Stefanie Hahn, Hans-Jürgen Derda, Ausstellungskatalog Braunschweig, Petersberg 2009, S. 101–122.
4 Kemper [2], Bd. 1, S. 15: »In seiner heutigen Form ist er 1,515 m hoch, 1,10 m breit und 2,155 m lang, sein Gewicht betrug überschlägig 515 kg, als der heutige Holzkern mit sämtlichen daran befestigten Beschlägen im Zuge der letzten Restaurierung gewogen wurde«.
5 Vgl. hierzu Kemper [2], Bd. 1, S. 16–17, 19, Zitat auf S. 17.
6 Kemper [2], Bd. 1, S. 265–278.
7 Kemper [2], Bd. 1, S. 15, 22–25.
8 Vgl. Joseph Braun: Der Dreikönigenschrein jetzt und einst, in: Stimmen der Zeit 115, 1928, S. 130–143.
9 Kemper [2], Bd. 1, S. 17, 28–30. – Zum Pfingstrelief siehe ebd., Bd. 2, Taf. 142–145, Bd. 3, Kat.-Nr. 2807.
10 Kemper [2], Bd. 1, S. 34–39, 49.
11 Vgl. dazu Kemper [2], Bd. 1, S. 56–62, hier: S. 57.
12 Köln, Kölnisches Stadtmuseum, Graphische Sammlung, Zugangsnummer H. M. 1901/292 (1–11). – Vgl. Kemper [2], Bd. 1, S. 53–55. – Die Zeichnungen von Alfter standen Kemper damals nicht zur Verfügung, da sie nicht auffindbar waren. Ebd., S. 53, Anm. 214. – Siehe auch Anm. [39].
13 Der Zeitpunkt, zu dem Alfter seine Zeichnungen anfertigte, ist nicht mehr genau feststellbar. Er überliefert jedenfalls den Wortlaut der Inschriften für alle vier Dachflächen. In der Veröffentlichung von Johann P. N. M. Vogel werden hingegen die Inschriften auf den beiden Dachflächen der Salomonseite (bei Vogel als die linke Seite bezeichnet) nicht abgedruckt, sondern stattdessen vermerkt, dass am unteren Dach »die Versen durch Unachtsamkeit und Unverstand des Arbeiters, so diesen Kasten gesaubert haben mag, dergestalt durch einander geworfen [sind], daß nichts rechtes heraus zu bringen ist« und dass die oberen Dachflächen »mit Versen angefüllt, die ebenermassen fehlerhaft sind«. J[ohann] P[hilipp] N[erius] M[aria] V[ogel]: Sammlung der prächtigen Edelgesteinen womit der Kasten der dreyen heiligen Weisen Königen in der hohen Erz-Domkirche zu Köln ausgezieret ist, nach ihrem aechten Abdrucke in Kupfer gestochen. Nebst einer vorläufigen geschichtmäßigen Einleitung, Bonn 1781, S. 24. – Desgleichen notierte auch Alexander Bertram Josef Minola (vermutlich nach Vogel), dass die Inschriften der Salomonseite allesamt »unleserlich sind« beziehungsweise »sich nicht entziffern lassen«. [Alexander Bertram Josef Minola]: Köln und seine Merkwürdigkeiten für den Alterthums-Forscher und Kunstliebenden, Köln 1818, S. 42–71 (zum Dreikönigenschrein), Zitate auf S. 48 und 49.
14 Kemper [2], Bd. 1, S. 87–88, 134, Zitate auf S. 87. Kemper verwies bereits auf die im Nachlass von Ferdinand Franz Wallraf vorhandene Dokumentation zur Neukonzeption des Schreines, die noch auszuwerten wäre. – Siehe HAStK, Best. 1105 (Nachlass Wallraf), A 102 (Dom u. Dreikönigen-Schrein), bes. 1 A (Auflistung der Figuren, Inschriften und Bilder des Schreines in seiner restaurierten Form [1807]).
15 Vgl. Kemper [2], Bd. 1, S. 63–72, Zitat auf S. 65.
16 Vgl. Kemper [2], Bd. 1, S. 74–75, Bd. 3, Bemerkungen zu den Kat.-Nr. 716, 2235. – Vgl. ferner: Die christlichen Inschriften der Rheinlande, 2. Theil. Die christlichen Inschriften von der Mitte des achten bis zur Mitte des dreizehnten Jahrhunderts, hg. von Franz Xaver Kraus, Freiburg im Breisgau, Leipzig 1894, S. 256, der von »j[etzt] zerstörte[n] Inschriften« spricht.
17 Vgl. Paul Clemen: Der Dom zu Köln (Die Kunstdenkmäler der Rheinprovinz 6,3. Die Kunstdenkmäler der Stadt Köln 1,3), Düsseldorf [2]1938, S. 338–354 (zum Dreikönigenschrein), zu den Inschriften der Dachflächen: S. 344 (zur Anbringung der Inschriftenstreifen an den unteren Pultdächern), S. 349 (Auszug von Inschriften im

Wortlaut). – Kemper [2], Bd. 1, S. 79–80, 83, 94, 97–98, 112.

18 Kemper [2], Bd. 1, S. 83, weist darauf hin, dass einen Teil der überzähligen Beschläge der Kirchmeister De Beche erhielt.

19 Vgl. Kemper [2], Bd. 1, S. 83, 94. – Fotodokumentation von 1957, ebd., Bd. 2, Taf. 189–197 (Salomonseite), Taf. 263–271 (Davidseite). Die bemalten Kupfertafeln ersetzten den hier ursprünglich angebrachten christologischen Zyklus. – Vgl. hierzu die Rekonstruktion von Herbert Rode: Der verschollene Christuszyklus am Dreikönigenschrein des Kölner Doms. Versuch einer Rekonstruktion und einer Analyse, in: KDbl. 30, 1969, S. 27–48.

20 Zu den 1807 neu gestalteten Dachflächen und zum Holzkern (Inv.-Nr. L 1, V) vgl. Leonie Becks, Rolf Lauer: Die Schatzkammer des Kölner Domes (Meisterwerke des Kölner Domes 6), Köln 2000, Kat.-Nr. 163, S. 92–93. – Zum Beckenkamp-Zyklus (Inv.-Nr. L 1, II a–q) ebd., Kat.-Nr. 164, S. 94–95.

21 Wilhelm Heinrich Boecker: Ueberbringungs- und Wiedereinführungs-Geschichte der Haeupter und Gebeine der heiligen drey Koenige [...], Köln 1810, S. 82, 85 mit Anm. f. – Vgl. ferner auch Braun [8].

22 Otto von Falke: Der Dreikönigenschrein des Nikolaus von Verdun im Cölner Domschatz, Mönchengladbach 1911.

23 Siehe hierzu Kemper [2], Bd. 2, Taf. 188–197 (Salomonseite), Taf. 262–271 (Davidseite) zu den unteren Dachflächen sowie Taf. 210–221 (Salomonseite), Taf. 284–295 (Davidseite) zu den »inschriftenlosen« oberen Dachflächen.

24 Kemper [2], Bd. 1, S. 134–183, 262–265.

25 Die unteren Dachflächen waren in drei Paneele geteilt, die sich aufklappen ließen und so die Sicht auf die Körper der Heiligen Drei Könige ermöglichten. Vgl. Kemper [2], Bd. 1, S. 66–68, 263–264.

26 Kemper [2], Bd. 1, S. 134.

27 Kemper [2], Bd. 1, S. 143–159.

28 Auf dem Kölner Pilgerblatt von 1671 sind folgende Szenen aus der Passion Christi erkennbar: Gebet am Ölberg, Geißelung, Kreuzigung und Auferstehung. Siehe Kemper [2], Bd. 1, S. 36, Abb. 7.

29 Rode [19]. Seine Rekonstruktion wäre noch eingehender zu diskutieren. Die Inschriften der oberen Dachflächen werden von Rode nicht behandelt.

30 Kemper [2], Bd. 1, S. 153–159.

31 Vgl. die Beschreibung von Vogel [13], S. 23: »allerhand auf die künftige Auferstehung des Fleisches abzielende Sinnbilder«, S. 24: »mit allerhand auf das letztere allgemeine Gericht deutenden Sinnbilder« (wobei sich Vogel hier nicht auf die ursprüngliche Gestalt, sondern auf den seinerzeit vorhandenen Zustand der Dachflächen bezieht). – Siehe ferner Clemen [17], S. 349, 351. – Rolf Lauer: Der Schrein der Heiligen Drei Könige (Meisterwerke des Kölner Domes 9), Köln 2006, S. 17. – Kemper [2], Bd. 1, S. 147.

32 Eine einigermaßen belastbare Rekonstruktion des ursprünglichen Bildprogramms setzt eine Rekonstruktion der Inschriftentexte voraus, die momentan noch aussteht.

33 Siehe hierzu die Hinweise in Anm. [16].

34 Kemper [2], Bd. 1, S. 155.

35 Kemper [2], Bd. 1, S. 179–181.

36 Vgl. die Auflistung bei Kemper [2], Bd. 1, S. 254.

37 Alle vier Beschläge sind einheitlich 0,9 cm hoch und (bis auf einen nachträglich gekürzten) rund 28 cm lang. Die Buchstaben sind in der gleichen Technik metall-positiv in blauemailliertem Grund ausgeführt.

38 Vgl. Kemper [2], Bd. 1, S. 455, Bd. 3, Kat.-Nr. 1365 (heute MAKK), Kat.-Nr. 1366, 2871, 2872 (heute Museum Schnütgen).

39 Es handelt sich um ein Konvolut aus elf losen Blättern, aufgeklebt auf vier großformatigen Holzpappen (circa 64 x 50 cm); die Federzeichnungen sind in brauner und roter Tinte ausgeführt (ein Arkadenbogen gelb koloriert). Köln, Kölnisches Stadtmuseum, Graphische Sammlung, Zugangsnummer H. M. 1901/292 (1–11). Für die Möglichkeit der Einsichtnahme danke ich sehr herzlich Herrn Dr. Volker Hille, Leiter der Graphischen Sammlung, Kölnisches Stadtmuseum.

40 Senkrechte Striche (|) kennzeichnen das Ende eines Beschlagteils. Ein einfacher Punkt (·) markiert Worttrenner, ein fetter Punkt (•) Nagellöcher.

41 Köln, Museum Schnütgen, Inv.-Nr. G 542 b. Maße: H. 0,9 cm, L. 28 cm (Rückseite, Versatzmarke: 5 querliegende *T*).

42 Köln, Museum für Angewandte Kunst Köln, Inv.-Nr. G 721. Maße: H. 0,9 cm, L. 27,9 cm, Buchstabenhöhe 0,7 cm (Vorderseite), 0,4 cm (Rückseite, Versatzmarke: 6 querliegende *T*).

43 Aufgrund der gestörten Anordnung der Beschläge kann derzeit nicht entschieden werden, ob der Relativsatz einem Hauptsatz voran- oder aber nachgestellt war. Die Übersetzung ist damit vorläufig.

44 Köln, Museum Schnütgen, Inv.-Nr. G 542 a. Maße: H. 0,9 cm, L. 27,2 cm (sekundär beschnitten) (Rückseite, Versatzmarke: 4 Kreuze, mittig 5 Schrägstriche).

45 Köln, Museum Schnütgen, Inv.-Nr. G 542 c. Maße: H. 0,9 cm, L. 28,2 cm (Rückseite, Versatz-

marke: 6 Kreuze, keine Schrägstriche).
46 Boecker [21]. – Kraus [16], S. 255–259. Nr. 547; vgl. Anm. [52]. Irritierend sind in diesem Zusammenhang allerdings die Angaben von Anton Engelbert d'Hame, dessen Beschreibung des neu gestalteten Dreikönigenschreines den Eindruck erweckt, als wären die Inschriften der unteren Pultdächer noch erhalten und die Inschriften der oberen Pultdächer an Ort und Stelle. Zu den Inschriften der oberen Dachflächen äußert er sich folgend: »Auch war von jenen alten, auf Metallstreifen ciselirten und vergoldeten, blau umschmolzenen lateinischen Versen eine Anzahl verloren, zerstückelt und in Mangel gelehrter Aufsicht von den öfters restaurirenden Silberarbeitern so durcheinandergekommen, dass kein Begriff mehr heraus zu finden war. Doch Herrn Prof. Wallraf ist es mit mechanischer Mühe gelungen, aus blos einzelnen Sätzen, Worten oder Silben, folgende auf der obersten Verdachung zu einem verständlichen Sinne wieder zu vereinigen. Ihm bleibe herzlicher Dank!« A[nton] E[ngelbert] d'H[ame]: Historische Beschreibung der berühmten Hohen Erz-Domkirche zu Cöln am Rhein nebst ihren Denkmälern und Merkwuerdigkeiten, mit Vaterländischen Geschichten der Vorzeit begleitet, Köln 1821, S. 162.
47 Die Vermutung äußerte schon Kemper [2], Bd. 1, S. 453: »Es ist aber anzunehmen, dass die Schriftstreifen (über Wallraf?) in den Sammlungsbestand [des Museums Schnütgen] gelangten, nachdem sie im Rahmen der Verkürzung des Schreines 1807 ausgesondert worden waren.«
48 Wallraf vermachte seine Sammlung 1818 testamentarisch der Stadt Köln. Siehe HAStK, Best. 1105, A 27 (Letztwillige Verfügungen samt Testament vom 9. Mai 1818).
49 Zur Entstehungsgeschichte des Museums für Angewandte Kunst Köln, seinen Stiftern und seiner Sammlung vgl. Das Kunstgewerbemuseum der Stadt Köln, bearb. von Peter Volk, Köln 1971. – Kunstgewerbemuseum Köln. Die großen Stifter des Kunstgewerbemuseums, Köln 1981. – Gerhard Dietrich: Museum für Angewandte Kunst Köln – Chronik 1888–1988. Museum, Kunst und Stadt im Spiegel der Presse, Köln 1988.
50 Inventar der Sammlung Wallraf-Richartz: Verzeichnis der aus den Beständen des Museums Wallraf-Richartz dem Städtischen Kunstgewerbe-Museum überwiesenen Kunstgewerblichen Gegenstände. No. 1 bis 923 (abgeschlossen am 1. Juli 1888), Eintrag unter Nr. 168 a–d.
51 Inventar des Kunstgewerbemuseums/Museum für Angewandte Kunst Köln (angelegt 1888), Nr. 721. Die zur Zeit des Kunstgewerbemuseums angelegten Inventarbücher werden durch das MAKK fortgeführt und befinden sich weiterhin im Hausarchiv. Für die freundliche Übermittlung der Inventareinträge und die weiterführenden Informationen danke ich recht herzlich Frau Nuray Amrhein, Leiterin der wissenschaftlichen Dokumentation am Museum für Angewandte Kunst Köln.
52 Alle vier Beschläge wurden als Sammlungsbestand des Kunstgewerbemuseums von Kraus [16], Nr. 603, S. 280, verzeichnet.
53 Für Informationen zu den Beschlägen im Museum Schnütgen gilt mein Dank Herrn Dr. Adam Stead, Referent für wissenschaftliche Sammlungsdokumentation am Museum Schnütgen, Köln. Es liegt die Vermutung nahe, dass die Beschläge infolge der in diesem Zeitraum vorgenommenen Neustrukturierung der Kölner Museen an das Schnütgen-Museum abgegeben wurden, welches im Jahr 1932 in der ehemaligen Abtei St. Heribert in Köln-Deutz neu eröffnet wurde.
54 Köln, Museum für Angewandte Kunst Köln, Inv.-Nr. G 721.
55 Köln, Museum Schnütgen, Inv.-Nr. G 542 b.
56 Köln, Museum Schnütgen, Inv.-Nr. G 542 c.
57 Köln, Museum Schnütgen, Inv.-Nr. G 542 a.

»Rhymes without end«
Der Kölner Dom in der amerikanischen Philosophie

Johannes Bulitta

Dass der Dom zu Köln auch abseits des Architektur- und Kunstdiskurses in der deutschen Geistesgeschichte besonders im 19. Jahrhundert breite Spuren hinterlassen hat, muss nicht subtil belegt werden. Überflüssig ist also etwa der Hinweis auf den damaligen Neu-Düsseldorfer Robert Schumann, der sich 1850 durch ein Domerlebnis zur Komposition seiner dritten Sinfonie, die »Rheinische«, inspiriert sah.[1] Vielleicht schon weniger bekannt ist, dass – übrigens fast genau zur selben Zeit – Otto von Bismarck als Abgeordneter im Preußischen Landtag metaphorisch auf die Gefahren französischen Expansionsstrebens hinweisen konnte, indem er von dem Kleinod sprach, welches der französische Staatspräsident Charles Louis Napoléon Bonaparte, später Napoleon III., im Kölner Dom suche: die französische Kaiserkrone.[2] Die Belege ließen sich vermehren.

Doch auch jenseits der Grenzen Deutschlands, ja sogar jenseits des Ozeans zeigt sich »der Kölner Dom« nicht nur als Name eines Bauwerks, sondern als metaphorischer Begriff, als bedeutungsträchtige Chiffre: So berichtete der Amerikanist Klaus Lanzinger im Kölner Domblatt 1978 Interessantes über Herman Melville, dem der Dom in »Moby-Dick; or, the Whale« an mehreren Stellen als Vergleichsbeispiel wie als Sinnbild dient – dies in prominenter Gesellschaft übrigens, denn auch das Große Heidelberger Fass kommt in diesem Menschheitsroman, der die Welt in einer Nussschale zusammendrängt, zu Ehren.[3]

Ein Landsmann und jüngerer Zeitgenosse Melvilles war der Psychologe und Philosoph William James (Abb. 1), neben Charles Sanders Peirce und John Dewey einer der Begründer des amerikanischen Pragmatismus – und zugleich im besten Wortsinn sein eifrigster Popularisierer.

William James wird am 11. Januar 1842 im Hotel Astor in New York geboren. Zwischen 1855 und 1858 hält sich die Familie in Europa auf und insgesamt wird ihm und seinen Geschwistern außer in der Heimat in London, Paris, Boulogne-sur-Mer und Genf eine weitgefächerte, aber auch stark fragmentierte Ausbildung zuteil, teils durch Gouvernanten, teils durch Tutoren, teils in privaten Schulen.[4] Nach nur einem Jahr in der amerikanischen Heimat (Newport) finden sich die Brüder William und Henry,[5] dieser später als Romancier berühmt, im Sommer 1860 in Bonn wieder, wo sie Deutsch lernen sollen.[6] So sind beide von Jugend an mit europäischer Kultur vertraut und beider psychologisches und philosophisches beziehungsweise literarisches Werk ist ohne diese Vertrautheit nicht zu verstehen.

Auch Williams akademischer Bildungsweg verläuft anfangs nicht eben geradlinig. Zunächst Malerei studierend, wechselt er bald zur Chemie, um sich schließlich ab 1863 der Medizin zu widmen. Dem Doctor of Medicine 1869 folgt ab 1873 eine langjährige Lehrtätigkeit in Anatomie, Physiologie und Psychologie in Harvard. Frucht dieser Tätigkeit sind seine 1890 veröffentlichten umfangreichen und

EVER·NOT·QUITE

1 | *Sarah Wyman Whitman, Porträt William James' (1842–1910), Öl auf Leinwand, 1903. Cambridge (Massachusetts), Harvard University Portrait Collection, Radcliffe Institute for Advanced Study, Gift of Henry James, son of William James, to Radcliffe College, 1923*

Maßstab setzenden »Principles of psychology«. Die letzten Jahre seines Lebens sehen eine stärkere, auch psycho-biografisch bedingte Hinwendung zur Philosophie, die unter anderem in die beiden aus Vorlesungsreihen hervorgegangenen pragmatistischen Hauptwerke mündet: »The varieties of religious experience« (1902) und »Pragmatism. A new name for some old ways of thinking« (1907). Etwas weniger Wirkung entfaltet schließlich, posthum veröffentlicht, »A pluralistic universe« (1909), gleichsam der Komplementärentwurf zu »Pragmatism«.[7] William James stirbt am 26. August 1910 in Chocorua, New Hampshire.[8]

Wie aus einem am 5. August 1860 von seinem Bruder Henry verfassten Brief hervorgeht, sieht William James den Kölner Dom erstmals in den Tagen zuvor, als die Familie, die zu dieser Zeit durchaus an eine dauernde Übersiedlung nach Europa denkt, von Bonn aus einen Ausflug in die Metropole unternimmt. Ein weiterer Ausflug, bei dem er sich ausgiebig im Dom umsieht, findet am 27. August statt.[9] Während einer Europareise acht Jahre später, auch dafür ist Henry Zeuge, kommt es zu einer weiteren Begegnung.[10]

Eigene Äußerungen Williams liegen dann von seiner mehrmonatigen Europareise im Jahr 1880 vor. Am 5. Juni besteigt er in New York die »Britannic«, ein Schiff der britischen White Star Line, das am 14. in Liverpool einläuft.[11] Nach verschiedenen Stationen in Großbritannien teilt er am 14. Juli aus Antwerpen, wo er die »enormous old Cathedral«[12] besichtigt, seiner Frau Alice mit, nach Köln fahren zu wollen.[13] Er setzt diese Absicht, wenn auch nur auf der Durchreise, in die Tat um, und am 15. Juli verfasst er an Bord eines Dampfers zwischen dem Siebengebirge und Frankfurt am Main einen weiteren Brief an seine Frau, in dem es, rheinromantisch angehaucht, heißt: »A perfectly superb day. Have just had a very good german table d'hôte dinner in the saloon below – german tab. d'h.'s the best in the world. The scene is lovely beyond description, the air whanging with light, the hills & villages & castles all spread out as in a picture – the morning of life, the morning of life is all I can think about, especially in starting from Bonn & sailing into the Drachenfels & siebengebirge, which at the age of 19 I for a week contemplated at sunrise every morning, und weinte ordentlich vor Wonne« (Abb. 2).[14] Ohne dass sich dies hier niedergeschlagen hätte, hat James also den Kölner Dom gesehen, als dieser kurz vor seiner Vollendung stand und sich anschickte, seinen nicht eben langlebigen Höhenweltrekord zu erzielen.[15]

Zwei Jahre später fährt er wieder nach Europa, diesmal zu einer Reise, die ein volles Jahr dauern wird. »In September [1882], William again sailed to Europe –

2 | *Friedrich Foltz, Rheinansicht mit Siebengebirge, Eisenbahn und Dampfschifffahrt auf dem Rhein, um 1850*

this time intending to stay for his sabbatical year. His purpose, as he explained it to friends and family, was to meet with his European colleagues, hear of their work and ideas, and write the ›Principles of Psychology‹, whose completion already had gone years beyond the expected date.«[16] Allerdings dürfte das fachliche Interesse an europäischen Kollegen nicht der einzige oder auch nur wesentliche Beweggrund für James' einjährigen Europaaufenthalt gewesen sein:[17] Auf dem alten Kontinent Kollegen treffen zu wollen, sei gar »humbug«[18] gewesen, bekennt er seiner Frau zu Anfang des Folgejahres. Die Herausgeber seiner Korrespondenz schreiben: »If we look at William's letter to Alice of 6 January 1883, we find hints of a secret reason for his year in Europe, other than the purported reason of his seeking a rich intellectual context to stimulate his work [...] The ›other reason‹ that sent William across the Atlantic for a year seems to be his recurring insomnia, restlessness, and depression – and the disruption these problems generated in his family life.«[19] Tatsächlich scheint die Arbeit an seinem psychologischen Hauptwerk recht schleppend vorangegangen zu sein, denn Mitte Dezember hat er erst sechs Seiten geschrieben.[20]

Ein erster Kurzaufenthalt in Köln – die Stadt erscheint ihm »picturesque«[21] – findet am 13. September 1882 statt,[22] und am selben Tag schreibt er an Alice. Zwar sei der Dom großartig, doch könne er nicht »feel it as of yore today«,[23] während er, wie so oft, für das Temperament der Deutschen lobende Worte findet: »The charm of german life steals over me again, the simplicity & heartiness of the people's temperament.«[24] Es folgen für den Ruhelosen, »rattling around Europe at a furious pace«,[25] Nürnberg, Berchtesgaden, Salzburg, Wien, Venedig, Triest, Graz, Prag, Aussig, Dresden, Berlin und Leipzig. Spätestens am 15. November ist er wieder in Köln und steigt im Dom-Hotel ab – für das er übrigens den Namen »Hotel zum Dome« benutzt, seltsamerweise wohl eine Rückübersetzung des ebenfalls gebräuchlichen französischen Namens »Hôtel du Dôme«. Es ist kalt und es liegt Schnee, sein Pelzmantel macht sich bezahlt.

An seinen Sohn Henry James III. (*18. Mai 1878!) schreibt er, der Kölner Dom sei die größte Kirche der Welt – dies trifft, wie angedeutet, seinerzeit wenigstens in Bezug auf die Höhe zu – und er habe ihm eine Flasche Kölnisch Wasser gekauft, damit er einen Eindruck von diesem Duft gewinnen könne,[26] sowie am selben Tag an seine Frau: »I long for Paris & a beginning of settlement, but am loth to quit this blessed Germany, perhaps forever. All the german faults we so easily see are skin deep affairs.«[27]

Am 18. November sitzt er, während draußen Schnee fällt, wieder in seinem Kölner Hotelzimmer, gibt seiner Frau Einblicke in seine Essgewohnheiten und teilt ihr seine widersprüchlichen Eindrücke vom Dom mit: »I've visited the Cathedral a couple of times each day, I've gorged myself at the table d'hôte with 3 other members, all of us dumb as the fish we ate, (yesterday I drank there the ›second‹ bottle of wine I've had in Europe, so you see I'm not a ›Schlemmer‹). [...] As for the Cathedral, the outside fails to interest, until one gets up in the gallery among the flying buttresses. It is too simple [!] & like a ›fashionable uptown church‹ on a superhuman scale. But the solemn and simple perfection of the inside staggers all description. It's plan is the simplest of all the great churches. The same elements infinitely repeated, vertical altitudes, coloured lights, so that one is completely ›satisfied‹. Wheresoever the eye is turned, it gets ›more‹, & begins again. There is the most solemn sonority all the while coming and going through the building – a sort of aeolian harp accomaniment to the noises of the street.«[28]

Bei der genannten Galerie handelt es sich um das vor den Obergadenfenstern gelegene Außentriforium (Abb. 3), das zu jener Zeit für Touristen zugänglich ist. Der erstmals zur Vollendung des Domes im Jahr 1880 erschienene und auch in einer englischen Fassung erhältliche Domführer Franz Theodor Helmkens empfiehlt dem interessierten Besucher ausdrücklich das Begehen der Triforiums- und der Dachgalerien, der Eintritt kostet 1 Mark und 50 Pfennige.[29] Überhaupt,

3 | *Albrecht Meydenbauer, Blick in das Strebewerk des Kölner Domes, 1889. Preußische Messbildanstalt*

dies sei in aller gebührenden Knappheit eingeflochten, scheint James das Buch Helmkens benutzt zu haben. In dessen englischsprachiger Ausgabe finden sich Formulierungen, durch welche die Wortwahl in den hier zitierten Briefpassagen beeinflusst zu sein scheint. Dies betrifft nicht zuletzt die Zitate aus Georg Forsters »Ansichten vom Niederrhein« und aus Gustav Kühnes Skizze über »Das heilige Köln«.[30]

Am selben Tag, jedoch bereits im Zug nach Lüttich, folgt der nächste Brief an seine Frau, in dem wir eine letzte Bemerkung zum Dom finden: »Dearest Weibchen, I have just finished my dinner squeezed my last things into my little brown satchel, put on my fur coat, taken a last look at the inside of the Dom, bo't my ticket and got in to 2nd Class Nichtraucher Coupé. [...] As for Cathedral, it is a pleasure to find one thing in the world that completely satiates the expectation it arouses. Your eye travels round it and finds everywhere a crescendo, the later impression going you ›one stronger‹ on the preceding, like rhymes on rhymes & rhymes without end, And ›dabei‹ a chastity, purity, pathetic elegance of simplicity whereof I've not seen the like. Big as it is it's like an elegant Virgin. Strassburg & Milan are worldly & complicated in comparison – I'm traveling into the arms of Delboeuf.«[31]

Für James, so deutet es zumindest sein Biograf Robert Richardson, ist dieser Eindruck mehr als ein ästhetisches Raumerlebnis, sondern darüber hinaus quasi die erfahrungsmäßige Bestätigung der Realität des Raumes selbst, eine Widerlegung seiner Qualität als reine Form sinnlicher Anschauung und als Prinzip der Erkenntnis a priori, wofür Kant ihn gehalten hat.[32] »Here was a real space, and a real experience of space, beside which the Kantian abstraction seemed empty and unreal, a mere verbal thing.«[33]

Diese Interpretation – der Kantianer reibt sich bedenkenvoll das Kinn – ist keineswegs weit hergeholt, denn 25 Jahre später taucht der Kölner Dom in James' wohl wichtigster philosophischer Schrift wieder auf: »Pragmatism«. Nun ist hier sicher nicht der Ort für eine umfassende Darstellung des Pragmatismus, der in James' Denken zunächst die Gestalt einer Entscheidungsdoktrin, dann aber auch einer Wahrheitstheorie annimmt und insgesamt durchaus handfest als Mittel nicht zur Beantwortung, sondern zur Eliminierung end- und fruchtlos diskutierbarer philosophischer Probleme – der merkantile Ausdruck ist mit Bedacht gewählt – beworben wird. Daher in aller Kürze: James' Antipathie gehört zunächst recht unverstellt dem, wie er es nennt, »zartfühlenden« (tender-minded) Temperament innerhalb der Philosophie (Rationalismus, Idealismus, Optimismus, Religiosität et cetera), da dieses mit seinen Konzepten gegen das »grobkörnige« (tough-minded) Temperament (Empirismus, Determinismus, Materialismus, Irreligiosität et cetera) vorderhand praktisch wenig ins Feld führen kann.[34] Ihm als gelerntem Empiriker fällt es nicht schwer, die Richtigkeit dieses Standpunkts, der seiner Auffassung nach der vorherrschende im empirisch gestimmten Zeitalter ist, zu belegen. Doch dann beginnt er, und das steht quasi am Anfang seines Unterfangens, beide Temperamente miteinander zu versöhnen und insbesondere dem religiösen Glauben im Zeitalter der Wissenschaften zu seinem intellektuellen Recht zu verhelfen, den »praktischen Kassenwert«[35] (cash-value) der zartfühlenden Denkrichtungen herauszustellen. Zu diesem Zweck nimmt er den Standpunkt der »Zartfühlenden« ein: »Sind nicht alle unsere Theorien Heilmittel und Zufluchtsstätten? Und wenn die Philosophie religiös sein soll, wie kann sie dann etwas anderes sein als eine Stätte, in die wir uns flüchten aus dieser rauhen Welt der Wirklichkeit? Was kann sie besseres tun, als uns über unsere tierische Sinnenwelt hinausheben und uns ein anderes und vornehmeres Heim für unseren Geist zu zeigen, indem sie jenes Netz idealer Prinzipien webt, das alle Wirklichkeit umspannt, die unsere Vernunft zu erraten vermag? Wie können Prinzipien und allgemeine Ideen jemals etwas anderes sein als abstrakte Grundrisse? ›Ist der Kölner Dom ohne den Plan eines Baumeisters gebaut worden?‹ Ist Läuterung an sich etwas Verabscheuungswürdiges? Ist die rohe Wirklichkeit das einzig Wahre?«[36]

Nein, das ist sie nicht, lautet schließlich das Fazit, und wahr ist das, was für wahr zu halten gute Folgen hat. Dies ist, auch und gerade in seiner zirkulären Anmutung, im Kern die Essenz des Pragmatismus.

Bemerkenswert genug jedenfalls, dass ein amerikanischer Gelehrter einem amerikanischen, akademischen Publikum den Topos »Kölner Dom« überhaupt präsentieren kann – ein Vierteljahrhundert nach der Domvollendungseuphorie. Noch bemerkenswerter: Hier werden nicht die Kathedralen von Antwerpen oder Mailand, auch nicht das Münster zu Straßburg, sondern hier wird der Dom zu Köln, »Die vollkommene Kathedrale«,[37] dem vielfach umgetriebenen, an Schlaflosigkeit, Depressionen und familiären Zerwürfnissen leidenden Denker aus der Neuen Welt, der sich philosophisch mühevoll aus einem unwiderstehlich scheinenden Materialismus und Determinismus herausgräbt, zum Paradigma für die Versöhnbarkeit des Grobkörnigen und des Zartfühlenden, des Empirischen und des Idealen, der Wissenschaft und der Religion.

1 Unsicher ist die Annahme, es seien konkret die Überreichung des Kardinalsbiretts an Erzbischof Johannes von Geissel und das vorangegangene Pontifikalamt am 12. November 1850 gewesen, deren Erlebnis Schumann im vierten Satz verarbeitete. Klaus Schweizer, Arnold Werner-Jensen: Reclams Konzertführer. Orchestermusik, Stuttgart [17]2001, S. 343. – Franz Xaver Remling: Cardinal von Geissel. Bischof zu Speyer und Erzbischof zu Köln, im Leben und Wirken, Speyer 1873, S. 267–272.
2 Otto von Bismarck: Gedanken und Erinnerungen. Neue Ausgabe, Bd. 1, Stuttgart, Berlin 1922, S. 83. – Ähnlich im Brief an seine Frau vom 24. November 1850. Otto von Bismarck: Bismarck-Briefe, ed. von Hans Rothfels, Göttingen 1955, S. 143. – Historisch sicher zufälliger-, psychologisch aber naheliegenderweise hatte wohl auch König Wilhelm I. von Preußen wenigstens zwischenzeitlich ähnliche Gedanken wie sein französischer Gegenspieler. Karl Hampe: Wilhelm I. Kaiserfrage und Kölner Dom. Ein biographischer Beitrag zur Geschichte der deutschen Reichsgründung, Stuttgart 1936 (Nachdruck, Paderborn 2012).
3 Klaus Lanzinger: Der Kölner Dom in der amerikanischen Literatur, in: KDbl. 43, 1978, S. 211–214. – Die Masten des Walfangschiffes Pequod »stood stiffly up like the spines of the three kings of Cologne«. Herman Melville: Moby-Dick; or, the Whale, New York, London 1851, S. 76. – Die exkursweise in den Romantext eingeschobene Cetologie (»Walkunde«) wird als so unvollendet bezeichnet wie der Kölner Dom »with the crane still standing upon the top of the uncompleted tower.« Ebd., S. 159. – Zum Heidelberger Fass siehe das 77. Kapitel. Ebd., S. 377–379. – In den englischsprachigen Ausgaben ist der Ortsname häufig zu »Heidelburgh« verschrieben. – Siehe auch Astrid Swenson: Cologne Cathedral as an international monument, in: Rewriting german history. New perspectives on modern Germany, hg. von Jan Rueger, Nikolaus Wachsmann, London 2015, S. 29–51.
4 The letters of William James, Bd. 1, hg. von Henry James, Boston 1920, S. 19.
5 Henry James II. (1843–1916) siedelte später ganz nach Europa über. – Zur Klarheit: Henry James I. (1811–1882): Vater Williams' und des Romanciers Henry James II.; Henry James III.: Sohn Williams' und 1920 Teilherausgeber der Briefe seines Vaters [4], Pulitzerpreisträger Biographie/Autobiographie des Jahres 1931.
6 Letters of William James [4], S. 20.
7 Zur Biografie siehe in erster Linie Robert D. Richardson: William James. In the maelstrom of american modernism. A biography, Boston, New York 2006. – Knappe Darstellungen der einzelnen Lebensepochen finden sich in der Briefausgabe seines Sohnes: Letters of William James [4].
8 Zur Gemeinde Tamworth gehörig, etwa 160 km nördlich von Boston.
9 Henry James: The complete letters of Henry James, 1855–1872, hg. von Pierre A. Walker, Greg W. Zacharias, Bd. 1, Lincoln, London 2006, S. 62, 66. – The correspondence of William James, hg. von Ignas K. Skrupskelis, Elizabeth M. Berkeley, Bd. 4: 1856–1877, Charlottesville, London 1995, S. 35.
10 Henry James: Autobiography. A small boy and others. Notes of a son and brother. The middle years, hg. von Frederick W. Dupee, New York 1956, S. 270.
11 Correspondence of William James [9], Bd. 5: 1878–1884, 1997, S. 100, Anm. 3, S. 103. – Zum Schiff: Noel Reginald Pixell Bonsor: North Atlantic Seaway. An illustrated history of the passenger services linking the old world with the new, Bd. 2, Newton Abbot 1975, S. 757. – Die White Star Line, welche die Namen ihrer Schiffe auf das Adjektivsuffix -ic enden ließ, schickte 1912 auch die Titanic auf die Reise. Vgl. [16]. Die hier genannte Britannic ist nicht mit ihrer viel größeren, gleichnamigen Nachfolgerin, einem Schwesterschiff der Titanic, zu verwechseln.
12 Correspondence of William James [11], S. 122.
13 Correspondence of William James [11], S. 122.
14 Correspondence of William James [11], S. 123. – Brieftypische Schreibfehler hier und im Folgenden im Original. – In Köln findet er Briefe von seiner Frau und von seinem Harvard-Kollegen Henry Pickering Bowditch vor. Ebd. und S. 126. – »In the morning of life« ist ein romantisches Gedicht des Iren Thomas Moore (1779–1852). Thomas Moore: The poetical works of Thomas Moore, Bd. 2, Boston [1855], S. 132–133. – Philip J. Kowalskis Guide to William James's reading, der unter dem Lemma »Moore, Thomas« ein weiteres Gedicht aus dem hier herangezogenen Band aufführt, wäre also gegebenenfalls zu ergänzen. Vgl. https://williamjamesstudies.org/wp-content/uploads/2014/11/mno.pdf, S. 209 [15. September 2025]. – Die deutschsprachige Phrase am Schluss des Zitats mag topisch sein. »Vor Wonne weinen« findet sich etwa im Achten Gesang in Klopstocks Messias-Epos. Friedrich Gottfried Klopstock: Der Messias, Bd. 2, Halle 1756, S. 72. – Dass James Klopstock gelesen hat, ist aber auch trotz seiner späteren, religionspsychologischen Studien wenig

wahrscheinlich und weder bei Kowalski noch bei Ermine Algaier nachgewiesen. Ermine Algaier: Reconstructing the personal library of William James. Markings and marginalia from the Harvard Library, New York, London 2020.
15 Er lief den Rekord seiner Schwester Notre-Dame in Rouen ab. 1876 war dort auf dem Vierungsturm der in 151 m Höhe endende, gusseiserne Helm vollendet worden. Julien Loth: La Cathédrale de Rouen, son histoire, sa description depuis les origines jusqu'à nos jours, Rouen 1879, S. 440. – Die Arbeiten hatten sich in der Stadt an der Seine über Jahrzehnte hingezogen, sodass sich schon Dombaumeister Ernst Friedrich Zwirner 1855 über dessen Konstruktion hatte informieren können. Thomas Schumacher: Großbaustelle Kölner Dom. Technik des 19. Jahrhunderts bei der Vollendung einer gotischen Kathedrale (Studien zum Kölner Dom 4), Köln 1993, S. 432–434. – Die auch als »Teller« bezeichneten Gesimse unterhalb der Kreuzblumen auf den Kölner Domtürmen befinden sich in 149 m Höhe. Der Aufbau der Kreuzblumen darüber begann am Tag, nachdem James den eben zitierten Brief geschrieben hatte, und wurde am 14. August beziehungsweise am 15. Oktober 1880 in 157 m Höhe abgeschlossen. Ebd., S. 130. – In der Tabelle (ebd., S. 157) ist der 19. Juni als Baubeginn verzeichnet, was sich auf notwendige Vorarbeiten am Gerüst bezieht. – Der Rekord ging, wie vorausgesehen, bald wieder verloren, und zwar an den Washington-Obelisken, der seit dem 6. Dezember 1884 555 Fuß und 5,125 Zoll (= 169,29 m) weit in den Himmel der amerikanischen Hauptstadt ragt. Vgl. https://www.nps.gov/wamo/learn/historyculture/index.htm [15. September 2025]. – Arnold Wolff: Dombau in Köln. Photographen dokumentieren die Vollendung einer Kathedrale, Stuttgart 1980, S. 148.
16 Correspondence of William James [11], S. XXXIV–XXXV. – Richardson [7], S. 224–225. – Das Schiff ist die »Parisian« der kanadischen Allan-Line, die im fraglichen Zeitraum die Route Liverpool – Quebec – Montreal befährt und sich übrigens noch im April 1912 an der Suche nach Überlebenden der Titanic beteiligen wird. Bonsor [11], Bd. 1, S. 315–316. – Vgl. auch [11].
17 Correspondence of William James [11], S. XXXIX.
18 Correspondence of William James [11], S. 378.
19 Correspondence of William James [11], S. XXXIX.
20 Dennoch ist auch in fachlicher Hinsicht die Reise alles andere als unergiebig, da er einige Gelehrte unterschiedlicher Disziplinen trifft, so etwa Hermann Helmholtz in Berlin sowie Carl Stumpf und Ernst Mach in Prag – große Namen also. Vgl. Richardson [7], S. 225–226.
21 Correspondence of William James [11], S. 559.
22 Heute mögen die Reisegeschwindigkeiten verblüffen: Nach dem Betreten europäischen Bodens in Liverpool am 10. September (Poststempel der an Bord verfassten Briefe) schreibt er am 12. September aus London und am 14. bereits aus Nürnberg Briefe an seine Frau.
23 Correspondence of William James [11], S. 559.
24 Correspondence of William James [11], S. 245. – Siehe auch [27].
25 Richardson [7], S. 224–225.
26 Correspondence of William James [11], S. 561. – Das Eau de Cologne dient James an zwei Stellen in seinem psychologischen Opus magnum als offenbar besonders einleuchtendes Anschauungsbeispiel für olfaktorische Wahrnehmung. William James: The principles of psychology. In two volumes, New York 1890, Bd. 1, S. 231, Bd. 2, S. 604. – Siehe zum Eau de Cologne übrigens auch Melville [3], S. 413, 456. – Zehn Jahre später versucht James während einer Deutschlandreise mit seiner Familie, seine Begeisterung für den Dom mit seinem Sohn zu teilen – und scheitert kläglich: »Are we never going to get out of this?«, so die Reaktion des Herangewachsenen. Correspondence of William James [9], Bd. 2: William and Henry. 1885–1896, 1993, S. 222. – Richardson [7], S. 327.
27 Correspondence of William James [11], S. 299.
28 Correspondence of William James [11], S. 299–300. – Die »table d'hôte« des Dom-Hotels muss wirklich außerordentlich gewesen sein, denn James war nicht der einzige Gast, auswärtig oder aus der Stadt, der sie zu schätzen wusste. Thomas Madaus, Marcus Reckewitz: Das Dom-Hotel in Köln, Köln 2007, S. 37. – Angesichts der Reserviertheit, was das Äußere des Domes betrifft, wird man an das »erste« Domerlebnis Fjodor Dostojewskis 1862 denken: »Nichtsdestoweniger bleibt aber die Tatsache als solche bestehen, daß der Dom mir bei meinem ersten Aufenthalt in Köln durchaus nicht gefiel. Er kam mir wie ein Galanteriegegenstand vor, der nur aus Spitzen und Spitzen und nichts als Spitzen bestand, oder wie irgend so ein Ding, das als Briefbeschwerer auf den Schreibtisch zu stellen ist, allerdings von guten siebzig Faden Höhe. ›Wenig Imposantes‹, urteilte ich, ganz wie in der alten Zeit unsere Großväter über Puschkin zu urteilen pflegten: ›Er schreibt zu leicht, hat zu wenig Erhabenes‹«. Fjodor Michailowitsch Dostojewski: Autobiographische Schriften, München 1923, S. 167–168.

29 Franz Theodor Helmken: Der Dom zu Köln, seine Geschichte, Construction, bildliche Ausschmückung und Kunstschätze, Köln 1880, S. 56–57. – Der englischen Ausgabe nach beträgt der Eintrittspreis nur 1 Mark. Franz Theodor Helmken: The Cathedral of Cologne, its legends, history, architecture, decorations and art treasures. A guide for visitors, Köln [1880], S. 59.
30 Man vergleiche die beiden in [29] angeführten Ausgaben mit den zitierten Briefen sowie: F[erdinand] Gustav Kühne: Das heilige Köln, Teil 8: Der Kölner Dom, in: Europa. Chronik der gebildeten Welt, Nr. 18, 1. Mai 1847, hg. von dems., S. 282–288. – Georg Forster: Ansichten vom Niederrhein, von Brabant, Flandern, Holland, England und Frankreich im April, Mai und Junius 1790, in: Georg Forster's sämtliche Schriften, hg. von Marie Therese Forster, Bd. 3, Leipzig 1843, hier insbes.: S. 26–33. – Bei Kowalski [14] und Algaier [14] findet sich der Name Helmken nicht.
31 Correspondence of William James [11], S. 300–301. – Zwei Jahre zuvor, am 21. Juli 1880, heißt es in einem zwischen Luzern und Interlaken geschriebenen Brief an seine Frau noch augenzwinkernd: »The Cathedral [das Straßburger Münster] beats Cologne for art. Our house must more resemble it.« Ebd., S. 126–127. – Der gewaltige Dom in Mailand hat, obwohl von dem Vielgereisten mindestens zweimal besichtigt, in der Korrespondenz kaum Spuren hinterlassen. Ebd., S. 132. – Correspondence of William James [9], Bd. 9: July 1899–1901, 2001, S. 446, 448. Dieser Umstand findet hier Erwähnung, da ein anderer berühmter amerikanischer Europareisender, Mark Twain, in seinem äußerst populär gewordenen, jedoch insgesamt durch eine Art zelebrierter Enttäuschung geprägten und sarkasmusdurchsäuerten Reisebericht ausgerechnet dem Mailänder Dom einen regelrechten Hymnus widmet. Mark Twain: The innocents abroad, or the new pilgrims' progress, Hartford 1869, S. 171–182. – Der Dom sei ein »architectural autocrat«, ebd., S. 171. – Vgl. ders: A tramp abroad, London 1912, S. 497–498. – Joseph-Rémi-Léopold Delboeuf, belgischer Psychologe und Philosoph, den James auch antrifft. Siehe dazu die Briefe aus Lüttich an seine Frau und aus Paris an seinen Bruder Henry vom 20. beziehungsweise 22. Dezember. Letters of William James [4], S. 216–218. – Richardson [7], S. 226.
32 Immanuel Kant: Critik der reinen Vernunft, 2. Aufl., Riga 1787, S. 36 [B36].
33 Richardson [7], S. 226.
34 Siehe die Erste Vorlesung aus der Pragmatismusreihe. William James: Pragmatismus. Ein neuer Name für alte Denkmethoden (Philosophische Bibliothek 297), Hamburg 1994, S. 7. – Hier wird die deutsche Übersetzung von Wilhelm Jerusalem zugrunde gelegt. – Die Vorlesungen wurden 1906/07 in Boston und New York gehalten.
35 James [34], S. 33.
36 James [34], S. 21 (Hervorhebung durch Autor).
37 Arnold Wolff: Die vollkommene Kathedrale. Der Kölner Dom und die Kathedralen der Ile-de-France, in: Dombau und Theologie im mittelalterlichen Köln. Festschrift zur 750-Jahrfeier der Grundsteinlegung des Kölner Domes und zum 65. Geburtstag von Joachim Kardinal Meisner (Studien zum Kölner Dom 6), hg. von Ludger Honnefelder, Norbert Trippen, Arnold Wolff, Köln 1998, S. 15–47.

»… zur würdigen Erhaltung des Kölner Domes … beizutragen«

50 Jahre Kölner Domverlag

Tina Weber

»Die Hohe Domkirche in Köln beabsichtigt, für ihr Schriftgut den Verlag Kölner Dom zu gründen.« Mit diesen Worten beginnt das Einladungsschreiben zur Gründungsversammlung des heutigen Kölner Domverlages.[1] Am Freitag, den 31. Januar 1975, kamen die zwölf Gründungsväter zusammen, unter ihnen Dompropst Prälat Carl Gielen, Dombaumeister Arnold Wolff und Dombauführer Hubert Kusche.[2] Der Eintrag des Verlages als gemeinnütziger Verein in das Vereinsregister beim Amtsgericht Köln erfolgte am 17. März 1975.[3]

Im Jahr 2025 feiert der Kölner Domverlag sein 50-jähriges Bestehen, und wir können auf ein halbes Jahrhundert Verlags- und Vereinsgeschichte zurückblicken. Seinen Namen trägt der Verlag aus Bekundung seiner engen Verbundenheit zum berühmtesten Baudenkmal der Stadt Köln. »Zweck des Vereins ist es, zur würdigen Erhaltung des Kölner Domes, seiner Einrichtungen und Kunstschätze beizutragen.«[4] Eventuelle Überschüsse kommen daher der Erhaltung, Pflege und Erforschung des Domes und seiner Kunstwerke zugute. Der Verlag hat sich die Aufgabe gestellt, »durch Schrift, Bild und andere geeignete Mittel ein breites Interesse für die größte deutsche Kathedralkirche zu erwecken und zu verbreiten sowie für die Erhaltung und Wiederherstellung des Domes zu werben.«[5]

Anfangs hatte der Verein zwölf Mitglieder aus dem Umkreis des Domes und des Zentral-Dombau-Vereins, aktuell gehören ihm 21 an. Mitglied des inzwischen dreiköpfigen Vorstands, bis 2015 als dessen Vorsitzender, ist traditionsgemäß der jeweils amtierende Dombaumeister. Auf Arnold Wolff (1975–1999) folgten Barbara Schock-Werner (1999–2012), Michael Hauck (2012–2015) und Peter Füssenich (seit 2015). Später sind auch die jeweiligen Archivleiter Rolf Lauer (1999–2008), Klaus Hardering (2008–2025) und Matthias Deml (seit 2025) sowie die Verlagsleiterinnen Birgit Lambert (2008–2015) und Tina Weber (seit 2015) Teil des Vorstands.[6] Die Arbeit des Verlages wurde zu Beginn noch von Mitarbeitenden der Dombauhütte und -verwaltung zusätzlich zu ihrer eigentlichen Tätigkeit übernommen.[7] Erst in den 2000er-Jahren waren Mitarbeiterinnen fast ausschließlich für die Belange des Verlages zuständig: Birgit Lambert (Projektmanagement, später Verlagsleitung, bis 2015), Petra Brück (Kundenservice und Bestellbearbeitung, bis 2020), Tina Weber (Projektmanagement, seit 2015 Verlagsleitung) und Christine Krause (Projektmanagement, bis 2016). Seit 2020 wird die Lagerhaltung und Fakturierung durch die Runge Verlagsauslieferung GmbH übernommen[8] und der Verlag quasi als »Einfraubetrieb« geführt. 2021 erfolgte eine Namensänderung in Kölner Domverlag e. V. Damit einhergehend wurde als Bildmarke das Kleeblatt, das bis dato die Bücher des Verlages zierte, von einer dem Logo der Hohen Domkirche verwandten Domsilhouette in feiner Strichform abgelöst.[9]

Beim Sortiment macht der Kölner Domverlag seinem Namen alle Ehre. Er startete zunächst mit Nachdrucken von Domansichten des 19. Jahrhunderts, beispielsweise von Franz Schmitz, Sulpiz Boisserée oder Georg Gottfried Kallenbach.[10] Beginnend mit einem ersten Exemplar für 1978 brachte der Verlag bis 1990 jährlich den »Kölner Dombild Kalender«[11] heraus, einen Postkartenkalender zu unterschiedlichen Kunstwerken des Domes. Im neuen Format und Design ist der sogenannte Domkalender mit einer Ausgabe für 2023 wieder zum Leben erweckt worden.[12]

Aus den Nachdrucken historischer Domansichten ist das 1979 erschienene Großprojekt hervorgegangen: der Nachdruck des großformatigen Tafelwerks »Ansichten, Risse und einzelne Theile des Doms von Köln« von Sulpiz Boisserée. Im Jahr darauf folgte anlässlich des 100-jährigen Jubiläums der Domvollendung »Das Kölner Dom Jubiläumsbuch 1980«.[13]

In der 1984 gegründeten Buchreihe »Meisterwerke des Kölner Domes« sind bis heute elf Bände erschienen. Zu den beliebtesten Titeln gehören »Jenseits der Gewölbe. Ein Führer über die Dächer des Kölner Domes« von Klaus Hardering und »Cologne Cathedral in World War II« von Niklas Möring.

Wissenschaftliche Arbeiten finden seit 1987 einen Platz in der Reihe »Studien zum Kölner Dom«. Unter den zwölf bisher erschienenen Bänden stellt »Großbaustelle Kölner Dom« von Thomas Schumacher ein wichtiges Standardwerk zur Baugeschichte und -technik bei der Vollendung des Domes im 19. Jahrhundert dar. Auf drei eigenständige Bände verteilt erschienen in dieser Reihe auch die Ergebnisse der archäologischen Ausgrabungen unter dem Dom.[14] Zuletzt kam das grundlegende dreibändige Werk »Die Goldschmiedearbeiten am Dreikönigenschrein« von Dorothee Kemper heraus. In der 2003 zur Publikation besonders von Dissertationen ins Leben gerufenen Reihe »Forschungen zum Kölner Dom« wurden bisher vier Bände veröffentlicht, zuletzt »Die Drôlerien der Chorschrankenmalereien des Kölner Domes« von Katharina Bornkessel.

Einen Grundpfeiler des Verlagsprogramms bildet das traditionsreiche, seit 1990 im Verlag erscheinende »Kölner Domblatt. Jahrbuch des Zentral-Dombau-Vereins«.[15] Neben dem jeweiligen Bericht des Dombaumeisters über die erfolgten Arbeiten am Dom, einem Werkbericht sowie – ab diesem Jahr neu – der Vorstellung eines Objekts aus den Beständen und Sammlungen des Domes und des Dombauarchivs enthält das Domblatt fachwissenschaftliche Aufsätze zum Dom sowie kleinere Berichte.

An ein breites Publikum richten sich die zahlreichen Einzeltitel, unter anderem Bildbände und Domführer. Kunst- und Musikgenuss verbindet beispielsweise der Titel »Die Heiligen Drei Könige. Darstellungen und Gesänge aus dem Kölner Dom«, entstanden in Kooperation mit der Kölner Dommusik. Im Kölner

Domverlag erscheinen auch Ausstellungskataloge der Domschatzkammer, darunter »Ewald Mataré und der Kölner Dom«. Aus Anlass der gleichnamigen Ausstellung erschien zudem eine limitierte Fotoedition.[16]

Die Aktivitäten des Verlages gingen über die Produktion von Büchern weit hinaus. So wurden schon zu Beginn auch Diaserien, Tonträger sowie Plakate angeboten.[17] Zu den Kassenschlagern zählen unter anderem »Die Kölner Domglocken« von Martin Seidler[18] und »Ode de Cologne«, ein Plakat mit der Darstellung eines aus Noten gebildeten Domes.[19] Mit der 1998 herausgebrachten CD-ROM »Kölner Dom«[20] wurde die Kathedrale visuell ganz neu erlebbar. Bei über sechs Millionen Menschen, die jährlich den Dom besuchen, dürfen selbstverständlich Post- und Grußkarten nicht fehlen. Hier hat der Verlag insgesamt etwa 150 Motive herausgegeben. In den 2000er-Jahren wurde das Sortiment an eigens entwickelten Non-Book-Produkten kontinuierlich erweitert, beispielsweise um Abgüsse von Wasserspeiern und anderen Zierformen, Glasmedaillons von Domfenstern, um ein Dom-Memo, Puzzles, eine Domtasche, einen Domschirm bis hin zu Domshirts. Im Jahr 2009 ging diese Sparte an den neu gegründeten Verein dom-art e.V.,[21] 2017 dann an die Domkloster 4 GmbH über[22]. Damit gehört die langjährige Tradition der Produktion eigener Geschenkartikel der Geschichte an.

Die Vertriebswege des Verlages waren und sind vielfältig. So konnten Kundinnen und Kunden von Anfang an die Produkte sowohl in Buchhandlungen als auch vor Ort in der Turmbesteigung, der Schatzkammer und zunächst noch im Erzbischöflichen Diözesanmuseum kaufen.[23] Seit 2009 existiert mit dem durch die Domkloster 4 GmbH betriebenen »Kölner Domshop« eine Verkaufsstelle direkt am Dom.[24] Schon immer konnte man die Produkte auch direkt beim Verlag beziehen, beispielsweise über Bestellkarten, die einigen Artikeln selbst[25] oder auch Schreiben an die Mitglieder des Zentral-Dombau-Vereins beigefügt waren. Diese Bestelloptionen haben sich bis heute bewährt. Zur Annahme von Bestellungen und Tätigung der Geschäfte erhielt der Verlag ab April 1978 ein eigenes Telefon.[26] Im Jahr 2005 ging er, ganz modern, mit einem eigenen Webshop online. Eine Gelegenheit für persönliche Begegnungen bieten Verkaufsstände beispielsweise am Tag der offenen Tür in der Dombauhütte.[27]

Seit 50 Jahren steht der Kölner Dom im Zentrum des Verlages, als Quelle vieler Ideen und Forschungsthemen sowie als Bauwerk, das es zu erhalten gilt. An der Vielzahl der im Kölner Domverlag entstandenen Produkte und der Vorhaben, die es künftig noch zu realisieren gilt, ist ersichtlich: Der Fundus an Themen, die der Dom bereithält, ist schier unerschöpflich. Somit mögen auch weitere Jahrzehnte des Fortbestehens des Kölner Domverlages gesichert sein.

* Der Aufsatz ist dem ehemaligen Vorstandsvorsitzenden des Kölner Domverlages Dr. Klaus Hardering gewidmet.

1 Schreiben Domsyndikus Joseph Hecking [zugleich Präsident des Zentral-Dombau-Vereins] an Dombaumeister Arnold Wolff vom 15. Januar 1975, DBA, Köln, Aktenarchiv nach 1945, Nr. 1057, X–Z. – 2021 fand eine Umfirmierung in Kölner Domverlag e. V. statt. [M]atthias [D]eml: Umbenennung, neues Signet und Corporate Design, in: KDbl. 86, 2021, S. 281–282.

2 In der Sitzung wurde auch die erste Satzung beschlossen. DBA, Köln, Aktenarchiv nach 1945, Nr. 1981.

3 Vereinsregister: Amtsgericht Köln, VR 7080.

4 Satzung des Kölner Domverlages in der Fassung vom 5. Juni 2021, § 1, DBA, Köln, Aktenarchiv nach 1945, Nr. 2151.

5 Auszug aus einem Einlegeblatt, in: Kölner Dombild Kalender 1978. Madonnen im Kölner Dom, Köln 1977.

6 DBA, Köln, Aktenarchiv nach 1945, Nr. 1979–1981, 2151–2153.

7 Zur Geschichte des Verlages Kölner Dom (erstellt von Klaus Hardering), DBA, Köln, Aktenarchiv nach 1945, Nr. 1628.

8 [M]atthias [D]eml: Umbau der Vertriebsstruktur, in: KDbl. 85, 2020, S. 332.

9 Deml [1].

10 Schreiben an Peter Zimmermann vom 22. September 1976, DBA, Köln, Aktenarchiv nach 1945, Nr. 1057, X–Z. – Schreiben Arnold Wolff an Erich Borgs vom 11. November 1976, DBA, Köln, Aktenarchiv nach 1945, Nr. 1057, B.

11 Mit Texten und Fotos von Domkapitular Prälat Jakob Schlafke, der zuvor schon für 1976 einen selbst entwickelten Kalender herausbrachte. Unter dem Titel »Kölner Dom« führte die publicon Verlagsgesellschaft den Kalender von 1992 bis 2018 weiter, mit Texten von Arnold Wolff und Fotos von Rainer Gaertner. – Zum »Kölner Dombild Kalender« vgl. DBA, Köln, Aktenarchiv nach 1945, Nr. 1061–1062.

12 Kölner Dom. Der Chor im Detail (Kölner Domkalender 2023), Köln 2022. – Kölner Dom. Der Dom in der Kunst (Kölner Domkalender 2024), Köln 2023. – Kölner Dom. Die Dombauhütte (Kölner Domkalender 2025), Köln 2024. – Kölner Dom. Pflanzen und Tiere (Kölner Domkalender 2026), Köln 2025.

13 Eine Übersicht über alle bisher erschienenen Bücher ist auf der Website des Verlages einsehbar: https://koelner-domverlag.de.

14 Studien 9 (2002), Studien 10 (2008), Studien 12 (2012), vgl. [13].

15 1842 erstmals gedruckt, erschien das Kölner Domblatt zunächst als wöchentliche Beilage der Sonntagsausgabe der Kölnischen Zeitung. 1892 eingestellt, wurde es 1948 zum 700-jährigen Domjubiläum als Jahrbuch wiederbegründet und erschien zunächst im Verlag J. P. Bachem, seit 1990 im Kölner Domverlag.

16 Boris Becker, Südquerhausfassade des Kölner Domes, Köln 2017.

17 DBA, Köln, Aktenarchiv nach 1945, Nr. 1057, 1061–1063.

18 Erschien zunächst 1982 als Langspielplatte, später auch als Kassette und CD, letzte Nachauflage im Verlag Kölner Dom 2014.

19 Komponiert und gezeichnet von Geoffrey Wharton, Poster, Nr. 17.

20 Kölner Dom. Ein virtueller Rundgang durch 2000 Jahre Kunst, Kultur und Geschichte, in Zusammenarbeit mit WDR, Cologne Digital, Dt. Kunstverl., Köln 1998.

21 [T]ina [W]eber: Neuer Verein zur Unterstützung des Domes gegründet, in: KDbl. 74, 2009, S. 318–319. – Der Verein existierte von 2009 bis 2018. Dokumente zu dom-art e. V. vgl. DBA, Köln, Aktenarchiv nach 1945, Nr. 1984–1989.

22 DBA, Köln, Aktenarchiv nach 1945, Nr. 1988.

23 Protokoll der 3. Sitzung des Verwaltungsrates des Vereins Verlag Kölner Dom e. V. vom 21. Oktober 1976, DBA, Köln, Aktenarchiv nach 1945, Nr. 1057, H.

24 Barbara Schock-Werner: Das neue Eingangsbauwerk zum Südturm des Domes, in: KDbl. 74, 2009, S. 245–261, hier: S. 256. – Schon früh strebte Dombaumeister Wolff die Einrichtung eines eigenen, durch den Verlag Kölner Dom betriebenen Domladens an. Schreiben Arnold Wolff an Joseph Hecking vom 1. Juli 1976, DBA, Köln, Aktenarchiv nach 1945, Nr. 1057, X–Z. – Vgl. auch Sitzung Verwaltungsrat 21. Oktober 1976 [23]. – Seine Vision sollte sich erst über dreißig Jahre später erfüllen, wenn auch nicht, wie ursprünglich geplant, für den Verlag als Betreiber, sondern für die vom Metropolitankapitel der Hohen Domkirche neu gegründete Domkloster 4 GmbH.

25 Bestellkarten waren beispielsweise direkt in die »Kölner Dombild Kalender« eingebunden.

26 Protokoll der 4. Sitzung des Verwaltungsrates des Vereins Verlag Kölner Dom e. V. vom 14. April 1978, DBA, Köln, Aktenarchiv nach 1945, Nr. 1057, H.

27 Bereits für 1977 übermittelt, vgl. Sitzung Verwaltungsrat 14. April 1978 [26].

Berichte

Zentral-Dombau-Verein

Hauptversammlung des Zentral-Dombau-Vereins am 12. Oktober 2024
Zur Hauptversammlung des Zentral-Dombau-Vereins (ZDV) hatten sich rund 2.200 Mitglieder und Gäste in der Kölner Philharmonie eingefunden. Zu Beginn spielte das Blechbläserensemble des Gürzenich-Orchesters den »Einzug der Königin von Saba« aus dem Oratorium Solomon von Georg Friedrich Händel.

1.

Secretär Dr. Rüdiger Fuchs dankte dem Blechbläserensemble für den gelungenen Auftakt und dem Intendanten der Philharmonie, Louwrens Langevoort, für die erneute Möglichkeit, in der Philharmonie tagen zu dürfen. Er erklärte, dass er aufgrund des am 25. Mai 2024 aus gesundheitlichen Gründen erfolgten Rücktritts von Michael Kreuzberg durch die Hauptversammlung führen werde. Anschließend begrüßte er die Mitglieder des ZDVs und dankte für ihr Kommen, vor allem aber auch für ihre engagierte Unterstützung, die die Basis des Vereins bilde

und die Erfüllung des Statuts »baulicher Erhalt des Wahrzeichens Kölner Dom« erst möglich mache. Namentlich nannte der Secretär die vier gesetzten Vorstandsmitglieder Oberbürgermeisterin Henriette Reker, Erzbischof Rainer Maria Kardinal Woelki und Dompropst Msgr. Guido Assmann. Alle drei ließen herzlich grüßen und bedauerten, an der Veranstaltung nicht persönlich teilnehmen zu können. Als vierten begrüßte er Dombaumeister Peter Füssenich, ferner den anwesenden Gesamtvorstand und diejenigen, die sich neu der Wahl stellen würden. Besonders nannte er – rückblickend auf die jahrelange vertrauensvolle Zusammenarbeit – Ehrenpräsident Michael H. G. Hoffmann. Abschließend hieß der Secretär die Presse willkommen.

Dr. Fuchs stellte fest, dass zur Hauptversammlung gemäß Statut form- und fristgerecht eingeladen worden sei. Traditionell wurde anschließend mit einer Schweigeminute den verstorbenen Mitgliedern des Gesamtvorstandes gedacht: Dr. Joachim Kerz, Wilhelm Clemens, Franz Xaver Ohnesorg, Winrich Granitzka und Reinhold Louis. Darauf dankte Dr. Fuchs dem ehemaligen Präsidenten Michael Kreuzberg für seine sechsjährige Amtszeit, in welche die im Folgenden vorgetragenen Geschäftsberichte fallen. Er dankte ihm persönlich für das friktionsfreie Miteinander und Engagement für den ZDV und wünschte Michael und Ellen Kreuzberg gute Gesundheit und Gottes Segen für die kommenden Jahre.

Der Secretär übergab das Wort an Domkapitular Msgr. Dr. Markus Hofmann, der den terminlich verhinderten Dompropst Guido Assmann vertrat.

2.

Dr. Markus Hofmann begrüßte die Anwesenden und richtete Grüße des Dompropstes aus. Er freute sich über die Möglichkeit, einen Dank des Metropolitankapitels an den ZDV aussprechen zu können. Die Bedeutung des ZDVs für den baulichen Erhalt des Domes sei nicht hoch genug anzusehen. Sein Dank richte sich an alle Mitglieder, den Gesamtvorstand inklusive ehemalige Präsidenten, an den Secretär und an das Büroteam. Er wünschte dem ZDV weiterhin ein so gutes Gelingen des Auftrages und würdigte das gute Miteinander zwischen ZDV, Dombauhütte und Metropolitankapitel.

3.

Oberbürgermeisterin Henriette Reker würdigte in ihrer Videobotschaft den Dom als ein Gefühl und einen Herzensort, mit dem viele Menschen persönliche Erlebnisse verbänden. Dass es dieses Wahrzeichen gebe, sei nur dank des großartigen Engagements der Mitglieder gelungen, die unter dem Dach des ZDVs tagtäglich den Erhalt des Domes förderten. Sie wünschte für die Veranstaltung viel Freude und gute Gedanken. Anschließend spielte zur Freude der Anwesenden das

Blechbläserensemble des Gürzenich-Orchesters den ersten Satz aus dem dritten Brandenburgischen Konzert von Johann Sebastian Bach.

4.
Unter Verweis auf die in den Domblättern veröffentlichten Berichte skizzierte Dr. Fuchs in seinem Geschäftsbericht über die Jahre 2021–2023 die Aktionen des ZDVs in diesem Zeitraum (KDbl. 88, 2023, S. 260–266. – KDbl. 89, 2024, S. 238–245). Während der Berichtsperiode gab es zahlreiche neue Patenschaften und auch viele umfangreiche Nachlässe. Dr. Fuchs schloss den Tagesordnungspunkt mit einem herzlichen Dank an alle Mitglieder ab.

5.
Anschließend stellte Dr. Fuchs die Finanzberichte der Jahre 2021–2023 anhand einer PowerPoint-Präsentation vor. Auch hier verwies er auf die bereits veröffentlichten Berichte in den Domblättern. Die Berichte lagen jeweils dem Verwaltungsausschuss und dem Gesamtvorstand vor. Sie wurden geprüft durch die Rechnungsprüfer Matthias Klein und Hans-Josef Demmer. Der Gesamtvorstand hat die Berichte genehmigt und dem Präsidenten, Secretär sowie dem Verwaltungsausschuss Entlastung erteilt. Es wurde Gelegenheit zur Aussprache gegeben; es gab keine Rückfragen. Im Anschluss an den Finanzbericht spielte das Blechbläserensemble des Gürzenich-Orchesters »Pomp and Circumstance« von Edward Elgar als Einstimmung für die folgenden Vorstandswahlen.

6.
Die Vorstandswahlen teilten sich in mehrere Abschnitte auf; sie wurden von Dr. Fuchs geleitet. Zunächst erfolgte die Verabschiedung und Danksagung an die ausscheidenden Gesamtvorstandsmitglieder. Nach 16 Jahren Dienstzeit standen nicht mehr zur Wiederwahl bereit: Dr. Ulrich Helbach, Prof. Dr. Udo Mainzer, Maria Therese Mösch. Auf eigenen Wunsch schieden nach vielen Jahren aus: Artur Grzesiek, Franz-Josef Knieps, Dr. Ulrich Krings, Dr. Armin Lünterbusch. Nach Beendigung ihrer Dienstzeit schied Regierungspräsidentin Gisela Walsken aus. Dr. Fuchs dankte den Vorstandsmitgliedern nochmals für ihre langjährige Treue zum ZDV und ihre Unterstützung von dessen Arbeit. Sie alle hätten ein Stück zur erfolgreichen Geschichte des ZDVs beigetragen.

Im nächsten Schritt stellte Dr. Fuchs die Gesamtvorstandsmitglieder vor, deren Amtszeit endete und die zur Wiederwahl bereitstanden. Dr. Fuchs bat diese, sich bei Namensnennung kurz zu erheben: Udo Beyers, Harald Elster, Hermann Josef Johanns, Msgr. Robert Kleine, Ulrike Lubek und Dr. Klaus Tiedeken. Dr. Fuchs erhielt die Zustimmung vom Auditorium, über diese zur Wiederwahl stehenden Personen in einem Wahlgang abstimmen zu dürfen. Alle zur Wiederwahl stehenden Personen wurden mit überwältigender Mehrheit per Akklamation für die neue Amtszeit gewählt.

Im Folgenden stellte Dr. Fuchs in alphabetischer Reihenfolge die neu zur Wahl stehenden Kandidatinnen und Kandidaten anhand einer PowerPoint-Präsentation mit Namen und Foto sowie einigen persönlichen Worten vor. Er wies darauf hin, dass es nach dem Versand der Einladungen durch einen Rücktritt und den Tod eines Gesamtvorstandsmitgliedes zu Veränderungen der seinerzeit mitgesandten Listen gekommen sei; nachfolgend die aktuelle Liste: Robert Boecker, Chefredakteur der Kirchenzeitung, Dr. Ralf Elster, Bürgermeister der Stadt Köln, Birgit Herkelmann-Mrowka, Präsidentin des Verwaltungsgerichts, Frank Jablonski, Sprecher für Kulturpolitik Bündnis 90/Die Grünen, Matthias Klein, Wirtschaftsprüfer und Steuerberater, Nicolai Lucks, Vorstand der Kreishandwerkerschaft Köln, Dr. Joachim Oepen, Direktor des Historischen Archivs des Erzbistums, Jochen Ott, Vorsitzender SPD-Fraktion im Landtag, Dr. Bernd Scheiff, Präsident des Oberlandesgerichts Köln, Prof. Dr. Barbara Schock-Werner, Dombaumeisterin i. R., Ulrich Voigt, Vorstandsvorsitzender Sparkasse KölnBonn, Frank Wagner, Leiter Wealth Management der Commerzbank Köln und Dr. Thomas Wilk, Regierungspräsident der Bezirksregierung Köln. Dr. Fuchs ergänzte die Vorstellungsrunde um zwei Anmerkungen: Matthias Klein werde im Falle der Wahl seine ehrenamtliche Tätigkeit als Prüfer der Vereinsrechnung des ZDVs aufgeben. Dr. Wilk würde in den Gesamtvorstand qua Amt aufgenommen. Dr. Fuchs erhielt erneut die Zustimmung vom Auditorium über diese zur Wahl stehenden Personen, in einem Wahlgang abstimmen zu dürfen. Alle zur Wahl stehenden Kandidatinnen und Kandidaten wurden ebenfalls mit überwältigender Mehrheit in den Gesamtvorstand gewählt.

Dr. Fuchs dankte allen ZDV-Mitgliedern für das Vertrauen und den harmonischen Ablauf der Wahlvorgänge. Damit seien alle Plätze im Gesamtvorstand wieder besetzt. Anschließend verkündete Dr. Fuchs, dass man sich in der Gesamtvorstandssitzung am 22. August 2024 den Wahlen zum Gesamtvorstand wie auch der neuen Präsidentschaft gewidmet habe. Unter der aufschiebenden Bedingung, dass Frau Prof. Dr. Barbara Schock-Werner in der Hauptversammlung in den Gesamtvorstand gewählt werde, hatte der bisherige Gesamtvorstand sie bereits als 15. Präsidentin des ZDVs gewählt. Da diese Bedingung durch die heutige Wahl in der Hauptversammlung erfüllt worden sei, hieß Dr. Fuchs Frau Schock-Werner als neue Präsidentin des ZDVs herzlich willkommen (KDbl. 89, 2024, S. 245–246). Die Hauptversammlung quittierte diese Entscheidung mit großem Applaus.

Zur Freude der Anwesenden erklang ein weiteres Mal das Blechbläserensemble des Gürzenich-Orchesters mit »Three Brass Cats« von Chris Hazell.

Anschließend übernahm die neue Präsidentin die Leitung der Hauptversammlung. Sie dankte den Mitgliedern für die Wahl in den Gesamtvorstand und dem Gesamtvorstand für die Ernennung zur Präsidentin. Sie versprach, ihr Amt mit großer Sorgfalt und ebensolchem Engagement zu füllen und setzte dies direkt um: Ihr Bestreben sei es, dass jeder Kölner ZDV-Mitglied werde und jedes Mitglied das Erkennungszeichen »Dömchen« tragen solle. Sie versprach, dass die nächsten hundert Neumitglieder durch sie persönlich eine Führung erhalten würden.

7\.
Dombaumeister Dipl.-Ing. Peter Füssenich berichtete anhand einer PowerPoint-Präsentation über die aktuellen Arbeiten der Dombauhütte (vgl. 65. Dombaubericht, 2024).

8\.
Unter Sonstiges standen keine weiteren Themen an.

9\.
Die Präsidentin dankte allen Mitarbeiterinnen und Mitarbeitern sowie Partnerinnen und Partnern der Philharmonie für die gute Zusammenarbeit und Begleitung vor und während der Veranstaltung. Sie wünschte allen Anwesenden eine gute Heimreise und freute sich auf künftige Begegnungen. Die Veranstaltung schloss mit zwei weiteren Beiträgen des Blechbläserensembles des Gürzenich-Orchesters: »Voyager« von Thomas Bergersen & Nick Phoenix, arrangiert von Alexander Reuber, sowie »Morgen!« von Richard Strauss, bearbeitet von Markus Lenzing.

Sitzung des Verwaltungsausschusses am 19. Mai 2025
Anwesend waren:
1. Prof. Dr. Barbara Schock-Werner – *Präsidentin*
2. Dr. Rüdiger Fuchs – *Secretär*
3. Heinz Berenbrok
4. Udo Beyers
5. Martin Hoppenrath
6. Dipl.-Ing. Kaspar Kraemer
7. Dipl.-Ing. Peter Füssenich – *Dombaumeister*
8. Michael H. G. Hoffmann – *Ehrenpräsident*

Katja H. Bergerhoff – *Protokollführerin*
Entschuldigt: Franz Sauer

Die Tagesordnung umfasste folgende Punkte:
1. Begrüßung
2. Verabschiedung des Protokolls
3. Bericht der Präsidentin
4. Vereinsrechnung 2024
5. Beitrag zum Dombau 2025
6. Kölner Domblatt
7. Verschiedenes

1. Begrüßung
Die Präsidentin begrüßte die anwesenden Ausschussmitglieder sowie Dombaumeister Peter Füssenich und den Ehrenpräsidenten Michael H. G. Hoffmann. Zudem begrüßte sie neu in der Runde Marcus Heller, der gemeinsam mit Hans-Josef Demmer die Vereinsrechnung des ZDVs geprüft hat. Prof. Schock-Werner stellte fest, dass die Sitzung ordnungs- und fristgerecht einberufen wurde und der Ausschuss beschlussfähig sei.

2. Verabschiedung des Protokolls
Die Präsidentin wies darauf hin, dass es zu dem versandten Protokoll zwei kleine Änderungen gab, die von Herrn Hoppenrath angemerkt wurden. Das Protokoll wurde mit diesen Änderungen einstimmig angenommen.

3. Bericht der Präsidentin
Die Präsidentin stellte die Entwicklung der Mitgliederzahlen vor. Im Juni 2024 waren diese mit 17.357 Mitgliedern auf dem niedrigsten Stand seit dem Jubiläumsjahr 2017. Seit der Hauptversammlung am 12. Oktober 2024 seien rund 1.300 neue Mitglieder dazugekommen. Durch Tod, aus gesundheitlichen Gründen, aufgrund von kürzeren Verweildauern und Dateibereinigung von Nichtzahlern seien aber in diesem Zeitraum auch rund 600 Mitglieder verloren gegangen. Heute stünde der ZDV bei rund 18.100 Mitgliedern.

Die Mitglieder des Verwaltungsausschusses gratulierten zu diesem großen Erfolg. Prof. Barbara Schock-Werner betonte, dass viele aufgrund ihres in der Hauptversammlung und bei Vorträgen gegebenen Versprechens, »wer bis morgen eine Anmeldung zusendet, den führe ich persönlich«, hinzugekommen seien. Dieses Konzept werde sie fortführen. Es sei zudem ein größeres Bewusstsein für Eigeninitiativen erwacht. Als Beispiel nennt sie Frau Steinmetz, die alleine dreißig Mitglieder geworben hat.

Folgende Projekte seien zurzeit in der Bearbeitung: eine digitale Spenden-Stele, Schmuck von Katrin Brusius im Design nach Architekturzeichnungen des

Mitgliederbewegung vom 1. Januar bis 31. Dezember 2024

Stand am 1. Januar 2024	17.574 Mitglieder
Zugang 2024	1.085
Abgang 2024	-875
a) durch Tod	-241
b) sonstige Gründe	-634
Veränderung gesamt	210
Stand am 31. Dezember 2024	**17.784 Mitglieder**

Domes (Verkauf über die Homepage der Künstlerin mit Spenden für den ZDV aus den Verkaufserlösen), Dom-Printen vom Kölner Café Printen Schmitz in zwei Größen (Verkauf über die Homepage der Konditorei mit Spenden für den ZDV aus den Verkaufserlösen) sowie ein Lesezeichen mit Steinchen vom Dom als »Give-away«.

Die Präsidentin berichtete, dass ihr bei ihren Führungen über den Melaten-Friedhof aufgefallen sei, dass die Gräber der Präsidenten und Secretäre des ZDVs teilweise verwahrlost erscheinen, etwa die Gräber von August Reichensperger und Robert Esser. Ein Gespräch mit dem Friedhofsamt habe ergeben, dass diese Gräber als Ehrenbürger oder verdiente Bürger der Stadt Köln unter der Obhut derselben stünden; eine Patenschaft sei deswegen nicht möglich. Es werde durch den Leiter des Amtes geklärt, ob eventuell eine Pflegepatenschaft übernommen werden könne. Die Mitglieder des Verwaltungsausschusses waren sich einig, dass die Gräber einen ordentlichen Anblick bieten sollten, da dies indirekte Werbung für den ZDV sei.

Der Tradition des ZDVs folgend, sei es der Präsidentin ein Anliegen, die Domumgebung, deren Freilegung der ZDV seinerzeit ermöglichte, würdig zu gestalten. Es habe daher ein Treffen mit der Stadt zu diesem Thema stattgefunden, bei dem auch Kaspar Kraemer und Peter Füssenich anwesend waren. Neue Termine werden folgen.

4. Vereinsrechnung 2024
Die Vereinsrechnung wurde vom Secretär Dr. Rüdiger Fuchs erläutert; Wirtschaftsprüfer Marcus Heller berichtete anschließend über die Kassenprüfung am 16. Mai 2025. Herr Heller stellte sich zunächst vor und berichtete, dass die Prüfung der Vereinsrechnung durch ihn (Vermögenswerte) und Herrn Demmer (Einnahmen/Ausgaben) ordnungsgemäß erfolgt sei und dass es keinen Anlass für Beanstandungen gab. Die Unterlagen seien klar, übersichtlich und nachvollziehbar vorbereitet gewesen. Das Testat konnte infolgedessen bedenkenlos unterzeichnet werden.

Die Vereinsrechnung und das Testat lagen den Ausschussmitgliedern vor. Anhand dieser wurden einzelne Positionen ergänzend erläutert. Dr. Fuchs erklärte auf Nachfrage, dass die Vorschrift zur zeitnahen Mittelverwendung aufgelockert worden sei. Der Secretär stellte die Vereinsrechnung zur Diskussion. Es gab keine weiteren Rückfragen und entsprechend wurde die Vereinsrechnung zur Kenntnis genommen. Präsidentin und Secretär dankten Herrn Heller und Herrn Demmer sowie dem ZDV-Team ausdrücklich für deren Tätigkeit. Herr Heller verließ anschließend die Sitzung.

Vereinsrechnung vom 1. Januar bis 31. Dezember 2024
183. Vereinsjahr

Einnahmen	€	Ausgaben	€
1. Beiträge, Spenden, Vermächtnisse	2.952.514,46	1. Beitrag zum Dom	4.250.000,00
2. Erträge aus Rücklagen	605.191,01	2. Verwaltungskosten inkl. Kölner Domblatt	572.105,58
3. Mieteinnahmen	7.925,40	3. Sonstige Ausgaben	55.574,00
4. Lotterie-Erträge	2.001.600,00		
5. Einstellung in die Rücklagen	-689.551,29		
	4.877.679,58		**4.877.679,58**

5. Beitrag zum Dombau 2025
Peter Füssenich stellte anhand einer PowerPoint-Präsentation die aktuellen Arbeiten am Dom vor (66. Dombaubericht, in diesem Domblatt, S. 8–73). Für das laufende Jahr 2025 beantragt der Dombaumeister die folgende Unterstützung:

freiwillige Selbstverpflichtung in Höhe von	€ 3.850.000
gestiegene Personalkosten aufgrund Tariferhöhungen	€ 250.000
Sanierung der Dombauhütte (wie die letzten Jahre)	€ 100.000
Reparatur Bauaufzug	€ 100.000
Sanierung der Decke über den Werkstätten, 2. Bauabschnitt	€ 100.000
	€ 4.400.000

Dieser Zuschuss in Höhe von € 4.400.000 wurde einstimmig zugesagt. Anschließend stellte der Dombaumeister den Inhalt des Kölner Domblattes 2025 vor (6.). Unter Verschiedenes (7.) lagen keine Punkte an. Die Präsidentin dankte für den guten Austausch und schloss die Sitzung um 19.20 Uhr.

Erzbischof und Domkapitel

Päpste kommen und gehen ...
Im Zeitraum für diesen regelmäßigen Bericht sind an erster Stelle der Tod von Papst Franziskus am Ostermontag, 21. April 2025, und dessen Beisetzung in der Basilika Santa Maria Maggiore in Rom sowie die Wahl und Amtseinführung von Papst Leo XIV. am 8. beziehungsweise 18. Mai 2025 zu vermerken, auch wenn wahrscheinlich alle Leser und Leserinnen diese Ereignisse in den Medien damals zeitnah verfolgt haben. Die Glocken des Domes und der Kirchen im Erzbistum verkündeten auf ihre Weise Tod beziehungsweise Wahl der Päpste gemäß der bestehenden Ordnung.

Für unseren Erzbischof waren damit längere Aufenthalte in der Ewigen Stadt verbunden, hatte er doch mit den anderen Kardinälen die wichtigste Aufgabe

dieses Kollegiums wahrzunehmen: die Bestimmung des Nachfolgers des heiligen Apostels Petrus. Rainer Maria Kardinal Woelki wurde dabei wie 2013 beim Tod von Papst Benedikt XVI. und bei der Wahl von Papst Franziskus von den Gebeten des Domkapitels, des Klerus, der Ordensleute und der Gläubigen begleitet. Nach seiner Rückkehr aus Rom feierte der Erzbischof in der Kathedralkirche jeweils entsprechende Gottesdienste, die von den Chören mitgestaltet waren; viele Gläubige kamen dazu in den Dom. Der Erzbischof würdigte in seinen Ansprachen den verstorbenen Papst und berichtete, soweit dies zulässig war, vom Geschehen der Papstwahl. Viele Menschen haben in diesen Anliegen hier im Dom gebetet und sich nach dem Tod von Papst Franziskus in Kondolenzlisten eingetragen. Wie üblich wurde der spätestens seit 1049 belegte Sitz für den Papst im Chorgestühl für eine Trauerzeit mit einem schwarzen Tuch ausgeschlagen. In der Sakristei wurde das Bild des Heiligen Vaters ausgewechselt. *ga*

… die Kurie bleibt

Der 200. Jahrestag der Restituierung des Kölner Metropolitankapitels nach der sogenannten Franzosenzeit fand zwar am 1. Mai 2025 wenig öffentliches Echo, aber es ist nicht belanglos, dass die Neugründung des Generalvikariats seinerzeit erst mehr als zwei Monate nach diesem Datum, nämlich am 12. Juli 1825 erfolgte, und dass es in der Restitutionsurkunde ausdrücklich heißt, die Domherren sollten zur Tätigkeit dort »herangezogen werden«. Eine personelle »Verzahnung« beider Institutionen ist von ihrer Wiederbegründung her gewollt.

Es verdient in diesem Kontext Beachtung, was Papst Leo XIV. in seiner ersten Ansprache an die Angestellten des Heiligen Stuhls und des Staates der Vatikanstadt am 24. Mai 2025 sagte: »Die Päpste kommen und gehen, aber die Kurie bleibt. Das gilt für jede Teilkirche, für die bischöflichen Kurien [...] Und das gilt auch für die Kurie des Bischofs von Rom. Die Kurie ist die Institution, die das historische Gedächtnis einer Kirche, des Dienstes ihrer Bischöfe, bewahrt und weitergibt. Das ist sehr wichtig. Die Erinnerung ist ein wesentliches Element in einem lebendigen Organismus. Sie ist nicht nur der Vergangenheit zugewandt, sondern sie speist die Gegenwart und ist Orientierung für die Zukunft. Ohne Erinnerung führt der Weg in die Irre, der Sinn geht verloren.« *ga*

Diamantenes Priesterjubiläum der Prälaten Norbert Feldhoff und Robert Kümpel

1965 konnte Josef Kardinal Frings für das Erzbistum insgesamt 36 neue Priester weihen, 26 am 11. Februar, zehn am 15. Juli; zu ihnen gehörten beim ersten Termin Dompropst em. Dr. h. c. Norbert Feldhoff, Apostolischer Protonotar, der am 3. November 2024 den 85. Geburtstag feiern konnte, und Domkapitular em. Prälat Dr. Robert Kümpel, der am 27. März 2025 dieses Alter erreichte. Beide hatten sich gewünscht, diesen besonderen Weihetag, das Diamantene Priesterjubiläum, in ihrer Weihekirche zu begehen, aber nicht in einer besonders feierlichen, großen Liturgie, sondern ganz schlicht in der Werktagsmesse um 9.00 Uhr. Dompropst Guido Assmann leitete diese Messfeier, an der auch einige Mitglieder des Domkapitels teilnahmen; weitere Mitglieder des Weihesemesters hatten es sich nicht nehmen lassen, ebenfalls zu dieser Heiligen Messe in den Dom zu kommen. *ga*

Msgr. Markus Bosbach feierte den 30. Jahrestag seiner Priesterweihe

Man müsste Msgr. Markus Bosbach, Domkapitular seit 2018, nicht kennen, um sich darüber zu wundern, dass er sich die Feier eines Priesterjubiläums nicht nehmen ließ, das eigentlich am 23. Juni 2020, 25 Jahre nach der Priesterweihe, angestanden hätte. Was damals wegen der Covid-19-Pandemie nicht möglich war, wurde nun, fünf Jahre später, nachgeholt; viele Freunde und Weggefährten von Bosbachs zahlreichen Stationen (KDbl. 83, 2018, S. 297–298) folgten seiner Einladung gerne.

Nach seiner Zeit als Kaplan und als Pfarrer in Essen-Kettwig, Mülheim-Mintard und Mettmann, dort bald als Leiter des dortigen Pfarrverbandes sowie Kreisdechant, wurde er 2012 aus dem Dienst in den Pfarreien in das Generalvikariat berufen, wo ihm die Leitung der Hauptabteilung Seelsorge anvertraut wurde. Aus Passion übernahm er zugleich persönlich die Leitung der Stabsstelle

Liturgie und Kirchenmusik und der entsprechenden Kommissionen. In dieser Zeit war er auch Diözesan-Männer- und Frauenseelsorger, Stellen, mit denen eine Reihe weiterer Aufgaben verbunden waren. 2015 erfolgte der Wechsel in die Leitung der Hauptabteilung Seelsorgebereiche, die in dieser Zeit viele ebenso schwierige wie wichtige Veränderungen in den Pfarreien und der Gesamtstruktur des Bistums zu begleiten hatte. Er war in dieser Zeit auch einer der Stellvertreter des Generalvikars, Mitglied der Kunstkommission und Diözesanpräses des Cäcilienverbands. Anfang Juni 2023 wurde er von den Aufgaben im Generalvikariat und als Rektor der Mariä-Himmelfahrtskirche entpflichtet. Der Allgemeine Cäcilienverband (ACV) wählte ihn im November 2023 zum Präsidenten (KDbl. 88, 2023, S. 275).

Zum 1. September 2024 ernannte Kardinal Woelki Bosbach schließlich für den Zeitraum von drei Jahren unter Beibehaltung seiner Aufgabe als residierender Domkapitular zum Pfarrverweser der Pfarrei Heilige Dreifaltigkeit in Düsseldorf-Derendorf (KDbl. 89, 2024, S. 249). Genau dort feierte er am 19. September 2025 mit einer festlichen »musikalischen Vesper« das etwas unkonventionelle Jubiläum. In der Kirchenzeitung war der bemerkenswerte Satz zu lesen, den er aus diesem Anlass geäußert hatte: »Ich habe keinen Tag bereut.« *ga*

Dompropst em. Gerd Bachner 80 Jahre

Am 23. April, seinem Namenstag, feierte im Jahr 2025 Dompropst em. Prälat Gerd Bachner auch seinen 80. Geburtstag. Als langjährigem Repetenten und Direktor im Bonner Collegium Albertinum beziehungsweise als Regens des Kölner Priesterseminars sind ihm viele Priester unseres Erzbistums auf ihrem Lebensweg begegnet und seither verbunden. Im Anschluss an diese besonders wichtigen Jahre übernahm er die Leitung der Hauptabteilung Schule/Hochschule im Generalvikariat. Mit 70 Jahren wählte ihn das Domkapitel, dem er seit 2005 angehört (KDbl. 71, 2006, S. 285), zum Dompropst. Dieser Aufgabe widmete er sich mit großem Elan und vielfältigen Initiativen. Dass der damals mit erheblichem Einsatz entwickelte Plan »Historische Mitte« wegen fehlender Mittel nicht realisiert werden kann, bedauert nicht nur er sehr (KDbl. 89, 2024, S. 276). Zwar klettert der passionierte Bergsteiger heute nicht mehr auf die Spitze des Nordturms, aber der »Gipfelstürmer« von damals ist auch nach seiner Emeritierung viel in der Stadt unterwegs und ohne Publicity manchem dort ein geschätzter Gesprächspartner und Seelsorger. *ga*

Domkapitular Hans-Josef Radermacher 70 Jahre

Prälat Hans-Josef Radermacher, 2006 zum Domkapitular ernannt (KDbl. 71, 2006, S. 296), konnte am 8. Oktober 2025 dankbar auf 70 Lebensjahre zurückblicken.

Der langjährige Leiter der Hauptabteilung Seelsorgebereiche und Regens des Kölner Priesterseminars übernimmt zahlreiche Gottesdienste im Dom, sofern es seine gesundheitliche Situation erlaubt. *ga*

Domkapitular Msgr. Dr. Markus Hofmann als Pfarrer und Stadtdechant in Bonn eingeführt

An einem frühlingshaften Samstagvormittag, 8. März 2025, führte Rainer Maria Kardinal Woelki in der Münsterbasilika in Bonn Domkapitular Msgr. Dr. theol. Markus Hofmann (56) in jene Ämter ein, die er ihm mit Wirkung vom 1. März übertragen hatte: Pfarrer der Münsterbasilika St. Martin und der dazugehörigen Gemeinde, Pfarrer der Pfarrei St. Petrus und Stadtdechant in Bonn. Diese Stellen waren seit dem von vielen sehr bedauerten frühen Tod von Dr. Wolfgang Picken (27. Januar 2024), der als Schüler und Student eng mit dem Dom und dort tätigen Geistlichen verbunden war, vakant und seither von Kaplan Dr. Jasper, Pfarrer Dr. Rieve und Pfarrer Kemmerling kommissarisch geleitet.

Die überaus starke Beteiligung der Bonner Katholiken an der Einführungsfeier war auch ein Ausdruck ihrer Dankbarkeit für den guten Verlauf der Vakanz, aber nicht minder ihres Interesses für »den Neuen«. Dieser kannte Bonn bereits seit den Jahren seines Theologiestudiums vor der Priesterweihe und aus seiner Zeit als Direktor im Collegium Albertinum (2003–2009), ehe er Regens des Kölner Priesterseminars und von 2018 bis 2022 Generalvikar wurde. Bescheiden hatte er sich in die große Schar der Konzelebranten eingereiht, die um den Erzbischof am Altar der strahlend renovierten Münsterkirche versammelt waren.

Gespannt wartete man darauf, was der Erzbischof »dem Neuen« mit auf den Weg geben würde. Kardinal Woelki betonte neben den Chancen für die Verkündigung und Seelsorge in/an einer so zentral gelegenen, so schönen und von vielen Menschen gerne aufgesuchten Kirche die Notwendigkeit der Schaffung von »neuen Biotopen des Glaubens« und die Wichtigkeit der Wahrnehmung der »Brückenfunktion« zwischen Stadt und Erzbistum, der Vermittlung von Erwartungen hier wie dort. Zum Los einer Brücke gehöre auch: »Alle trampeln auf ihr herum.« Die am Ende des Pontifikalamtes erfolgten Begrüßungen von Msgr. Hofmann seitens der Stadt Bonn, des Dekanates, der Pfarrei, der Ökumene und der Caritas waren alle nicht nur sehr freundlich, sondern signalisierten auch eine große Bereitschaft zur Zusammenarbeit.

Fast ganz zum Schluss hielt auch Markus Hofmann eine kurze Ansprache, in der er seiner sichtlichen Freude auch in Worten Ausdruck gab: an jenem Ziel angekommen zu sein, das ihm bei den vielfältigen bisherigen Aufgaben nie aus dem Blick geraten sei – »Pastor« sein zu können. Auf eine im Vorfeld der Ernennung und Einführung gestellte Anfrage, ob die Übertragung der Bonner Aufgaben an einen »residierenden Domkapitular« möglich sei, stellte Dompropst Guido Assmann klar: »Ein residierender Domkapitular definiert sich in unseren Statuten über seine Aufgabe an der Hohen Domkirche, nicht über seinen Wohnsitz am Dom.« (General-Anzeiger Bonn, 12. Februar 2025) *ga*

Bestätigungen im Amt

In ihren Ämtern als Stadtdechant von Köln beziehungsweise Leverkusen und als Kreisdechant für das Kreisdekanat Euskirchen bestätigte Rainer Maria Kardinal Woelki für weitere sechs Jahre Domdechant Msgr. Robert Kleine (KDbl. 89, 2024, S. 249) und die nichtresidierenden Domkapitulare Msgr. Heinz-Peter Teller, Pfarrer in Leverkusen, und Msgr. Guido Zimmermann, Pfarrer in Zülpich. *ga*

Unsere Verstorbenen

Domkapitular em. Prälat Ludwig Schöller
(*25. Dezember 1928–21. März 2025*)
Als sich herumsprach, dass Ludwig Schöller die überregionale Tageszeitung abbestellt habe, deren intensive Lektüre nach der Feier der Heiligen Messe und dem Stundengebet zu seinem festen Tagesplan gehörte, wussten alle, die ihn kannten, was die Uhr geschlagen hatte. Als am 21. März 2025 das lange Läuten der Glocke Pretiosa vom Dom seinen Tod in die Stadt hinein verkündete, war es kein »plötzliches und unerwartetes« Ereignis, sondern ein Heimgang. »Ich lebe gern«, sagte er vor Jahren einmal seinem nächsten Nachbarn. »Ich danke Gott für jeden einzelnen Tag; und wenn er es für richtig hält, dann bin ich bereit zu gehen; aber ich bin froh, wenn er mir noch etwas Zeit hier auf Erden gibt.« Am 23. Februar 2021 hatte Prälat Schöller noch den 65. Jahrestag seiner Priesterweihe feiern können (KDbl. 86, 2021, S. 269), aber nach und nach verließen ihn seine körperlichen Kräfte, sodass er den Weg zum Dom nicht mehr schaffte, um dort täglich die Heilige Messe zu feiern, wie er es auch nach seiner Emeritierung viele Jahre lang getan hatte. Als er noch gut zu Fuß war, pflegte er viele Kontakte, auch schriftlich und telefonisch versicherte er andere seines Interesses und seiner treuen Verbundenheit. Im Konveniat sprach er gerne über seine Ferienreisen, in denen er nicht selten wochenlang an einem Ort blieb, um alle Sehenswürdigkeiten dort in Ruhe zu erkunden und oft ganze Tage in bestimmten Museen zu verbringen. Als er kaum noch aus dem Haus gehen konnte, war er glücklicherweise noch agil genug, sich mit der Wohnung als Lebensraum zu arrangieren. Seine umfangreiche Bibliothek half ihm dabei ebenso wie die Sicherheit, die ihm der Notrufknopf am Arm, die stete Aufmerksamkeit und Hilfsbereitschaft seines Nachbarn im Haus und die Verlässlichkeit von Frau Schwarz, seiner Haushilfe, und anderer Personen vermittelten. Er blieb, wenn auch nicht im alten Umfang,

so doch in der gewohnten Freundlichkeit und Zuwendung im Kontakt und im Gespräch. Aus seinen immer neuen, vielfältigen Lektüren brachte er manches noch mit der ihm eigenen Energie und Beharrlichkeit zur Sprache, was aus dem üblichen Horizont herausfiel, darin nicht selten sekundiert von seinem Nachfolger Josef Sauerborn, der ihm nun nur ein halbes Jahr später im Tod gefolgt ist.

Bei den Exequien, die Rainer Maria Kardinal Woelki am 3. April im Dom leitete, schilderte Domkapitular Markus Hofmann in der Predigt den allseits geschätzten Mitbruder als gläubigen, gebildeten und gewinnenden Seelsorger. So haben ihn wohl alle, die mit ihm zusammenkamen, erlebt. In der Gruft des Domkapitels am Ostchor des Domes wurde er nach den Exequien beigesetzt.

Domkapitular em. Prälat Josef Sauerborn
(*16. September 1948–19. September 2025*)
Die im Domblatt (KDbl. 89, 2024, S. 249) zum Ausdruck gebrachte »Sorge um Prälat Sauerborn« erwies sich leider Gottes als nur zu begründet: Sein Leidensweg war mit dem 26. Juli 2024 unübersehbar geworden; er bedeutete ein Hin und Her mit immer längeren Aufenthalten in verschiedenen Krankenhäusern, welche von kurzen Zeiträumen unterbrochen wurden, in denen der Wunsch des Sterbenskranken erfüllt werden konnte, zu Hause zu sein. Dieser Weg endete

mit seinem Heimgang am 19. September 2025, wenige Tage nur nach Vollendung des 77. Lebensjahres. Wenige Tage vor seinem Tod war es Prälat Sauerborn noch möglich, im Rollstuhl sitzend in der Kapelle des Kölner Vinzenz-Krankenhauses einem seiner Großneffen das Sakrament der Taufe zu spenden. Er starb begleitet von seinen Angehörigen.

Die Lebensdaten von Josef Sauerborn sind leicht nachschlagbar (KDbl. 70, 2005, S. 322). Im Totenbrief, der für die Familie von seinen sechs Schwestern sowie von Rainer Maria Kardinal Woelki und Dompropst Guido Assmann unterzeichnet ist, heißt es über ihn zusammenfassend: »Sein Leben und sein priesterliches Wirken waren geprägt durch seinen tiefen Glauben, die heiligen Sakramente und das Gebet. Er hat das Erzbistum Köln und die Hohe Domkirche über viele Jahre in verschiedenen Funktionen mitgeprägt, insbesondere im Bereich der Musik und Kunst.«

Aus den unterschiedlichen Arbeitsfeldern des Verstorbenen, der nach der Priesterweihe am 27. Juni 1974 zunächst als Kaplan, Religionslehrer, Schul- und Hochschulseelsorger, Pfarrer und Definitor tätig war, hatten sich viele auf den Weg gemacht; auch aus dem Generalvikariat, wo er die Abteilung Erwachsenenseelsorge leitete und stellvertretender Leiter der übergeordneten Hauptabteilung war, und aus den verschiedenen Verbänden und Gremien, denen er angehörte oder beigeordnet war; aber auch Einzelne, die ihn als Künstlerseelsorger schätzten, seine Begleitung als Spiritual in Anspruch genommen oder von seinen zahllosen Vorträgen und Recollectionen profitiert hatten, für die er oft und unermüdlich im Erzbistum unterwegs war. Gemeinsam mit seiner Familie, mit Rainer Maria Kardinal Woelki und dem Domkapitel gaben sie ihm alle am 30. September das letzte Geleit, als der Sarg von der Domherrensiedlung an der Burgmauer in den Dom überführt wurde, oder sie warteten dort auf die Feier der Exequien, die Kardinal Woelki leitete.

In seiner ausführlichen und sehr persönlichen Predigt nannte Domkapitular Dr. Dominik Meiering, der mit Prälat Sauerborn viele Jahre in der Kunstkommission des Erzbistums, im »Verein für christliche Kunst« und im Domkapitel zusammengearbeitet hat, den Verstorbenen einen »Mittler«, »Vermittler«, »Brückenbauer«, »Moderator« und »Anwalt«. Er sei immer in einem »Dazwischen« zu finden gewesen: bereits als Kind zwischen den Geschwistern, als Priester zwischen den Menschen und Gott, zwischen Kunst und Kirche, zwischen den Laien und dem Bischof, zwischen dem Wort Gottes und der Gemeinde. »Josef Sauerborn war eine Karsamstagsexistenz«: einer, der in diesem Zwischenraum zwischen der Trostlosigkeit und Trauer des Karfreitags und der noch nicht sichtbaren Hoffnung von Ostern stand und glaubte, dass man die Stille und auch Ungewissheiten aushalten muss und dass es nicht hilft, nur einfache Antworten zu bekommen. Bei alledem sei er auch ein Mann gewesen, der das Leben genießen konnte, der sich an einem leckeren Essen, einem guten Glas Wein, einer schönen Zigarre freute.

Viele Nachrufe in den Medien stellten Sauerborns umfassendes Interesse, seine Bildung, seinen weiten Horizont, seine ebenso kundige wie geduldige Dialogbereitschaft und seine Fähigkeit zur Vermittlung heraus.

Wegen der aktuellen Bauarbeiten am Domfriedhof hinter dem Ostchor konnte die Beisetzung leider nicht unmittelbar im Anschluss an die Messfeier stattfinden. Der Sarg wurde bis zum folgenden Tag in die Krypta abgesenkt und erst am frühen Morgen des 1. Oktober in der Gruft des Domkapitels beigesetzt. REQUIESCANT IN PACE *ga*

Dombauhütte und Dombauverwaltung

Neue Mitarbeiterinnen und Mitarbeiter

01.10.2024 Andrea Burkhardt, *studentische Hilfskraft*
01.10.2024 Till Fischer, *studentische Hilfskraft*
01.11.2024 Florian Hecker, *Metallbauer*
15.12.2024 Keaton Scandrett, *Glasrestauratorin*
01.01.2025 Jakob Rüberg, *wissenschaftliche Hilfskraft*
01.04.2025 Nicole Schünemann, *studentische Hilfskraft*
01.09.2025 Jon Wirges, *Auszubildender, Steinmetz*
01.09.2025 Edina Koch, *Auszubildende, Schreinerin*
01.09.2025 Yvonne Brix, *Schreinerin*

Austritte

31.12.2024 Sabine Psykalla, *Besucherbetreuung*
31.01.2025 Dr. Klaus Hardering, *Archivleiter*
31.01.2025 Uta Tröger, *Steinbildhauerin*
30.04.2025 Lily Oswald, *studentische Hilfskraft*

Verstorben

23.05.2025 Günter Hettinger, *Kunstglaser*

Empfang der Dombauhütte durch die Kölner Oberbürgermeisterin

Anlässlich des 200-jährigen Jubiläums ihrer Wiederbegründung 1824 hat sich am 22. November 2024 die Dombauhütte in das Gästebuch der Stadt Köln eingetragen. Oberbürgermeisterin Henriette Reker hatte die Institution zu einem Empfang in das Historische Rathaus eingeladen. Stellvertretend für die Bauhütte unterzeichneten Domdechant Msgr. Robert Kleine, Dombaumeister Peter Füssenich und Hüttenmeister Uwe H. Schäfer. In ihrer Ansprache dankte die Oberbürgermeisterin allen Mitarbeitenden der Dombauhütte für ihre Arbeit: »Der Dom war und ist Sinnbild für die Hoffnung – etwa, als er in der Nachkriegszeit aus der Trümmerlandschaft ragte. [...] Und er ist nicht zuletzt der Seelenort der Kölschen. Ich danke den Mitarbeitenden der Dombauhütte dafür, dass Sie sich um Pflege, Erhalt und Erneuerung unseres Domes kümmern.« Dombaumeister Peter Füssenich dankte für die große Ehrung. »Es dürfte weltweit wenige Bauten geben, mit denen sich die Bürgerinnen und Bürger ihrer Stadt so sehr identifizieren wie die Kölner mit ihrem Dom.« Er erinnerte ferner an Sulpiz Boisserée, der im 19. Jahrhundert nicht nur erfolgreich für die Vollendung des Domes warb, sondern auch als erster für die Wiederbegründung der Kölner Dombauhütte eintrat.

Ohne sein Engagement wäre der Dom nicht nur unvollendet geblieben, sondern vielleicht sogar dem vollständigen Verfall anheimgefallen. Abschließend drückte der Dombaumeister seinen Wunsch nach einer würdigen und gepflegten Gestaltung auch des Domumfeldes aus. *md*

Studienfahrt der Kölner Dombauhütte

»Verzaubert in der Jugend grünem Tale / Steh ich am moosigen Säulenschaft gelehnt / Und horche, wie in seiner grünen Schale / Der Brunnen klingend die Gewölbe dehnt« 111 Jahre nachdem Hermann Hesse diese Zeilen in seinem Gedicht »Im Maulbronner Kreuzgang« niederschrieb, folgte die Dombauhütte den Wegen des ehemaligen Klosterschülers. So führte die Studienfahrt 2025 vom 27. bis 28. Juni nach Maulbronn, wo die Belegschaft durch den Bürgermeister, die evangelische Kirchengemeinde und Vertreter der Denkmalpflege auf das Herzlichste empfangen wurden. Die Kirchengemeinde sorgte auch während des gesamten Aufenthalts für das leibliche Wohl der Gruppe.

Während ihres zweitägigen Aufenthalts konnten sich die Reisenden im Rahmen von Vorträgen und Führungen einen Eindruck von der Kirche und der nahezu vollständig erhaltenen Klausur des ehemaligen Zisterzienserklosters machen, aber auch vom einstigen Klosterleben und der heutigen Schule. Eindrucksvoll waren etwa Führungen in den Dachstuhl, den Chor, zum Klosterbrunnen und zur Klosterlandschaft um Maulbronn. Den Abschluss der Fahrt bildete der Besuch des als Anwohnerinitiative entstandenen Museums Schafhof, wo die Dombauhütte durch die Vereinsmitglieder herzlich willkommen und bei einer reichen Kaffeetafel verköstigt wurde. *nsch*

Tag der offenen Tür

Nach einem Jahr Pause beteiligte sich die Dombauhütte am Samstag, dem 13. September 2025, wieder am bundesweiten Tag des offenen Denkmals. Zwischen 10.00 und 17.00 Uhr konnten Besucherinnen und Besucher einen Blick in die Werkstätten der Dombauhütte werfen, wo die verschiedenen Gewerke eindrucksvoll die handwerkliche Vielfalt präsentierten, die für den Erhalt des Weltkulturerbes Kölner Dom notwendig ist. Der ZDV und der Kölner Domverlag informierten an eigenen Ständen über ihre Arbeit.

Ferner war auch das frühchristliche Baptisterium geöffnet, wo Mitarbeiterinnen und Mitarbeiter der Domgrabung die archäologische Bedeutung des ältesten Tauforts in Köln erläuterten. In der Sonderausstellung der Domschatzkammer »Der Kaiserswerther Suitbertusschrein in Restaurierung« stellte sich die Goldschmiede-Restaurierungswerkstatt vor und vermittelte vertiefte Einblicke in die laufende Konservierung dieses bedeutenden Reliquienschreins. *pm*

Offizielle Übergabe eines von der Kanagawa-Universität gestifteten Wasserspeiers

Am 4. September 2025 erfolgte die symbolische Übergabe eines neuen Wasserspeiers an den Dom. Dessen Rekonstruktion war durch eine großzügige Spende der Kanagawa-Universität in Yokohama (Japan) finanziert worden. Der neue Wasserspeier war bereits im November 2024 installiert worden, konnte jedoch aufgrund der Baustellensituation erst jetzt offiziell übergeben werden. Zu diesem Anlass war der Präsident der Universität Prof. Ryusuke Toda eigens aus Japan angereist.

Die Verbindung zur Kanagawa-Universität geht auf das Jahr 2016 zurück: Zwei Studentinnen hatten ein Graffiti im Bereich der Turmbesteigung hinterlassen – ein Vorfall, der in Japan als schwerwiegendes Fehlverhalten gilt. Die Universität reagierte umgehend: Eine Delegation der Kanagawa-Universität reiste nach Köln, um sich persönlich beim Dombaumeister zu entschuldigen. Aus dieser Geste der Verantwortung und Achtsamkeit entwickelte sich ein kultureller Austausch, der schließlich in eine Spende von 10.000 € an die Dombauhütte mündete, die für die Rekonstruktion des Wasserspeiers verwendet wurde. Das neue Werk befindet sich am südlichen Querhaus in rund 20 Metern Höhe und ergänzt die Reihe historischer Wasserspeier. Gefertigt wurde der Wasserspeier, der einen im Zweiten Weltkrieg zerstörten aus dem 19. Jahrhundert ersetzt, von der Bildhauerin Uta Tröger. *pm*

Dom und Ausstattung

Internationaler Kunstwettbewerb – Siegerentwurf

Im August 2023 hatte das Domkapitel einen Wettbewerb für ein neues Kunstwerk für den Kölner Dom ausgelobt. Dieses soll im Bewusstsein der christlich-jüdischen Geschichte den Blick auf Gegenwart und Zukunft richten. Nachdem Ende 2024 aus 15 eingegangenen Entwürfen vier besonders überzeugende Umsetzungsideen ausgewählt worden waren, hat die Jury am 20. März 2025 den Vorschlag der Künstlerin Andrea Büttner zum Siegerentwurf gekürt und dem Domkapitel zur Umsetzung empfohlen. Das Domkapitel machte sich die Wahl durch einstimmigen Beschluss zu eigen und beauftragte eine Detailplanung zur Umsetzung des Werkes.

Der Entwurf Büttners sieht ein Wandgemälde an der Stirnwand der Marienkapelle vor. Es soll über dem von Stefan Lochner um 1442 geschaffenen Altar der Stadtpatrone realisiert werden und das Steinfundament des Thoraschreins aus der mittelalterlichen Synagoge Kölns in Originalgröße zeigen. Der Altar war ursprünglich für die Ratskapelle St. Maria in Jerusalem am Historischen Rathaus geschaffen worden, die nach der Ausweisung der jüdischen Bevölkerung aus Köln 1424 an die Stelle der ehemaligen Synagoge trat. Der Altar stand dort auf dem erweiterten Fundament des während des Pogroms von 1349 beschädigten und nach der Umwidmung der Synagoge zur Ratskapelle abgebrochenen Thoraschreins. Das Kunstwerk verbindet die Geschichte des jüdischen Quartiers mit dem Dom. Es erzählt die Geschichte des Fundaments, das an die Präsenz jüdischen Lebens in Köln erinnert, aber auch an die Vertreibung und die Ersetzung des Thoraschreins durch einen christlichen Altar. Damit stellt es sich der Unsichtbarmachung und Überformung jüdischen Lebens und jüdischer Geschichte entgegen. Der Hintergrund des Thoraschreinfundaments wird in Seccotechnik in tiefem Schwarz gemalt; der Stein soll realistisch dargestellt werden und auf Fernwirkung angelegt sein. Es soll der Eindruck entstehen, dass das Bild des Fundaments, auf dem der Thoraschrein stand, über dem Altar schwebt.

»Das Domkapitel hat sich der Überzeugung der Jury angeschlossen, dass es sich bei der Arbeit von Andrea Büttner um einen herausragenden künstlerischen Beitrag handelt«, hob Dompropst Msgr. Guido Assmann bei der Vorstellung des Siegerentwurfs hervor. Mit seiner visuellen Präsenz und Radikalität nehme das Werk auf sehr konzentrierte Weise einen Dialog mit den vielen antijüdischen Artefakten im Dom auf. Der Prozess der Aufarbeitung dieser antijüdischen Artefakte im Dom werde durch dieses Werk nicht als abgeschlossen oder geheilt verklärt. Das neue Werk lade konstant und mahnend ein, dass man sich mit der Geschichte des Fundaments, seiner Überformung und Neupositionierung auseinandersetze.

Mit der Realisierung des Kunstwerks soll 2026 begonnen werden. Begleitet wurde die Vorstellung des Siegerentwurfs von einer Ausstellung im nördlichen Seitenschiff des Domes: Auf vier Ausstellungsstelen wurden alle Wettbewerbsbeiträge präsentiert, die innerhalb des »Internationalen Kunstwettbewerbs« eingereicht worden waren. *mf*

Alter Dom digital rekonstruiert

Eine neue Innenraumrekonstruktion des Alten Domes, dem Vorgängerbau der heutigen Kathedrale, wurde von der Kunsthistorikerin Dr. Dorothea Hochkirchen vorgestellt. Digitalisierte Architekturfragmente aus den Grabungen geben dabei neue Details zum möglichen Aussehen des Innenraums preis. Die Realisierung erfolgte in enger Abstimmung der Wissenschaftlerin mit dem Architekturstudenten Konstantin Kruse. Finanziert wurde das Projekt von der Kulturstiftung Kölner Dom.

Die dreischiffige Pfeilerbasilika wurde um das Jahr 800 unter Karl dem Großen und Erzbischof Hildebold errichtet. Seit 1946 erforscht die Kölner Domgrabung die baulichen Relikte unter dem Dom. Seither wurden die Reste des Alten Domes freigelegt, dokumentiert und wissenschaftlich ausgewertet. Im Lauf der Zeit entstanden verschiedene Rekonstruktionen, die sich auf die Interpretation von Grundmauern, Fußböden und weiteren Befunden stützten – ebenso auf das Stifterbild des Hillinus-Kodexes sowie auf Vergleiche mit Parallelbauten.

Die Visualisierung basiert auf neuen Analysen der Funde und Befunde des Alten Domes – insbesondere der geborgenen Architekturfragmente. In die zugrunde liegenden Überlegungen flossen auch stilistische Vergleichsbeispiele aus der Bauornamentik bisher unberücksichtigter frühmittelalterlicher und karolingischer Bauten ein. So konnte ein weitaus prachtvolleres Bild der karolingischen Bischofskirche gezeichnet werden, als bislang angenommen. Die digitale Rekonstruktion ist auf der Website des Kölner Domes (www.koelner-dom.de/rundgang/themenrundgang-der-alte-dom) einsehbar. *pm*

Neue Dombeleuchtung

Zu Ostern wurde die neu gestaltete Außenbeleuchtung des Kölner Domes offiziell in Betrieb genommen. Gemeinsam mit Oberbürgermeisterin Henriette Reker und dem Vorstandsvorsitzenden der RheinEnergie AG, Andreas Feicht, stellten Dompropst Msgr. Guido Assmann und Dombaumeister Peter Füssenich das neue Lichtkonzept vor. Nach Jahren intensiver Planung und technischer Vorbereitung setzt die neue Beleuchtung die gotische Kathedrale nun deutlich differenzierter in Szene. Dompropst Assmann betonte die besondere symbolische Bedeutung von Licht im kirchlichen Kontext und bezeichnete den Dom als Zeichen von Hoffnung und Geborgenheit – gerade in dunklen Zeiten.

Das Lichtkonzept stammt vom international tätigen Lichtplanungsbüro »Licht Kunst Licht AG« in Bonn/Berlin. Technisch basiert das Konzept auf moderner LED-Technik, die die bisherige Beleuchtung mit Halogen-Metalldampflampen ablöst. Rund 700 neue Leuchten wurden installiert, wofür etwa zwölf Kilometer Kabel verlegt werden mussten. Die neue Technik ermöglicht es, die gotische Architektur präzise und plastisch herauszuarbeiten – bei gleichzeitig reduziertem Energieverbrauch und geringerer Lichtemission. Die dimmbare Beleuchtung erlaubt auch eine gezielte Hervorhebung einzelner Gebäudeteile und reduziert den Streulichtanteil erheblich. Ab 1.00 Uhr nachts wird ein »Nachtmodus« aktiviert, um die Lichtintensität nochmals zu senken. Ziel sei eine klare, aber zurückhaltende Inszenierung, die sowohl denkmalpflegerischen als auch ökologischen Ansprüchen gerecht werde. Kritischen Stimmen zu einer möglichen höheren Umweltschädigung trat Dombaumeister Peter Füssenich entgegen und verwies auf die präzise, punktgenaue Wirkung und die maßvolle Gesamtgestaltung. *pm*

»Domstein-Mission X-DBA-00408«

Zum ersten Mal beteiligte sich das Dombauarchiv 2024/25 am zentralen Programm »Artist meets Archive« (AMA) der Internationalen Photoszene Köln. So besuchte im Sommer 2024 der in Berlin lebende Künstler Andrés Galeano das Dombauarchiv. Während seiner Residenz erweckte ein stark verwittertes Fragment aus Schlaitdorfer Sandstein (Inv.-Nr. X-DBA-00408) seine besondere Aufmerksamkeit. Es war um 2012 zusammen mit weiterem losen und abgefallenen Gestein am Strebepfeiler H 08 abgenommen worden. Bedeutung erlangte es, da es vom Astronauten Alexander Gerst 2014 zur Internationalen Raumstation ISS mitgenommen wurde und 165 Tage, acht Stunden und eine Minute im All verweilte. Dabei legte der Stein 2.566 Erdumrundungen und 110 Millionen Kilometer zurück.

Für die Ausstellung rekonstruierte Andrés Galeano in Zusammenarbeit mit Mitarbeiterinnen und Mitarbeitern der Dombauhütte die bewegte »Biografie« des Steins von seiner Herkunft aus einem Steinbruch bei Schlaitdorf über seinen Einbau am Dom im 19. Jahrhundert, seine allmähliche Verwitterung bis hin zu seiner Reise ins All und der Rückkehr nach Köln. Bei seinen Untersuchungen entdeckte Galeano, dass der Stein – so der Künstler – noch immer leicht schweben könne.

Aus diesen Vorarbeiten entstand eine Ausstellung, die vom 16. Mai bis 16. Juni 2025 im Dreikönigensaal des Domes zu sehen war. Zentrum der Ausstellung war ein großer Bildteppich auf dem – scheinbar schwerelos schwebend – Dokumente und Bilder dargestellt waren, welche die Geschichte des Steins und der

beteiligten Personen nachzeichneten. In der Mitte des Teppichs, von den Bildern gleichsam umkreist, stand eine Schaufensterpuppe mit einem Raumanzug, an dem statt der von Raumfahrern getragenen Patches (Aufnäher) von Galeano entworfene Patches angebracht waren, die die Reise des Steins ins Weltall und zurück zum Dom nacherzählten. In drei Pultvitrinen wurden verschiedene Dokumente, Zeichnungen und vom Künstler entworfene »Souvenirs« präsentiert, Künstlerarbeiten, welche die Besucher auch für einen erschwinglichen Preis im Domladen erwerben konnten – etwa Postkarten oder die von Galeano entworfenen Patches sowie 3-D-Drucke des Domsteins, die die blaue Farbe der Raumanzüge und des ESA-Logos aufgreifen. Besonders hob Galeano den von Alexander Gerst formulierten, leider aber nicht erfüllbaren Wunsch hervor, der Stein möge nach der Mission wieder am Dom eingebaut werden. Zur Ausstellung ist im Kölner Domverlag ein Künstlerbuch erschienen. *md*

»Der Dom als Bekenntnis des Glaubens«

Die traditionelle Sommerausstellung von Domforum und Dombauhütte wurde 2025 in enger Kooperation mit der evangelischen Melanchthon-Akademie, Köln, und dem Katholischen Bildungswerk des Erzbistums Köln entwickelt. Sie stand ganz im Zeichen des 1.700-jährigen Jubiläums des auf dem Ersten Konzil von Nicäa (325) verkündeten Glaubensbekenntnisses. Es wird von der gesamten Christenheit anerkannt. Während die erste der vier Informationsstelen den Text des Glaubensbekenntnisses vorstellte sowie Fragen nach dem ersten christlichen Versammlungsort in Köln, der Taufe und der Ökumene mit dem Glaubensbekenntnis von Nicäa in Verbindung setzte, wurden auf den drei weiteren Stelen neun ausgewählte Kunstwerke des Domes, die zwischen dem 4. und dem 21. Jahrhundert entstanden, vor dem Hintergrund der jeweiligen geistes- und kulturgeschichtlichen sowie der kirchen- und theologiegeschichtlichen Sichtweisen ihrer Zeit als Bekenntnis des Glaubens befragt. Für die Texte hatte sich jeweils ein Autorenduo aus einem Kunsthistoriker und einem Theologen zusammengefunden. Autoren der Ausstellung waren Dr. Martin Bock (Leiter der Melanchthon-Akademie), Dr. Rainer Will (Bildungswerk der Erzdiözese Köln), Harald Schlüter M. A. (stellvertretender Leiter des Domforums) und Dr. des. Matthias Deml (Leiter des Dombauarchivs).

Die Ausstellung war vom 10. Juli bis 31. August 2025 im Foyer des Domforums zu sehen. Die gesamten Ausstellungstexte und -bilder sind als Broschüre erschienen, die im Domforum für 5,00 € erhältlich ist. *md*

Domschatzkammer

»Der Kölner Dom und was damit zusammenhängt«

Vom 1. Februar bis zum 25. August 2025 wurde in der Domschatzkammer die Ausstellung »Der Kölner Dom und was damit zusammenhängt. Schätze aus dem Dombauarchiv« gezeigt. Im Mittelpunkt der Ausstellung stand die bis in das 19. Jahrhundert zurückreichende Kunstsammlung des Dombauarchivs. Insbesondere in der Amtszeit des Archivleiters Dr. Klaus Hardering (2007–2025), dem die Ausstellung gewidmet war, gelangten zahlreiche neue Objekte und Kunstwerke in den Besitz des Archivs. Da diese Sammlungen der Öffentlichkeit gewöhnlich nicht zugänglich sind, wurden in der Ausstellung einige besondere Schätze präsentiert, die in den vergangenen 18 Jahren für das Archiv erworben werden konnten.

Gezeigt wurden etwa zwei Ölgemälde aus dem Jahr 1857 von Emile Pierre Joseph de Cauwer. Das eine zeigt den Außenbau des Domes in antizipierter Vollendung, das andere einen zeitgenössischen Blick in das unvollendete nördliche Querhaus. Besondere Schätze, die erstmals am Dom gezeigt wurden, waren ein aus Gips gefertigtes Porträtmedaillon des ersten Secretärs des ZDVs, August Reichensperger, das 1862 wahrscheinlich von Albert Wolff geschaffen wurde, eine Bilderuhr aus dem frühen 19. Jahrhundert oder ein Modell für den Kopf des

Heiligen Michael von Georg Grasegger. Ferner zu sehen waren Souvenirs, die aus dem Holz des mittelalterlichen Domkrans geschnitzt wurden, aus Buchsbaumholz gefertigte Kunstkammerstücke des Dombildhauers Peter Fuchs, Porzellan und Feinsteinzeug der Firma Villeroy & Boch mit Dommotiven oder ein später Abzug einer der frühesten Fotografien des Domes von 1853. Das größte und jüngste Werk war eine Fotografie von der Westfassade des Kölner Domes von dem Fotografen Boris Becker. Sie wird auch über die Ausstellung hinaus dauerhaft in der Schatzkammer gezeigt. Zur Ausstellung ist im Kölner Domverlag ein Katalog erschienen. *md*

»Der Kaiserswerther Suitbertusschrein in Restaurierung«
Vom 13. September 2025 bis zum 31. Januar 2026 zeigt die Domschatzkammer die Sonderausstellung »Der Kaiserswerther Suitbertusschrein in Restaurierung«. Im Mittelpunkt steht eines der bedeutendsten Werke mittelalterlicher Goldschmiedekunst im Rhein-Maas-Gebiet: der Suitbertusschrein aus der Pfarrkirche St. Suitbertus in Düsseldorf-Kaiserswerth. Der zwischen dem späten 12. Jahrhundert und der Zeit nach 1331 entstandene Schrein zählt, neben dem Dreikönigenschrein und dem Heribertschrein in Köln-Deutz, zu den herausragenden Großreliquiaren der Region. Besonders bemerkenswert ist, dass sich der figürliche Schmuck nahezu vollständig erhalten hat.

Die Ausstellung ermöglichte erstmals einen unmittelbaren Blick auf das Kunstwerk während seiner laufenden Restaurierung. Anlass für die Konservierungsmaßnahmen waren Schäden, die bei einer Begutachtung im Jahr 2018 festgestellt wurden – insbesondere an den metallenen Beschlägen. Seit 2021 wird der Schrein in der Goldschmiede- und Metallrestaurierungswerkstatt des Domes umfassend bearbeitet. Über 1.100 vergoldete Kupfer- und Silberteile wurden abgenommen, dokumentiert und restauriert. Der Holzkern des Schreins wird in einer spezialisierten Restaurierungswerkstatt behandelt.

Die Präsentation macht diesen aufwendigen Prozess für Besucherinnen und Besucher anschaulich erlebbar. Figuren, Reliefs, Zierbleche, Säulen und Dachknäufe können aus nächster Nähe betrachtet werden – ergänzt durch informative Einblicke in aktuelle Methoden der Restaurierung und Dokumentation. Zur Ausstellung ist ein Katalog erschienen. *pm*

Kölner Domverlag

»Der Kölner Dom in Leichter Sprache«
Im Januar 2025 erschien im Kölner Domverlag unter dem Titel »Der Kölner Dom in Leichter Sprache« ein neuer Domführer von Hannah und Harald Schlüter. Dieser richtet sich besonders an Menschen mit Lernschwierigkeiten, kognitiven Einschränkungen oder begrenzter Sprach- und Lesefähigkeit. Ziel ist es, Barrieren abzubauen und möglichst vielen Menschen einen Zugang zur Kathedrale zu ermöglichen. Der 52-seitige Domführer ist als Rundgang durch und um den Dom konzipiert. In leicht verständlicher Sprache vermittelt er Informationen zur Geschichte, Architektur und zu den wichtigsten Kunstwerken. Die Einhaltung der Regeln für Leichte Sprache wurde durch die Übersetzerin für Leichte Sprache, Dirke Hentschel, geprüft, die auch darüber hinaus bei der Entstehung des Domführers beratend tätig war. Zudem wurde er auch von Menschen der Zielgruppe

auf Verständlichkeit getestet. Diese Prüfung erfolgte durch die Prüfgruppe aus den Lebenshilfe-Werkstätten Leverkusen/Rhein-Berg sowie vor Ort durch Lutz Sowisdrat. Aufgrund des umfangreichen Prüfungsverfahrens darf die Publikation sowohl das Siegel für Leichte Sprache vom Netzwerk Leichte Sprache als auch das europäische Logo für einfaches Lesen von Inclusion Europe tragen. Für Betroffene ist dies ein wichtiges Qualitäts- und Wiedererkennungsmerkmal.

Mit dem neuen Domführer wurde eine Lücke im barrierefreien Angebot des Kölner Domes geschlossen. Bereits zuvor hatte die Hohe Domkirche Maßnahmen zur Teilhabe umgesetzt, etwa mit dem Reliefbuch für blinde und sehbehinderte Menschen (2007) oder dem Bronze-Tastmodell vor dem Petersportal (2024). Ein Angebot in Leichter Sprache war jedoch bis dahin nicht vorhanden. Die Realisierung des Projekts wurde durch die Unterstützung der Kulturstiftung Kölner Dom ermöglicht. Der Kirchenführer ist im Buchhandel, im Domshop, im Domforum sowie direkt über den Kölner Domverlag zu einem Preis von 7,00 € erhältlich. *pm*

Ausstellungskataloge

Im Kölner Domverlag sind 2025 zwei Ausstellungskataloge erschienen. Zum einen die Broschüre »Der Kölner Dom und was damit zusammenhängt. Schätze aus dem Dombauarchiv« zur gleichnamigen Ausstellung in der Domschatzkammer (vgl. S. 299–300). Zum zweiten das Künstlerbuch »Domstein-Mission. X-DBA-00408« von Andrés Galeano zur Ausstellung des Dombauarchives im Dreikönigensaal des Domes (vgl. S. 297–298). Die Ausstellungskataloge sind zu einem Preis von 10,00 € beziehungsweise 22,00 € erhältlich. *tw*

Kölner Domkalender 2026

Im Kölner Domverlag erschien unter dem Titel »Kölner Dom. Pflanzen und Tiere« der neue Wandkalender für das Jahr 2026. Es ist bereits der vierte Titel der erfolgreichen Kalenderreihe, die 2023 mit Aufnahmen des Domchores begann und zuletzt Themen wie Kunst am Dom (2024) und die Geschichte der Dombauhütte (2025) behandelte. Die Ausgabe 2026 widmet sich der faszinierenden Vielfalt von Pflanzen- und Tierdarstellungen am und im Dom – sowohl in der Baukunst als auch in der Ausstattung. Gezeigt werden etwa jagende Hunde am Dreikönigenschrein, Ziegenböcke, Fledermäuse, Lilien, Hasen in den Renaissancefenstern, barocke Blumenmotive, Paradiesvögel auf Mosaiken und eine Schildkröte in zeitgenössischer Architektur. Der Kalender ist zu einem Preis von 24,00 € im Domshop, im Buchhandel oder direkt über den Verlag erhältlich. Mitglieder des ZDVs erhalten ihn zum Vorzugspreis von 20,00 €. *pm*

Kleine Nachrichten

Leitungswechsel in der Domrendantur

Zum 1. April 2025 hat der ehemalige Leiter der Regionalrendantur Süd mit Sitz in Bonn, Clemens van de Ven, die Leitung der Domrendantur übernommen. Zu seinem Arbeitsbeginn drückte er seine Freude über seine neue Aufgabe am Kölner Dom aus. Die Leitung der Domrendantur und die wirtschaftliche Verantwortung für das Kölner Priesterseminar seien für ihn zwei außerordentlich spannende und in dieser Konstellation einzigartige Herausforderungen. Bei seiner neuen Tätigkeit könne er auf seine beruflichen Vorerfahrungen bauen, die er sowohl im Dienstleistungssektor als auch in verschiedenen Schaltstellen des Erzbistums Köln gewonnen habe.

Clemens van de Ven folgt Klaus Bispinck nach, der nach gut 22 Dienstjahren in der Finanz-, Vermögens- und Personalverwaltung des Domes zum 30. November 2024 in den Ruhestand gegangen ist. Zu seinem Abschied würdigte Dompropst Msgr. Guido Assmann Bispinck als gefragten Rat- und Impulsgeber in allen wirtschaftlichen Belangen, der sich maximal mit dem Kölner Dom identifiziert und es vermocht habe, sämtliche Bilanzen des komplexen Verwaltungsgefüges am Dom im Blick zu behalten. Das Metropolitankapitel sei ihm für seinen engagierten Dienst zu tiefem Dank verpflichtet. *mf*

Verabschiedung von Domkapellmeister Eberhard Metternich

Mit einem Abschiedskonzert am 3. Juli 2025 und seinem letzten liturgischen Dienst im Kölner Dom am 31. August 2025 ist Domkapellmeister Prof. Eberhard Metternich verabschiedet worden. 38 Jahre lang prägte er die Kölner Dommusik – als Musiker, Pädagoge und Wegbegleiter. Zum 30. September 2025 ging er in den Ruhestand. Dompropst Msgr. Guido Assmann würdigte den scheidenden Domkapellmeister und hob hervor, dass dieser sich in herausragender Weise um die musikalische Bildung junger Menschen sowie um die kulturelle Landschaft über Köln hinaus verdient gemacht habe. Unermüdlich habe er junge Menschen für die Musik und den Chorgesang begeistert. Sein Engagement sei dabei weit über die eigentliche berufliche Tätigkeit hinausgegangen: Mit Leidenschaft, musikalischer Exzellenz und tiefem menschlichen Verständnis habe er Generationen von Kindern, Jugendlichen und jungen Erwachsenen nicht nur musikalisch, sondern auch in ihrer persönlichen Entwicklung geprägt.

Ein besonderer Verdienst Metternichs liegt in der umfassenden Erweiterung der Kölner Dommusik. Als er 1989 zu Beginn seiner Amtszeit einen Mädchenchor am Dom gründete, setzte er ein wegweisendes Zeichen für Gleichberechtigung in der kirchlichen Chormusik und öffnete Mädchen die Tür zu einer musikalischen

Tradition, die bis dahin ausschließlich Knaben vorbehalten war. Kontinuierlich baute er das musikalische Angebot auf vier Chöre aus. Zudem rief er die »Musikschule der Kölner Dommusik« ins Leben, die jungen Talenten eine umfassende Ausbildung bietet. Dabei engagierte er sich mit großem persönlichem Einsatz über seine hauptberufliche Tätigkeit hinaus – etwa durch die Entwicklung und Pflege kultureller Partnerschaften mit renommierten Institutionen wie dem Gürzenich-Orchester, der Oper Köln oder dem WDR, durch die Organisation internationaler Konzertreisen sowie durch die Förderung zeitgenössischer Musik.

Ein weiterer Meilenstein war die Uraufführung des Dreikönigsoratoriums von Helge Burggrabe im September 2022. Das groß angelegte Werk wurde eigens für die Chöre am Kölner Dom komponiert und verbindet die geistliche Tradition des Domes mit einem zeitgenössischen Klangbild von besonderer Ausdruckskraft. Diese Projekte unterstreichen Metternichs Offenheit für innovative musikalische Ausdrucksformen und seine Bereitschaft, neue Klangwelten in den liturgischen Raum zu integrieren. Ein herausragendes Beispiel seines ehrenamtlichen Engagements war die Leitung des Pueri-Cantores-Festivals 2004 in Köln, ein internationales Treffen von Kinder- und Jugendchören. Als Kölner Domkapell-

meister war Eberhard Metternich für die Organisation verantwortlich. 6.000 junge Menschen aus aller Welt kamen zusammen, um zu singen, zu feiern und Gemeinschaft zu erleben.

Professor Metternichs segensreiches Wirken für die kirchenmusikalische Tradition, seine Verdienste um die musikalische Ausbildung und Förderung junger Menschen sowie sein nachhaltiger gesellschaftlicher Einfluss machen ihn zu einer herausragenden Persönlichkeit, der das Domkapitel zu großem Dank verpflichtet ist. Seine Nachfolge hat am 1. September 2025 Alexander Niehues angetreten. *mf*

77 Jahre 1. FC Köln und 777 Jahre Kölner Dom

Mit einer bewegenden Andacht im Kölner Dom und einem symbolträchtigen Trikot-Launch hat der 1. FC Köln im August 2025 ein besonderes Doppeljubiläum gefeiert: 77 Jahre Vereinsgeschichte und 777 Jahre Grundsteinlegung des Kölner Domes. Zwei feste Größen der kölnischen Identität wurden an diesem Tag auf eindrucksvolle Weise zusammengeführt – in Glauben, Gestaltung und Gemeinschaft.

Das eigens für die Jubiläumssaison entworfene Ausweichtrikot des 1. FC Köln ist eine Hommage an den Dom – visuell, symbolisch und handwerklich. In Zusammenarbeit mit dem FC-Ausrüster Hummel sowie der Dombauhütte entstand ein in Schwarz gehaltenes Trikot mit goldenen Akzenten, das in vielen Details auf die gotische Architektur des Kölner Wahrzeichens verweist. Dezente Muster zeigen Elemente wie Fenster, Wasserspeier, Säulenstrukturen oder auch den »Decken Pitter«. Ein goldener Schriftzug ziert den Nackenbereich des Trikots: »15. August 1248 – 777 Jahre – 15. August 2025«.

Im Mittelpunkt der Jubiläumsfeierlichkeiten stand eine ökumenische Andacht am 15. August, dem Jahrestag der Grundsteinlegung, zu der rund 4.000 FC-Fans in den Dom kamen. Bereits beim Einlass erhielten alle Teilnehmenden einen besonderen Fanschal – im Design des neuen Ausweichtrikots. Die Fürbitten wurden unter anderem von FC-Legende Pierre Littbarski und Stadionsprecher Michael Trippel vorgetragen. Als musikalisches Highlight überraschte die Kölner Kultband »Bläck Fööss« mit einem emotionalen Auftritt. Neben »En unserem Veedel« präsentierten sie zwei eigens komponierte Stücke: eine Hymne an die FC-Fans als »12. Mann« und das Geburtstagslied »Dreimol Sibbe« – eine musikalische Huldigung an den Dom, der im Refrain als ewige Baustelle und Weltkulturerbe gefeiert wird.

Mit dem Verkauf des Ausweichtrikots verknüpft der FC nicht nur eine emotionale Botschaft, sondern auch konkrete Unterstützung für den Erhalt des Domes. Gemeinsam mit seinen Partnern REWE und DEVK spendete der Verein 77.777 € an den ZDV. *pm*

Leiter des Domforums Rainer Tüschenbönner verunglückt

Am 17. Oktober 2025 ist Rainer Tüschenbönner, der Leiter des Kölner Domforums und des Katholischen Bildungswerks Köln, bei einer Bergwanderung im Allgäu tödlich verunglückt. In Köln wurde die Nachricht mit großer Trauer und Fassungslosigkeit aufgenommen. Dom- und Stadtdechant Msgr. Robert Kleine würdigte Tüschenbönner als Freund, Berater und Wegbegleiter, der stets den ganzen Menschen im Blick gehabt habe – mit all seinen Bedarfen und Fähigkeiten, die es zu entfalten galt. Stets sei er »mit Herzblut und Akribie« bei der Sache gewesen, »immer präsent, immer freundlich und immer mit einem offenen Ohr für die Mitarbeitenden und die Besucher«. Es sei Rainer Tüschenbönner und seinem Team zu verdanken, dass das Domforum ein echter Leuchtturm der Kirche in Köln sei.

Rainer Tüschenbönner war über dreißig Jahre lang dem Katholischen Bildungswerk Köln und dem Domforum verbunden. Im Oktober 1994 hatte er dort seinen Dienst als pädagogischer Mitarbeiter aufgenommen. Zum 1. Februar 2011

war ihm in Personalunion die Leitung von Bildungswerk und Domforum übertragen worden. Tüschenbönner war ein Theologe, der nie den einfachen Weg suchte, sondern stets für eine Kirche eintrat, die den Menschen zugewandt ist. Kämpferisch im besten Sinne, geradlinig, klar – und dabei immer voller Herzenswärme und tiefem Glauben. 2026 wäre er in den Ruhestand gegangen.

Noch zuletzt hatte Tüschenbönner die Installation »Himmelsleiter« der Wiener Künstlerin Billi Thanner nach Köln geholt, eine leuchtende Leiter, die vom Boden des Domforums bis in den Himmel reicht und von der Himmelsleiter inspiriert ist, die Jakob im Traum sah: »Siehe, eine Treppe stand auf der Erde, ihre Spitze reichte bis zum Himmel. Und siehe: Auf ihr stiegen Engel Gottes auf und nieder«. (Gen 28, 10–12). Die Installation ist noch bis Ostern 2026 im Domforum zu sehen. *mf*

Auflösung der Namenskürzel

ga Günter Assenmacher · *md* Matthias Deml · *mf* Markus Frädrich · *pm* Pia Modanese
nsch Nicole Schürmann · *tw* Tina Weber

Bildnachweis

Angers, Musées d'Angers: *Deml (Neubegründung) Abb. S. 200*
Bergheim, Robert Boecker: *Berichte Abb. S. 274, 288–289, 305*
Bergisch Gladbach, Beatrice Tomasetti: *Berichte Abb. S. 283, 307*
Berlin, Andrés Galeano: *Berichte Abb. S. 298*
Bonn, Stadtmuseum: *Bürger Abb. 4*
Brauweiler, LVR-Amt für Denkmalpflege im Rheinland: *Bulitta Abb. 3*
Cambridge, President and Fellows of Harvard College, HNA 29: *Bulitta Abb. 1*
Hennef, HG Esch: *Dombaubericht Abb. S. 8, Abb. 18*
Köln, Achim Bednorz: *Distelrath Abb. 6–7; Bürger Abb. 5, 9*
Köln, DBA (Dombauhütte): *Abb. S. 5; Deml (Neubegründung) Abb. 10; Lauer Abb. 2; Ehlers Abb. 2*
Köln, DBA (Glasrestaurierungswerkstatt): *Deml (Durchzeichnungen) Abb. 18*
Köln, DBA (Steinrestaurierungswerkstatt): *Dombaubericht Abb. 7, 9, 13, 15*
Köln, DBA (Michael Bastgen): *Dombaubericht Abb. 6*
Köln, DBA (Matthias Deml): *Dombaubericht Abb. 25; Deml (Durchzeichnungen) Abb. 3–4, 6–7, 12–13, 15–17; Stinnesbeck Abb. 6; Bürger Abb. 6, 7; Deml (Neubegründung) Abb. 1, 8; Abb. S. 311*
Köln, DBA (Albert Distelrath): *Dombaubericht Abb. 3–4, 8, 11; Distelrath Abb. 1, 3, 5*
Köln, DBA (Michael Jürkel): *Dombaubericht Abb. 1*
Köln, DBA (Konstantin Kruse): *Deml (Durchzeichnungen) Abb. 9*
Köln, DBA (Marcus Laufenberg): *Dombaubericht Abb. 5; Lauer Abb. 1; Berichte Abb. S. 293*
Köln, DBA (Matz und Schenk): *Distelrath Abb. S. 74, Abb. 4; Stinnesbeck Abb. S. 140; Ehlers Abb. S. 240*
Köln, DBA (Jakob Rüberg): *Dombaubericht Abb. 16*
Köln, DBA (Jennifer Rumbach): *Abb. S. 7; Dombaubericht Abb. 2, 10, 12, 14, 17, 19–21, 23, 26–29; Distelrath Abb. 2; Deml (Durchzeichnungen) Abb. 2, 5; Deml (Neubegründung) Abb. 2–7, 9; Ehlers Abb. 1; Bulitta Abb. 2; Weber Abb. S. 268; Berichte Abb. S. 300*
Köln, DBA (Jennifer Rumbach/Konstantin Kruse): *Deml (Durchzeichnungen) Abb. S. 92, Abb. 8, 10*
Köln, DBA (Mira Unkelbach): *Distelrath Abb. 10; Stinnesbeck Abb. 7*
Köln, Domgrabung: *Stinnesbeck Abb. 2, 4–5, 9, 11, 14*
Köln, Domgrabung (Ulrich Back): *Stinnesbeck Abb. 1, 3, 13*
Köln, Domgrabung (Ruth Stinnesbeck): *Stinnesbeck Abb. 8, 10*

Köln, Dommusik (Jennifer Rumbach): *Berichte Abb. S. 304*
Köln, 1. FC Köln: *Dombaubericht Abb. 30*
Köln, Hohe Domkirche, Andrea Büttner (Visualisierung auf Basis einer Fotografie von Christian Knieps): *Berichte Abb. S. 295*
Köln, Kolumba: *Bürger Abb. 8*
Köln, Karl Heinz Kreuzberg: *Distelrath Abb. 11–12*
Köln, Restaurierungswerkstatt Kunstgriff: *Distelrath Abb. 8–9*
Köln, Rheinisches Bildarchiv: *Deml (Durchzeichnungen) Abb. 1 (rba_061 887), 14 (rba_d023261); Stinnesbeck Abb. 12 (rba_d023279); Bürger Abb. S. 176 (rba_c009802); Ehlers Abb. 3 (rba_mf060473, rba_mf060474), 4 (rba_d109812_01), 5 (rba_d048445_02, rba_d048445_03, rba_d048445_04); Bulitta Abb. S. 256 (RBA_4994)*
Köln, Uta-Barbara Rieke: *Dombaubericht Abb. 22*
Leipzig, Focus GmbH: *Dombaubericht Abb. 24*
Mainz, Landesmuseum: *Deml (Durchzeichnungen) Abb. 11*
Münster, LWL-Museum für Kunst und Kultur, Westfälisches Landesmuseum (Sabine Ahlbrand-Dornseif): *Bürger Abb. 2*
Weimar, Klassik Stiftung Weimar, Bestand Museen: *Bürger Abb. 1, 3*

Herausgeber
Peter Füssenich und Matthias Deml

Schriftleitung
Matthias Deml

Unter Mitarbeit von
Petra Böttcher und Tina Weber

Bildrecherche
Christine Di Costanzo

Gestaltung & Satz
Marko Seeber

Herstellung
Warlich Druck Meckenheim GmbH

Kölner Domverlag e. V.
Roncalliplatz 2
50667 Köln
www.koelner-domverlag.de

ISBN 978-3-9827007-3-1
ISSN 0450-6413

...damit der Dom uns bleibt!

ZDV

Schau mir in die Augen ...